컨테이너 하역론

김 현 신승식 송용석

博 英 社

본서는 한국해양대학교 항만물류전문인력양성사업단에서
국토해양부의 지원사업으로 출간되었다.

머 리 말

1956년 미국 시랜드(Sea Land)사에 의해 뉴욕과 휴스턴 항로에 처음으로 컨테이너선이 취항한 이후 50여 년이 흐른 지금 벌크 화물을 제외한 전세계 수·출입 화물의 대부분이 컨테이너를 이용하고 있을 만큼 컨테이너는 보편적인 운송수단이 되었다. 이에 따라 세계 모든 항만은 보다 많은 컨테이너 화물을 확보하고, 1만 TEU가 넘는 초대형 컨테이너선을 유치하기 위한 경쟁이 날로 심해지고 있다. 우리나라의 경우에도 2000년 이후 "동북아 물류중심항 구축"이라는 목표 하에 정부와 항만물류업계는 부산항과 광양항 등 거점항만과 및 지역신항만에서 컨테이너 처리를 위한 시설을 확충하고, 초대형 컨테이너선의 유치에 힘썼다. 특히 우리나라는 자국화물은 물론 북중국 컨테이너 환적화물의 유치를 통해 동북아 허브(Hub) 항만구축, 첨단 IT와의 접목을 통해 고부가가치산업인 항만물류산업의 활성화에 최선의 노력을 기울여 왔다.

그러나 이와 같은 우리나라의 컨테이너 중심항전략은 외형적인 물동량확충에만 역량이 집중되었을 뿐, 이를 효율적으로 운영하고 경쟁력을 확보하기 위한 소프트웨어의 확보전략은 상대적으로 미약했던 것이 사실이다. 정부에서도 항만정책의 이러한 문제점을 인식하고, 대학에서부터 보다 보편적이고 정확한 항만교육을 위한 교재의 개발에 착수하는 계기를 마련하게 되었다.

이에 따라 본 교재는 다양한 항만기능 가운데 컨테이너의 하역 및 운송을 중심으로 학생들에게 올바른 지식을 제공하기 위한 것이다. 특히 컨테이너 터미널은 국제운송의 처음과 마지막 접점으로 국제무역에서 화물이 거쳐 가야 될 중요한 거점이므로, 컨테이너 터미널에서 수행하는 업무를 파악하고 컨테이너 터미널의 하역 시스템을 정확히 이해하는 것이 전체물류 시스템과 항만물류 시스템의 중요성을 파악하는 데 핵심적 내용이 될 것이다.

본 교재의 목표는 "컨테이너 하역실무"에 대한 정확한 지식을 확보하는 것이며, 이를 위해 우선 컨테이너 터미널의 주요 기능인 하역과 보관 및 운송방식 등을 중심으로 지식을 습득하는 것이다. 수출화물의 경우 인도로부터 장치장내 보관 및 선박으로의 선적, 수입화물의 경우 선박에서의 하역작업과 보관 및 컨테이너의 육상운송업자로의 인수도 등 여러 단계를 거치는 컨테이너 터미널 활동의 흐름과 터미널의 생산성증대 및 효율적인 운영의 방안 등을 도출하는 능력을 배양하는 것을 목표로 하고 있다. 그리고 나아가서는 컨테이너 터미널을 설계할 수 있는 능력의 기초를 다지는 데 효과적일 것이다.

그 동안 컨테이너 하역에 관한 교재는 국내에서 거의 찾아 볼 수 없으며, 물류관리사시험 교과목에 초점을 맞춘 보관하역론 또는 하역론 등에서 항만 전체의 하역관점을 통해 컨테이너를 부분적으로 언급하는 데에 불과하였다. 그러나 이러한 교재 역시 교재의 형식을 갖춘 것이 아니라 실무의 업무 매뉴얼식으로 활용되고 있어 교재로의 활용을 위해서는 체계적 정비가 필요한 실정이었다.

본 교재에서는 최근에 도입된 선진하역기법 등을 반영하고, 급변하는 항만하역환경에 대한 주제를 다루고 있다. 본서는 전체 12장으로 되어 있으며, 대학에서 1학기에 강의를 마칠 수 있도록 구성하였다. 제 1 장에서는 항만하역의 기본개념에 대해 개론차원에서 언급하고 있으며, 제 2 장에서는 컨테이너의 이해를 위한 컨테이너의 유래 및 각종 종류의 컨테이너에 대해 비교적 자세히 설명하고 있다. 제 3 장에서는 컨테이너선의 종류와 운항방식에 대한 설명으로 최근 컨테이너선의 대형화과정 및 정기선운항항로, 그리고 컨테이너와 관련된 국제협약에 대해 언급하고 있다. 제 4 장에서는 컨테이너 터미널의 개념과 분류, 그리고 터미널의 주요 시설 및 기능에 대해 설명하였다. 제 5 장에서는 컨테이너 터미널의 각종 장비에 대한 상세한 이해 및 장·단점, 자동화추이에 대해 수록되어 있으며, 제 6 장에서는 컨테이너 터미널을 설계하기 위한 제반 고려사항 및 설계사례에 대해 설명되어 있다. 제 7 장에서는 컨테이너 장치장에서 컨테이너를 하역하기 위한 장치장구성, 장치장분류 및 하역절차에 대해 언급되어 있으며, 제 8 장에서는 안벽에서 컨테이너를 하역하는 절차 및 고려사항, 생산성 등에 대해 설명되어 있다. 제 9 장에서는 컨테이너 화물을 효율적으로 처리하기 위한 제반 정보와 관련서류의 흐름에 대해, 제10장에서는 터미널의 제반 부서별 업무를 설명하였다. 제11장에서는 컨테이너 터미널의 정보 시스템에 대해, 제12장에서는 컨테이너 터미널의 인력구조 및 담당업무에 대해 설명하였다.

본 교재는 가급적 최신의 자료를 사용하고 있으며, 최근에 많은 연구가 이루어지고 있는 컨테이너 하역방식 및 발전방향에 대한 많은 문헌들을 최대한 활용하였다는 점을 밝혀 둔다. 본 교재는 컨테이너 운송뿐 아니라 해운론과 국제운송론의 보완교재로서도 손색 없는 내용이 포함되어 있다고 할 수 있다. 또한 국가고시 해무사 및 물류관리사의 시험준비서로도 활용될 수 있을 것이다.

이 책의 저술과정에서 원고정리와 교정을 보아 준 박영사의 이일성 편집위원께 감사를 드린다. 그리고 이 책을 출판하도록 많은 도움을 주신 국토해양부와 박영사 관련자 여러분께 진심으로 감사를 드린다.

2009년 2월

저 자 씀

차 례

제 3 장 컨테이너선의 종류와 운항방식

제 4 장 컨테이너 터미널의 개념 및 주요 기능

제 5 장 컨테이너 터미널의 장비

제 6 장 컨테이너 터미널 평면설계의 이해

제 7 장 장치장에서의 컨테이너 하역

제 8 장 안벽에서의 컨테이너 하역

제 9 장 컨테이너 화물의 서류 및 정보의 흐름

제10장 컨테이너 터미널의 업무

제11장 컨테이너 터미널 정보 시스템

표 차 례

그림 차례

제 1 장

항만하역의 개념

제 1 절 항만의 개념

항만은 천연적으로 또는 인공을 가하여 선박을 안전하게 출입, 정박, 계류시키고, 수륙교통의 연결에 관한 각종의 활동이 행하여지는 장소이다. 해상수송 기지로서 해상수송을 육지와 연결시키는 운송시설의 역할을 담당하며, 해운과 내륙운송을 연결하는 공통접속영역으로서 물류, 생산, 생활, 정보생산 및 국제교역기능과 배후지의 경제발전을 위한 기지로서의 역할을 수행하는 종합공간의 특징을 지니고 있다.

[표 1-1] 항만법상의 정의

“선박의 출입과 사람이 타고 내리거나 화물을 선박에 싣고 내릴 수 있는 시설이 구비된 “항”

1. 항만의 분류

1) 지정권자에 따른 분류

(1) 지정항만(指定港灣)

국민경제와 공공의 이해에 밀접한 관계가 있는 항만으로서 대통령령으로 그 명칭, 위치 및 구역을 지정하는 항만이다.

(2) 지방항만(地方港灣)

시·도지사가 그 명칭, 위치 및 구역을 지정·공고하는 항만이다.

2007년 현재 지정항만은 무역항 28개와 연안항 24개가 지정되어 있으며, 지방항만으로 지정, 고시된 것은 없다.

2) 용도에 따른 분류

용도(사업목적)에 따라 항만을 분류하면 상항(商港, Commercial port), 공업항(工業港, Industrial port), 어항(漁港, Fishery port), 군항, 피난항, 검역항 등으로 구분된다.

[표 1-2] 용도에 따른 항만분류

구 분	종 류	내 용
용도(사업목적)상 분 류	상 업 항	외국과 무역 또는 국내상거래를 주로 하는 항구
	공 업 항	공업원자재나 제품 수·출입을 주로 하는 항구
	어 항	어획물의 양륙을 주로 하는 항구
	군 항	군사적 목적을 주로 하는 항구
	피 난 항	악천후시 안전하게 피난할 수 있는 항구
	검 역 항	해외로부터의 전염병방지를 목적으로 지정된 항구

3) 입지(지형)에 따른 분류

입지(지형)에 따라 항만을 분류하면 연안항(沿岸港, Costal port), 하구항(河口港, Estuary port), 하천항(河川港, River port) 등으로 구분된다.

[표 1-3] 입지에 따른 항만분류

구 분	종 류	내 용
지형상 분 류	연 안 항	해안에 연한 항구
	하 구 항	하구에 있는 항구
	호 항	호수에 있는 항구
	하 천 항	하천에 형성된 항구

4) 무역항과 연안항

(1) 무 역 항

무역항은 주로 원양구역을 항행하는 선박이 입·출항하는 항만 가운데 국민경제 및 공공의 이해와 밀접한 관계가 있어 항만법시행령으로 위치 및 구역, 명칭 등이 지정된 항만이다. 항만법의 항만분류에 따른 항만의 하나로서, 국토해양부장관이 건설, 운영하며, 2007년 현재 부산, 인천, 울산 등 28개 항이 무역항으로 지정되어 있다. 개항질서법은 항만법에 따른 무역항을 개항(開港)으로 지정하고 있다.

(2) 연 안 항

반면 연안항은 연해구역을 항행하는 선박이 입·출항하는 항만 가운데 국민경제와 공공의 이해와 밀접한 관계가 있는 항만으로 항만법시행령으로 명칭, 구역 및 위치를 지정한 항만이다. 항만법의 항만분류에 따른 지정항만의 하나로서, 국토해양부장관이 개발하고, 지방자치단체의 장인 관할 시·도지사가 운영하며, 2007년 현재 22개 항이 연안항으로 지정되어 있다.

[표 1-4] 무역항과 연안항의 분류

종 류	내 용
무 역 항	· 동해안(7개 항): 울산, 포항, 동해, 속초, 삼척, 묵호, 옥계 · 서해안(8개 항): 인천, 목포, 군산, 평택, 대산, 보령, 장항, 태안 · 남해안(13개 항): 부산, 광양, 마산, 여수, 진해, 통영, 고현, 옥포, 삼천포, 장승포, 완도, 제주, 서귀포
연 안 항	· 동해안(4개 항): 구룡포, 후포, 울릉, 주문진 · 서해안(7개 항): 연평도, 대천, 비인, 대흑산도, 홍도, 용기포, 송공 · 남해안(13개 항): 부산남, 녹동신, 나로도, 거문도, 한림, 화순, 성산포, 애월, 팽목, 신마, 추자, 갈두, 화흥포

[그림 1-1] 무역항 및 연안항의 위치도

5) 기타 분류

[표 1-5] 기타 항만의 분류

구 분	종 류	내 용
법률에 의한 분 류	개 항	외국선의 출입이 개방된 항구
	불 개 항	국내선박만이 출입할 수 있는 항구
	자 유 항	수출입화물에 대하여 관세부과 없이 보세구역과 같은 기능과 역할을 수행하는 항구
건설방법에 의한 분류	천 연 항	섬, 암초 등에 둘러싸여 자연적으로 형성된 항구
	인 공 항	방파제 등에 의해 인공적으로 건설된 항구
결빙 여부에 의한 분류	동 항	결빙시 사용하지 못하는 항구
	부 동 항	결빙의 영향을 받지 않는 항구
개·폐 여부에 의한 분류	개 구 항	조차가 크지 않아 항상 항구가 열려 있는 항구
	폐 구 항	조차가 커 갑문(lock)을 설치한 항구(인천항)

2. 항만의 기능

항만이란 해륙운송의 중계지로서 육송된 화물의 선적과 화물을 원활하게 양륙할 수 있는 시설을 갖추고 산업활동이 이루어지고 있는 장소로서, 선박이 입·출항하고 하역을 하기 위하여 선박의 안전정박을 위한 충분한 수심과 넓은 접안시설, 하역장비 및 창고, 화물장치장과 육상교통과의 연계, 입·출항에 필요한 세관 및 검역시설과 기타 간접시설을 갖추고 있어야 한다.

항만은 한 나라의 경제발전에 직접적으로 주도하는 상공업활동을 통하여 국제무역의 증진에 중요한 역할을 수행하며, 국제무역의 증진, 해운산업의 발달 및 관련산업을 직·간접으로 발전시킨다는 점에서 경제적 중요성이 크다.

1) 항만의 주요한 기능

① 승객 및 무역량 운송을 위한 해상, 육상 연결지점

② 자원의 세계적 배분을 위한 국제간 연결교차점

③ 교역증대, 교통, 배분, 고용창출, 무역창출, 국위선양, 국방, 도시개발, 공업생산증대, 서비스산업 증진 등을 들 수 있다.

2) 항만기능효율화를 위한 조건

① 항만배후지에서 발생하는 국제무역수요를 효율적이고 경제적인 방법으로 원활히 처리할 수 있어야 한다.

② 지역산업개발과 무역을 창출시키는 데 보조적 기능을 충분히 해야 한다.

③ 국내용과 환적화물의 증가분에 효율적으로 대처할 수 있어야 한다.

④ 항만은 전·후방기지 및 해·육 연결점(Node)으로서 이용대상에 대한 효율적인 전환시설기능(Transit Facilities)을 다할 수 있어야 한다.

3) 항만시설

항만시설은 수역부분의 항만구역과 육지부분의 임항지역 또는 그 인접지역에 설치된 시설을 말하며, 그 내용은 다음과 같다.

(1) 기초시설

① 수역시설 : 항로, 정박지, 선류장, 선회장
② 외곽시설 : 방파제, 방사제, 파제제, 방조제, 갑문, 호안 등
③ 임항교통시설 : 도로, 교량, 철도, 궤도, 운하 등
④ 계류시설 : 안벽, 물양장, 잔교, 돌핀, 선착장, 램프 등

(2) 기능시설

① 항행보조시설 : 선박의 입·출항을 위한 항로표지, 신호, 조명, 항무통신 시설 등
② 하역시설 : 고정식 또는 이동식 하역장비, 화물이송시설, 배관시설 등
③ 여객이용시설 : 대합실, 여객승강용 시설, 소화물취급소 등
④ 화물보관, 처리시설 : 창고, 헛간, 야적장, 컨테이너장치장 및 컨테이너 조작장, 싸이로, 저유시설 등
⑤ 선박보급시설 : 선박을 위한 급유, 급수시설 및 얼음의 생산공급시설 등
⑥ 항만후생시설 : 선박승무원 및 부두노동자의 휴게소, 숙박소, 진료소, 위락 시설 등

제2절 하역의 개념

하역(荷役, cargo handling)이란 선박으로 수송되는 화물을 선박에 적재하거나 내리는 작업을 총칭한 개념이다. 하역을 분류하면 다음과 같다.

1) 접안하역(接岸荷役, cargo handling quay)

화물을 실은 선박이 직접 안벽에 접안해서 선박 자체 또는 안벽에 설치된 크레인을 통하여 하역하는 것을 접안하역이라고 한다.

2) 충하역(沖荷役, cargo handling anchorage)

화물을 실은 선박이 박지(泊地)에 정박하여 부선(艀船)에 하역하는 것을 충하역(沖荷役, cargo handling anchorage)이라고 한다.

3) 야드 하역(Cargo handling yard)

야드 하역은 따로 정의된 바는 없으나 화물이 적재되어 있는 야적장에서 차량으로부터 화물을 하차시키거나 상차시키는 것을 야드 하역이라고 정의할 수 있다.

제 3 절 항만하역환경의 변화

하역은 항만운영에서 매우 핵심적인 역할을 담당한다. 항만구역 내에서 해상 및 육상의 연계운송을 지원하는 하역은 항만의 환경변화와 맞물려 구조적인 변화를 거듭하면서 발전했다.

1940년대는 항만하역의 태동기로 일제의 수탈물자와 광복 직후 미군정물자 등 소규모 물자를 하역하는 데 불과했다. 이 시기의 항만하역은 완전히 인력에 의존하였으며, 간혹 장비를 갖추었다 해도 1t 미만에 불과했다.

1950년대에는 6·25로 군수물자가, 휴전 이후에는 복구에 따른 구호물자가 급증했고 말기에 문경 시멘트 공장과 나주 비료공장 등 대단위 공장건설로 기자재 수입물자가 크게 늘면서 하역의 수요도 급증했다. 이 같은 환경변화에 맞춰 하역업자들은 장비의 도입을 서둘렀으나 50t급 해상 크레인이 고작이었으며, 하역기술도 축적되지 않아 중량물 등의 하역은 미군의 기술지도 아래 이들의 장비에 의존할 수밖에 없었다.

1960년대 정부의 제 1·2 차 경제개발 5 개년계획에 따라 외자도입과 무역화물이 크게 증가하였으며, 1969년에는 컨테이너선이 입항하면서 항만하역은 새로운 전기가 마련되었으며, 이 때 20t급 육상 크레인, 7t급 지게차와 30t급 트랙터 등이 도입되었다.

1970년대에는 무역화물이 크게 증가하여 시설과 장비만 갖추고 있으면 특수를 누리는 최대의 성장기였다고 볼 수 있다. 고도의 경제성장에 수반되어 수·출입 화물이 급증하였을 뿐만 아니라 수출화물이 중량화되었으며, 컨테이너화가 본격화되기 시작하면서 다양한 사업분야로 컨테이너화가 확대되게 되었다.

1980년대는 컨테이너 화물과 중량화물이 급증함에 따라 하역의 기계화가 가속화된 시기이다.

1990년대의 항만하역은 기계화가 더욱 진전됐고, 하역업체들은 종합물류회사로서의 기능까지 갖추게 됐다. 1997년 국토해양부에 의해 부두운영회사제(TOC)가 시행되면서 하역업체들은 정부로부터 부두를 임대받아 사용하는 자가부두시대를 맞게 됐다. 유럽과 같은 항만선진국에서는 하역장비를 무인으로 자동운전하는 자동화 터미널을 건설하게 된다.

2000년대 하역회사들은 대형 자본과 첨단하역기법을 갖춘 외국회사들이 국내항만에 진출하면서 국제경쟁시대를 맞게 됐다. 그 동안 시설에 비해 화물량이 많아 안정적 기조에서 성장을 계속해 왔던 항만하역 부분은 새로운 환경변화에 적응하기 위한 과감한 투자와 경쟁력 있는 서비스를 제공하기 위한 질적 향상을 꾀하게 됐다. 우리나라에서는 광양항을 중심으로 자동화 터미널을 계획하고 있다.

항만하역형태에 대한 발전과정을 종합해 보면 초기에는 인력에 의한 하역, 기계화, 자동화로 진전되고 있음을 알 수 있다.

특히 최근에는 선박의 대형화에 따라 크레인의 대형화 및 고속화 추세에 있으며, 미래 노무공급의 불안정성 및 비용절감을 위해 하역장비 자동화를 추진하고 있다.

제 2 장

컨테이너의 이해

제 1 절 컨테이너 용기의 이해

컨테이너(container) 용기는 일정 용량의 화물을 규격에 맞게 싣고 운반하기에 편리하도록 고안된 박스 모양의 운송용구로써 신속한 하역작업을 가능하게 하고, 다른 종류의 운송수단간 접촉을 용이하게 하기 위해 고안된 대형의 화물수송용기이다. 본 절에서는 컨테이너의 용기에 대한 표준화와 컨테이너의 정의, 컨테이너의 분류 · 표지 · 수급 등에 대해 알아 본다.

1. 컨테이너의 표준화

컨테이너는 1926년에 미국 뉴욕과 시카고 간 철도수송에 19개를 적재할 수 있는 철도운송차량을 제작하여 처음 사용되었다. 이후 제 2 차 세계대전중에도 미군은 군수품의 수송을 위해 해상용으로 제작된 컨테이너를 처음으로 사용하였으며, 전쟁이 끝난 이후에도 독일 주둔부대의 본국과 물자수송을 위해 지속적으로 사용하였다. 그러다가 1957년 10월에 미국 선사인 시랜드(Sea-Land)사에서 휴스톤과 뉴욕항 간의 연안운송에 소형 탱커선을 개조한 컨테이너 해상수송선을 투입함으로써 최초의 컨테이너선이 취항하였으며, 1966년에는 뉴욕-유럽 항로에 풀컨테이너선인 페어랜드(Fairland)호를 투입함으로써 국제적 화물수송에 컨테이너선이 처음으로 투입되었다. 이어 1967년에는 미국의 매트손(Matson)사가 풀컨테이너선인 하와이언 플랜트(Hawaiian Plant)호를 극동-북미항로에 투입함으로써 태평양항로에도 컨테이너 해상수송의 시대를 맞이하게 되었다.

컨테이너가 처음 도입되었을 때에는 세계 여러 나라에서 각각의 기업마다 자신에게 적합한 컨테이너를 제작하여 운송에 투입하였다. 일본의 경우에도 일본철도(JR)는 12피트의 컨테이너를 사용하였으며, 국제 해상컨테이너 수송에는 35피트의 컨테이너가 이용되었다. 그러나 국제무역의 증가와 컨테이너선의 취항증가로 풀컨테이너선이 등장하면서 여러 나라 육·해·공의 다양한 수송모드를 경유하면서 컨테이너의 크기·사양·재질 등에 대한 표준화와 규격화 문제가 불가피하게 대두되었다. 컨테이너의 표준화문제는 1958년에 미국에서 시작되었다. 미국은 국방 등의 긴급사태가 발생될 경우 일정 규격과 일정 수량의 컨테이너가 필요하다는 인식 하에 미국의 표준화협회인 ASA(America Standard Association)를 중심으로 표준화를 추진하였다.

그러나 컨테이너의 표준화가 세계적인 규모로 추진된 것은 1961년에 국제표준화기구(International Standard Organization : ISO)의 제104 기술위원회(Technical Committee 104: TC104)라는 컨테이너에 관한 전문위원회가 설립되면서부터이다. 제104 기술위원회(TC 104)는 31개국의 정식회원국(P-member)과 24개국의 옵져버(O-member)로 이루어졌으며, 이 위원회에서는 컨테이너의 정의, 각 부분의 명칭, 중요한 치수, 최대총중량, 사양, 시험방법, 그리고 표시방법 등에 관하여 규격을 심의하고 제정하여 컨테이너 용기에 대하여 소위 ISO 표준규격을 제정하였다. ISO는 이러한 표준을 유지하기 위해 컨테이너를 생산하는 나라별로 공인기관을 인정하고 있다. 우리나라의 컨테이너 표준공인기관은 사단법인 한국선급(Korean Register of Shipping)이다.

ISO는 철저한 민간조직이며, 여기에서 정한 규격은 강제성이 있는 것은 아니다. 그러나 컨테이너화가 확대되면서 각국에서는 ISO 규격에 부합되는 컨테이너와 컨테이너선을 운영하고 있다. 현재 전세계 항만에는 연간 약 2억5천만 TEU의 컨테이너가 처리되고 있으며, 이들은 모두 ISO 규격에 부합하는 컨테이너들이다.

2. 컨테이너의 정의

앞에서 언급한 바와 같이 컨테이너의 역사적 발전과정은 나라마다 지역마다 다르기 때문에, 컨테이너에 대한 정의 역시 ISO 등의 국제기관이나 컨테이너에 관한 통관조약(Customs Convention on Containers : CCC) 혹은 컨테이너 안전조약(International Convestion for Safe Container : CSC) 등의 기구나 협정마다 다르게 정의된다.

ISO에서는 ① 반복사용에 적절한 내구적 강도를 유지할 것, ② 운송도중에 화물의 교체가 어렵고 다른 운송수단에서도 쉽게 운송되도록 설계할 것, ③ 다른 수송수단으로 환적을 위해 장치장에 쉽게 장치될 수 있을 것, ④ 화물의 적입 및 반출이 용이할 것, ⑤ 부피가 1m³ 이상이 될 것으로 정의하고 있다. 한편 CCC에서는 ① 항구적인 설질을 보유하고 반복사용에 적합한 내구성을 보유할 것, ② 도중에 화물의 재 적재(Reloading) 없이 하나 이상의 운송수단에 의하여 화물운송이 용이하도록 설계, ③ 하나의 운송수단에서 다른 운송수단으로 환적(Transshippment)이 용이하도록 설계, ④ 물품의 적입 및 반출이 용이하도록 설계, ⑤ 부피가 1m³ 이상이 될 것으로 정의하고 있다.

위 두 정의에서 공통적으로 적용되는 내용을 보면 다음 5가지로 정리할 수 있으며, 실제로 컨테이너는 다음의 5가지를 모두 충족하고 있다.

① 환적이 용이하도록 설계되어야 한다.
② 화물의 적입 및 반출이 쉽게 이루어질 수 있어야 한다.
③ 각종 수송수단에 모두 적절한 크기를 이루어야 한다.
④ 오랫동안 반복적으로 사용되어도 견딜 수 있는 내구성을 확보해야 한다.
⑤ 화물의 유니트(unit)화를 제공하는 용기이어야 한다.

한편 우리나라에서도 ISO와 CCC의 규정에 따라 「컨테이너 관리에 관한 고시」(2005. 12. 7. 관세청고시 제2005-37호) 제1-0-2조에서 컨테이너를 다음과 같은 요건을 충족하는 운송기기로 정의하고 있다.

가. 물품을 보관하기 위한 격실을 형성하도록 완전히 또는 부분적으로 둘러싸여 있어야 하며,

나. 항구적인 성질을 가지며, 따라서 반복사용에 적합할 정도로 견고하여야 하며,

다. 도중에 재 적재 없이 하나 또는 그 이상의 운송수단에 의하여 물품의 수송을 용이하게 하도록 특별히 설계되어 있어야 하며,

라. 하나의 운송수단에서 타 운송수단으로 환적될 때 용이하게 취급되도록 설계되어 있어야 하며,

마. 물품의 적입 및 적출이 용이하도록 설계되어 있어야 하며,

바. 1㎥ 이상의 내부용적을 가지고 있어야 하며,

사. 콘테이너협약 부속서 4에 제기된 콘테이너의 기술적 조건을 충족하여야 한다.

3. 컨테이너의 규격 및 무게

1) 컨테이너의 규격

컨테이너의 규격은 미국표준협회(ASA)에서 처음으로 규정하였다. ASA에서는 1961년에 컨테이너의 표준 폭과 높이를 8피트로 정하였으며, 길이는 10피트, 20피트, 30피트, 40피트로 공식 분류하였다. 이러한 표준은 1961년 9월의 제 1차 국제표준화기구(ISO)에서 전세계표준으로 공식 채택되었으며, 1964년에 유럽에서 5피트와 6 2/3 피트의 소형 컨테이너 2종을 추가하였다. ISO는 이후 1969년에 8피트 높이의 컨테이너에 경제성이 낮다고 파악하고, 8피트 6인치 높이의 컨테이너를 새로운 국제규격으로 추가하였다.

한편 ISO는 1995년의 개정을 통하여 컨테이너의 길이를 10피트에서 49피트까지 다양하게 인정하였다. 10피트는 각국에서 철도 및 연안 해상수송용으로 주로 사용하며, 국제간의 해상화물운송에서는 20피트와 40피트 컨테이너가 주로 사용된다. 최근에는 일부 선박에서 45피트와 48피트 컨테이너가 사용되기도 한다. 또한 컨테이너의 높이에 있어서도 기존의 8피트 6인치에서 9피트 컨테이너와 9피트 6인치 컨테이너를 표준으로 인정하였다. 통상 8피트 6인치를 넘는 컨테이너

[표 2-1] 대표적인 컨테이너의 규격

구 분	20피트	40피트	40피트 하이큐빅	45피트
길이(m)	5.894	12.031	12.031	13.555
폭(m)	2.348	2.348	2.348	2.348
높이(m)	2.376	2.376	2.695	2.695
최대용적(CBM)	33.2	67.11	76.11	85.77

주 : CBM=Cubic Meter.
자료 : 무역협회, 무역실무 매뉴얼, 2004.

를 하이큐브(High Cube) 컨테이너라고 부른다.

2) 컨테이너의 무게

1대의 컨테이너가 적재할 수 있는 화물의 총중량(maxmum payload)은 컨테이너의 최대총중량에서 컨테이너 자체의 무게(tare weight)를 뺀 것이다. 이 수치는 컨테이너의 종류와 제조회사, 소유선사에 따라 다르다. 같은 모양의 컨테이너라도 내용물이나 컨테이너의 재료 등에 따라 차이가 발생할 수 있다.

다음 표에서는 3가지 형태의 컨테이너에 대해 최대적재 중량과 부피에 대해 ISO 기준을 제시하였다. 40피트 하이큐브는 길이와 폭은 기존 40피트 컨테이너와 동일하지만, 높이만 기존의 8피트 6인치에서 9피트 6인치로 높인 컨테이너를 말한다. 이 컨테이너 역시 ISO의 인증을 받은 규격이다.

[표 2-2] 컨테이너의 중량 (단위 : 톤)

구 분	20피트	40피트	40피트 하이큐빅	45피트
자체 중량	2.26	3.74	3.94	4.88
적재가능화물 중량	21.74	26.74	26.54	25.6
총중량	24.0	30.48	30.48	30.48

자료 : 무역협회, 무역실무 매뉴얼, 2004.

4. 컨테이너의 종류

1) 재질에 따른 분류

컨테이너는 재질에 따라 철(steel)과 알루미늄 재질을 주로 사용하지만, 최근에는 컨테이너를 경량화하고 내부용적을 크게 하기 위하여 FRB(Fiberglass Reinforced

[표 2-3] 외주식과 내주식 컨테이너의 분류

구 분	특 징	비 고
내주식 컨테이너	컨테이너 앞뒤의 테두리(Lining) 및 옆골재(side rail)가 컨테이너 외부벽(wall)의 내측에 있는 컨테이너	컨테이너 수리 및 임대시 구조별로 구분하여 활용
외주식 컨테이너	컨테이너 앞뒤의 테두리(Lining) 및 옆골재(side rail)가 컨테이너 외부벽(wall)의 외측에 있는 컨테이너	

Plastics)로 된 컨테이너를 제작하기도 한다.

(1) 알루미늄 컨테이너(Aluminium Container)

알루미늄 컨테이너는 컨테이너의 외판 및 구조재를 알루미늄 합금으로 만들었으며, 같은 크기의 철제 컨테이너에 비해 더욱 많은 화물을 적재할 수 있는 장점이 있다. 또한 알류미늄의 특성에 따라 내구성, 복원성, 유연성, 내부식성 등의 특징이 있어 컨테이너를 장기간 사용할 수 있다. 벽면의 중간 기둥이 바깥 쪽에 있는 외주식(exterior post type)과 내부에 있는 내주식(interior post type)이 있다.

알루미늄 컨테이너는 높은 내구성과 내부식성 등에도 불구하고 가격이 매우 비싸다는 단점이 있다.

(2) 철재 컨테이너(Steel Container)

철재 컨테이너는 컨테이너의 외판 및 구조재가 모두 철재로 이루어졌으며, 용접으로 조립되어 방수효과가 뛰어나다. 또한 철재의 견고함 때문에 외관의 손상이 크게 줄어들고 수리가 간단하며, 제작비용이 낮다는 장점이 있다.

그러나 철재 컨테이너는 해수염분에 따른 철재의 부식 등에 의해 내구연한이 짧다는 문제점이 있으며, 수리시 도장비용과 많은 시간이 소요된다는 단점이 있다. 그러나 무엇보다 큰 단점은 컨테이너 자체의 중량이 매우 크다는 점 때문에 ISO 규격에 따라 적재할 수 있는 화물에 제약을 받게 된다는 점이다.

(3) FRB 컨테이너

컨테이너 철재틀의 양면 합판표면에 접착제로 부착시킨 FRP로 재질을 사용한 컨테이너이다. 내부용적을 크게 잡을 수가 있어 실질용적톤이 동일규격의 컨테이너보다 크다는 장점이 있으며, 충격성, 방열성, 내부식성 등에서 우수하다.

[표 2-4] 재질에 의한 컨테이너의 분류

구 분	특 징
철재컨테이너	· 컨테이너 외관 및 구조재가 강재로 구성됨 · 철의 강도가 커서 다른 재질에 비해 저렴 · 염분에 대한 부식우려 · 컨테이너 수리시 비용과 시간이 많이 요구
알루미늄 컨테이너	· 염분에 대한 내식성우수 · 재질이 고가
FRP 컨테이너	· 내부용적을 크게 잡을 수 있어 실질용적톤이 동일규격 타 컨테이너보다 큼 · 충격성, 방열성, 내부식성 등에서 우수
폴리프로필렌 컨테이너	· 반복운송목적이 아닌 중요 화물의 포장용으로 활용 · 1회용 컨테이너이므로 Oneway Flexible Container라고 함

2) 사용목적에 따른 분류

ISO에서는 내장하는 화물과 사용목적에 따라 컨테이너의 종류를 상세히 구분하고 있으나, 여기에서는 일반적으로 사용되는 분류에 따라 다음과 같이 분류한다.

(1) 표준 컨테이너(Standard Container)

국제적으로 일반화물의 수송에 가장 많이 사용되는 컨테이너이다. 온도조절이 필요치 않은 밀폐형 컨테이너로 '드라이 컨테이너(Dry Container)'라 부르기도 하며, ISO에서는 '환기구가 필요없는 일반용도 컨테이너(general purpose without ventilation container)'라고 부른다. 액체화물을 제외하고 온도의 조절이 필요치 않은 일반잡화

[그림 2-1] 표준 컨테이너

의 수송에 가장 적합한 밀폐형 컨테이너로 국제적인 화물운송에 가장 많이 사용되는 컨테이너이다.

(2) 냉동 컨테이너(Reefer Container)

ISO에서는 '기기부착형 온도 컨테이너(thermal container)'로 불리우는 냉동 컨테이너는 냉동 및 냉장화물의 수송을 위해 컨테이너에 냉동장치를 부착한 컨테이너이다. 높은 내열성을 갖는 컨테이너 부분과 냉동을 지원하는 냉동 유니트로 구성되며, 20℃~-20℃ 정도의 온도조절이 가능하다. 컨테이너 부분의 재질은 보통 알루미늄을 많이 사용하며, 내부에 단열용 설비가 설치되어 있다.

용도로는 냉동, 냉장식품(과일, 육류, 어패류 등) 등의 수송에 이용되며, 특히 온도변화에 민감한 화물과 일정 온도가 필요로 하는 약품 등의 수송에 이용된다.

[그림 2-2] 냉동 컨테이너

(3) 오픈탑 컨테이너(Open Top Container)

중량화물의 수송에 적합하도록 컨테이너의 천정이 캔버스 덮개로 이루어져 자유로이 개방할 수 있도록 설계된 컨테이너이다. 컨테이너 상부에서 하역을 할 수 있는 것이 특징이다. 주로 판유리, 강제품, 기계류 등 중량화물의 수송에 사용된다.

한편 오픈탑 컨테이너에 부착된 캔버스 덮개의 방수성이 매우 취약하기 때문에 이를 보강하기 위해 천정을 보다 견고한 루프판넬(roof panel)로 대체한 것을 하드탑 컨테이너(Hard Top Container)라고 부른다. 이 컨테이너는 방수성이 표준 컨테이너와

[그림 2-3] 오픈탑 컨테이너와 하드탑 컨테이너

(a) 오픈탑 컨테이너 (b) 하드탑 컨테이너

비슷하며, 주로 기계류수송에 이용하므로 바닥의 강도는 일반 오픈탑 컨테이너보다 강화되어 있다.

이 외에도 중량화물의 공간효율성 향상을 위하여 오픈탑 컨테이너의 높이를 절반으로 줄인 핼프헤이트 컨테이너(Half-height Container)도 있으며, 주로 파일(pile), 강철, 드럼통(loaded drum) 및 주괴 등과 같은 매우 조밀한 화물의 적재에 사용된다.

(4) 프래트랙 컨테이너(Flat Rack Container)

일반표준 컨테이너의 천정과 앞·뒷벽의 일부를 제거한 모양으로 양단벽도 떼었다 붙였다 할 수 있어 바닥과 네 기둥만의 형태가 될 수 있다. 포크리프트 등으로 측면에서 하역을 할 수 있으며, 크레인 등에 의해 상부에서 하역도 가능하다. 한편 전벽과 모서리 기둥을 제거하고 컨테이너 바닥만 있는 형태의 컨테이너를

[그림 2-4] 프래트랙 컨테이너

프래트폼 컨테이너(Flat Form Container)라고 부르며, 진정한 의미에서 컨테이너 용기에 포함되지는 않는다.

프래트랙 컨테이너의 용도는 가로와 세로, 높이 등에서 표준 컨테이너를 초과하는 화물의 수송에 이용되며, 주로 파이프(pipe), 기계류, 전극, 목재 등 장척물과 중량물에 사용된다.

(5) 탱크 컨테이너(tank container)

탱크 컨테이너는 액체화물의 수송을 위해 설계된 컨테이너로서 액체 벌크 컨테이너(liquid bulk container) 혹은 저장고 탱크 컨테이너(silo tank container)라고 부르기도 한다. 주로 주류, 장류, 유류, 화학품 등 액체화물의 수송에 적합한 형태의 구조로 20피트 컨테이너 용기 안에 단단한 강철로 틀을 짜 넣은 원통형 모양의 탱크를 갖추고 있다.

[그림 2-5] 탱크 컨테이너

(6) 벌크 컨테이너(Bulk Container)

주로 콩, 쌀, 보리 등 입자 및 분체 화물이나 같은 형태의 철물 및 화학제품을 운반하기 적합한 구조로 설계된 컨테이너이다. 화물의 적재를 위해 천정에 맨홀이 있으며 내장된 화물의 양화를 위해 덤프 창구가 설치된 것도 있다. 살물 컨테이너로 부르기도 한다.

[그림 2-6] 벌크 컨테이너

(7) 기타 컨테이너

이외에도 컨테이너의 사용용도에 따라 다음과 같은 컨테이너가 있다.

① **팬 컨테이너**(Pen Container)

소, 말, 양 등 살아 있는 동식물의 운반용으로 사용되는 컨테이너로 지붕은 햇빛을 가릴 만한 합판으로 되어 있고, 컨테이너 측면이나 전후면에는 적당한 창구가 있어 통풍이 잘되고, 측면하부에 배설구, 배수구 등이 설치되어 있다.

② **통풍식 컨테이너**(Ventilated Container)

냉장할 필요가 없는 과일, 야채 등의 생체식물의 운송에 사용되는 컨테이너이다. 주로 호흡작용을 하는 식물의 수송을 목적으로 하기 때문에 컨테이너의 앞면,

[그림 2-7] 팬 컨테이너

옆면에 통풍용 구멍이 설계되어 있다.

5. 컨테이너의 구조 및 명칭

1972년 12월에 제정된 컨테이너 안전에 관한 조약(Convention of Safety Container : CSC 협약)에서는 컨테이너의 구조 및 명칭에 대해 다음과 같이 정의하고 있다. 이에 대한 부분별 설명은 다음 그림 및 표와 같다.

[그림 2-8] 컨테이너의 각 부분별 명칭 및 Lifting Point

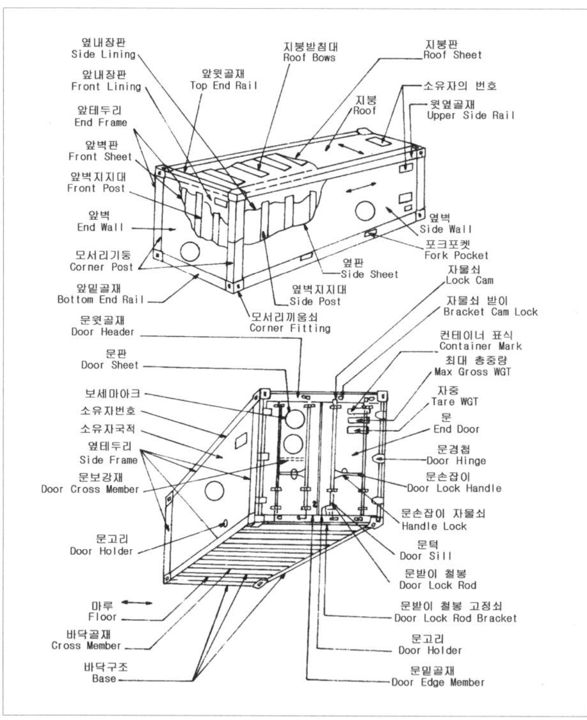

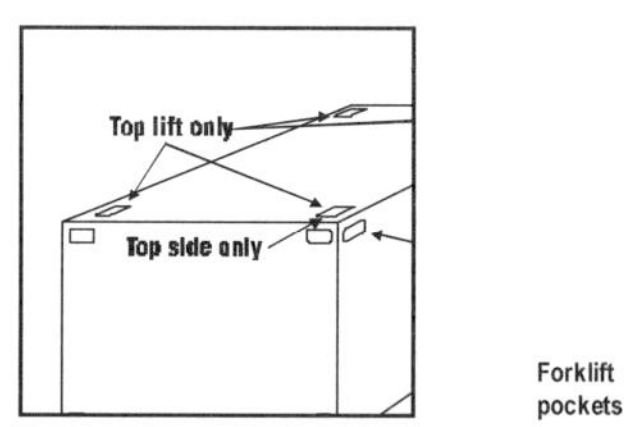

[표 2-5] 컨테이너 각 부분별 명칭 및 내용

명 칭		내 용
영 문	한 글	
Front Lining	앞 내장판	화물을 보호하기 위해 컨테이너의 내면에 구조부재와는 별도로 내장한 판, 지붕내장, 벽내장이 있다
Side Lining	옆 내장판	화물을 보호하기 위해 컨테이너의 내면에 구조부재와는 별도로 내장한 판, 지붕내장, 벽내장이 있다
Top end rail	앞 윗골재	앞 벽 테두리의 상부폭방향의 부재 앞 윗골재와 문윗골재가 있다
Mark & container No	소유자의 기호 및 컨테이너 번호	소유자의 Code와 ISO가 제창한 번호방식에 의거 번호를 부여
Roof bow	지붕받침대	지붕판을 지탱하기 위해 폭방향으로 건너진 부재
Roof	지 붕	상부골재 및 상부받침 재료로 구성된 구조부의 판
Upper side rail	윗 옆골재	지붕과 옆 벽을 연결하는 길이 방향의 구조부재로 Roof rail이라고도 함
Corner post	모서리기둥	컨테이너 네 귀퉁이에 있는 수직부재
Bottom side rail	밑옆골재	바닥구조와 옆 벽과를 연결하는 길이 방향의 구조부재
Fork pockets	포크포켓	지게차 등의 포크를 끼워 넣을 수 있도록 설계된 포켓, 20ft의 컨테이너에만 설계되어 있음
Side wall	옆 벽	모서리부재 아래의 받침대 구조부
Side sheet	옆 판	옆 벽을 구성하는 판
Side post	옆 벽지지대	옆 테두리의 위 아래 받침대를 결합하여 옆 판을 지지하는 기둥
Corner fitting	모서리 끼음쇠	컨테이너를 하역, 적재, 걸림 또는 결박을 위하여 컨테이너 모서리부에 설계된 부재로서 모서리 쇠고리라고도 함
Bottom end rail	앞 밑골재	앞 벽 테두리의 하부폭방향 부재, 앞 밑골재와 문 밑골재가 있다
End wall	앞 벽	모서리부재 아래 위 골재에 둘러 쌓여진 구조
Front post	앞 벽지지대	옆 테두리의 위 아래 받침대를 결합하여 옆 판을 지지하는 기둥
Front sheet	앞 벽판	앞 벽을 형성하는 판·단, 내장판은 형성하지 않는다
End frame	앞 테두리	끝 벽의 주곽을 형성하는 구조부. 전·후·끝 테두리가 있다
Door sheet	문 판	문을 구성하는 판
Door header	문 윗골재	문가장자리를 형성하는 구조부재
Cam lock blacker	자물쇠받이	-
Lock door cam	자물쇠	-
Max gross weight	최대 총중량표시	허용최대의 무게를 표시

Tare weight	자중표시	빈 컨테이너의 무게를 표시
End door	문	화물의 출입을 위해서 여닫을 수 있게 장치된 구조물
Door hinge	문경첩	–
Door lock handle	문손잡이	–
Door locking device	문손잡이 자물쇠장치	문손잡이 체결자물쇠 장치기구를 컨테이너 봉인(Seal)을 하는 곳
Door sill	문 턱	–
Door lock rod	문받이철봉	–
Door lock rod bracket	문받이철봉고정쇠	–
Door holder	문고리	문을 열려 있는 상태로 지탱케 하는 쇠로 만든 장치
Door edge member	문 밑골재	문가장자리를 형성하는 구조부재
Base	바닥구조	밑받침, 밑골재, 바닥골재 및 바닥으로 결합된 구조부
Croos member	바닥골재	밑 옆골재의 좌우를 폭방향으로 지지하는 구조부재
Tunnel recess	턴넬리세스	바닥구조 밑면에 트레일러의 거목부가 들어 갈 수 있게 된 홈통
Door cross member	문보강재	문가장자리와 결합되어서 문판을 보강하는 구조부재
Side frame	옆 테두리	옆 벽의 테두리를 형성하는 구조부재

6. 컨테이너의 표지(標識 : marking)

1) ISO 규격

ISO 6346[1] 규정에서는 컨테이너의 표지를 규정하고 있다. 이에 따라 컨테이너 외판에 [그림 2-9]와 같이 표시하고 있다.

1) ISO 6346(Freight containers–Coding, identification and marking)은 과거의 ISO 790(marking)과 ISO 2716(Identification Marking Code)을 통합시킨 것이다.

[그림 2-9] 컨테이너의 표지

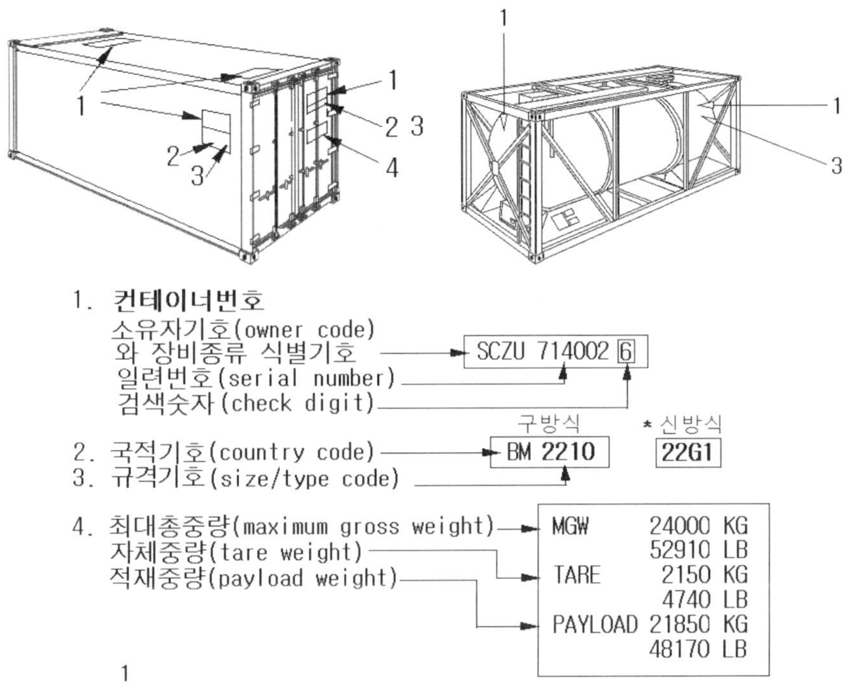

(1) 컨테이너 번호

우리나라의 주민등록번호(住民登錄番號)와 같이 개개 컨테이너에 주어지는 부호로 동일한 번호는 규약을 준수하면 이중발생이 되지 않는다.

ISO 6346 규정에서 4자리의 영문(英文) 표기와 7자리의 숫자를 붙여 11자리의 부호가 되도록 하고 있으나, 이것을 자세히 구분하면 소유자(所有者)를 표시하는 BIC-code[2]로 불리는 소유자 코드(owner's code)와 "U"로 표시되는 장비종류 식별기

2) 이 CODE는 ISO 6346으로 국제적으로 공인되어 있으며, 컨테이너 소유주가 각 지역의 등록소를 경유하여 소유주의 특징을 표시한 첫번째에서 세 번째까지의 3자리의 영문자를 프랑스 파리에 본부를 둔 국제컨테이너사무국(BIC=Bureau International Container)에 등록한다.
컨테이너 번호표시에는 세 자리 영문자와 반드시 "U"를 네 번째 자리로 한 전체 4자리를 사용한다. BIC-CODE Book에 의하면 상기의 예 SCPU는 홍콩의 Sea Container Pacific Ltd사 소유로 명명되어 있다.
우리나라의 국적선사는 HJC, HMM 등으로 등록되어 있다. 등록은 강제성이 아니므로 일부 선사는 미등록으로 4자리 내외의 영문자를 사용하고 있으며, 특히 미국선사 APL사

[그림 2-10] 컨테이너의 소유자표시, 컨테이너 일련번호,[3] 체크디지트

호[4] 표시, 일련번호 및 검정부호(check digit)로 분류된다.

예를 들어 컨테이너 번호 "OOCL 2948761"을 도해(圖解)하면 [그림 2-10]과 같다.

컨테이너 해상운송을 주관하는 선박회사는 자체의 컨테이너를 확보하고 있으나, 충분한 재고량을 확보하지 못하거나 탱크 컨테이너 등과 같은 특수 컨테이너는 컨테이너 전문 임대(賃貸 : lease) 회사에서 단기 또는 장기적으로 빌려 사용하고 있다. 장기적으로 빌린 경우에는 자사의 컨테이너와 같이 자체 소유자 코드를 부여하는 경우도 있다. 현재 세계적으로 유통되는 컨테이너의 반정도는 컨테이너 전문임대회사 소유이다.

ISO 6346 부속서 A에는 컨테이너 번호의 오류(誤謬)를 검정(檢定)할 수 있는 계산공식이 준비되어 있어 유통과정에서의 컨테이너 번호 내의 1자(字) 정보오류를 용이하게 발견할 수 있다. 다만, 2자 이상의 오류는 검정이 현재로는 불가능하다.

예를 들면 SCPU 871484 0를 검산(檢算)을 해 보면, 우선 SCPU 영문자 4자를 [표 2-6]을 이용하여 숫자로 환산(換算)한다.

[표 2-6] 소유자기호 및 장비식별기호의 영자 대용(代用) 숫자 환산표

A=10, B=12, C=13, D=14, E=15, F=16, G=17, H=18, I=19, J=20, K=21, L=23, M=24,
N=25, O=26, P=27, Q=28, R=29, S=30, T=31, U=32, V=34, W=35, X=36, Y=37, Z=38

의 APLS 등은 대표적으로 이 BIC-Code 체계를 따르지 않고 있다.

3) 소유자의 임의로 자사의 분류체계를 이용하여 부여하는데, 각 사마다 앞자리의 첫째, 둘째 등은 규격별 인식용으로 이용하고, 뒷자리 수는 각 분류의 일련번호로 사용하고 있다.

4) U : 모든 화물 컨테이너
J : 분리할 수 있는 화물 컨테이너 관련장비
Z : 트레일러 및 샤시.

S=30, C=13, P=27, U=32가 된다. 이것을 펼쳐 보면,

S	C	P	U	8	7	1	4	8	4
|	|	|	|	|	|	|	|	|	|
30	13	27	32	8	7	1	4	8	4

로 표시된다. 각 나열된 수의 자리에는 곱[乘]하는 수라는 가중인수(加重因數: weighting-factor)가 있어 각 자리의 수를 곱하는 데 사용한다.

[표 2-7] 가중인수(加重因數 : weighting-factor)

첫째 자리수=1, 둘째 자리수=2, 셋째 자리수=4, 넷째 자리수=8 다섯째 자리수=16, 여섯째 자리수=32, 일곱째 자리수=64 여덟째 자리수=128, 아홉째 자리수=256, 열째 자리수=512

즉 첫째 자리는 수치(數値)로 환산하면 30이므로 여기에 가중인수 1을 곱하면 30×1=30, 둘째 자리 수는 13이므로 13×2=26이 되며, 셋째 자리는 27×4=108, 넷째 자리는 32×8=256, 다섯째 자리는 8×16=128, 여섯째 자리는 7×32=224, 일곱째 자리는 1×64=64, 여덟째 자리는 4×128=512, 아홉째 자리는 8×256=2048, 열째 자리는 4×512=2048이 된다. 각 자리의 계산이 끝나면 모두를 합(合)한다. 이것을 수식(數式)으로 표시하면

$$30\times1+13\times2+27\times4+32\times8+8\times16+7\times32+1\times64+4\times128+8\times256+4\times512=30+26+108+256+128+224+64+512+2048+2048=5,444$$

가 된다.

이 5,444를 계수 11로 나눈다. 이 11은 계산에서 항상 고정으로 있는 상수(常數)이다. 나눈 결과는 몫은 494, 나머지는 10이 된다. 항상 검색숫자(check-digit) 계산에서는 나머지만 이용한다. 나머지는 일반적으로 0에서 10까지 나타나며, 0에서 9까지는 원수(原數)를 이용하나 10일 경우에는 0으로 간주한다. 따라서 SCPU 871484의 Check digit는 0이 된다. 이것을 도해하면 [표 2-8]과 같다.

[표 2-8] 컨테이너 번호 검정계산

컨테이너 번호	S	C	P	U	8	7	1	4	8	4
1차 환산결과	30	13	27	32	8	7	1	4	8	4
Weighting factor	1	2	4	8	16	32	64	128	256	512
2차 계산결과	30	26	108	256	128	224	64	512	2048	2048
총합계	5444									
11로 나눈 몫	494									
나머지	10									
Check digit	0									

(2) 국 적

1995년 12월 개정 ISO 규정 6346에서는 이 표지를 생략하고 있으나, 개정 전에 마아킹(marking)된 컨테이너는 UN과 ISO에서 제정한 두 자리의 영문자(ISO 3166 규정)를 사용하며, 소유자가 등록국(登錄國)을 정한다.

[표 2-9] ISO 3166의 중요 국적 코드

나라 이름	코 드	나라 이름	코 드
AUSTRALIA	AU	대한민국	KR
BAHRAIN	BH	북 한	KP
BELGIUM	BE	LIBERIA	LR
BERMUDA	BM	MALAYSIA	MY
BRAZIL	BR	MEXICO	MX
CANADA	CA	NETHERLANDS	NL
CHILE	CL	NORWAY	NO
CHINA	CN	PANAMA	PA
COLOMBIA	CO	PERU	PE
CYPRUS	CY	PHILIPPINES	PH
DENMARK	DK	PORTUGAL	PT
FINLAND	FI	RUSSIAN FEDERATION	RU
FRANCE	FR	SINGAPORE	SG
GERMANY	DE	SPAIN	ES
HONG KONG	HK	SWEDEN	SE
INDIA	IN	TAIWAN	TW
INDONESIA	ID	THAILAND	TH
ISRAEL	IL	TURKEY	TR
ITALY	IT	UNITED KINGDOM	GB
JAPAN	JP	UNITED STATES	US

우리나라는 “KR”로 표시하며, “BM”은 BERMUDA, “HK”는 Hong Kong을 말한다. 미국(美國)은 “US,” 일본(日本)은 “JP”로 표기한다. 간혹 세 자리의 영문자(ISO 4217 규정) “KOR,” “USA”로 표기된 것은 이 규정에 따르고 있지 않다.

(3) 규　격

규격은 컨테이너의 크기(길이, 넓이, 높이)와 형식[종류]을 4자리의 숫자와 문자를 혼합하여 복합으로 표기하는데, ISO 규정 6346 부속서 D와 E에 명기(明記)되어 있다. 규격부호의 첫째 자리 수는 길이 표시로 2=20', 4=40'을 나타내며, 둘째 자리수는 넓이와 높이를 표시하며, 셋째와 넷째 자리는 컨테이너 형식표시로 앞에서 설명된 바와 같다.

상기 예를 도해하면 다음과 같다.

2279

첫번째 숫자 2는 길이를 표시하며 20'를 뜻하고, 두 번째 숫자 2는 높이를 뜻하며 8' 6"를 뜻하고, 세 번째와 네 번째 숫자 79는 종류를 표시하며, 이것은 액체용 탱크 컨테이너로 압력시험 6 bar를 공인받은 것을 뜻한다.

단, 컨테이너 외판표지 외에 형식을 표시하는 기호는 정보통신에 사용할 목적으로 주요한 특징을 구체적으로 표시할 필요가 없는 경우에는 형식 그룹을 나타내는 기호(Type Group Code Designation)를 사용할 수 있다.

[표 2-10] 중요 컨테이너 규격의 신·구 기호 대조표

신기호	구 기호	신기호	구 기호	신기호	구 기호
22G0	2200	42G0	4200	L5G0	9500
22G1	2210		4300	L5G1	9510
		42G1	4210		
			4310		

(4) 중　량

ISO 표준 컨테이너에는 위의 표지 외에 최대적재할 때의 전체무게 및 컨테이너 자체 무게의 표시와 내장되는 화물의 무게를 표시한다. 이 때의 최대적재 무게는 CSC 안전승인판과 같아야 한다.

(5) 육 · 해 · 공 수송 컨테이너 표시

항공수송까지도 고려한 설계요건을 갖는 육 · 해 · 공 수송 컨테이너는 ISO 6346 부속서 B에서 정한 표지를 가능한 앞 · 뒤쪽 끝 벽판과 좌 · 우측 옆 판의 왼쪽 상부 모서리와 지붕에 표시한다.

[그림 2-11] 육 · 해 · 공용 표시

(6) 상부 전기(電氣)적 위험주의 표시

사다리를 장치한 모든 컨테이너는 ISO 6346 부속서 C에 나타낸 상세에 따라 사다리가 인접한 곳에 노란 바탕에 검정색의 섬광기호로 검정색의 삼각테로 둘러 싼 표시를 하여야 한다.

[그림 2-12] 전기주의 표시

(7) 높이 표시

ISO 6346 부속서 H에서는 높이가 2.6m(8'6")보다 큰 컨테이너는 노란색 바탕에 검정색 숫자로 옆벽의 가장자리 2곳, 즉 지붕으로부터 1.2m(4') 이내, 오른쪽 가장자리로부터 0.6m(2') 이내의 곳에 컨테이너의 식별번호 아래에 표시한다.

[그림 2-13] 높이 표시

2) 기타의 표지

(1) CSC 안전승인판(Safety Approval Plate)과 ACEP(Approved Continuous Examination Program)-DECAL[decalcomania]

CSC 협약(International convention for Safe Containers)은 통상적인 작업과정에서의 컨테이너 취급, 겹침적재 및 수송에 따른 인명(人命) 안전성을 보장하고, 컨테이너 국제운송을 촉진하기 위한 요건을 규정한 컨테이너 구조, 강도에 관한 협약으로, 1972년 12월 2일 스위스 제네바에서 국제연합(UN) 및 국제해사기구(International Maritime Organization : IMO)가 합동으로 개최한 “국제 컨테이너의 수송에 관한

[그림 2-14] CSC 안전승인판(Safety Approval Plate)과 ACEP-DECAL

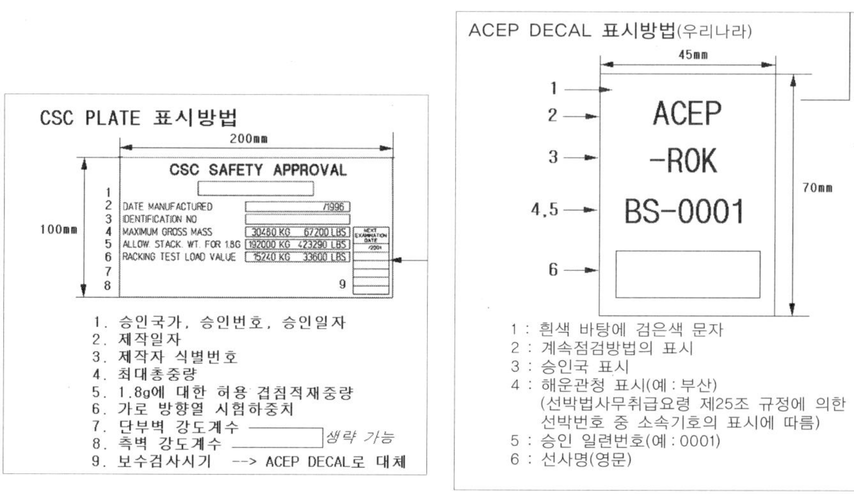

회의"에서 채택되어 1977년 9월 6일 정식 발효되었다.

본 협약의 내용을 크게 구분하면, 새로 컨테이너를 제작할 때의 기술적 요건과 사용중인 컨테이너의 보수점검 요건이 있다.

CSC 안전승인판은 새로 컨테이너가 제작되었을 때 등록지정부의 안전함을 승인한 표찰이며, 이 표찰은 가로 200㎜, 세로 10㎜의 스테인레스 판에 8㎜ 크기 글씨로 안전승인판을 표시하고, 세부내용은 5㎜ 크기로 표시하여 컨테이너에 부착(일반적으로 뒤편 문)시킨다.

CSC 협약 부속서 1·2규칙에는 컨테이너를 안전한 상태로 유지, 운영할 책임을 소유자에게 전적으로 위임하고 있으며, 다만 체약당사국에 의해 규정되거나 또는 승인된 절차에 따라 컨테이너를 보수점검하도록 규정하고 있다.

1983년 6월 13일 채택되어 1984년 1월 1일부터 발효한 제 2 차 개정에서 새로 제작 후 5년 이내의 1차 보수점검 이후의 보수점검기한이 30개월 단위로 계속점검방법(Approved Continuous Examination Program : ACEP)이 채택되었다. 이 계속점검방법은 각 나라의 해운관청의 승인을 받아 컨테이너 선사가 자율적으로 보수점검하는 것이다. 이에 따른 해운관청의 승인서인 ACEP-DECAL(decalcomania)은 전사지(轉寫紙)로 CSC 안전승인판에 부착시킨다.

(2) 세관(稅關) 승인판

유럽지역에는 작은 나라들이 분리되어 있는 까닭에 유럽 각국간의 내륙복합운송시 국경(國境) 통과절차, 즉 통관(通關)의 간소화를 기하기 위하여 TIR협약(Customs Convention on the International transport of goods under cover TIR(Transport International Routier) carnets : 국제도로 면세통과증서의 담보 하에 행하는 화물의 국제운송에 관한 관세협약) 및 컨테이너 자체의 면세통관(免稅通關)을 위한 CCC 협약(Customs Convention on Container : 컨테이너에 관한 관세협약)이 성립되어 있다. 이에 따른 컨테이너의 형식승인을 충족시키기 위해서는 다음과 같은 방법으로 컨테이너를 제작하여야 한다.

- 어떤 상품도 세관봉인(稅關封印)을 훼손하거나 손을 댄 표시를 남기지 않고는 함부로 컨테이너의 봉인된 부분에서 꺼내거나 넣을 수 없도록 한다.
- 세관봉인은 간단하고 효과적으로 컨테이너에 붙일 수 있어야 한다.
- 컨테이너에는 물품을 숨길 수 있는 비밀공간이 없도록 한다.

[그림 2-15] 세관승인판

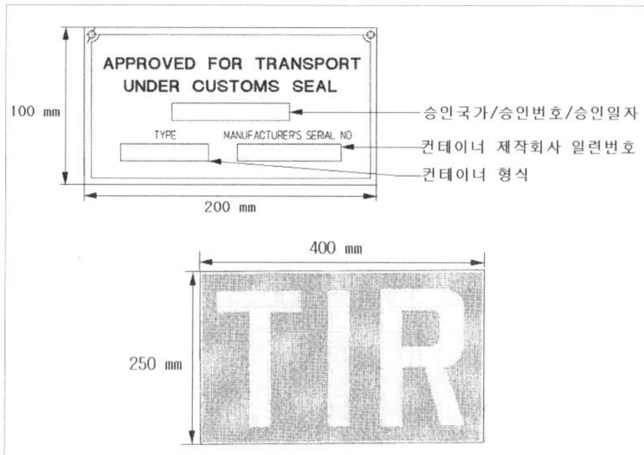

- 물품을 수용할 수 있는 모든 공간은 세관의 조사에 항상 할 수 있게 한다.

(3) UIC 표지

주로 유럽지역의 철도운송에 적합한 필요규격임을 UIC(Union Internationale des Chemins de Fer)에서 인정한 형식을 증명하는 표지이다. 이 UIC에서는 컨테이너의 기술적 성능, 수송용 화차의 기술적 성능, 컨테이너의 환적방법 등을 규정하고 있다.

우리 나라는 1985년 1월 1일부터 UIC 국가번호 61을 배정받아 UIC 승인 및 등록권한을 가지고 있다.

[그림 2-16] UIC 표지

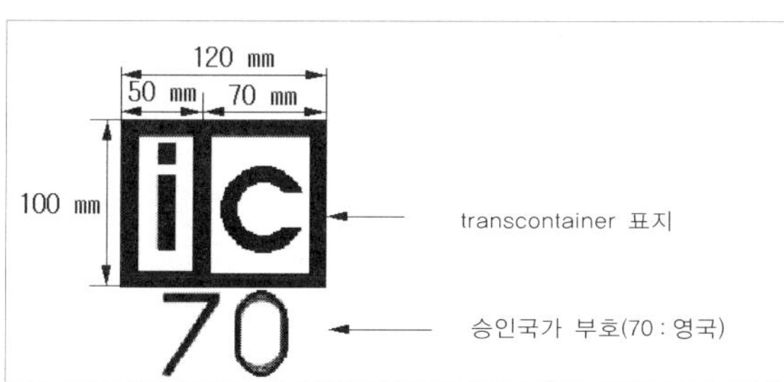

(4) 목재 방충(防蟲) 처리 명판(銘板)

식물(植物) 또는 식물생산물의 병해충(病害蟲)이 국경을 통과하여 침입하지 않도록 국제식물방역조약에 의거하여 약제(藥劑)에 의한 방충처리되었음을 표시한다.

[그림 2-17] 방충명판

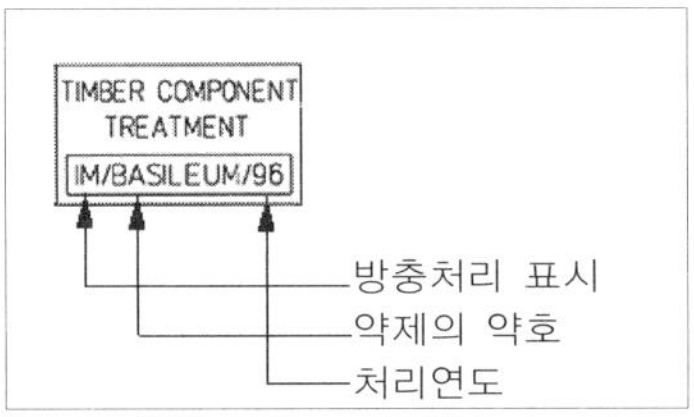

(5) 검사기관명판

컨테이너를 검사한 각 나라의 검사기관의 표지이다. 각 나라의 검사기관은 선박(船舶)과 관련된 설비를 검사하는 선급단체(船級團體)[5]가 주관하고 있다.

---

5) 선급이란 선박의 등급이란 뜻으로 선박의 최초 설계로부터 건조완료시까지 선체구조설비에 대한 도면승인과 건조의 모든 과정중에 제조검사와 완성검사를 통하여 선박을 등록하고, 또한 운항중인 선박에 대한 정기적 검사로서 해상에서의 선박의 안전을 확보하는 업무를 말하며, 이러한 업무를 수행하는 기관을 선급단체라 한다.

또한 선박운송과 관련된 시설, 장비의 검사에 대한 정부관청의 업무와 각종 국제협약사항을 위임받아 대행하고 있다.

현재 세계적으로 60여 개의 선급단체가 있으나, 그 중 기술신뢰도와 규모면에서 국제적으로 인정받는 선급단체가 국제선급연합회(International Association of Classification Societies : IACS)를 구성하고 있으며, 10개의 정회원선급과 1개의 준회원선급이 있다.

IACS 정회원선급

ABS : American Bureau of Shipping
BV : Bureau Veritas
CCS : China Classification Society
DNV : Det Norske Veritas
GL : Germanischer Lloyd
KR : Korean Register of shipping
LR : Lloyd Register of shipping
NK : Nippon Kaiji kyokai
RINA : Registro Italiano NAvale
RS : maritime Register of Shipping

IACS 준회원

IRS : Indian Register of Shipping.

[그림 2-18] 중요 선급단체의 명판

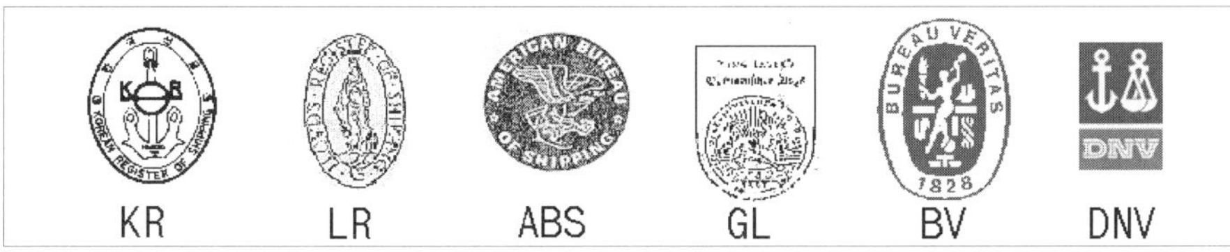

(6) 그 외의 표지

앞에 설명한 표지 외에도 지역 및 화물의 특성에 따라 아래와 같은 여러 가지의 표지를 부착하고 있다.

- AAR-600 Marking : Association of American Railroad's
- DOT Exemption Marking : United States Department of Transportation
- Merchant Marine Decal : French Maritime
- RID/ADR Decal : European road and rail code
- TC Impact Approval Decal : Canadian rail
- BAM Approved Decal : German Competent Authority
- Japan Fire Department Approval Decal : Japanese Fire Defense Agency

한편 각각의 컨테이너에는 컨테이너 번호(container no.)가 부여되는데, 컨테이너 번호는 주민등록번호와 같이 컨테이너 용기마다 부여되는 번호로 ISO 규약에 따라 작성될 경우 중복된 컨테이너 번호는 발생하지 않는다. 1995년에 개정된 ISO 6346 규정에서는 컨테이너 번호를 4자리의 영문표기와 7자리의 숫자를 붙여 총 11자리의 부호가 되도록 하고 있다. 영문자의 4자리는 다시 소유자를 표시하는 3자리의 BIC-code와 장비종류 식별기호에 해당하는 'U', 'Z' 표시 등으로 나뉘어진다. 7자리의 숫자는 6자리의 일련번호와 1자리의 검색숫자(checking digit)로 이루어진다.

7. 컨테이너 용기의 생산

1) 전세계 컨테이너 용기 생산규모

컨테이너 용기의 생산은 세계무역량의 급속한 증가와 이에 따른 컨테이너 선대의 지속적인 증가에 따라 지속적으로 증가되고 있다. 2003년과 2004년에 10%대에 머물던 전세계 컨테이너 선대의 성장률이 2005년 이후 14~16%대를 기록하는 등 상승추이를 보이고 있기 때문이다. 이에 따라 세계 주요 컨테이너 선사들도 컨테이너 용기의 신규수요와 보유 컨테이너의 노후화에 따른 대체수요의 지속적인 증가에 대비하여 신조 및 리스 컨테이너 도입을 적극 확대하고 있는 실정이다.

세계 컨테이너 선대와 용기에 대한 수요가 급증하면서 세계 컨테이너 용기의 생산실적도 큰 폭으로 증가추세를 보이고 있다. 2002년에 174만 TEU의 생산에 불과하였던 세계 컨테이너 용기생산량은 2003년에 240만 TEU를 기록했으며, 2006년에는 300만 TEU를 돌파하는 등 2008년까지 지속적인 증가가 예상된다.

2) 컨테이너 용기 주요 생산지역

세계 컨테이너 생산시설은 공 컨테이너의 수요가 집중적으로 발생하는 중국 지역에 집중되어 있으며, 중지 그룹(China Interational Marine Containers Group : CIMC), 시그마(Sigmas) 및 중국 서주국제공사(China Xuzhou International Corporation : CXIC) 등 중국과 홍콩의 주요 생산업체들이 시장을 장악하고 있다.

2006년 현재 중국 컨테이너 생산업체들의 연간생산능력은 최대 약 469만

[표 2-11] 종류별 세계 신조 컨테이너 용기생산량 추이

연 도	일반 컨테이너용		특수냉동/탱크용		기타 지역규격용		합 계	
	천 TEU	%	천 TEU	%	천 TEU	%	천 TEU	%
2002	1,545	88.8	125	7.2	70	4.0	1,740	100.0
2003	2,175	90.6	142	5.9	83	3.5	2,400	100.0
2004	2,715	91.7	160	5.4	85	2.9	2,960	100.0
2005	2,262	88.7	183	7.2	105	4.1	2,550	100.0
2006	2,780	91.1	170	5.6	100	3.3	3,050	100.0

자료 : 한국해양수산개발원.

[표 2-12] 세계 컨테이너 생산지역별 생산실적추이(2002~2006년)

구 분	중 국		기타 아시아		유럽기타		합 계	
	천 TEU	%	천 TEU	%	천 TEU	%	천 TEU	%
2002	1,552	89.2	82	4.7	106	6.1	1,740	100.0
2003	2,215	92.3	85	3.5	100	4.2	2,400	100.0
2004	2,770	93.6	95	3.2	95	3.2	2,960	100.0
2005	2,360	92.5	95	3.7	95	3.7	2,550	100.0
2006	2,850	93.4	115	3.8	85	2.8	3,050	100.0
생산능력(2006)	4,690	91.2	230	4.5	220	4.3	5,140	100.0

자료 : 한국해양수산개발원.

TEU로 세계 전체의 91.2%를 점유하고 있으며, 사상최고의 생산실적을 기록했던 2006년 중국 컨테이너 생산업계의 가동률은 60.8%에 불과한 실정이다. 따라서 2006년 생산실적을 고려할 때 중국 컨테이너 생산업계는 연간 약 184만 TEU의 추가적인 생산여력을 보유하고 있는 것으로 추정된다.

세계 전체 컨테이너 생산 및 인도량의 92~93%를 차지하고 있는 중국의 컨테이너 생산업계는 세계 컨테이너 공급가격을 조절할 수 있는 주도권을 확보하고 있으며, 경쟁국의 컨테이너 산업에 심각한 영향을 미칠 수 있는 것으로 판단된다.

제 2 절 컨테이너 운송방식의 이해

컨테이너가 국제적 운송용기로 폭넓게 사용된 이후 운송방식에 대한 지속적인 발전이 이루어져 왔다. 주된 운송방식은 컨테이너선에 의한 해상운송이며, 이를 위한 내륙에서의 철도 및 트럭에 의한 컨테이너 운송연결도 주요 운송방식의 하나로 이용되고 있다. 이 절에서는 앞에서 언급된 각종 컨테이너가 육상과 해상에서 어떤 방식으로 운송되는지에 대해 살펴본다.

1. 컨테이너 운송의 장점 및 문제점

컨테이너는 운송화물을 견고한 외부장치로 내품을 규격화하기 때문에 국제화물운송에 많은 장점을 제공하고 있다. 컨테이너가 제공하는 운송상의 장점은 경제성, 신속성, 안전성으로 구분된다.

1) 컨테이너 운송의 경제성

컨테이너 운송은 항만과 선박 및 트럭 등 각종 운송수단에서 운송화물의 규격화를 야기하였으며, 이에 따른 기계화가 촉진되었다. 이에 따라 항만에서의 하역비와 보관비 등 화물취급비용이 절감되고 화물운송 프로세스의 단축으로 인한 운송시간절감 등을 통해 화물의 기회비용을 낮출 수 있게 되었다. 이는 화주뿐 아니라 운송사, 하역사 등 물류선상에 있는 모든 주체로 하여금 제반 비용을 크게 절감시켰다.

2) 운송화물의 지속성유지

컨테이너는 화물의 규격화를 통해 운송도중 운송수단이 바뀌더라도 내품의 재 적입 없이 컨테이너 용기 그대로 다른 운송수단에 환적할 수 있으므로 운송화물의 지속성 유지가 가능하다. 특히 컨테이너 용기의 표준화는 각종 컨테이너 처리기기를 표준화하여 제반 하역 및 상역 등을 신속하게 처리할 수 있게 되었다. 따라서 이는 화주의 문전에서 문전까지(door-to-door) 화물을 신뢰성 있게 운송할 수 있게 되었다.

3) 운송화물의 안전성유지

제 1 절에서 언급한 바와 같이 컨테이너는 운송수단에 알맞게 다양한 형태로 화물의 처리가 가능하며, 컨테이너 용기의 견고성으로 인해 운송화물의 파손 등이 크게 감소되었다. 특히 컨테이너와 관련된 기계화와 정보기술 등에 의해 화물운송의 정확성이 크게 개선되어 기존의 재래화물 운송방식에 비해 화물이 정확하고 안전하게 수송되는 등 화물운송의 신뢰성이 크게 개선되었다.

4) 컨테이너 사용상의 문제점

컨테이너의 이용은 기본적으로 많은 장비와 시설을 필요로 한다. 이는 컨테이너를 처음 사용하는 물류주체들에게 과도한 비용을 요구한다. 또한 컨테이너 용기의 경우에도 운항선사는 최대선적수량의 약 3배 이상의 컨테이너를 필요로 하며, 이의 회전율을 높이기 위해 엄격한 재고관리가 필요하다.

이와 같이 컨테이너는 많은 장점에도 불구하고 초기 이용자본이 과도하게 소요되어 영세선사나 터미널의 이용을 제한하는 문제점이 있다.

2. 컨테이너의 내륙운송방식

우리나라의 경우 컨테이너의 내륙운송방식은 수·출입 화주의 공장 또는 창고에서 부산 또는 광양 등 컨테이너 터미널과의 운송방식을 의미한다.

컨테이너의 내륙운송은 크게 공로운송방식과 철도운송방식, 그리고 연안해송방식으로 구분된다. 공로운송방식은 화물 트럭에 의해 컨테이너 용기를 운반하는 방식이며, 철도운송방식은 철도화차에 의해, 그리고 연안해송방식은 컨테이너 선박을 통해 내륙 인근항만까지 운영하는 방식을 의미한다.

[그림 2-19] 컨테이너의 내륙운송 흐름도

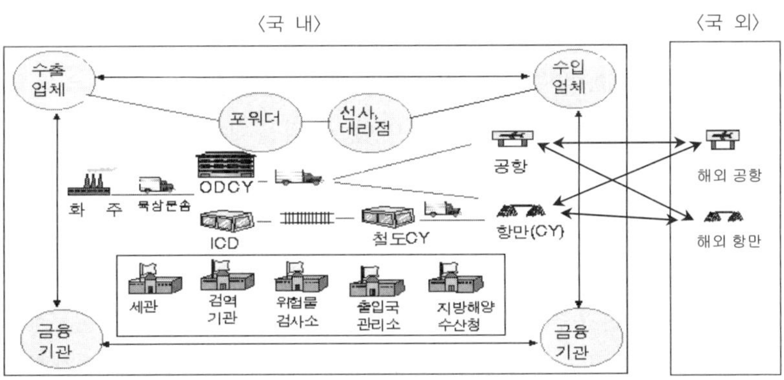

주 : ICD(Inland Container Depot) : 내륙 컨테이너 기지
CY(Container Yard) : 컨테이너 장치장
ODCY(Off-Dock Container Yard) : 부두와 떨어진 장소에 위치한 컨테이너 장치장.

1) 공로운송방식

공로운송방식은 화물을 견인하는 트랙터와 컨테이너가 실려진 트레일러를 결합하여 운송하는 방식으로 통상 하나의 트랙터가 20피트 컨테이너 혹은 40피트 컨테이너를 수송한다.

공로운송방식은 원래 철도와 해상운송 등과 같은 대량화물 운송수단의 보조역

[표 2-13] 부산항의 수송수단별 물동량변화 추이 (단위 : 천 TEU, %)

구 분	2003	증감	2004	증감	2005	증감	2006	증감	2007	증감
합 계 (비 중)	6,157 (100)	10.6	6,700 (100)	8.8	6,664 (100)	△0.5	6,831 (100)	2.5	7,444 (100)	9.4
연안해송 (비 중)	122 (2.0)	177.3	105 (1.6)	△13.7	85 (1.3)	△19.0	28 (0.4)	△67.1	7 (0.1)	△76.4
철도운송 (비 중)	636 (10.3)	9.7	631 (9.4)	△0.7	686 (10.3)	8.7	750 (11.0)	9.3	801 (10.8)	6.99
도로운송 (비 중)	5,399 (87.7)	9.2	5,964 (89.0)	10.4	5,893 (88.4)	△1.2	6,053 (88.6)	2.7	6,636 (89.1)	10.1

* PORT-MIS 및 철도공사 자료 참조.

할로서 화주의 문전에서 인근 철도역과 항만 등의 셔틀 운송이 주요 역할이었으나, 최근에는 도로여건이 크게 개선되면서 도로수송의 정시성, 신속성 등에 의해 화주의 문전에서 컨테이너 터미널까지 직접 운송하는 비율이 크게 늘어나고 있다. 부산항의 경우 2005년에 전체 수출·입 물동량의 88.4%가 공로수송에 의해 직접 화주들에게 운송되었으며, 2001년의 86.6%에서 전반적으로 증가추세를 보였다. 반면 철도운송과 연안해송의 경우 미미한 실적을 보이고 있다.

2) 철도운송방식

철도운송방식은 대형 철도화차에 컨테이너를 적재한 후 다량의 컨테이너를 동시에 수송하는 화물운송방식이다. 철도운송방식은 화주들의 문전까지 직접 수송하지 못하므로 장거리 간선운송방식으로 사용되며, 트럭 등과 같은 공로운송 시스템과 병행되어야 한다.

통상적으로 철도운송방식은 내륙 컨테이너 기지(Inland Container Depot : ICD)에서 인근지역의 화물을 수배한 후 20~30량의 화차에 컨테이너를 실어 부산항 또는 광양항의 철송 터미널까지 컨테이너를 운송한다. 현재 우리나라에는 수도권, 부산권, 호남권, 중부권, 경북권에 총 5개의 ICD가 운영 또는 운영계획중에 있으며, 이외에도 내륙지역에 25개의 철도 CY(Container Yard)가 운영되고 있다. ICD는 대규모의 투자가 수반되고 철도가 연결되어야 하며 세관이 상주하는 등 대단위 시설을 필요로 하나, 철도 CY와 같은 내륙 CY의 경우 물량이 소규모인 지역에

[표 2-14] 국내 운영 또는 운영계획중인 ICD 현황

권 역	명 칭	위 치	규 모	완공연도	처리능력
수도권	경인 ICD	경기 의왕	23만평	1999	100만 TEU
부산권	양산 ICD	경남 양산	29만평	2003	140만 TEU
호남권	장성복합 터미널	전남 장성	16만평	2010	일반화물 486만 톤 컨테이너 34만 TEU
중부권	연기복합 터미널	충남 연기	15만평	2007	일반화물 277만 톤 컨테이너 39만 TEU
경북권	칠곡복합 터미널	경북 칠곡	12만평	2008	일반화물 357만 톤 컨테이너 46만 TEU

자료 : 국토해양부.

간이 터미널의 형식으로 운영되고 있다.

한편 철도와 화물자동차의 연계를 위해서 복합화물 터미널이 운영되고 있다. 복합화물 터미널이란 철도가 설치되어 있으며, 화물의 보관 및 취급을 위한 각종 물류시설이 있는 곳으로 현재 군포복합화물 터미널, 양산 복합화물 터미널, 호남 복합화물 터미널 등이 운영되고 있다.

한편 철도에서 사용되는 컨테이너 운송방식은 크게 TOFC(Trailer on Flat Car) 방식과 COFC(Container on Flat Car) 방식이 있으며, 그 내용은 다음과 같다.

(1) TOFC(Trailer on Flat Car) 방식

화차 위에 컨테이너를 적재한 트레일러를 적재하고 운송목적지까지 운송하는 방식이다. 이 방식은 운송지에서 트랙터 등 트레일러 견인장비로 하차하여 바로 운송지역으로 운송시킬 수 있는 장점이 있다. 피기백(Piggy back) 방식과 캥거루(Kangaroo) 방식이 있다.

피기백 방식은 컨테이너 수송시 컨테이너를 적재한 트레일러를 화차에 바로 싣고 목적지까지 운송함으로써 트레일러에서 컨테이너를 싣고 내리는 번거로움을 없애고, 시간을 단축시키는 효과가 있어 미국에서 많이 사용되는 방식이다. 그러나 피기백 방식은 화차 위의 화물 높이가 높아져 터널 등을 통과할 때 어려움이 있어 우리나라에서는 잘 사용하지 않는 방식이다.

캥거루 방식은 피기백 방식과 유사하나 화차와 트레일러 바퀴가 접지되는 부분을 낮게 만들어 전체적으로 화물의 높이를 낮춘 방식을 말한다.

(2) COFC(Container on Flat Car) 방식

이 방식은 화차 위에 컨테이너 용기를 직접 적재하고 운송목적지까지 운송하는 방식이다. 이 방식은 컨테이너를 트랙터 등 견인장비로 직접 적재하지 못하기 때문에 크레인이나 컨테이너 핸들러 등과 같은 하역장비를 이용하여 적재하여야 한다. 우리나라에서는 철도운송에 있어서 이 방식을 주로 사용한다.

3. 컨테이너의 해상운송방식

컨테이너는 전체의 수송구간을 하나의 용기에 의해 연결되는 일관운송체제를 실현시키고 있다. 이 일관운송체제는 화주의 문전에서 내륙 ICD나 CY 등을 거쳐 내륙운송과 해상운송이 연결되는 컨테이너 터미널과 컨테이너선에 의한 운송까지의 유기적 결합에 의해 완성될 수 있다.

컨테이너의 해상운송방식에 관한 자세한 내용은 제 3 장 컨테이너선의 종류와 운항방식에서 자세히 다루도록 하고, 여기에서는 연안운송에 대하여만 다루기로 한다.

1) 연안운송의 정의

연안운송이란 주로 국내연안을 통해 화물을 수송하는 운송 시스템이다.

2) 연안운송이 활성화되고 있지 않은 이유

① 운송시간이 길다.
② 운송단계가 복잡하다.
③ 화물환적에 따른 안정성을 확보할 수 없다.
④ 운항횟수가 부족하다.

3) 화주들이 연안운송을 이용하는 주요 이유

① 육로운송의 극심한 교통체증
② 운송화물의 용적이 비대하여 육로운송의 곤란
③ 운임이 저렴

④ 통관용이 등

4) 카페리에 의한 연안운송

최근에는 장거리 카페리의 등장으로 동일항로에서 연안 컨테이너선과 경합을 벌이고 있다. 이 두 운송수단은 모두 협동일관운송, 즉 해륙복합운송에 의해 운송의 합리화를 도모한다는 점에서 공통점이 있으나, 연안 컨테이너선은 규격화된 컨테이너를 조직화된 운송체계에서 운송하지만 카페리는 불특정다수의 여객이나 화물(자동차 및 공산품)을 운송한다는 점에서 차이가 난다.

카페리는 연안 컨테이너선에 비해 구성이 용이하며, 특별한 터미널을 필요로 하지 않기 때문에 최근에는 장거리운송에 사용되고 있다.

5) 카페리 운송의 화물운송방법

첫째, 트럭에 의해 발송지에서 도착지까지 직송하는 방식으로 해로에는 장거리 카페리로 환적 없이 트럭 자체를 운송(운전기사 탑승)하는 가장 간편한 방식이며, 트럭의 주행에 비해 운행비와 상각비를 절약할 수 있는 운송방식이다.

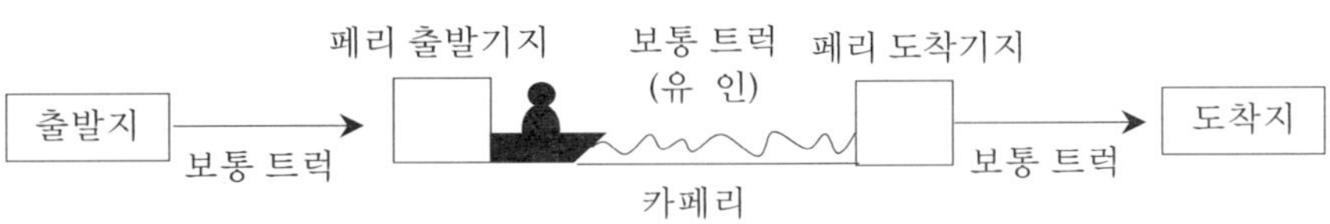

둘째, 상기 방식과 동일한 방법이나 카페리 운송시 무인운송하여 인건비를 절약할 수 있는 운송방식이다.

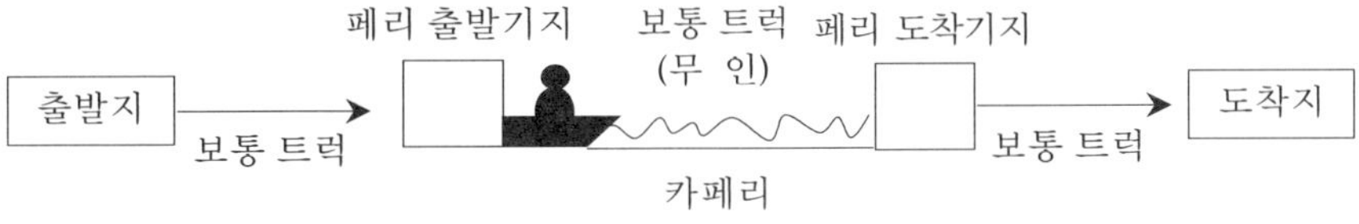

셋째, 트럭 대신 세미트레일러로 카페리까지 운송하고 트레일러만 카페리로 무인운송하는 방법으로 트럭에 대한 고정비나 카페리 운송비를 절감할 수 있다.

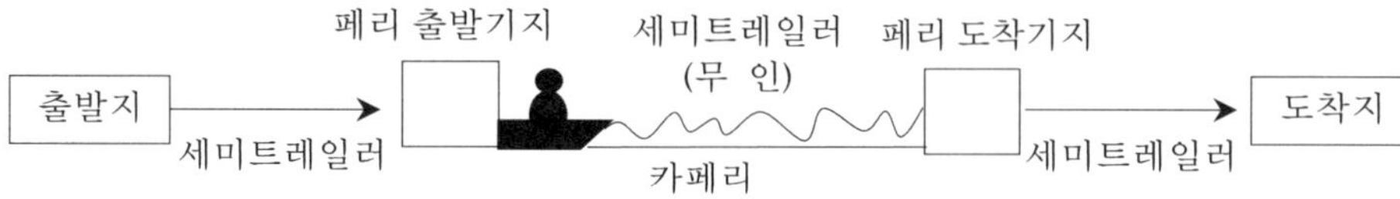

넷째, 카페리 발착 양단기지에다 화물 터미널을 설치하고 발송지에서 화물을 화물 터미널까지 세미트레일러로 운송한 후 트레일러만 카페리로 무인운송, 도착지 터미널에서 일반 트럭에 의해 목적지까지 화물을 중계, 배송하는 방법이다. 이 방법은 발착 양단기지에서 화물을 중계, 분류, 배송할 수 있으므로 장거리노선 트럭과 같은 기능을 갖는다.

자료 : 日通總合硏究所編, 전게서.

제 3 장

컨테이너선의 종류와 운항방식

제 1 절 컨테이너선의 종류와 대형화과정

컨테이너의 해상운송은 1946년에 미국 알라스카(Alaska) 선박회사가 처음으로 해상운송에 이용하면서 시작되었으나, 컨테이너선에 의한 본격적인 수송은 미국의 시랜드(Sea-Land)사에 의해 처음으로 이루어졌다. 시랜드사는 1956년에 유조선을 개조한 '맥스턴(Maxton)'호의 갑판에 60개의 컨테이너를 선적하여 뉴욕과 휴스턴 항로를 처음으로 운항함으로써 본격적인 해상 컨테이너의 시대를 열게 되었다.

본절에서는 컨테이너선의 종류와 최근 컨테이너선 대형화의 과정에 대하여 자세히 살펴보도록 한다.

1. 컨테이너선의 종류

컨테이너선(container ship)이란 "컨테이너를 적재할 목적으로 선박내부에 전용 창고를 구비하고 있는 선박"으로 정의할 수 있다. 따라서 컨테이너선의 종류는 컨테이너를 적재하는 형태와 관련하여 구분할 수 있다.

1) 풀 컨테이너선(full container ship)

풀 컨테이너선은 선박의 전공간을 컨테이너 적재를 위한 전용선으로 설계하여 컨테이너 이외의 화물은 적재하지 않으며, 오로지 컨테이너 수송을 목적으로 운항되는 선박을 말한다. 선박의 내부는 셀(cell) 구조로 되어 있으며, 컨테이너를 장치할 목적으로 중갑판(中甲板)이 없이 선박의 바닥까지 컨테이너 화물창으로 되어 있다. 여기에 4개의 셀가이드(cell guide)에 의해 선박의 내부가 어느 정도 구분이 되며, 이 셀가이드에 따라 컨테이너가 적재되어 선박이 중량을 얻게 된다.

풀 컨테이너선에서 컨테이너의 하역은 컨테이너 크레인(container crain)과 같은 하역장비에 의해 컨테이너를 선박 위로 들어 올려져 이루어지며, 이러한 하역방법을 Lift-on/ Lift-off(Lo/Lo) 방법이라고 한다. 컨테이너선은 바로 해상 컨테이너 수송의 주역이며, 그 능력을 최대한 발휘할 수 있는 선형이다. 우리들이 통상 컨테이너선이라고 하면, 바로 풀 컨테이너선을 의미한다.

[그림 3-1] 풀 컨테이너선의 적재 모습

2) 세미컨테이너선(semi-container ship)

세미컨테이너선은 풀컨테이너선과 달리 일반화물선의 적재공간 일부를 컨테이너 적재전용공간으로 설계한 선박을 말한다. 세미컨테이너선은 적재공간에 일반화물과 컨테이너를 같이 싣기 때문에 컨테이너 전용적재공간이 작으며, 컨테이너 적재가능 갯수도 한정되어 있다. 컨테이너 화물이 처음 시작하였을 때 많은 선박들이 세미컨테이너선으로 건조하였으나, 컨테이너 항로가 일반화된 현재에는 거의 건조되지 않고 있다.

3) 로로컨테이너선(Roll-on/Roll-off container ship)

Roll-on/Roll-off선은 컨테이너가 트레일러에 적재된 채로 선박의 측면이나 선미에 설치된 화물출입구(gateway)를 통해 선적을 하는 선박을 말한다.

4) 해치커버레스 컨테이너선(hatchcoverless container ship)

해치커버레스 컨테이너선은 풀컨테이너선 가운데 중간에 해치커버가 없는 선박을 말한다. 셀가이드(cell guide)가 선저에서부터 온데크 2단 이상까지 연결되어 있다. 이 선박은 온데크에 있는 컨테이너의 운항중 안전을 위해 트위스트로크(twist lock)와 라싱(lashing) 등의 작업을 2단 위의 3단부터 필요하므로 갑판상 컨테이너 적재단수를 높일 수 있어 선적가능 컨테이너 갯수를 늘릴 수 있으며, 따라서 하역의 안전성과 하역시간의 단축 등을 이룰 수 있다.

5) 컨벌커(Conbulker)

컨벌커선은 컨테이너선과 벌크선의 장점을 결합하여 만든 선박으로 갈 때는 컨테이너를 싣고 복항시에는 신문용지나 펄프 등과 같은 브레이크 벌크화물을 수송하거나, 혹은 그 반대의 경우와 같은 운송을 목적으로 설계된 해치 개방형 선박이다. 많은 경우 벌크 화물의 하역을 위해 하역기계를 장치하고 있으며, 벌크 화물의 선창은 박스 형태를 채용하고 있다. 다목적선과 명확히 구별하기 어려운 점이 있다.

2. 컨테이너선의 대형화

전세계교역량의 증가와 이에 따른 컨테이너 해상물동량이 급속히 증가함에 따라 세계각국의 선사들은 운송의 효율성과 규모의 경제성을 확보하기 위해 운항선박을 대형화하고 있다. 여기에서는 최근 전세계적으로 급속히 증대되고 있는 대형 컨테이너선의 발주와 이에 따른 컨테이너선 대형화에 대해 알아본다.

1) 국제 컨테이너 교역 패턴의 변화

전세계 컨테이너 물동량은 1987~2005년에 연평균 9.3% 증가하여 규모면에서 약 5배 증가하였다. 국별 환적물동량을 감안할 경우, 증가율은 더욱 큰 폭으로 증가한 것으로 판단된다. 반면 같은 기간 동안 전체해상물동량은 연평균 4%의 증가에 그쳐 해상물동량증가의 대부분이 컨테이너에 의해 이루어졌음을 알 수 있다. 컨테이너 해상물동량은 특히 2000년 이후에 급격한 증가세를 보이고 있다.

한편 기존의 북미와 유럽 일변도였던 컨테이너 국제무역의 지역적 다양성도 증가하였다. 1970년대 아시아 컨테이너 물동량의 대부분은 일본이 차지하였으나, 1985년에는 홍콩, 중국, 대만, 한국의 컨테이너 물동량이 아시아 전체 컨테이너 물동량의 40%를 차지하는 등 1985~1995년 사이에 아세안(ASEAN) 국가들의 컨테이너 물동량이 6배 증가하였다. 이는 아시아 전체 컨테이너 물동량의 1/3에 해당하는 수준이다. 또한 최근에는 중국의 컨테이너 물동량이 비약적으로 증가하고

[그림 3-2] 국제해상교역과 컨테이너 물동량증가 추이(1987~2005년)

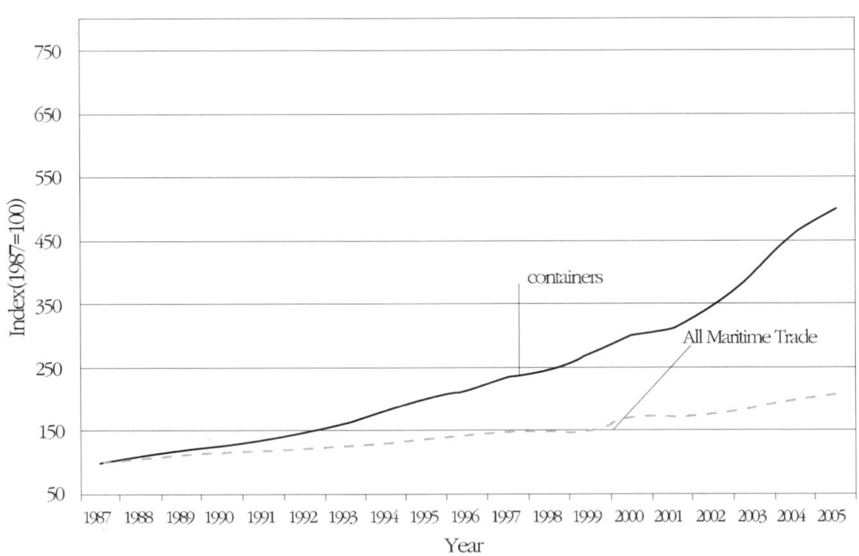

자료 : 한국해양수산개발원, ESCAP 역내 컨테이너 물동량 전망 및 ITPM 모델 개발에 관한 연구, 2006. 12.

있다. 중국은 연평균 20%를 넘는 급격한 성장률을 바탕으로 일본과 미국을 넘어서는 세계최대의 컨테이너 시장으로 부상하고 있다.

2) 컨테이너 선대의 대형화

선대대형화는 컨테이너 해상운송의 발달과 더불어 지속적으로 진행되어 온 현상이다. 1970년대 중반 이전까지 주류를 이루었던 1,000 TEU급 및 1,500 TEU급의 제 1 세대, 제 2 세대 컨테이너 선박이 1970년대 이후 2,000 TEU급으로 빠르게 대체되었다. 이러한 추세는 1990년대에 4,000 TEU 이상 파나막스급 선박의 등장으로 선대대형화는 한 동안 중단될 것으로 예상되었다. 그러나 1990년대 중반 이후 포스트 파나막스(Post-panamax)급 선박의 도입이 활발히 이루어졌으며, 1996년에 6,000 TEU급 컨테이너 선박이 등장하기 시작하였다. 급기야 최근에는 8,000 TEU급 선박이 시장에 대세를 이루고 있으며, 11,000 TEU급 선박도 운항을 개시하였다.

컨테이너 선박통계 전문기업인 BRS-Alphaliner에 따르면, 7,500 TEU급 이상의 초대형 컨테이너선(Very Large Container Ships : VLCS)은 지속적으로 증가할 전망이다. 왜냐하면 2006년 이후 3년간 4,000 TEU급 이상 선박의 증가율은 연평균 20% 이상인 반면, 4,000 TEU급 이하 선박의 증가율은 9%에 머물 전망이기 때문이다. 이에 따라 VLCS급 컨테이너는 2006년 현재 운항중인 86척을 포함하여 3년 이내에 248척으로 급증할 전망이다.

[표 3-1] 컨테이너 선박 대형화의 추세와 기본사양

세대구분	TEUs	LOA(m)	빔(m)	흘수(m)	선석수심(m)
제 1 세대 : 1968	1,100	–	–	–	–
제 2 세대 : 1970~1980	2,000~3,000	213	27.4	10.8	12.0
파나막스급 : 1980~1990	3,000~4,500	294	32.0	12.2	12.88~13.0
포스트파나막스 : 1988~1995	4,000~5,000	280~305	41.1	12.7	13.58~14.0
제 5 세대 : 1996~2005	6,400~8,000	300~347	42.9	14.0~14.5	14.88~15.3
현 재	8,000~10,500	320~380	43~47	14.5~15.0	15.38~15.8
초대형 컨테이너 : 2008 이후	12,500	380~400	58~60	14.5~15.0	15.38~15.8
	14,500	380~400	58.0	15.5	16.3

자료 : Ocean Shipping Consultants, East Asian Containerports Market to 2020, 2006.

기술적으로 선대대형화를 가로막는 장벽은 없으며, 대형화의 한계는 기술적 요인보다는 시장요인에 의해 결정될 것이라는 것이 일반적 견해이다. 즉 물동량이 지속적으로 늘어날 경우, 규모의 경제(Economy of Scale)에 따라 선사들의 선대 대형화 추세는 피할 수 없는 선택이라는 것이다. 세계 유명선박 컨설팅 업체인 드류리(Drewry)에 따르면 10,000 TEU급 선박으로 운항할 경우, 컨테이너 1 TEU당 비용은 4,000 TEU급으로 운항할 경우의 50%에 불과한 것으로 나타났다. 따라서 비용절감이 필수적인 선사로서는 선대대형화가 피할 수 없는 선택이라는 것이다.

반면 선대대형화는 시장요인에 의해 한계에 직면할 것이라는 주장도 있다. 초대형 컨테이너선의 화물적취율이 그리 높지 않기 때문에 환적 및 피더비용, 내륙수송비용이 오히려 증가한다는 것이다. 그러나 이러한 주장에도 불구하고 태평양항로(Trans-Pacific)와 유럽-아시아 항로(Europe-Asia)에서의 투입선대는 대형화가 지속될 전망이며, 2015년에는 슈퍼 포스트파나막스(super post-panamax)급 선형이 주류를 이룰 것이라는 전망도 나타나고 있다. 이러한 상황은 2006년에 11,000 TEU급 엠마 머스크(Emma Maersk)호와 에스테르 머스크(Estelle Maersk)호의 아시아-유럽 항로 취항으로 이미 현실화하고 있다.

[표 3-2] 주요 컨테이너 항로에서의 컨테이너 선형전망 (단위 : TEU)

항로구분			1998	2000	2005	2010	2015
간선항로	극동-유럽 항로						
		표준선형	4,500～5,000	4,500～5,500	5,500～7,000	8,000～9,000	10,500
		최대선형	7,500	7,500	9,200	14,500	14,500
	태평양항로						
		표준선형	4,500～5,000	4,500～5,000	5,500～6,500	7,000	8,500
		최대선형	6,250	6,700	8,100	9,000	10,500
	남-북항로						
		표준선형	2,000	2,500	3,000	3,000	3,500
		최대선형	3,000	3,500	3,500	3,500	4,000
피더	피더선						
		표준선형	400	550	650	700	850
		최대선형	850	900	1,000	1,200	1,500

자료 : Ocean Shipping Consultants, East Asian Containerports Market to 2020, 2006.

3) 선사의 대형화 및 해운시장의 과점화

한편 컨테이너 선박의 대형화는 선사의 대형화를 야기하며, 이는 궁극적으로 소수 몇몇 선사가 컨테이너 해운시장을 지배하는 소위 시장과점(oligopoly) 현상을 초래한다.

선사들의 인수합병(M&A)은 1990년대부터 해운시장에 중요한 변수였으며, 2000년대 중반 이후 그 영향력은 더욱 증대되고 있다. 2000년대에 들어 한 동안 주춤하던 선사간의 인수합병은 2005년에 머스크(A. P. Maller Maersk)가 피앤오 네드로이드(P&O Nedlloyd)사를 인수하면서 경쟁이 가속화되었으며, 해운시장의 변화를

[표 3-3] 전세계 상위 10위권 선사 및 20위권 선사의 선복량비중(2006년 9월 기준)

(단위 : TEU, 척)

순위	선 사	점유율	Total		자사선		용 선		건조중	
			TEU	척수	TEU	척수	TEU	척수	TEU	척수
1	Maersk Line	16.3%	1,946,187	538	1,022,056	189	924,131	349	389,920	83
2	MSC	10.3	1,236,165	375	710,606	214	525,559	161	645,028	64
3	CMA-CGM	7.5	897,349	378	273,917	89	623,732	289	650,036	78
4	Evergreen	5.2	625,274	177	363,425	102	261,849	75	109,618	11
5	Hapag-Lloyd	4.2	498,686	140	256,581	61	242,105	79	133,045	16
6	China Shipping (CSCL)	3.6	434,170	140	251,192	87	182,978	53	249,037	40
7	COSCO	3.6	430,952	141	232,499	94	198,453	47	424,544	64
8	APL	3.4	402,857	125	134,798	37	268,059	88	261,060	39
9	NYK	3.3	394,571	119	240,710	48	153,861	71	231,754	42
10	Hanjin	3.0	354,227	85	126,821	24	227,406	61	303,232	40
11	OOCL	2.9	351,298	82	204,915	36	146,383	46	134,210	21
12	MOL	2.9	346,880	111	165,038	38	181,842	73	184,107	34
13	K-LINE	2.6	307,066	92	169,306	34	137,760	58	168,956	35
14	ZIM	2.4	291,017	114	136,009	42	155,008	72	290,164	41
15	Hamburg-Sud	2.4	282,966	122	110,309	37	172,657	85	173,371	38
16	Yang Ming	2.3	274,281	83	172,825	51	101,456	32	188,684	31
17	CSAV	2.2	265,948	89	21,208	4	244,740	85	152,863	23
18	HMM	1.8	217,839	49	67,903	13	149,936	36	163,660	20
19	PIL	1.5	173,762	111	103,358	72	70,404	39	94,787	29
20	Wanhai Line	1.2	142,482	83	98,591	51	43,891	32	58,512	22

자료 : Alphaliner(2008년 3월 기준).

주도하였다. 또한 독일 선사인 하파그로이드(Hapag-Lloyd)는 모회사인 TUIAG가 2005년 10월 시피 십스(CP Ships)를 인수함으로써 20만 TEU 상당의 선복량이 증가되어 상위 5위권 내로 진입하게 되었다. 프랑스의 CMA CGM사도 2005년 볼로레(Bollore)의 해운부문, 델마스(Delmas), 오티 아프리카 라인(OT Africa Line) 등을 인수함으로써 선복량이 5만7,000 TEU 증가하였다.

이와 같은 대형선사간의 인수합병은 해운시장이 소수의 대형선사에 의해 좌우되는 과점화를 심화시키고 있다. 세계최대 컨테이너 선사 가운데 덴마크의 머스크 라인, 스위스의 MSC, 프랑스의 CMA CGM, 독일의 하파그로이드 등 유럽 4개 선사가 선복량기준으로 모두 세계 5위권 선사이며, 이들 선사들의 총 선복량은 2006년 9월 기준으로 세계선대의 33%, 20위권 선사들의 선대 가운데 45%에 달하고 있다. 또한 상위 20위권의 선사가 세계 전체선복량의 약 80%를 확보하고 있다.

따라서 컨테이너 해운시장에서 선박의 대형화는 선사의 대형화를 야기하고 있으며, 이는 필연적으로 해운시장을 소수의 선사가 지배하는 형태로 운영되고 있다.

제 2 절 컨테이너 정기선의 운항항로

1. 컨테이너선의 서비스 형태

1) 선사간의 제휴

국제무역에서 컨테이너 수송이 일반화되고, 이에 따라 컨테이너선에 의한 해상운송이 보편화됨에 따라 이의 효율적 운영을 위한 제반 시스템이 도입되었다. 컨테이너의 해상운송을 위한 컨테이너 전용선의 등장은 물론 항만에서는 컨테이너 전용의 하역시설이 설치되었고, 컨테이너의 육상운송을 위한 제반 기기 · 설비 등이 도입되었다. 또한 컨테이너 수송의 안전성 및 신속성 확보를 위해 각종 정보기술(IT)을 이용한 컨테이너 추적 시스템의 도입 등이 필요하게 되었다. 이와 같이 선박, 항만, 육상 및 정보 등의 분야에서 컨테이너 전용 시스템의 구비를 위해서는 많은 비용이 소요되었으며, 최근에는 컨테이너 수송이 일반화되면서 이러한 비용조차도 쉽게 조달이 가능하게 되었다.

1980년대 중반부터 1990년대에 걸쳐 미국, 유럽, 일본 등 선진국을 중심으로 값싼 노동력의 확보를 위해 많은 기업들이 동남아시아 지역으로 제조공장을 이전하기 시작했다. 이에 따라 동남아시아 국가의 경쟁력이 급격히 상승하였으며, 이러한 추세는 1990년대 중반 이후 중국의 개방과 함께 급속도로 중국으로 집중되었다. 이에 따라 아시아 지역의 컨테이너 해상물동량은 급속히 증가하였으며, 현재에도 이러한 추세가 지속되고 있다.

우리나라와 중국을 포함한 아시아 각국은 경제성장이 지속됨에 따라 자국 수출화물의 수송을 위해 국적선사(national carrier)를 육성하였다. 대표적으로 대만 선사인 '에버그린(Evergreen Marine)'과 '양밍(Yang Ming Marine Transport)', 우리나라 선사인 '한진해운'과 '현대상선', 싱가포르 선사인 NOL(Neptune Oriental Lines), 말레이지아 선사인 MISC(Malaysia International Shipping Corporation), 중국 선사인 COSCO(China Ocean Shipping Co.)와 차이나 쉬핑(China Shipping Group) 등은 자국 경제의 성장과 함께 운항선복량 및 컨테이너 운송망의 확대를 통해 세계적인 수준의 컨테이너 선사로 발돋움하였다. 이들 선사는 자국의 낮은 인건비와 저렴한 운항비용 등을 무기로 세계 주요 항로에서 시장지배력을 확대하였으며, 이에 따라 선진국선사들도 신흥 아시아 선사와의 경쟁을 위해 대폭적으로 비용을 감축해야 할 상황에 직면하였다.

한편 중국과 동남아시아 등으로 생산거점을 이전한 화주들은 생산의 글로벌화를 통해 현지에서의 생산을 더욱 확대하였으며, 이와 동시에 물류의 효율화 및 글로벌화를 적극적으로 추진하였다. 따라서 선사와 포워더[1] 등의 운송업자는 네트워크와 운송빈도(배선수)의 확대, 적기생산과 요일이 고정된 주간 서비스(weekly service), 온라인에서의 화물위치추적 서비스, 부가가치 서비스의 제공 등에 보다 박차를 가할 필요에 직면하였다. 따라서 비용은 감축하면서 서비스는 오히려 확대해야 하는 이중의 압력에 시달리게 되었으며, 이는 엄청난 고정비용에 대한 투자를 요구하기 때문에 특정선사가 단독으로 추진할 과제가 아니었다.

신흥 아시아 선사와의 경쟁에서 비용경쟁력이 취약한 선진국의 선사가 높은 수준의 서비스를 해야 하는 이율배반적인 상황에서 선진국의 선사가 결국 채택한 전략은 기존의 스페이스 차터(space charter)[2] 협정과 컨소시엄을 재편하여 보다 기능

1) 프레이트 포워더(freight forwarder), 운송취급인, 운송주선인이라고도 한다. 화물을 인수하여 수하인에게 인도할 때까지 일체의 업무를 주선하는 사람이다.

2) 어떤 해운회사가 다른 해운회사 화물선의 화물운송공간 일부를 빌어 자기 회사가 인수한 화물을

적이고 효율적인 운항을 목표로 하는 글로벌 얼라이언스(global alliance) 전략이다.

2) 선사간 컨소시엄(consortium)

컨테이너 선사에 있어서 컨소시엄은 공동의 목표를 추진하기 위해 적은 자본으로 경영규모를 확대하여 화주들에게 보다 효율적인 서비스를 제공하는 기업연합을 의미한다. 선사간의 컨소시엄은 1960년대 후반에 유럽 선사들 사이에 처음으로 결성되었으며, 1970년대에는 전세계선사들에게 보편적으로 이루어졌다. 컨소시엄의 형태는 거의 독립선사에 가까운 기업간의 결합개념이었으나 운임풀제와 선복조정기능을 갖고 있었다. 운임풀제는 컨소시엄 선사들 사이의 과당경쟁을 방지하기 위해 컨소시엄에서 공동의 대리점이나 공동집화기관을 두고, 각 선사가 운송한 화물의 양에 따라 운임을 일정비율로 배분하는 것을 말한다. 또한 선복조정은 특정항로에 취항하는 선복의 양을 조정함으로써 선복의 공급과잉을 사전에 방지하는 기능을 말한다.

1980년대에 들어서는 선사들의 컨소시엄이 독점금지법 등과 같이 경쟁을 조성하는 법률에 위배된다는 논란에 휘말리기도 하였으며, 이에 따라 유럽연합(EU)에서는 선사간 컨소시엄에 대한 법적 검토 끝에 1995년에 컨소시엄이 허용될 수 있는 규칙을 만들었다. 이 규칙에는 컨소시엄의 정의와 독점금지법의 적용예외를 위한 구체적인 조건, 적용예외에 부합되는 선사의 의무 등을 규정하였다.

이 규칙에서 유럽연합은 컨소시엄을 "화물수송을 위해 주로 컨테이너를 이용해서 특정의 항로에 국제정기선 서비스를 제공하는 최소 2개 이상의 선사간 협정"이라고 정의하였다. 또한 컨소시엄 결성의 목적에 대해서도 "운임의 담합을 제외한 기술적, 운항상 또는 상업상의 계약에 근거해 운항을 합리화할 목적으로 해상운송 서비스를 제공하기로 협력하고, 해당 선사 각각이 독자적으로 서비스를 제공하는 것보다 능률을 향상시키는 것"으로 정의하였다.

3) 글로벌 얼라이언스(Global Alliance)

지금까지 설명한 선사간의 제휴나 컨소시엄이 북미항로, 유럽 항로 등 특정 항로에 적용되고 있는 데 비해, 글로벌 얼라이언스는 이것을 더욱 확대하여 대형 선사간에 세계적인 규모로 제휴하는 것을 말한다. 글로벌 얼라이언스의 특징은

수송하도록 하는 것.

다음과 같다.

- 다른 나라 혹은 다른 지역의 메가캐리어(mega-carrier)와도 제휴가 이루어진다.
- 선사의 경영에 공통의 기업이념을 갖고 대등한 역학관계를 유지한다.
- 상호 보완적인 기능을 유지한다.
- 세계규모의 시장을 사업대상으로 하되 아시아 시장에 중점을 둔다.
- 장기적으로 시장의 범위를 넓혀서 육상의 운송까지 포괄적으로 제휴한다.

여기서 메가캐리어란 컨테이너 수송이 대량으로 이루어지는 기간항로에 최소 5000 TEU를 넘는 초대형 컨테이너선을 투입하고, 단독으로 주간 서비스(weekly service)를 제공할 수 있는 규모의 거대선사를 말한다.

1990년대 후반에는 얼라이언스의 재편과 함께 운항규모 확대에 따른 시장에서의 경쟁력강화 및 시장지배력 확대, 네트워크의 보완 침 정기선사간의 기업병합(M&A) 등이 활발하게 일어나고 있다. 2004년 7월 현재 전세계 주요 글로벌 얼라이언스 및 기업그룹은 다음과 같다.

- 그랜드 얼라이언스(Grand Alliance)
  하파그로이드(독일), MISC(말레이지아), NYK(일본), OOCL(대만), P&O 네들로이드(네덜란드, 영국) 등으로 구성
- 뉴월드 얼라이언스(The New World Alliance : TNWA)
  APL(싱가포르), 현대상선(한국), MOL(일본) 등으로 구성
- CKYH 그룹
  COSCO(중국), 한진해운(한국), K-Line(일본), 양밍(대만) 등으로 구성
- 머스크 시랜드(Maersk Sealand Group)
  머스크 시랜드(네덜란드), 사파마린(남아공)
- 에버그린 그룹(Evergreen Group)
  에버그린(대만), Hatsu(영국), 로이드트리엔티노(이탈리아)

4) 요일고정 주간 서비스(weekly service)

요일이 고정된 주간 서비스란 매주 1회 정기적으로 기항하여 컨테이너를 선적하고 양륙하는 서비스를 말한다. 즉 매주 정해진 요일에 선박이 입항하여

컨테이너 운송 서비스를 제공하는 시스템을 말한다. 이 서비스를 이용할 경우 국제적인 물류 시스템의 효율성을 크게 제고시킬 수 있다.

앞에서 설명한 바와 같이 현재 미국, 유럽 등 선진국을 중심으로 동남아시아 혹은 중국 등과 같이 노동력이 저렴한 지역으로 제조공장을 이전하는 상황에서 북미, 유럽과 아시아 지역에 소재한 공장 사이에 JIT(Just in Time)방식에 의한 생산공정을 유지하고, 이를 일관수송해야 할 필요성 때문에 요일이 고정된 컨테이너선의 주간 서비스는 매우 중요한 의미를 갖는다. 즉 해상운송뿐 아니라 철도나 내륙운송으로 컨테이너가 효율적으로 연결되기 위해서는 화물의 도착요일과 시간의 정확성을 향상시킨 기항요일고정의 정요일 서비스가 일반화되고 있다. 여기서 JIT 방식이란 공장의 생산에 필요한 부품을 필요한 때에 필요한 만큼만 납품하여 공장의 재고를 0(zero)에 가깝게 유지하는 생산관리방식을 말한다.

글로벌 얼라이언스나 메가캐리어 등과 같이 거대선복량을 보유한 그룹에서는 항로의 양 끝단의 기항지를 여러 가지 패턴으로 조합하기보다는 동일항로에 주 6~7편의 요일고정 주간 서비스를 제공하는 경우가 많다.

5) 피더망의 정비

피더망이란 대량화물이 수송되는 전세계 간선항로에서 벗어난 항만을 소규모의 선박이 연결해 주는 네트워크를 말한다. 즉 육상교통을 예로 들면 지하철망이 간선항로라고 가정하면, 지하철의 역과 인근지역을 연결해 주는 버스망이 피더망이라고 할 수 있다. 글로벌 얼라이언스와 선박의 대형화에 의해 컨테이너 전용선의 기항지가 대형의 중심항만으로 집중될수록 인근의 중소형항만과 중심항만 사이에 피서망의 구축이 필요해진다.

앞에서 설명한 바와 같이 전세계적인 선사의 얼라이언스는 비용의 합리화에 따른 경쟁력강화와 운항의 경제성을 위한 컨테이너선의 대형화, 요일고정배선에 의한 운항·하역효율의 향상에 힘쓰는 한편 최대한의 운항효율을 추구하고 있다. 최근에는 8,000 TEU를 넘는 초대형 컨테이너선이 취항하고, 이러한 초대형선박은 속성상 제한된 수의 항만과 특정항로(아시아/유럽, 아시아/북미 항로) 사이만을 고속운송하게 된다. 이에 따라 거점항만(중심항)을 중심으로 피더 서비스망은 점점 더 확대되고 있으며, 이에 따라 피더 서비스도 모선의 스케줄에 따라 고정요일의 주간 혹은 격주간 서비스가 일반화되고 있다.

선사의 경우 대형선운항에 따른 기항지선택이 중요하며, 이에 따라 모선이 기항하는 허브 항만과 피더선이 기항하는 중소형항만 사이에 기능의 분화가 심화되고 있다. 또한 많은 항만들은 허브 항만으로서 지위를 확보하기 위해 주요 항만들간에 첨예한 경쟁이 이루어지고 있다. 아시아 지역의 경우 우리나라의 부산항, 대만의 카오슝항, 홍콩항, 싱가포르항 등이 모선의 기항지로서 유력한 항만이다. 여기에 우리나라의 광양항, 말레이지아의 탄정펠레파스항과 인도의 나바세바(Nhava Sheva)항, 오만의 살랄라(Salalah)항 등이 아시아 지역에서 새로운 중심항으로 대두되고 있으며, 유럽의 경우 스페인의 알게시라스(Algeciras)항, 이탈리아의 지오이아 타우로(Gioia Tauro)항이 부상하고 있다.

피더망의 발달에 따라 이제까지는 본선이 직행했던 아프리카, 아라비아만, 호주, 뉴질랜드 항로 등이 중심항만과의 중계에 의해 피더 서비스가 일반화되고 있다.

6) 시계추 서비스(Pendulum Service)

아시아 지역이 세계의 공장으로 성장하는 과정에서 아시아에서 유발되는 화물은 과거 20년 동안 급격한 증가세를 나타내었다. 예로 1988년에 태평양항로의 왕복물동량은 약 50만 TEU에 불과하였으나, 2006년에는 2,182만 TEU로 18년만에 무려 43.6배나 증가하였다. 주요 선사와 얼라이언스의 서비스 형태 역시 현재 최대 컨테이너 화물시장인 아시아에 집중하고 있다. 따라서 세계최대 컨테이너 화물시장의 1위와 2위는 아시아/북미 항로와 아시아/유럽 항로가 되었으며, 세계적인 선사들은 자사의 최신예 컨테이너선을 이들 항로에 투입하고 있다.

한편 컨테이너의 투입에 있어서도 이들 두 개 항로를 연결할 필요가 생겼다. 즉 대부분의 선사가 동쪽으로는 미국 동안까지, 서쪽으로는 서유럽까지를 포괄하는 서비스 형태를 갖게 되었는데, 이를 시계추 서비스 혹은 펜둘럼 서비스라고 한다. 즉 컨테이너선이 아시아를 중심으로 북미 서안과 북유럽 지역까지 시계추처럼 왔다 갔다 하면서 그 사이의 항만들에게 컨테이너 운송 서비스를 제공한다는 것이다.

장거리항로에 초대형선을 투입하여 대량화물의 수송을 통한 수송효율화를 높이는 것은 선사의 기본적인 운항형태이기 때문에 이러한 시계추 서비스는 얼라이언스(aliance)와 메가캐리어(megacarrier)에서 취하는 배선의 대표적인 형태가 되고 있다.

한편 수송거리를 연장하려는 선사들의 노력에 의해 1984년에 대만 선사인 에버그린(Evergreen)사는 시계추의 양 끝을 연결하여 전세계를 하나의 항로로 만든 세계일주항로에 초대형 컨테이너선을 투입하여 세계일주 서비스를 시작하였다. 즉 이 서비스에서는 동향 서비스 선박은 지구를 동쪽으로 계속 운항하며, 반대로 서향 서비스는 지구를 서쪽으로 계속 운항하게 된다. 그러나 세계일주항로에서 주간 서비스를 제공하기 위해서는 한쪽 방향으로만 약 12척 등 총 24척의 선박이 필요하고, 이를 지원하기 위한 피더망과 터미널의 정비 등을 위해 거액의 자본이 소요되었다. 따라서 미국 선사인 US Line은 서비스 개시 2년만에 도산해버렸다. 또한 에버그린(Evergreen)사도 1990년대 들어 태평양항로와 대서양항로의 물동량 차이가 너무 극심해지면서 세계일주 서비스의 효율성이 크게 낮아졌기 때문에 2002년에 세계일주 서비스를 중단하고, 시계추 서비스를 통해 운항효율을 크게 개선하였다.

2. 컨테이너선의 주요 항로

세계 컨테이너선의 항로는 크게 3개의 중심항로(main trunk line)로 이루어져 있으며, 이들과 연결하는 지선항로(feeder line)와 중소형항로 등이 있다. 3대 항로는 북미지역과 아시아를 연결하는 태평양항로, 아시아와 유럽을 연결하는 유럽 항로, 미국과 유럽을 연결하는 대서양항로이다. 여기에서는 우리나라를 중심으로 컨테이너의 주요 항로에 대해 알아본다.

1) 태평양항로

태평양항로는 태평양을 사이에 두고 아시아 지역과 북미지역을 연결하는 세계에서 가장 많은 물동량이 운송되는 항로이다. 1967년에 미국 선사인 매트슨(Matson)사가 24피트 컨테이너 464개를 선적할 수 있는 패시픽 트레이드(pacific trade)호를 투입함으로써 서비스가 시작되었다. 이후 1980년대 들어 미국과 유럽 지역의 많은 생산공장들이 동남아시아와 중국으로 이전함에 따라 이들의 생산원료를 아시아 지역으로 수송하고 완제품을 다시 북미지역으로 수송하는 수요가 크게 증가함에 따라 현재 가장 운송비중이 높은 항로로 부상하였다. 특히 미국 서안의 항만들은 태평양항로의 발달과 함께 물동량이 급증하였으며, 미국 내륙의 관문으로서 새롭게 각광을 받기 시작하였다.

2006년 기준으로 태평양항로의 컨테이너 물동량은 아시아에서 북미지역으로 수송되는 동향항로(eastbound)의 경우 연간 1,582만 TEU, 북미지역에서 아시아지역으로 수송되는 서향항로(westbound)의 경우 연간 600만 TEU 등 연간 총 2,182만TEU의 컨테이너가 이 항로를 경유하고 있다. 특히 태평양항로의 물동량은 중국의 급성장과 함께 매년 10% 이상의 증가율을 나타내고 있다.

태평양항로는 그 동안 10%를 넘는 성장세에서 향후에는 다소 조정기를 거칠 것으로 판단되나 중국을 포함한 아시아의 북미지역물동량이 꾸준히 증가하고 있으며, 베트남의 WTO 가입 등으로 물동량은 지속적으로 증가될 것으로 전망하고 있다.

[표 3-4] 태평양항로의 컨테이너 수송물동량 추이 (단위 : 천 TEU)

구 분		2003	2004	2005	2006
동향항로 (E/B)	물동량	9,864	11,406	12,905	15,818
	증가율	9.9%	15.6%	13.1%	9.7%
서향항로 (W/B)	물동량	4,399	4,707	5,119	6,001
	증가율	11.2%	7.0%	8.8%	7.8%
합 계	물동량	14,263	16,113	18,024	21,819
	증가율	10.3%	13.0%	11.9%	9.2%

자료 : 한국해양수산개발원.

[그림 3-3] 아시아-미주, 태평양항로 서비스

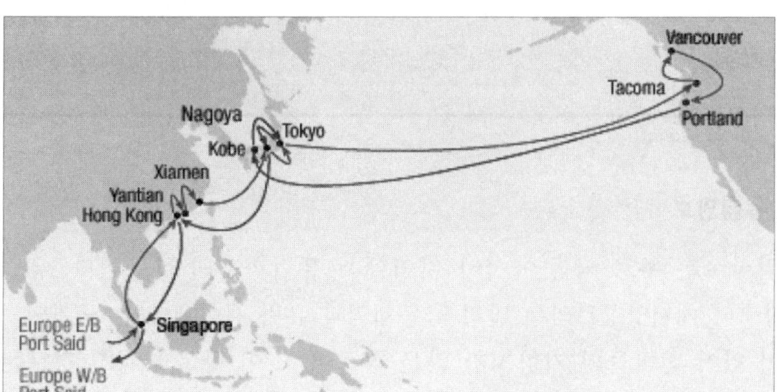

자료 : www.hanjin.com.

2) 대서양항로

대서양항로는 북미 동안지역의 항만과 서유럽 지역의 항만간을 연결하는 국제해상항로이다. 대서양항로는 1966년에 미국 시랜드(Sealand)사가 북미 동안의 엘리자베스항에서 유럽 네덜란드의 로테르담항까지 최초로 컨테이너 운송 서비스를 실시함으로써 시작되었다. 대서양항로는 해상운송의 초기부터 미국과 유럽 지역의 교역량으로 인해 많은 해상물동량이 발생되었다. 특히 화물수송의 컨테이너화가 이루어진 이후에도 이 항로에서 세계 처음으로 컨테이너선이 취항하였으며, 최초의 중심항로(main trunk line)로 자리잡았다.

그러나 1980년대 이후에는 아시아 지역의 물동량급증으로 태평양항로와 유럽항로에 이어 3번째 항로로 전락하였으며, 물동량증가폭도 크게 증가되지 않는 실정이다.

[그림 3-4] 대서양항로 서비스

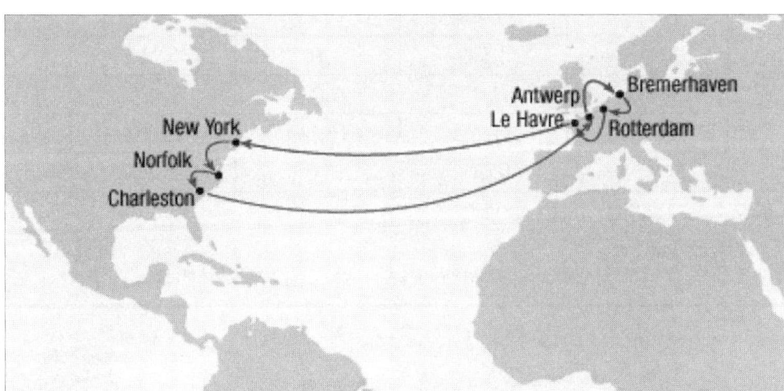

자료 : www.hanjin.com.

3) 유럽항로

유럽항로는 주로 극동 아시아 지역에서 유럽까지의 항로이다. 유럽 항로는 태평양항로나 대서양항로와는 달리 극동지역과 유럽 사이에 많은 국가와 중심항이 분포되어 있어 선박들의 기항지가 많은 항로이다. 이 항로의 주요 경로는 일본과 우리나라, 대만, 홍콩, 싱가포르 그리고 수에즈 운하를 거쳐 지중해와 유럽의 로테르담까지 걸쳐 있다.

유럽 항로는 전통적으로 운임동맹이라는 선사들간의 카르텔이 지배하던 시장이었으나, 1980년대 초반부터 동맹에 가입하지 않은 맹외선사들의 활약으로 운임동맹의 시장지배력이 1988년에는 46%까지 하락하면서 카르텔의 위기를 맞기도 하였다. 특히 유럽연합(EU)은 해운동맹에 대해 2008년 10월부터 공동운임 설정과 선복량 조정 행위를 전면적으로 금지시켰으며, 이에 따라 150년 넘게 지속되었던 정기선 해운동맹체제가 유럽 항로에서 사라질 전망이다. 왜냐하면 2008년 10월 이후 이 지역을 운항하는 선사들은 유럽연합의 독점금지법 적용을 받기 때문이다.

2006년에 유럽 항로의 물동량은 1,172만 TEU이며, 유럽에서 극동지역으로의 동향항로(eastbound)가 416만 TEU, 극동에서 유럽으로의 서향항로(westbound)가 756만 TEU였다. 2000년대 초반에는 물동량증가율이 14~15%에 달하기도 하였으나, 2000년대 중반 이후 물동량증가율이 8~11%대로 감소하고 있다.

[표 3-5] 유럽 항로의 컨테이너 수송물동량 추이 (단위 : 천 TEU)

구 분		2003	2004	2005	2006
동향항로 (E/B)	물동량	3,255	3,701	3,860	4,158
	증가율	9.0%	13.7%	4.3%	7.7%
서향항로 (W/B)	물동량	5,206	6,064	6,690	7,560
	증가율	17.5%	16.5%	10.3%	13.0%
합 계	물동량	8,461	9,765	10,550	11,718
	증가율	14.0%	15.4%	8.0%	11.1%

자료 : 한국해양수산개발원.

[그림 3-5] 아시아-유럽 항로 서비스

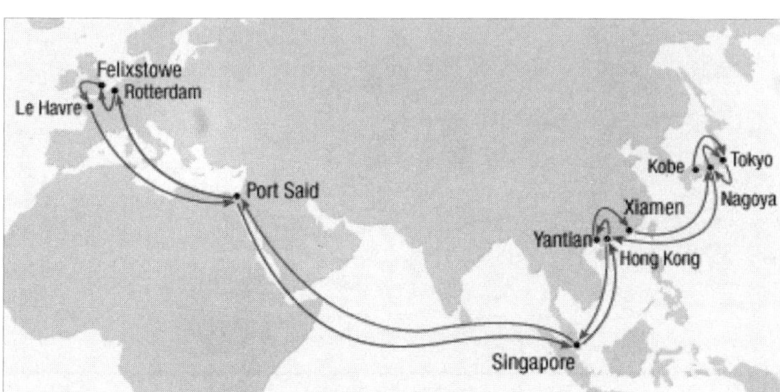

자료 : www.hanjin.com.

4) 우리나라 중심의 컨테이너 항로

우리나라 중심의 컨테이너 항로는 한중항로, 한일항로, 동남아항로, 한러항로 등이 있다. 여기에서는 한중항로와 한일항로에 대해 살펴본다.

(1) 한중항로

한중항로는 우리나라와 중국 간의 컨테이너 항로를 말하며, 우리나라 부산항, 광양항, 인천항, 평택항 등과 북중국 항만 간의 컨테이너 운항이 대부분을 이루고 있다. 한중항로에는 우리나라와 직교역의 컨테이너 화물뿐 아니라 낮은 수심의 북중국항만에서 북미지역이나 유럽으로의 컨테이너 수송을 위한 환적화물도 큰 비중을 차지하고 있다. 2006년 하반기에 인천항~닝보항, 평택항~다펑항 간 신항로의 개설 등에서 보듯이 우리나라와 중국 간 컨테이너 화물의 교역증가와 함께 선복량은 꾸준히 증가할 것으로 예상되고 있다.

[그림 3-6] 한국-중국 피더 항로 서비스

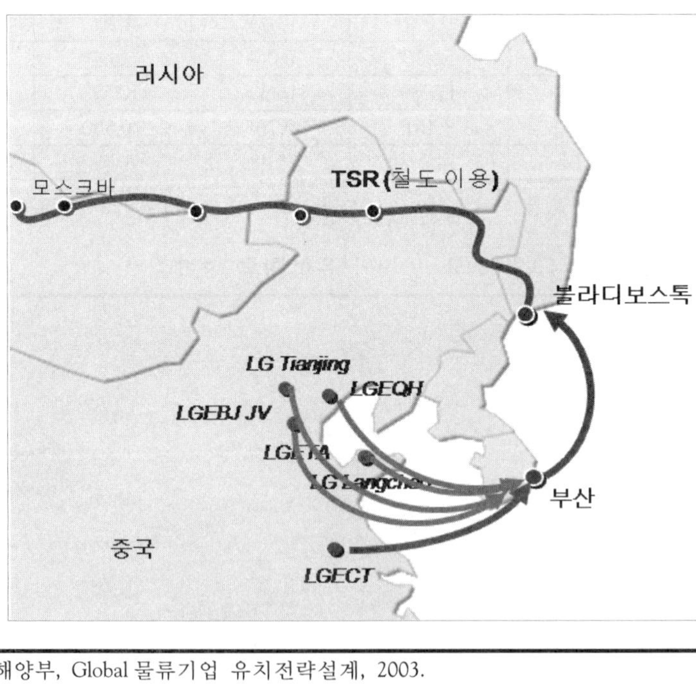

자료 : 국토해양부, Global 물류기업 유치전략설계, 2003.

(2) 한일항로

한일항로는 우리나라 부산항, 울산항, 마산항, 광양항, 인천항 등 5개 항만과 일본의 고베항, 오오사카항, 도쿄항, 나고야항 등 50개 항만과의 컨테이너 화물 수송을 위한 항로를 말한다.

한일항로는 우리나라 해운산업의 모태가 되는 항로로서 1950년에 대한해운공사가 홍천호를 투입함으로써 시작되어 우리나라 외항해운의 길을 여는 계기가 되었다. 경제개발 5개년계획의 추진에 의하여 경제개발에 필요한 원자재 및 플랜트의 도입에 따른 해상물동량의 증가, 정부의 적극적인 지원정책 등에 의하여 일본과의 교역량이 급격히 증가하였다.

1960년대까지 투입선박 500 GT 내외의 재래선운영으로 영세성을 면치 못하였으나, 1970년대에 들어서 시랜드 등 외국 컨테이너 선사의 한일항로투입에 자극을 받아 우리나라 국적 선사도 1972년부터 본격적인 투입을 통해 피더선 영업의 전성기를 구가하였다.

그러나 1970년대 말부터 급격한 물동량의 감소와 선복과잉으로 인해 선사들간의 과당경쟁을 유발하였으며, 1984년 5월에는 '해운산업합리화계획'에 의하여 선사들이 대규모 정리되었다. 1992년부터 사업구역의 조정 및 항로개발을 위해

[그림 3-7] 한국-일본 피더 항로 서비스

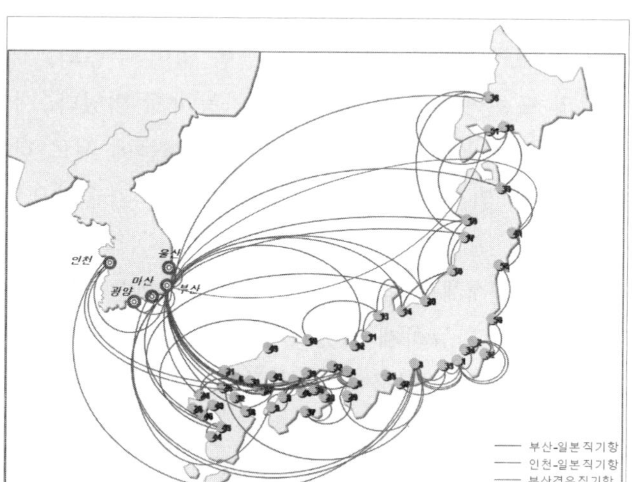

자료 : 국토해양부, Global 물류기업설계, 2003.

한일항로, 동남아항로를 근해항로로 통합운영하였다.

2006년에 한일항로간 컨테이너 실적은 129 TEU로 전년대비 4.1%의 증가세를 기록했다. 이 가운데 로컬 화물은 59만651 TEU(수출 32만 TEU, 수입 27만 TEU)로 전년보다 2.7% 증가했으며, 피더화물은 31만 TEU(수출 20만 TEU, 수입 11만 TEU)로 전년보다 3.5% 증가했다. 자사환적화물은 39만 TEU(수출 26만 TEU, 수입 13만 TEU)로 전년보다 6.9% 늘어났다.

3. 복합운송 루트

1) 복합운송의 개념

해상운송에서 컨테이너의 등장은 많은 사람들이 생각했던 운송에 대한 개념을 혁명적으로 변화시켰다. 이러한 과정에 운송시장에는 복합일관수송(intermodal transportation, multimodal transportation 또는 conbined transport)이라는 새로운 개념이 등장하였다.

복합일관수송이란 ① 2개국 이상에 걸쳐 운송, ② 2개 이상의 운송수단으로 수송, ③ 특정인에 의한 일관적 책임 하에 화물운송, ④ 일관된 운임의 적용, ⑤ 복합운송증권(혹은 선하증권)의 발행을 수반하는 운송행위로 정의된다. 즉 복합일관수송에서는 화물이 한번의 계약을 통해서도 2개 이상의 서로 다른 운송수단(선박, 철도, 트럭, 항공기 등)에 의해 단절됨 없이 수송되는데, 이는 컨테이너화라는 운송용기의 표준화에 의해 처음으로 가능하게 되었다. 재래의 수송방식에서는 화물의 종류, 형태, 포장 등이 매우 다양하기 때문에 서로 다른 운송수단이 동일한 책임 하에서 하나의 서류로 일관수송되는 것은 기술적으로 매우 어려운 일이었다.

그러나 컨테이너를 매개체로 화물을 단위화한 경우에는 서로 다른 운송수단을 유기적으로 결합하는 것이 가능하게 되었으며, 이에 따라 서로 다른 운송수단이라 하더라도 동일한 운송수단처럼 화물을 쉽게 최종수요자에게까지 전달할 수 있게 되었다.

컨테이너는 그 자체가 규격화되어 있기 때문에 운송시에 각각의 운송수단은 미리 정해진 규격에 부합하는 운송기기를 준비하면 되며, 컨테이너를 서로 다른 운송수단으로 환적할 경우에도 크레인 등과 같은 기계의 힘을 빌려 간단히 처리할 수 있게 되었다. 이 경우 화물의 내품을 적출하는 것이 아니기 때문에 화물이 손상될 위험성도 대폭 감소하게 되었다.

그러나 무엇보다도 중요한 점은 컨테이너로 인해 기존의 해상운송 개념이 근본적으로 바뀌게 되었다. 즉 컨테이너를 통해 모든 운송수단의 결합이 물리적으로 가능하기 때문에 해상운송의 개념이 이전의 경우처럼 항만에서 항만까지로 한정되지 않고, 보다 새롭고 보다 효율적으로 운송 루트를 추구하려는 시도를 하게 되었다.

랜드브릿지(landbridge)라는 운송방식은 복합일관수송의 전형적인 형태이다. 이것은 기존의 해상항로에서만 수송되어진 화물을 선박, 철도 등과 같이 컨테이너선과 컨테이너 전용열차(unit train)를 조합함으로써 빠른 운송속도와 낮은 비용 모두를 실현할 수 있게 되었다.

랜드브릿지는 대륙횡단철도를 이용하여 바다와 바다를 결합한다는 의미에서 붙여진 명칭이다. 랜드브릿지에는 여러 개의 루트가 있는데, 대표적인 것은 블라디보스톡 등 극동 러시아까지의 해상운송 후 시베리아 횡단철도에 연결하여 컨테이너 화물을 유럽의 최종목적지까지 운송하는 시베리아 랜드브릿지(SLB)이다. 또한 북미지역의 경우 북미 서안까지 해상운송 후 미국 대륙횡단철도에 연결하여 북미 동안까지 운송하고, 다시 해상운송을 통하여 유럽까지 해상운송하는 북미 랜드브릿지가 있다.

이 밖에 랜드브릿지의 변형으로서 미국 서안에서 철도에 접속하여 미국 동안의 여러 항만까지 철도로 수송하는 미니 랜드브릿지(Mini Landbridge : MLB)와 미국 내륙의 최종목적지까지 철도운송으로 접속하는 마이크로 랜드브릿지(Micro Landbridge : MCB 혹은 Interior Point Landbridge : IPI) 등이 있다.

2) 복합운송 루트

(1) 미니 랜드브릿지(MLB)

미니 랜드브릿지는 본래 의미의 랜드브릿지와는 다소 차이가 있다. 이는 부산항에서 미국 동안 혹은 걸프만 지역까지 컨테이너를 수송할 경우 파나마 운하를 경유하여 해상으로 직접 운송하는 대신, 부산항에서 미국 서안의 롱비치(Long Beach)항까지는 컨테이너선을 통해 해상운송하고 미국 서안에서 미국 동안 혹은 걸프만 지역까지는 대륙횡단철도를 이용하여 운송하는 것을 말한다. 원래 랜드브릿지는 해상운송이 양 끝에서 이루어져야 하지만, 이 서비스는 한쪽에서만 해상운송이 이루어진다는 점에서 미니 랜드브릿지라고 구분하고 있다.

일반적으로 화물을 같은 거리 수송할 경우, 가장 값이 싼 운송수단은 해상운송이다. 따라서 철도수송을 그 일부에 추가하는 미니 랜드브릿지(MLB)의 경우 수송비용이 비싸서 채산이 맞지 않는 운송방식으로 알려져 있다. 그러나 북미 동안지역에 자체 해상수송항로를 갖지 못했던 미국의 시트레인(Seatrain)사는 1972년에 처음으로 유럽에서 찰스톤(Charleston)항을 경유하여 캘리포니아까지 미니 랜드브릿지를 이용하여 화물을 운송하였고, 복귀철도편에 일본에서 북미 동안으로 가는 화물을 적재하는 방식을 채용하여 아시아에서 북미 동안지역으로의 미니 랜드브릿지 수송의 시대를 열었다. 극동지역에서 북미 동안(뉴욕)까지의 해상운송거리는 약 9,800마일이지만, 북미 서안을 경유하여 철도로 북미대륙을 횡단할 경우 운송거리는 7,600마일로 감소된다.

이러한 수송방식을 성공적으로 수행하기 위해서는 값이 싼 철도운임을 확보하는 것이 필수불가결한 요소이다. 시트레인(Seatrain)사는 당시 산타페(Santa Fe) 철도회사와 펜센트럴(Pencentral) 철도회사에서 낮은 운임을 확보하는 데 성공하였으며, 이 루트가 해상직행항로보다 충분한 경쟁력을 갖게 됨으로써 아시아/북미 동안의 미니 랜드브릿지가 정착하게 되었다. 그 후 세계의 각 선사는 이러한 형태의 운송방식에 따라 아시아/북미 태평양항로에 컨테이너선을 배선하는 선사는 예외 없이 미니 랜드브릿지(MLB) 서비스를 제공하고 있다.

(2) 마이크로 랜드브릿지(Micro Landbridge : MCB 혹은 Interior Point Landbridge : IPI)

미니 랜드브릿지가 북미 동안 및 걸프 지역의 항만에 대해 해상직행운송의 대체수단으로 한정되는 데 비해, 마이크로 랜드브릿지(IPI)는 내륙의 특정지점까지 운송해 주는 본격적인 일관운송 서비스이다. 즉 미니 랜드브릿지가 해상운송의 대체적 색채가 강하다면, 마이크로 랜드브릿지는 내륙까지의 운송이 가능하다는 측면에서 문전 서비스(door-to-door)를 제공하는 해상과 육상이 연결된 일관수송 본래의 목적에 가깝다고 할 수 있다.

[그림 3-8] 미국 내 철도 서비스

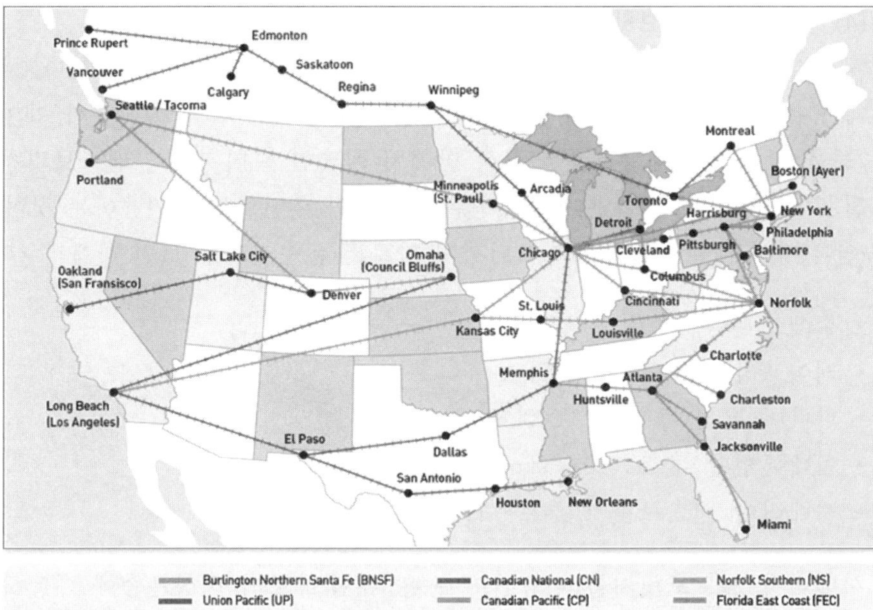

자료 : www.hanjin.com.

(3) 씨 앤드 에어 방식(Sea & Air)

항공기와 선박편을 아울러 이용하는 화물의 수송방식이다. 북미지역을 예로 들면 우리나라에서 미국 또는 캐나다의 서안항만(밴쿠버)까지 컨테이너선으로 운송한 후 항공기에 환적하여 미국, 캐나다의 내륙지역 또는 중남미, 유럽의 최종목적지까지 항공수송하는 해·공 일관수송을 말한다.

운임은 저렴하지만 운송시간이 장기적인 선박운송과 운임은 비싸지만 운송시간이 짧은 항공기의 장점을 적절히 결합함으로써 최적의 운임 및 운송시간을 도출할 수 있다. 최근에는 컨테이너선도 고속화되고 있으며, 항공기의 경우에도 경쟁의 심화로 운임이 크게 낮아져 1980년대에 비해 이용이 크게 늘고 있다.

특히 우리나라의 경우에는 인천공항과 북중국항만 간의 씨 앤드 에어 방식의 수송이 적극 고려되고 있다. 이 서비스는 북미와 유럽 등에서 인천공항으로 화물을 수송한 후 인천공항에서 대련, 천진 등 북중국항만까지 초특급화물선으로 운송하는 것이다. 대련에서 육상으로 북경공항에 도달하는 것보다 고속화물선으로 인천공항으로 운송하는 것이 시간적, 비용적 측면에서 훨씬 경제적이기 때문이다.

(4) 시베리아 랜드브릿지(Siberian Landbridge : SLB)

시베리아 랜드브릿지(SLB)는 TSR(Trans-Siberian Rail) 서비스라고도 한다. 극동지역에서 유럽으로의 화물을 수송하기 위해서는 수에즈 운하, 파나마 운하, 케이프타운 등을 경유하는 해상운송은 물론 앞에서 설명한 북미지역의 랜드브릿지가 고려될 수 있지만, 가장 짧은 운송수단은 시베리아 횡단열차를 이용하는 것이다. 극동(일본)에서 네덜란드의 로테르담까지 항로별 운송거리를 보면 다음과 같다.

- 수에즈 운하 루트 : 20,700km
- 케이프타운 루트 : 27,000km
- 파나마 운하 루트 : 23,000km
- 미대륙횡단 루트 : 20,000km
- 시베리아 랜드브릿지 루트 : 13,000km

시베리아 랜드브릿지를 이용한 운송은 유럽 항로의 해상운송에 대응하기 위한 컨테이너 루트로 1971년에 본격적으로 시작되었다. 수송방식은 극동에서 러시아의 보스토치니항까지는 컨테이너선에 의해 해상수송된 후 시베리아 횡단철도의 컨테이너 전용화차(블럭트레인)에 환적하여 러시아의 유럽 경계역까지 철도수송된다. 이후 먼 거리는 유럽 철도(Eurail)에, 가까운 거리는 트럭이나 내륙운하 등을 통해 컨테이너를 복합일관수송한다.

운송의 주체는 복합일관수송업자(포워더, NVOCC)이며, 러시아의 수송구간은 통과화물공단(SOTRA)에서 운송계약체결 서비스를 제공한다. SOTRA는 러시아의 대외경제성소속 독립공사로써 1991년에 민영화 이후 주식회사로 전환되었다.

시베리아 랜드브릿지의 TSR 서비스는 구 소련의 붕괴 이후 불안한 국내정세와 해상운임의 상대적 하락 등에 의해 경쟁력이 급속도로 저하되어 화물수송량도 전성기의 10% 수준인 2,000~3,000 TEU의 수준에 머물고 있다. 러시아는 시베리아 랜드브릿지의 부흥을 위해 철도성주관으로 고속 컨테이너 열차운행을 시험하고 있으나 아직 본격적인 활성화는 이루어지지 않고 있다.

[그림 3-9] 시베리아 랜드브릿지 서비스

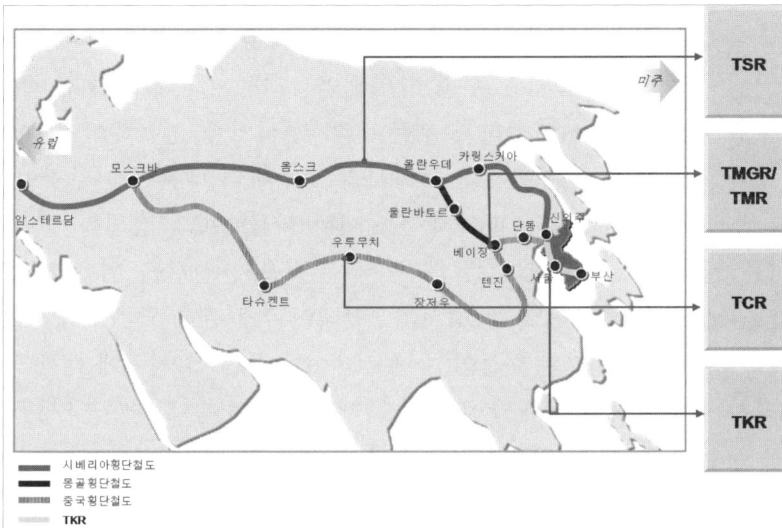

자료 : 국토해양부, Global 물류기업 유치전략설계, 2003.

(5) 미국 랜드브릿지(America Landbridge : ALB)

미국 랜드브릿지는 극동에서 유럽으로의 화물을 수송할 목적으로 북미지역의 대륙횡단철도를 이용하는 것이다. 컨테이너 화물의 운송형태는 해상운송(극동-북미태평양 연안)과 철도운송(북미 태평양연안-북미 동안), 그리고 다시 해상운송(북미 동안-유럽)의 과정을 밟는다. 1974년에 시트레인사에 의해 처음으로 개발되었다.

이 운송경로는 태평양항로의 선복수급이 매우 어려운 경우에만 제한적으로 사용되기 때문에 항상 태평양항로의 선복수급에 좌우되며, 특히 운임면에서 매력이 없기 때문에 현재에는 이용비율이 크게 낮은 상황이다.

제 3 절 컨테이너와 관련된 국제조약

컨테이너의 수송은 근본적으로 국제적인 교역을 바탕으로 하기 때문에 여기에는 필수적으로 화물의 국경통과에 대한 각국세관의 감시가 따른다. 각국의 세관은 자국상품의 보호를 위해 컨테이너 내품에 대한 관세의 부과 및 징수업무, 보세업무,

통관업무, 감시업무 등을 수행한다. 이러한 세관의 역할은 자국의 상품을 보호하고 위험물의 반입 등으로부터 국민들을 보호하는 역할을 하지만, 다른 한편으로는 수입된 컨테이너에 대해 매우 엄격한 통관절차를 부여함으로써 화물의 원활한 흐름을 저해하고 국제복합일관 수송의 이점을 크게 저해하게 된다. 특히 유럽 지역의 경우 여러 국가가 인접하기 때문에 여러 국가를 경유해야 하는 화물의 경우, 국경을 통과할 때마다 관세를 부과하고 징수하기 때문에 시간적인 손실이 엄청나게 발생할 우려가 있다. 따라서 컨테이너 화물수송의 장해를 줄이고 해상 컨테이너를 이용하여 이음매 없는 해·육 일관수송의 실현을 위해 각국에서는 국제조약을 체결하고 있다. 그 중 하나가 "컨테이너에 관한 국제조약"이고, 다른 하나는 "TIP 조약"이다. 전자는 화물이 아닌 컨테이너 용기 그 자체에 대한 국제조약이고, 후자는 컨테이너에 적재된 내품의 국제간 도로수송에 관한 국제조약이다. 이 조약은 모두 UN 유럽경제위원회(ECE)가 제정하였으며, CCC 조약은 1959년에 제정되어 1975년에 개정되었고, TIR 조약은 1960년에 제정된 후 1978년에 각각 한 차례씩 개정되었다.

1. CCC(Customs Convention on Containers) 조약

CCC 조약은 Customs Convention on Containers의 약자이며, 흔히 "컨테이너에 관한 통관조약"이라고 부른다. 이 조약은 컨테이너 그 자체를 사용함으로써 발생하는 다양한 장애를 제거하기 위해 만들어진 여러 국가간 컨테이너에 관한 통관조약이다. CCC 조약의 주요 내용으로는 일시적인 수입 컨테이너를 재수출한다는 조건으로 면세조치를 인정하고, 조약체결국가의 세관에서 붙인 봉인을 존중한다는 것 등이 있다.

우리나라는 1973년에 이 조약에 조건부서명을 한 후 1981년에 정식으로 가입하였다. 따라서 관세청장은 관세법 제29조 '재수출면세' 조항에 근거를 두고 컨테이너 및 그 내장화물의 통관요령을 관세청 고시 제50호로 고시하고, 1974년 12월 16일부터 시행하였다. 그 후 국제 컨테이너 수송의 비약적 발전추세에 발맞추기 위해 1978년 10월 28일, 12월 21일에 개정한 후 다시 1979년 5월 14일 고시 제9-191호로 시행하고 있다.

1) CCC 조약에서 규정하는 컨테이너의 정의

제 2 장에서 설명한 바와 같이 CCC 조약에서는 국제적으로 운송되는 컨테이너에 대해 다음과 같이 규정하고 있다.

① 항구적인 성질을 보유하고 반복사용에 적합한 내구성을 보유할 것
② 도중에 화물의 재 적재(Reloading) 없이 하나 이상의 운송수단에 의하여 화물운송이 용이하도록 설계
③ 한 운송수단에서 다른 운송수단으로 환적(Transshipment)이 용이하도록 설계
④ 물품의 적입 및 반출이 용이하도록 설계
⑤ 부피가 1㎥ 이상이 될 것

컨테이너가 이상의 조건이 열거된 CCC 조약의 부속서 1과 2의 조건이 충족되면 국제운송에 사용될 수 있고, 각국에서는 통관상의 편익이 주어지게 된다. CCC 조약의 부속서 1과 2에서는 사용하는 컨테이너의 기술상의 조건이 잘 정의되어 있다. 이러한 조건이 충족된 상태에서 컨테이너가 조약가맹국 사이의 국제운송에 사용된 경우, 수입세의 면세, 통관서류, 신고서, 수출수속, 담보의 제출 등이 면제되는 통관상의 편의가 주어진다.

2) 일시수입에 대하여

이 조약에서는 컨테이너에 주어지는 편익에서 면세일시수입이라는 제도를 적용하고 있다. 이 제도는 구체적으로 다음과 같다.

① 수입관세를 면제받아 일시수입된 컨테이너의 경우, 3개월 이내의 기간 동안에는 국내화물과 같이 제한하지 않는다. 이것을 '면세일시수입의 3개월 이내 재수출기간'이라고 부른다. 이것은 컨테이너가 외국에서 수입되어 컨테이너선으로부터 육상으로 하역된 경우, 3개월 이내에 그 국가에서 외국으로 선적되어 수출되면 그 3개월의 기간은 자유로이 제한하지 않고 그 컨테이너를 사용할 수 있도록 하는 것을 의미한다.
② 위의 컨테이너 가운데 컨테이너가 손상 등으로 재수출되지 않는 경우, 이는 기본적으로 그 나라에 수입된 것으로 보아 수입관세를 부과한다.
③ 컨테이너의 수리 등을 위해 부품의 면세일시수입의 허가에 대해서는 각국의

법령에 의한다고 정의하고 있다.

3) 세관의 봉인(seal)이 필요한 컨테이너의 기술적 요건 및 승인수속

CCC 조약에서는 국제운송에 사용되는 조건 외에 기술적 조건을 정의하고 있으며, 이 기술적 조건을 충족하는 컨테이너의 승인과 식별을 위해 승인증명서를 발급하고 있다. 그리고 이러한 조건을 갖춘 컨테이너로 국제운송을 할 경우, 면세일시수입 등의 편익을 부여한다.

2. TIR(Transport Internationale Routiere) 조약

이 조약의 정식명칭은 "국제도로수송수첩에 의한 담보 하에 수행되는 국제수송에 관한 통관조약(Customs Convention on the International Transport of Goods under Cover of TIR Carnet)"이다. 흔히 "국제도로운송에 대한 관세협약"으로 부르기도 한다. 우리나라는 1981년 9월에 정식으로 가입하였다.

이 조약은 차량과 차량에 견인되는 트레일러(trailer) 혹은 세미트레일러(semi-trailer)를 통해 수송되는 컨테이너의 국제운송을 용이하게 하기 위해 만들어진 조약이다. 1960년대에 유럽 각국을 통과하는 컨테이너와 거대중량화물의 통관수속을 간소하고 신속히 처리할 목적으로 제정되었다.

1) TIR 조약의 정의

TIR 조약에는 수입관세, 수출관세, 도로주행차량, 화물주문지역의 세관, 경유지의 세관 및 거대화물 등에 대해 정의하고 있다. 또한 컨테이너에 대해서도 정의하고 있는데, 이는 CCC 조약과 거의 같은 내용이다.

2) 적용범위

이 조약에서는 제 2 조에 국제운송, 즉 국경을 넘는 화물의 운송에 있어서 도로주행차량 또는 여기에 적재된 컨테이너의 화물을 재적재하여 운송하는 경우, 이 조약이 적용된다고 규정하고 있다. 이 경우 제 3 조에 따라 반드시 사전에 승인을 받은 컨테이너와 국제도로운송 수첩(TIR 카르네)의 담보 하에 운송되어야 함을 명시하고 있다.

3) TIR 운송

이와 같은 측면에서 TIR 운송이란 TIR 조약에 기초한 국제도로운송 수첩을 제시한다는 측면에서 일종의 국제보세운송이라고 볼 수 있다. 이 TIR 운송을 위해서는 다음의 조건이 필요하다.

- 운송에 사용되는 컨테이너는 CCC 조약 및 TIR 조약에서 정의하는 기술적 조건을 충족해야만 한다.
- 운송은 반드시 조약체결국에 의해 승인된 보증단체가 발급하는 국제도로운송 수첩(TIR 카르네)의 담보 하에 이루어져야 한다.
- 화물이 적재된 컨테이너는 세관에 의해 봉인되어 도중에 화물의 재적재가 일어나지 않도록 해야 한다.

이상의 조건이 충족된 TIR 운송의 경우 경로상에 있는 조약체결국의 경유지 세관에서는 원칙적으로 컨테이너 내장화물의 검사는 가능하지만, 수·출입에 따른 관세는 지불하지 않아도 된다.

4) 봉인된 차량과 컨테이너

TIR 조약에는 봉인된 컨테이너와 도로주행차량에 의한 수송에 대해 다음과 같이 규정하고 있다.

- TIR 운송의 경우 경유지세관에서 수입관세 또는 수출관세의 납부, 공탁 등이 면제된다.
- TIR 운송수첩(가트네)은 주행차량마다 혹은 운송 컨테이너마다 작성된다.
- 출발지세관에서 컨테이너를 검사한 후 봉인이 부착된다.
- TIR 운송수첩(가트네)은 화물이 목적지세관에 도착한 직후에 책임이 해제된다.

따라서 TIR 운송을 위해서는 TIR 운송수첩(가트네)에 의한 담보가 필요한데, 이 도로운송수첩은 조약체결국의 승인을 받는 보증단체에서 발급한다.

3. ITI 조약

한편 TIR 조약이 도로수송에 한정되어 국제무역에 불편을 초래하므로 TIR 조약을 해상, 항공 운송수단까지 확대할 필요가 생겼다. 이러한 필요에 따라 제정된 조약이 ITI 조약이다. 1971년에 관세협력이사회(Customs Corporation Council : CCC)는 국제화물의 수송을 용이하게 하기 위해 TIR 조약을 보다 확대하여 제정한 통관조약이다. 정식명칭은 Customs Convention on the International Transport of Goods이다.

이 조약은 TIR 조약과 유사하고 육상부분에서는 다소 중복성이 있으나, 운송수단에 선박과 항공기가 포함된다는 측면에서 TIR 조약보다 적용범위가 넓다. 즉 TIR 조약이 원칙으로 도로주행차량 또는 이에 적재된 컨테이너에 의한 도로운송을 대상으로 하는 데 대해, 이 조약은 육·해·공 전체수송수단을 대상으로 하고 있다.

제 4 장

컨테이너 터미널의 개념 및 주요 기능

제 1 절 컨테이너 터미널의 개념

1. 컨테이너 터미널의 역할

해상 컨테이너 화물은 수출의 경우 내륙에 위치한 화주의 공장 또는 항만 인근의 보세지역에서 컨테이너 용기에 완전히 적재되거나 혹은 선사가 지정한 컨테이너 조작장(CFS)에서 여러 화물을 채우고 컨테이너 야드(CY)에 일시 장치된 후 소정의 하역작업과 수속절차를 거쳐 본선에 적재된다. 수입 컨테이너의 경우에는 수출과 반대로 도착된 컨테이너는 양화작업 후 CY를 경유하여 최종목적지로 보세운송되거나, 혹은 통관 등의 적절한 절차를 거쳐 화주의 창고에서 해체작업을 거쳐 수화인의 창고로 운송된다. 컨테이너화를 통해 화물을 운송하는 시스템의 특징은 일반화물과 완전히 구분됨으로써 컨테이너라고 하는 표준화된 대형용기로 운송이 단일화(유니트화)된다는 것이다. 이에 따라 서로 다른 수송수단 간에 화물의 전달이 쉽게 이루어지고, 하역작업의 기계화가 촉진된다. 또한 화물의 출발지에서 최종목적지까지의 전체수송구간에서 운송 프로세스가 합리적으로 이루어짐에 따라 화주의 경우 물류비용이 크게 절감되며, 항만의 경우 화물처리의 생산성이 향상되고, 선사의 경우 선박운항이 신속하고 확실하게 이루어짐으로써 모든 운송주체의 이득이 크게 증가한다. 이는 대량운송이라고 하는 규모의 경제성으로 비용이 크게 절감되어 결과적으로 복합운송의 저변이 크게 확대되는 계기를 만들고 있다.

컨테이너 수송의 확대는 이 외에도 그 동안 선측을 기준으로 이루어졌던 화주와 선사의 운송계약접점을 터미널의 컨테이너 야드(CY)로 바꾸어 놓았다. 즉 재래선이나 일반화물선을 통한 수송의 경우 선사의 책임범위가 '선측에서 선측까지(tackle to tackle)'였으나, 컨테이너화의 정착에 의해 현재는 컨테어너 터미널의 'CY에서 CY까지'가 일반화되고 있다.

또한 컨테이너 터미널은 해상과 육상(도로, 철도)의 수송을 직접 연결하는 기지로써 컨테이너에 의한 복합일관수송의 중심지역할을 수행하고 있다. 컨테이너 수송이 효율성과 신속성이라는 특징을 최대한 발휘하기 위해서는 컨테이너 터미널에서 컨테이너를 다른 운송수단에 단절 없이 연결해 주는 것이 무엇보다도 중요하다.

[그림 4-1] 컨테이너 하역의 작업방식

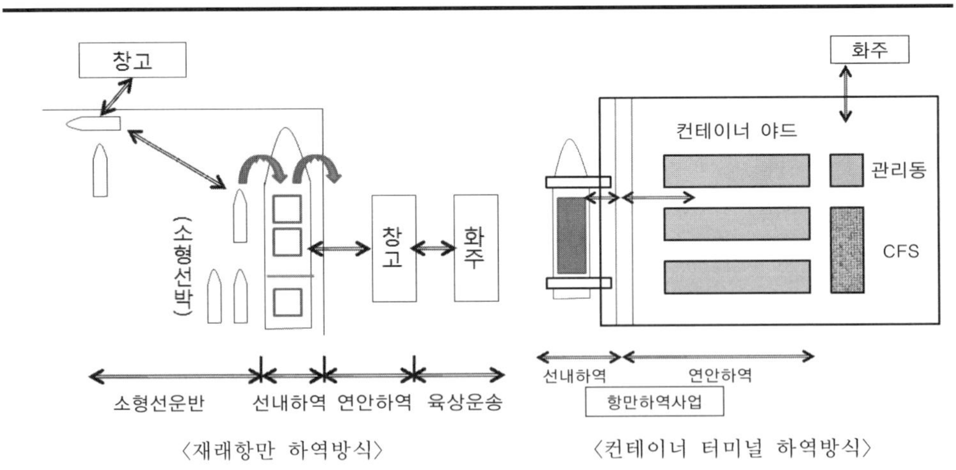

컨테이너 화물은 부두에서 재래선에 의해 하역되거나 선적되는 경우도 있지만 최근에는 대부분 컨테이너 터미널에서 처리하고 있으며, 컨테이너 전용선이 컨테이너 선석에 접안하여 터미널의 대형하역기기에 의해 본선하역작업이 이루어지고 있다.

컨테이너를 이용함으로써 화주들이 얻는 이득은 신속하고 안전하며 상대적으로 저렴한 수송방법을 확보할 수 있다는 것이지만, 이러한 수송을 구체화하고 터미널을 합리적으로 운영하기 위해서는 많은 시설이 필요하다. 따라서 효율적으로 컨테이너 터미널을 건설하고 운영하기 위해서는 많은 시설투자가 필요하며, 우리나라의 경우 그 동안 정부 또는 컨테이너 부두공단 등을 통해 전국의 컨테이너 터미널을 건설하고 운영하였다. 최근에는 경쟁력이 있는 컨테이너 터미널을 중심으로 부두공사(Port Authority : PA)를 설립하여 컨테이너 항만의 건설 및 운영을 주도하고 있다. 컨테이너 터미널의 건설에는 대형 컨테이너 전용선이 접안할 수 있는 안벽과 대량의 해상 컨테이너 화물이 효율적으로 하역할 수 있는 컨테이너 야드(CY), 선적준비작업과 본선 적화/양화가 효율적으로 이루어질 수 있도록 하역장비 등 컨테이너 전용의 하역시설이 필요하다.

2. 컨테이너 터미널의 조건[1)]

컨테이너 터미널의 형태는 지역마다 특수한 모양을 띠고 있어 일률적으로 규정할 수는 없다. 컨테이너 선박의 입항기간 동안만 공공부두의 안벽과 하역장비만을 항만관리자로부터 임대하여 사용하고, 컨테이너의 장치와 보관 등은 인근의 자영 컨테이너 장치장(Off-Dock Container Yard : ODCY)을 이용하는 경우도 있으며, 안벽 및 하역장비가 일체화된 부두 내에 컨테이너 장치장이 있는 컨테이너 터미널을 이용하는 경우도 있다.

일반적으로 컨테이너 터미널이라고 명명할 수 있는 조건은 다음과 같다.

① 부두에 위치하여 컨테이너선의 안전항행, 이착안(離着岸), 계류가 가능하고 컨테이너 선박을 위한 하역용 컨테이너 크레인(C/C)이 설치되어야 한다.

② 선박에 양적화되는 컨테이너 및 컨테이너 화물의 인수, 인도, 보관 및

1) 백인태, 컨테이너 터미널의 물류 시스템, 물류정보화포럼, 2002.

분류에 필요한 충분한 토지를 가지고, 또 각기 운영 시스템에 적합한 컨테이너 이용용 기기의 관리, 보관을 충분히 할 수 있는 시설과 조직을 보유해야 한다.

③ 컨테이너 터미널에 있어서의 하역작업이 효율적으로 수행되는가의 여부가 컨테이너 수송의 관건이 되므로, 선박에서의 적하 및 양하되는 컨테이너를 육상수송수단(도로, 철도)과의 사이에 신속, 정확하게 연결하는 능력을 보유해야 한다. 또한 이 때에 컨테이너의 상태를 검사하고, 컨테이너의 이상유무를 즉시 확인할 수 있는 시설과 조직을 보유해야 한다.

④ 컨테이나 터미널을 통과하는 대량의 컨테이너를 신속, 정확히 처리하기 위하여 터미널이 개개의 컨테이너를 정확히 식별하고, 각각의 작업과정을 통하여 가장 합리적인 흐름에 올려 놓은 좋은 시스템 아래에 운영하는 능력을 보유해야 한다. 또한 대규모의 현대적 터미널에서는 각각 독자적으로 개발한 컴퓨터 시스템으로 운영하는 곳도 많이 있다.

⑤ 내륙수송의 접점으로서 내륙수송면에 애로가 없어야 한다. 즉 발달된 도로망 또는 충분한 수송능력이 있는 철도에 직접 접속되어야 한다.

[그림 4-2] 컨테이너 터미널의 예(광양항 KIT 컨테이너 터미널)

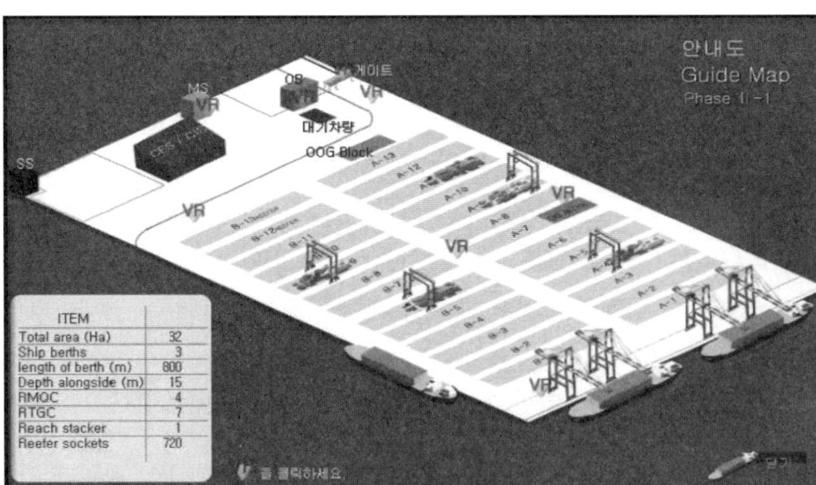

자료 : 한국컨테이너부두공단.

제 2 절 컨테이너 터미널의 분류

컨테이너 터미널은 앞에서 설명한 조건을 만족시킬 경우, 대부분 유사한 기능을 수행하게 된다. 그러나 컨테이너 터미널은 운영형태, 개발방식, 경영방식 등에 따라 서로 다른 운영방식을 나타낸다. 여기에서는 관리, 운영형태, 지역 등의 기준에 따라 컨테이너 터미널을 구분한다.

1. 운영형태에 따른 분류

컨테이너 터미널은 경영형태에 따라 다수의 선사가 정부 또는 공공기관 소유의 터미널을 공동으로 사용하는 공공부두와 특정선석을 특정 선사 또는 운영사에게 경영토록 하고, 선석을 전용으로 사용토록 하는 전용 터미널로 구분된다.

[표 4-1] 공용 터미널과 전용 터미널의 특성비교

	공용 터미널	전용 터미널
의 의	· 본선의 접안기간 전후에만 이용하는 부두	· 안벽과 인접한 장치장을 일정기간 임차, 전용사용하는 부두
터미널이용	· 양하화물 : 수일 이내 반출 · 선적화물 : 본선입항 수일 전에 반입 가능	· 자 유
터미널운영	· 주로 독립운영회사에서 직접 관리 및 운영	· 임차자인 선사에서 직접 관리 또는 별도지정 하역회사에서 운영
항만요율	· 항만요율에 의해 요금부과	· 계약에 의해 요금부과
운영방법	· 컨테이너 물량규모가 적은 초기적 형태 · 소유(운영) 주체가 불특정다수에게 서비스를 제공하는 터미널	· 터미널 시설능력이 풍부한 선진 항만 선호형태 · 임차한 선사단독 이용 또는 다른 선사들(동맹 그룹 등)과 공동이용
장 · 단점	· 스케줄 준수의 어려움 - First Come, First Served 방식 선사의 서비스 개선 불가능 - 접안, 하역, 내륙운송에 선사의 직접통제가 어려움 · 관리자 및 국가의 건설자금부담이 과다할 수 있음	· 운항효율 및 서비스 개선 가능 - 컨테이너화 완숙 - 복합운송의 고속화 - 해상운송, 항만하역, 육상운송 등 물적 유통의 직접통제 및 정보효율의 극대화 · 투자비용이 운영자에게 분담될 수 있음

자료 : 백인태, 컨테이너 터미널의 물류 시스템, 물류정보화포럼, 2002.

1) 공용 터미널

공용 터미널은 특정운영주체가 불특정다수에게 컨테이너 터미널의 서비스를 제공하는 것으로, 선사나 화주는 본선이 접안한 기간을 전후해 일정기간만 이용할 수 있는 부두를 말한다. 즉 선석의 점유나 창고의 이용, CY의 사용 등이 화물의 이동을 위해 일시적으로 이용하는 것이며, 장기적으로 임차하거나 독점적으로 점유하지는 않는 시설이다.

따라서 선박에서 양하한 화물은 터미널에서 정한 장치기간 이내에 반출해야 하며, 선적을 위해 터미널로 반입되는 화물은 터미널의 규정에 의해 본선입항 수일 전에만 반입이 가능하다.

2) 전용 터미널

특정 선사나 운영사가 안벽과 인접한 장치장을 일정기간 임차하여 전용으로 사용하는 부두를 말한다. 선사나 화주는 터미널의 이용에 아무런 제약이 없이 자유로이 사용가능하며, 따라서 선박의 운항효율이나 서비스의 개선이 가능하다. 주로 터미널의 시설능력이나 항만용지가 풍부한 국가에서 사용하는 것으로 선진해운의 형태이다.

2. 건설방식에 따른 분류

통상 항만 등과 같은 운송시설은 전체국민들을 위한 시설이므로, 그 동안은 정부가 국민의 세금으로 건설하여 다수의 국민이 이용하도록 제공하는 것이 일반적이다. 따라서 운영방식도 불특정다수가 국가가 정한 항만요율을 지불하면서 이용하는 공용 터미널의 방식이 대부분이었다.

그러나 최근에는 항만의 운영이 장기에 걸쳐 많은 수익이 발생할 것으로 예측됨에 따라 금융기관이나 건설사 등 다양한 주체에서 민간투자에 의한 항만건설을 추진하고 있다.

1) 국가건설 컨테이너 터미널

항만은 건설에 있어서 많은 자본이 소요되고 일단 건설된 후에는 한계비용이 매우 낮은 자연독점시설이므로 전통적으로 국가에서 건설하고, 국가가 관리하는 것이 일반적인 추세였다. 우리나라의 경우 1974년에 자성대(BCTOC) 컨테이너 터미널이 처음 개장된 이후 신선대 터미널과 우암 터미널 등이 대표적인 국가 건설 컨테이너 터미널이다. 정부는 항만 건설 및 운영에 민간의 효율성을 도입하고자 최근 민간투자 컨테이너 터미널 사업을 적극 추진중이다.

2) 민간투자 컨테이너 터미널

민간투자 컨테이너 터미널은 민간의 자본으로 항만을 건설한 후에 일정기간(20~50년) 동안 컨테이너 터미널을 무상으로 운영하여 투자비용과 적정이윤을 확보하는 것을 말한다. 민간투자의 방식에 따라 다양한 형태의 소유권이전방식이 결정된다.

항만 개발 및 운영에 대한 민간자본의 참여형태는 해당 항만의 운영목표, 규모, 화물의 종류, 참여부문 등에 따라 달라진다. 특히 항만의 규모는 민간자본의 참여형태를 결정하는 주요 요인의 하나로 고려된다. 왜냐하면 항만의 규모가 작을 경우에는 항만 전체의 관리, 운영권을 단일기업에 이양하는 것이 바람직하며, 반면에 대규모 항만의 경우에는 터미널간 경쟁체제의 도입이 가능하게 됨에 따라 복수의 민간기업이 면허, 임대차계약 등에 의하여 항만 서비스를 제공하기 때문이다.

항만의 개발 및 운영에 대한 민간자본참여의 대표적인 유형은 다음과 같다.[2)]

첫째는 항만 전체를 민간에 매각하는 방식(full privatization)으로서, 해당 항만의 모든 자산과 부채를 민간에게 이전시키는 것이다. 이 방식은 정부의 재정적 부담을 최소화하기 위하여 이용되는 방식이다.

둘째로는 민간으로 하여금 특정 항만 또는 터미널을 개발, 운영, 소유하도록 하는 방식(Build, Operate and Own : BOO)이 있다. 이는 정부가 단기적 재정상의 필요 등에 의하여 추진된다.

셋째는 민간으로 하여금 항만을 건설 또는 재개발하여 일정기간 운영하도록 한 다음, 소유권을 국가에 귀속시키도록 하는 방식(Build/Rehabilitate, Operate and Transfer : BOT 또는 ROT)이다. 이 방식은 가장 전통적인 민영화방식이다. 이와

2) Trujillo Lourdes and Gustavo Nombela, "Privatization and Regulation of the Seaport Industry," Policy Research Working Paper, World Bank, 1999.

유사한 방식으로 민간이 항만개발 후 먼저 소유권을 국가에 이전시킨 후 일정기간 운영하여 개발비용을 회수하도록 하는 방식(Build/Rehabilitate, Transfer and Operate : BTO 또는 RTO)이 있다. 이 방식은 운영기간 동안 소유권이 국가에 있으므로 시설, 장비의 설치 및 변경에 있어서 엄격한 국가의 통제를 받게 되는 반면, 민간의 재산세부담이 면제된다는 등의 장점이 있다. 우리나라의 경우는 후자의 방식(BTO 또는 RTO)을 주로 많이 사용한다.

넷째로는 합작투자(joint venture)에 의한 민간참여방식이 있는데, 그 유형으로는 공공부문과 민간기업의 합작, 민간기업간의 합작, 공공부문간의 합작 등이 있다. 공공부문과 민간기업의 합작은 말레이지아 클랑(Port Klang)항이 이에 속하며, 공공부문간의 합작은 싱가포르 항만공사와 중국 대련항만공사의 합작 등이 있다.

3. 경영형태에 따른 분류

항만의 경영형태는 그 소유나 관리의 주체와는 별도로 항만시설의 정비나 하역 서비스 등을 누가 제공하느냐에 따라서 크게 달라진다. 항만을 경영형태상으로 분류하면, "지주형 항만(Landlord Port)," "도구형 항만(Tool Port)," "운영형 항만(Operation Port)"의 3가지의 형태로 구분할 수 있다.

1) 지주형 항만(Landlord Port)

지주형 항만은 항만관리자가 항로, 안벽, 부두용지 등의 기본시설을 정비, 관리하지만 선사나 운송업자, 운영사 등에게 안벽, 부두용지 등 기본시설을 장기임대하여 터미널 운영을 민간기업에 맡기는 형태이다. 민간기업은 크레인, 창고 등 기능시설을 정비함과 동시에 하역 서비스를 제공한다.

독일의 함부르크항과 브레멘항, 네덜란드의 로테르담항, 벨기에의 엔트워프항, 미국의 롱비치항 등 대부분의 유럽 및 미주지역 항만에서 일반적으로 볼 수 있는 항만경영형태이다.

2) 도구형 항만(Tool Port)

도구형 항만이란 항만관리자가 기본시설뿐만 아니라 크레인 등의 주요 기능시설을 설치하고, 민간이 임대, 운영하는 항만을 말한다. 민간은 자본의 투입이 없이 자기의 노동자만을 투입하여 터미널을 운영한다.

일본의 고베항을 비롯하여 우리나라 부산항, 대만 카오슝항, 필리핀 마닐라항, 미국의 휴스턴항과 시애틀항, 유럽의 르아브르항 및 바르셀로나항 등이 이에 속한다.

3) 운영형 항만(Opearation Port)

운영형 항만이란 흔히 서비스 포트(Service Port)라고도 부르는 항만으로, 항만관리자가 계획, 시설정비에서부터 운영까지 항만 내 모든 업무와 서비스를 스스로 관리, 운영하는 항만을 말한다. 민간에게 위탁하는 부분은 극히 부분적인 경우에 한정된다.

이러한 형태는 싱가포르항, 태국의 방콕항, 인도의 봄베이항 등이 대표적이다.

4. UNCTAD의 거점항만구분

거점항만이란 상업주의적 물류중심항만(Hub Port)으로 환적화물유치를 통한 부가가치창출에 적극적이며, 공공성이 희박한 상업적 컨테이너 터미널을 말한다. 세계교역이 확대되고 컨테이너 선박의 발전과 복합운송의 발달로 컨테이너 항만을 생산 및 물류의 연결점(Node)으로 인식했던 1980년대의 제3세대 항만에 이어 항만이 다양한 고객의 욕구에 만족할 수 있도록 종합물류기지로 정착하고 있다. 특히 정보화, 전산화 및 자동화를 통하여 경쟁력을 향상시키고 세계 주요 항만과 연계하여 국제물류 거점확보를 위한 마케팅 전략을 수립하고 있는 현재의 중심항만(Hub Port)을 거점항만이라고 한다.

UNCTAD는 거점항만을 ① 공용중심항만(Dedicated Hub-Port), ② 중심 및 화물집화 항만(Hub and Load-Center Port), ③ 직기항항만(Direct Call Port), ④ 피더 항만(Feedered Port)으로 구분하고 있다. UNCTAD의 거점항만의 구분은 다음의 [표 4-2]와 같다.

[표 4-2] 용도에 따른 항만분류

구 분	공용중심항만	중심 및 물집화 항만	직기항항만	피더 항만
지역적 특성	· 간선항로에 위치 · 대형 모선 입·출항 가능	· 간선항로에 위치 · 대형 모선 입·출항 가능	· 간선항로에 위치 · 대형 모선 입·출항 가능	· 지선항로에 위치 · 소형 피더선 입·출항
화물 특성	자국화물 소량	· 다양한 수요의 화물을 처리 · 항만배후권 물동량도 다량	주로 항만 자체 배후권물동량을 처리, 환적물동량은 거의 없음	피더선의 입·출항에 의해 배후권화물을 처리
사 례	싱가포르, Algeciras	로테르담	대부분의 항만	

자료 : UNCTAD, Development & Improvement of Ports — The Establishment of Transshipment Facilities in Developing Countries, TD/B/C.4/ac.7/10., 1990, August 20.

제 3 절 컨테이너 터미널의 주요 시설 및 기능

컨테이너 터미널의 주요 시설은 컨테이너 선박이 충분히 접안할 수 있는 본선계류 안벽(birth)과 본선하역작업을 원활히 할 수 있는 에이프런(Apron), 수·출입되는 컨테이너를 대량으로 장치할 수 있는 컨테이너 야드(CY), 소량화물을 컨테이너에 적재하는 컨테이너 조작장(Container Freight Station : CFS), 장비의 유지, 보수와 점검을 위한 정비공장(Maintenance Shop), 관리동(Administration Office) 등의 기본시설과 냉동화물을 위한 전원설비, 야간조명, 무선설비, 계량기(truck scale) 및 급유시설 등의 부대시설을 갖추고 있다.

또한 컨테이너 터미널의 규모는 외향적으로 동시에 접안가능한 컨테이너선의 크기와 선석수로 표시되지만, 컨테이너 터미널의 연간처리능력은 컨테이너 화물의 하역작업을 위한 컨테이너 크레인(C/C)의 연간처리능력과 컨테이너 야드(CY)의 장치능력, 화물이 입·출항하는 게이트(gate)의 처리능력으로 세분화하여 표시된다.

본절에서는 컨테이너 터미널의 시설을 기본시설과 부대시설로 구분하여 각 시설 및 기능에 대해 살펴보도록 한다.

[그림 4-3] 컨테이너 터미널의 기본구조

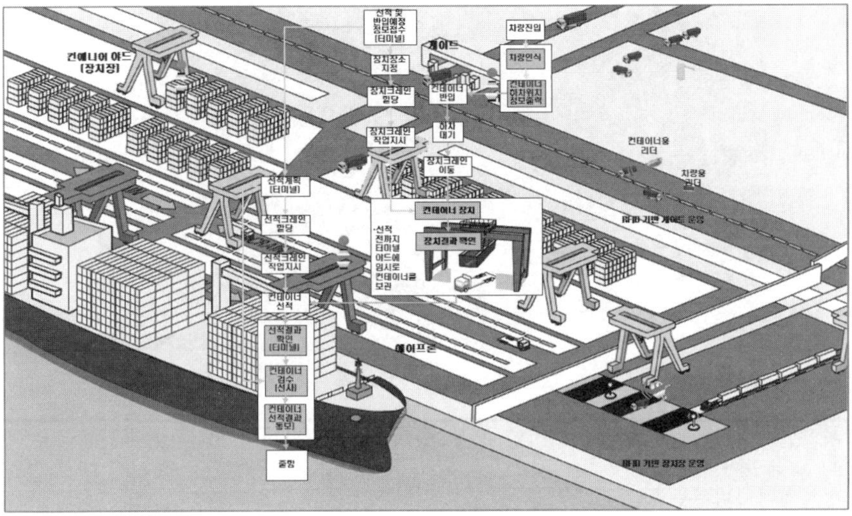

자료 : 국토해양부, RIW를 활용한 항만물류효율화 시험결과보고서, 2006.

1. 안 벽(Quay 또는 Container Berth)

안벽은 컨테이너선과 컨테이너 터미널 사이에 컨테이너를 싣고 내릴 목적으로 선박이 접안하는 장소를 말한다. 안벽에는 선박을 묶어 두는 계선주(mooring bitt)가 부착되어 있으며, 선박접안시 직접 충돌로 인한 부두와 선박의 상호 파손을 방지하기 위해 충격방지용 방충제(fender)를 설치한다.

안벽에는 컨테이너선에서 컨테이너를 하역하거나 혹은 컨테이너선으로 선적하기 위해 컨테이너 크레인(Container Crane)이라고 하는 장비가 설치되어 있다. 이 장비는 매우 대형의 장비로 무게가 800톤이 넘기 때문에 안벽은 이러한 중량을 견딜 수 있는 구조로 구성되어 있다. 또한 안벽의 길이는 컨테이너선의 대형화에 따라 250~300m에 달하며, 수심은 13~16m가 일반적이다. 그러나 최근에는 10,000 TEU 이상의 초대형 컨테이너선의 등장으로 대부분의 항만에서는 수심이 16m를 넘는 대수심선석을 건설하고 있다.

[그림 4-4] 컨테이너 터미널 안벽의 전경

주 : 광양만 2~1단계 컨테이너 터미널 전경. 안벽 위에 설치되어 있는 크레인이 바로 컨테이너 크레인이다.

자료 : 한국컨테이너부두공단.

2. 에이프런(Apron)

에이프런은 안벽과 마샤링야드 사이의 25-50m 부분을 말하며, 컨테이너 크레인이 설치되어 선박의 양적화가 이루어진다. 갠트리크레인은 정확하게 말해 안벽이 아니라 에이프런 부분에 설치되어 있다고 보는 것이 합당하다.

[그림 4-5] 에이프런에서 선박의 하역작업을 하고 있는 모습

자료 : 한국컨테이너부두공단.

3. 마샬링 야드(Marshalling Yard)

마샬링 야드는 에이프런의 바로 뒤에 위치한 컨테이너 장치장을 말한다. 마샬링 야드는 입항한 컨테이너로부터 하역된 컨테이너를 장치하거나 혹은 선적예정인 수출용 컨테이너를 목적지별로 구분하여 장치하는 곳이다. 이 지역은 아스팔트나 콘크리트로 중량물에 견딜 수 있도록 포장되어 있다.

통상적으로 에이프론과 마샬링 야드를 총칭해 컨테이너 야드(CY)라고도 한다. 컨테이너의 반·출입에서부터 화물의 인수, 인도, 장치까지 모든 작업이 대부분 여기서 이루어진다.

4. 컨테이너 야드(Container Yard)

컨테이너 야드는 컨테이너를 보관, 집적하고 인도, 인수를 행하는 장소로 광의(廣義)로는 컨테이너 조작장(CFS)을 비롯하여 마샬링 야드, 에이프론 등을 포함한 컨테이너 터미널의 개념을 갖고 있다. 그러나 컨테이너 전용 터미널의 경우, 마샬링 야드와의 구분이 어렵기 때문에 컨테이너선과의 사이에 양하와 적하를 하는 장소를 에이프런이라 부르고, 그 밖에 컨테이너 장치장을 컨테이너 야드로 부르기도 한다.

[그림 4-6] 에이프런과 마샬링 야드를 합한 컨테이너 야드의 모습

자료 : 한국컨테이너부두공단.

5. 컨테이너 조작장(Container Freight Station : CFS)

컨테이너 조작장(CFS)은 컨테이너 1개에 미달하는 소형화물(Less Than Container : LCS 화물)이나, 출하지에서 컨테이너에 직접 적재하지 못한 대량화물의 수출을 위하여 특정 장소나 건물에 화물을 집적하였다가 목적지별로 동종화물을 선별하여 컨테이너에 적입하는 장소이다. 수입화물의 경우에도 여러 소형화물이 혼재된 경우, 화주의 요청에 의해 해당 화물을 컨테이너로부터 인출하여 화주별로 선별인도한다. CFS에서 이러한 작업을 하는 사람을 CFS 오퍼레이터라고 한다.

선사와 해상화물업자들은 중요한 컨테이너 터미널에 자사의 CFS를 보유하고 있다. 통상 5,000-6,000㎡의 규모이다.

[그림 4-7] 컨테이너 조작장(CFS)의 모습

자료 : 한국컨테이너부두공단.

6. 관리동(Administration Office)

관리동은 관제실(Control Tower)이라고 부르기도 한다. 컨테이너 터미널의 업무를 총괄하는 항만의 중추부문이다. 컨테이너의 하역, 반·출입, 보관, 배치, 야드 내의 작업, 선박에의 화물적재 등 모든 일에 걸쳐 계획을 세워 지시한다.

한편 관리동의 상층부에서 선박이 접안하는 에이프론 방향을 향하고 있는 관제실은 선박의 하역작업, CY 내 컨테이너 배치 등이 본부의 계획대로 수행되고 있는가를 중점감시한다. 최신의 터미널에서는 폐쇄회로(CCTV)를 통해 작업현장을 직접 관찰하면서 무선 데이터 통신 등을 이용하여 현장의 상황을 컴퓨터의 관리체제로 직접 감시한다.

7. 게이트(Gate)

컨테이너 터미널에서 게이트는 문자 그대로 컨테이너 화물의 반·출입 통로를 의미하지만, 실제로는 단순한 통로 이상의 기능을 수행한다. 컨테이너 터미널에서 게이트의 역할은 매우 중요한데, 실제로 육상과 해상화물의 일관수송을 위한 창구역할을 수행한다.

주요 기능은 반·출입 컨테이너의 필요서류접수, 봉인(seal) 및 컨테이너 손상 유무 검사, 컨테이너의 무게 측정 등을 수행하는 곳으로 컨테이너 터미널과 내륙 운송회사 간에 책임의 한계선이기도 하다.

[그림 4-8] 컨테이너 터미널의 게이트 모습

자료 : 한국컨테이너부두공단.

8. 냉동 컨테이너 장치장(Reefer Container)

냉동 컨테이너 장치장은 냉동, 냉장 컨테이너의 보관을 위한 곳으로 전기장치

[그림 4-9] 냉동 컨테이너 장치장

자료 : 한국컨테이너부두공단.

가 부착되어 지속적으로 냉동 컨테이너에 전기를 공급하여 일정온도를 유지할 수 있도록 시설이 제공된다.

제 4 절 컨테이너 터미널의 새로운 변화

세계각국은 자국의 수·출입 컨테이너 화물을 원활히 처리할 뿐 아니라 간선항로(main trunk line)상에 위치한 항만의 경우 인근 피더 항만의 화물을 유치하여 해당 지역의 중심항으로 성장하려는 전략을 구사하고 있다. 이를 위해 세계각국의 컨테이너 터미널은 낮은 항만사용료와 장기간의 무료장치기간 등 다양한 서비스를 통해 외국의 환적화물을 유치하고 있다. 따라서 항만간에는 컨테이너의 개발과 화물유치를 위한 치열한 경쟁에 직면하고 있으며, 세계 유명한 터미널 운영업체로 하여금 운영을 위탁하여 컨테이너 터미널의 운영을 세계화, 효율화하는 전략을 구사하고 있다.

여기에서는 컨테이너 터미널을 중심으로 우리나라를 포함한 동북아지역의 컨테이너 터미널 개발추이와 경쟁 등에 대해 살펴본다.

1. 항만질서의 새로운 변화

1) 인접항만간의 경쟁심화

일반적으로 컨테이너 화물은 가고 싶은 곳은 어디든지 갈 수 있다는 측면에서 '자유로운 화물(footloose cargo)'이라고 불린다. 이는 컨테이너 화물의 경우 그만큼 항만선택의 범위가 넓다는 것을 의미한다. 즉 컨테이너 항만은 배후권(hinterland)의 범위가 상대적으로 넓으며, 이에 따라 일정한 지역범위 내의 인접항만들은 상호 공유하고 있는 배후권에서 발생하는 수·출입 화물의 유치를 위하여 치열하게 경쟁하게 된다. 특히 환적화물의 유치를 둘러싼 항만간 경쟁은 국내 및 국제적으로 비교적 넓은 범위에 걸쳐서 심화되고 있다. 환적화물의 유치를 둘러싼 경쟁은 근본적으로 교역대상항만, 즉 해안지역(foreland)을 공유함으로써 발생한다. 우리나라의 경우에도 수도권화물의 유치를 둘러싸고 부산항과 광양항, 인천항이 치열하게 경쟁하고 있는 실정이다.

항만은 규모의 경제를 확보하지 못하면 경쟁력을 상실하게 된다. 따라서 주요국의 컨테이너 항만은 경쟁항만보다 앞서서 충분한 컨테이너 물동량을 확보함으로써 우월적 지위를 선점하려는 전략을 구사하게 된다. 기항 서비스 빈도의 유지, 연계수송수단의 차질 없는 확보, 다양한 항만물류관련 서비스의 이용 등을 위해서는 항만운영이 일정한 규모를 달성하지 않으면 안 되기 때문이다.[3] 따라서 아시아의 주요 항만들은 거점항으로서 기능을 강화하기 위해 기존의 항만시설 외에도 대규모 시설을 확보하기 위해 확충계획을 수립하고 개발을 추진중이다.

우리나라 항만과 경쟁관계가 예상되는 항만으로는 중국 상해 이북의 북중국 주요 항만(상해, 청도, 천진, 대련항 등), 일본의 주요 항만(고베, 도쿄, 요코하마, 나고야항 등), 대만의 카오슝항 등이다.

중국은 세계에서 가장 많은 컨테이너 물동량을 발생시키고 있을 뿐만 아니라 가장 역동적인 물동량 증가세를 나타내고 있다. 따라서 중국의 주요 항만은 급속하

3) 대형항만에서는 처리물동량도 중소항만에 비해 더욱 증가되는 경향을 보이고 있다. 물동량규모(1990년 기준)에 따른 1990~2000년 간 처리물동량 증가율을 보면, 200만 TEU 이상에서는 10.3%, 100~200만 TEU에서는 5.6%, 50~100만 TEU에서는 8.0%, 30~50만 TEU 미만에서는 8.5%, 10~50만 TEU 미만에서는 7.5%로 차등화되고 있다. 이에 따라 주요 항만간에는 대형항만으로서의 우위를 선점함으로써 역내 환적중심항이 되기 위한 치열한 경쟁이 전개되고 있다(한국컨테이너부두공단, 한반도의 물류중심지화 방안 및 추진전략 연구, 2003, p. 117).

게 성장하고 있으며, 역내 중심항만으로 발전함으로써 우리나라의 주요 항만과 환적화물의 유치경쟁을 벌이게 될 것으로 예상된다. 그러나 당분간은 중국항만들이 우리나라의 주요 항만들과 환적화물을 두고 치열하게 경쟁하게 될 것으로는 생각되지 않는다. 그 이유는 중국의 항만물동량 증가추세를 고려할 때 지속적인 항만투자에도 불구하고 시설부족현상이 쉽게 해소되기 어려울 것으로 예상되기 때문이다. 그리고 일본의 주요 항만들은 시설은 충분하나(오히려 과잉상태) 운영의 비효율과 높은 이용료로 인하여 당분간 경쟁력을 확보하기 어려울 것으로 생각된다.

이에 따른 아시아 주요 항만들의 경쟁전략은 다음과 같다.

첫째, 항만배후단지 내에서 가공, 제조, 조립 등이 가능한 자유무역지대 기능을 설정하여 다양한 화물을 유인하는 정책을 취하고 있다.

둘째, 공항과의 물류기능을 연계하여 씨 앤드 에어(sea & air) 화물을 유치함과 아울러 고부가가치화물의 공급연쇄와 국제물류효율화를 기하는 전략을 취하고 있다.

셋째, 역내 타국가의 환적화물에 대해서는 각종 요율상 특혜를 줌으로써 이들 화물을 유인하는 전략을 취하고 있다.

우리나라는 가장 근본적인 경쟁여건이라고 할 수 있는 입지조건에서 경쟁항만에 비하여 유리한 편이며, 이를 바탕으로 역내 환적화물을 유치하기 위한 다양한 전략수립이 필요하다. 즉 컨테이너 화물의 중심성(화물의 집중도)과 중계성(간선항로상에서의 이로정도)의 관점에서 동북아 주요 항만들에 비하여 상대적으로 유리한 편이기 때문이다. 이를 위해 중국 및 일본의 지역별 화물의 주요 발생지와 도착지에 대한 조사와 아울러 국제화물들을 유치하기 위한 법제도개선과 함께 동북아권역에 대한 경제적, 인적 유대를 구축하고 있다.

2) 인접항만과의 협력강화

세계의 주요 항만은 상호간의 경쟁심화와 선사들의 제휴체제형성 등에 의한 교섭력강화로 입지가 갈수록 약화되고 있다. 이러한 상황에 대응하기 위하여 주요 항만들은 전략적 협력체제를 구축함으로써 글로벌 네트워크를 구축하고 있다. 예로서 벨기에의 ① 앤트워프(Anwerp)항과 제브루쥐(Zeebrugge)항, 겐트(Ghent)항 간의 프레미쉬 항만 네트워크(Flemish Port Network)의 구축, ② 네덜란드 로테르담항과 플러싱(Flushing)항 간 공동개발을 위한 전략적 제휴, ③ 덴마크 코펜하

겐(Copenhagen)항과 스웨덴 말뫼(Malmo)항 간의 단일항만공사 설립, ④ 오스트레일리아의 타우랑가(Tauranga)항과 브리스베인(Brisbane)항의 전략적 제휴 등을 들 수 있다. 특히 타우랑가항과 브리스베인항의 전략적 제휴는 2000년 10월에 체결되었는데, 두 항만은 기술, 마케팅, 운영정보, 전문가 등의 부문에서 상호 협조하기로 하였다. 이 두 항만은 화물, 배후지 등을 공유할 뿐 아니라 운영목표, 조직문화, 가치관, 비전 등이 유사한바, 궁극적으로 단일항(One port) 전략을 추구하고 있다.

이러한 협력은 개별 항만차원에서 특정자원 또는 특정부문에 대한 경쟁력이 결여되어 있는 경우, 해당 자원 또는 부문을 상호 보완할 수 있을 경우 성공적으로 이루어질 수 있다. 전략적 제휴를 통하여 해당 항만들은 시장개척, 상호 학습을 통한 효율성 향상 등 시너지 효과를 도모할 수 있기 때문이다.

항만간 전략적 제휴는 경제이론, 게임 이론, 전략적 경영이론, 조직이론 등 다양한 학문적 관점에서 접근할 수 있다.[4] 특히 경제이론의 관점에서는 전략적 제휴가 해당 항만들의 시장지배력을 높임으로써 운영의 수익성개선에 기여한다. 또한 항만간 협력은 가치연쇄(value chain)의 관점에서 분석된 사례가 있다.[5] 상호 유사한 자원을 공유할 경우에는 범위의 경제(economies of scope) 실현, 시설능력의 합리화, 지식 및 기술의 이전, 위험의 분산 등과 같은 효과를 가져온다. 즉 상호 보완적인 형태의 협력에 있어서는 가치연쇄활동의 서로 다른 부문을 제공함으로써 경쟁력을 향상시키게 된다.

한편 항만간 협력은 이러한 공식적 제휴체제결성 이외에도 터미널 운영업체(terminal operator)들에 의한 터미널 단위의 협력체제형성도 가능하다. 즉 동일한 터미널 운영업체가 배후지를 공유한 서로 다른 항만의 터미널 운영에 참여함으로써 상호간의 협력체제를 구축하는 것이다. 예를 들면 글로벌 터미널 운영업체들은 홍콩과 중국 본토의 주요 항만의 터미널 운영에 참여하고 있는데, 이 경우 터미널간 협력과 동시에 건전한 경쟁관계를 형성하게 된다. 특히 동북아지역에 있어서 글로벌 터미널 운영업체들은 홍콩 및 중국 본토뿐만 아니라 우리나라와 대만 등의 항만에도 진출함으로써 협력체제를 형성하고 있다. 이렇게 경쟁과 협력을

4) R. Rumelt, D. Schendel and Teece(eds.), Fundamental Issues in Strategy : A Research Agenda, Massachusetts : Harvard Business School Press, 1994.

5) M. Porter and M. Puller, "Coalitions in Global Strategy," In M. Porter(ed.), Competition in Global Industries, Massachusettes : Harvard Business School Press, pp. 315~344; M. Root, "Some Taxonomies of International Cooperative Arrangements," In F. Contractor and P. Loerns, Cooperative Strategies in International Business, New York : Lexington Books, pp. 69~80.

동시에 추구하는 체제를 코퍼티션(coopetition)이라 한다.[6)]

우리나라의 경우도 부산항과 광양항 등 주요 항만이 상호 협력을 위한 제도적 체제를 구축함으로써 정보교환, 공동연구개발, 공동 세일즈 등의 방안을 모색할 필요가 있다.

3) 항만투자의 선택과 집중

(1) 규모의 경제와 범위의 경제

항만투자의 선택과 집중이 필요한 가장 중요한 이유는 규모의 경제와 범위의 경제를 실현시키기 위한 것이다. 규모의 경제(economies of scale)는 조업(운영) 규모가 증대될수록 화물처리단위당 원가가 감소하는 현상을 의미한다. 항만운영에 있어서는 규모가 확대됨에 따라 우선적으로 항만설비, 하역장비, 항만노동 등의 단위당 비용절감이 가능하게 된다. 특히 대기이론(queing theory)에 의하면 운영 선석단위가 많아질수록 선박의 평균대기시간은 감소하는 반면, 선석운용의 효율화(선석점유율의 상승)가 가능하게 된다. 그리고 두 번째로 선박의 기항빈도증대, 연계수송의 다양화, 신속화가 이루어짐으로써 전체운송기간이 단축될 수 있을 뿐만 아니라(하주에 대한 서비스 향상), 선사로서도 화물의 안정적 확보가 가능하게 된다. 또한 세 번째로 항만의 규모가 커지면 세계적 인지도의 향상이 가능하게 된다. 여기에서는 범위의 경제(economics of scope)가 작용하는데, 이는 여러 가지 제품(서비스)을 생산함에 따라 단위당 비용이 감소하는 효과를 말하는 것이다. 즉 항만의 운영규모가 커짐으로써 단순한 하역뿐만 아니라, 배후단지에서 다양한 부가가치 물류활동(value added activities)이 이루어짐으로써 시너지 효과(synergy effect)[7)]가 발생하게 된다는 것이다.

(2) 항만배후지와의 관계

앞에서 설명한 것처럼 컨테이너화물은 흔히 '자유로운 화물(footloose cargo)'이라고 하는데, 이는 항만배후지(hinterland)가 다른 화물의 경우에 비하여 상대적으로 넓다는 것을 의미한다. 따라서 각 지자체별로 다수의 중·소규모 항만을 개발하기보

---

6) 한국컨테이너부두공단, 한반도의 글로벌 물류중심지화 방안 및 추진전략 연구 제 2 권, 2003, pp. 502～512.

7) 상승효과(相乘效果)라고 하는데, 1+1이 2 이상의 효과를 낼 경우를 지칭한다. 예를 들어 경영다각화전략을 추진할 경우, 추가되는 새로운 제품의 생산 및 판매에 있어 기존의 유휴설비, 동일기술, 동일유통경로(구조) 등을 활용함으로써 더 큰 이익을 가져올 경우를 말한다.

다 비교적 넓은 범위에 걸쳐 소수의 항만을 집중개발함으로써 규모의 경제와 범위의 경제를 실현시키는 것이 유리하게 된다.

또한 항만의 입지선택에 있어서도 육상배후지뿐만 아니라 교역대상항만, 즉 해양부분(foreland)을 동시에 고려해야 한다. 이는 간선항로(trunk route)로부터의 이동거리가 최소화되도록 항만의 위치를 선택해야 된다는 의미이다.

(3) 항만시설의 과잉투자와 인접항만간 과당경쟁의 회피

항만투자를 지나치게 분산시킬 경우 지자체간 개발경쟁이 과열되는 경향이 있으며, 그 결과 시설과잉현상이 유발된다. 항만시설의 과잉은 자원의 낭비뿐만 아니라 과당경쟁을 유발함으로써 항만운영의 수익성을 악화시킨다.

또한 과당경쟁은 시설과잉으로 인하여 유발되는 경우가 흔하며, 반대로 인접항만간의 과당경쟁으로 인하여 과잉투자가 유발되기도 한다. 그러나 적정과 과당경쟁의 한계를 판단하기는 쉽지 않은 상황이다. 그러나 첫째 과당경쟁은 흔히 경쟁항만을 고사시키기 위하여 지나치게 무리한 요율인하를 단행하게 되고, 둘째로 시설, 노동력 등 생산요소의 불완전사용이 장기화되는 경향이 있을 뿐만 아니라, 셋째 장기적으로는 항만산업의 건전한 발전이 저해됨으로써 적정 서비스의 공급이 불가능하여 이용자에게도 바람직하지 않은 결과를 초래하게 된다는 등의 특징이 있다.

이러한 시설과잉과 과당경쟁은 항만투자를 선택적으로 집중화함으로써 어느 정도 회피할 수 있다.

(4) 컨테이너 항만관련 환경영향의 규제강화

컨테이너 항만구역은 일반적으로 선박의 입·출항, 육상의 항만시설에서 이루어지는 화물처리 등으로 인하여 오염물질의 배출이 필수불가결하다. 이에 따라 항만은 개발에서부터 환경문제가 충분히 고려되어야 하며, 운영 및 폐기에 있어서도 적정한 환경관리가 이루어져야 한다. 특히 국민소득수준의 향상으로 인하여 삶의 질적 수준의 향상에 대한 욕구가 높아짐에 따라 항만의 개발 및 운영과 관련한 환경질에 대한 관심도 커지고 있다. 즉 오염물질에 의한 환경오염의 최소화에 대한 요구와 함께 친수성문화, 휴식, 레크리에이션 공간을 충분히 갖춘 종합항만공간의 창조에 대한 요구가 증대된다.

컨테이너 터미널과 같이 공공시설의 경우 환경영향에 대한 비용은 대체로

오염을 야기하는 당사자가 부담하기보다는 지역주민이나 국민 등과 같이 제 3 자가 부담하게 된다는 점에서 '부(−)의 외부효과', 즉 외부비경제(external dis-economies)를 유발한다. 그 결과 항만 서비스 생산자와 항만이용자는 환경악화의 피해를 입는 주민 또는 국민으로부터 암묵적인 보조를 받는 것과 같은 결과가 유발되기도 한다. 또한 환경악화로 인한 외부비경제는 항만개발로 인해 국민후생이 감소되는 요인으로 작용한다.

항만개발에 따른 환경영향으로는 다음과 같은 사항을 들 수 있다. 항만건설은 수질악화, 연안 수리(水理) 변화, 해저오염, 해양·연안 생태계변화, 대기질악화, 소음, 진동 발생, 폐기물발생 등의 문제를 유발한다. 항만건설의 결과 형성되는 항만구조물 역시 수질악화, 연안해류변화, 해저오염, 해양, 연안 생태계변화, 자연경관의 악화, 사회, 문화적영향 등의 문제를 유발한다.

또한 항만운영에 따른 주요 환경영향은 다음과 같다. 선박의 통항에 따른 사고 및 투기, 화물취급 및 연안 산업활동 등에 의하여 환경에 대한 부정적 영향이 유발되기도 한다. 특히 수질 악화, 해양, 연안 생태계 변화, 대기질 악화, 폐기물 발생, 사회, 문화적 영향, 자연경관 악화 등의 문제가 야기될 우려가 큰 실정이다.

반면에 항만개발로 인하여 환경개선효과가 나타나기도 한다. 예를 들면 항만의 개발은 육상연계운송의 거리를 단축시키며, 육상의 도로운송을 연안해운으로 전환시키는 효과를 갖게 된다. 또한 항만개발은 체선(滯船)을 완화시킴으로써 선박의 항내 정박시간, 즉 재항시간(在港時間)의 단축을 가져와 선박기인 오염물질의 배출을 감소시키는 효과도 있다. 이 경우 항만개발은 외부경제(external economies) 효과를 갖게 된다. 그럼에도 불구하고 항만 개발 및 운영의 환경에 대한 영향은 긍정적 효과보다 부정적 효과가 우세하게 나타나는 경향이 높은 것이 일반적인 상황이다. 이에 따라 항만환경과 관련된 국제적 규제 내지 협약도 다양하다.

1992년 UN 환경개발위원회에서는 리우선언과 의제 21(Agenda 21)을 채택하여 환경적으로 건전하고 지속가능한 개발(Environmentally Sound and Sustainable Development : ESSD) 개념을 도입하여 환경문제를 전세계적인 관심사로 부각시켰다. 항만 내 준설토문제는 1975년에 발효된 런던투기협약(London Dumping Convention 1972 : LC)에서 다루고 있다. 또한 기름에 의한 해양오염 및 폐기물 수용시설은 선박에 의한 환경오염방지를 위한 국제협약(International Convention for the Prevention of Pollution from Ships 73/78 : MARPOL 1973/78)에 각각 규정되어 있다. 항만 내 비상상황에서의 기름오염문제는 1995년에 발효된 유류오염예방, 대책 및 협력에 관한 국제협약(International Convention on Oil Pollution Preparedness, Response and Cooperation : OPRC)에서 규제하고 있다. 한편 항만개발이 습지 또는 습지인근지역에서 이루어질 경우에는 세계적으로 중요한 습지(Wetlands of International Importance)에 대한 람사협약(Ramsar Convention on Wetlands of International Importance Especially as Waterfowl Habitat 1971)에 규정하고 있는 환경민감지역에 대해서도 고려되어야 한다.

항만의 개발 및 운영에 대한 환경관리와 함께 이를 적극적으로 항만 마케팅에 이용하는 그린 마케팅(green marketing)의 전개가 요구된다. 이는 항만이용자들의 환경친화적 항만선택행위가 확대될 것으로 예상되기 때문이다. 그린 마케팅은 항만의 환경적 역기능을 최소화하면서 이용자가 만족할 만한 서비스 수준과 가격으로 서비스를 생산, 공급함과 동시에 환경적으로 우수한 항만 이미지를 창출하려는 것으로 정의될 수 있다. 항만의 그린 마케팅이 성공하기 위해서는 다음과 같은 노력이 필요하다.

먼저 항만 개발 및 운영자는 항만이용자들의 구성과 특성을 파악하고, 이들이 환경친화적 항만에 대하여 어떤 반응을 보일 것인가를 정확하게 이해해야 한다. 다음으로는 항만의 개발, 운영 및 노후시설물의 폐기에 이르기까지의 전과정에 대해서 환경영향을 조사하고 부정적 효과를 최소화해야 한다. 또한 항만배후지와의 연계수송체제 역시 환경 및 재해위험을 최소화하는 방향으로 구축해야 한다. 그리고 항만 개발 및 운영자는 합리적이고 객관적인 방법으로 항만이용자인 고객과 의사소통을 해야 한다. 마지막으로 환경관리의 결과 나타난 환경성과에 대하여 정보를 제공함으로써 이용자 및 인근주민들의 신뢰와 협조를 유도해야 한다.

2. 국내외 컨테이너 항만개발계획 방향

국토해양부에 따르면 우리나라를 제외한 동북아지역 국가의 항만개발계획은 북중국이 약 69개 선석, 일본이 39선석, 대만 15선석, 홍콩 4선석 등인 것으로 나타났다.

[표 4-3] 동북아 주요 항만의 중·장기 개발계획

구분	항 만	현 선석	단기개발계획	중·장기 개발계획	비 고
일 본	고 베	42		2011년까지 10선석	단기적으로 기존 부두 재정비집중
	요코하마	27		2011년까지 10선석	재정비 8선석, 신규 2선석
	도 쿄	16		2013년까지 7선석	재정비 포함
	히비키	4		2020년까지 12선석	
중 국	상 해	31	2006년 4선석	2011년까지 21선석 2020년까지 22선석	2005년말 양산항 1단계 5선석 개장
	닝 보	7	2007년까지 18선석	–	
	대 련	5	2007년까지 6선석 (대요만 2선석)	2010년까지 7선석 (대요만 3선석)	2010년까지 총 13선석 개발예정
	천 진	8	2004~2007년 5선석	2006-2010 5선석	2010년까지 총 10선석 개발예정
	청 도	8	2006년까지 3선석	2010년까지 5선석	2010년까지 총 8선석 개발예정
	선 전	14	얀티안 2006년까지 4선석 세코우 2008년까지 5선석	14선석	교통부 향후 32선석 건설검토
대 만	카오슝	26	2007년까지 8선석	15선석	
	키 룽	14	–	–	
홍 콩	콰이청	27		2010년까지 4선석	란타우섬에 향후 17개 선석

자료 : 국토해양부, 2006.

1) 중국의 컨테이너 항만개발정책

중국 교통부는 2003년 연해항만자원의 조정과 행정구역한계를 정하여 항만지역간의 우위를 확보하고, 중국을 항만강국으로 발전시킨다는 계획을 수립, 추진하고 있다. 또한 중국 연해 주요 중추항의 분포와 특징에 따라 장강 삼각주, 주강 삼각주, 화남지역 및 환발해연해지역으로 구분하여 각각의 특성에 따른 항만체계를 확정하였다. 즉 상해항을 중심으로 절강성을 포함한 해운중심지인 상해, 영파항과 두 항만 위주의 장강(長江) 삼각주 항만군이 포함되며, 동북 주요 항만으로 각자의 특색에 맞는 발전을 하고 있는 대련항, 천진항, 청도항을 중심으로 하는 환발해항만군의 3대 권역으로 구별된다.

[표 4-4] 북중국항만의 컨테이너 터미널 신규 및 확장 계획

항 만	개발계획	안벽 길이(미터)	연간능력(백만 TEU)	착공연도
청도항	QQCT : 6 spp qccs		1.00	2004
	3단계 건설	1,000	1.10	2005
			1.10	2006
	4단계 건설	700	1.50	2007
		1,670	3.60	2008~2011
	DP World Terminal	1,320	2.00	2009~2010
천진항	TFICT	1,202	1.50	2004
			0.90	2005
	현존 터미널의 능력확대		1.00	2007
	TACT	1,100	2.10	2008~2009
		1,100	2.10	2012~2013
	North basin B	1,100	2.10	2010~2011
	현존 터미널의 능력확대	1,100	2.10	2014~2015
대련항	컨테이너 T/C 확충		0.10	2004
	배후부지와 생산성확대		0.30	2005
	내항 터미널 재배치		−0.30	2005
	대련 컨터미널 : 2선석	652	0.70	2005
	추가 : 4선석	1,445	2.10	2006~2009
	3단계	N.A.	2.50	2009~2011
연운항	기존 컨터미널 : 신규선석	330	0.25	2004
		1,660	2.00	2007~2010
경당항	컨테이너 터미널	557	0.10	2004
			0.30	2006
영구항	컨테이너 터미널 안벽 확장	274	0.35	2004
			0.30	2006
금주항	새로운 컨테이너 터미널 개발	336	0.20	2006
		200	0.20	2010

자료 : Ocean Shipping Consultants, East Asian Containerports Market to 2020, 2006.

특히 북중국항만들은 북경과 동북3성, 산동 및 하남, 하북, 내몽고 등을 포함하는 경제배후부지의 관문역할을 하는 천진, 대련, 청도 등이 중심이 되고 있다. 지리적으로 한국과 인접한 환발해경제권의 대련, 천진, 청도항과 장강 삼각주의 중심항이자 중국의 대표 항만인 상해항은 한·중 수교 이후 급속한 교역규모증가로 물동량도 증가하고 있으며, 국내기업의 대중국투자 중심지가 되고 있다.

2) 일본의 항만개발계획

(1) 슈퍼 중추항만의 육성

슈퍼 중추항만이란 일본 발착화물의 취급상 중요한 지역에 위치한 항만에 대해 국제, 국내 화물의 처리능력 등을 감안하여 국가, 항만관리자, 민간사업자가 일체가 되어 종래의 관행과 제도에서 탈피한 특례적인 항만발전책을 실시하는 제도이다. 항만간의 광역적 제휴를 기함으로 컨테이너 터미널의 정비, 관리, 운영방식, 컨테이너 물류 시스템의 개혁을 추진하는 차세대 컨테이너 터미널을 건설하는 것이 목표이다.

특히 국제해상 컨테이너의 중계기능을 지니면서 아시아의 주요 컨테이너 항만을 능가하는 국제 컨테이너 항만으로 육성을 하며, 이는 1990년대까지의 항만분산정책을 수정하여 항만을 선택적, 집중적 광역항만권으로 개발하였던 항만개발정책의 일대전환을 의미한다.

(2) 슈퍼 중추항만개발 목표

일본의 슈퍼 중추항만의 목표는 아시아의 주요 경쟁항만을 능가하는 비용절감 및 편리한 서비스를 제공하면서도 항만비용은 현재보다 약 30%를 절감하고, 리드타임(Lead Time)도 현행 3~4일에서 1일 정도로 단축하는 것이다.

소프트웨어 측면에서는 공공 컨테이너 터미널을 민간 터미널 운영자에게 장기 임대하여 효율적인 경영을 실현하며, 단일주체에 의한 복수선석의 운영과 저렴하고 수준높은 서비스의 제공이 가능한 터미널 운영시책을 추진한다. 또한 터미널 운영자의 운영환경개선을 위하여 하나의 독립된 산업으로서 터미널을 운영할 수 있도록 한다. 또한 민간자본 및 능력을 유치할 수 있도록 법적 장치를 검토하고, 터미널 사용료, 입항료 등의 항만비용에 대해서는 규모의 경제효과를 추구하며, 컨테이너 비용저렴화를 추진하여 코스트 절감책을 보다 강화한다.

하드웨어 측면에서는 기존의 장비 및 안벽을 보다 효율적으로 활용하면서 장래의 선박의 대형화에 대응할 수 있는 안벽구조, 배후 야드의 확보 및 복수선석을 연속배치한다. 또한 정보화, 자동화를 구축한 하역 시스템의 확보를 위해 공적 지원을 검토하며, 이용 코스트가 저렴한 차세대 고규격 컨테이너 터미널의 정비를 중점실시한다.

[표 4-5] 일본항만의 컨테이너 터미널 신규 및 확장 계획

항 만	건설계획	안벽 길이(미터)	연간능력 (백만 TEU)	연 도
요코하마	혼모쿠 : 부두신설	390	0.50	2005
	미나미혼모쿠 : 2번째 부두	700	1.00	2006~2008
도 쿄	아오미 선석 수심공사		0.20	2004~2007
	부두시설 새 선석공사	350	0.30	2011
		350	0.30	2014
나고야	토비시마 부두남단	400	0.40	2006
		250	0.15	2008
		400	0.40	2012
	나베타 부두 : spp qcc		0.15	2006
	제 3 외항부두	350	0.30	2009
오사카	사키시마 : C9 수심확장		-0.10	2004
			0.15	2005
	유메시마 : 제3 외항부두	350	0.30	2006
쿠 슈	히비키 컨테이너 터미널	1,040	0.30	2004
	- qccs 추가		0.20	2006
	- 2개 외항선석 추가	650	0.35	2009
	- 6개 외항선석	1,950	1.05	2015 이후
	- 2개 피더부두	340	0.10	2015 이후
하카타	Island City : 4th qcc		0.10	2006
	2nd berth	300	0.30	2010
시미즈	신 오키슈 : 2개 외항부두	350	0.35	2003
		350	0.35	2007
토마코마이	안벽확장과 T/C 추가	90	0.15	2005
사카이	컨테이너 안벽확장	300	0.25	2007
마이주루	새 컨테이너 터미널 건설	560	0.40	2008
미주시마	컨테이너 터미널 확장	240	0.20	2007
		240	0.20	2012
센다이	새 컨테이너 선석	350	0.30	2011
시모노세키	새 컨테이너 터미널 건설	240	0.20	2006
		240	0.20	2010
요카이치	새 컨테이너 터미널 건설	N.A.	0.20	2006
후시키-토야마	컨테이너 터미널 확장	100	0.05	2007
		180	0.10	2010
나 하	포스트파나막스용 T/C		0.10	2004
	안벽확장	300	0.25	2006
		350	0.30	2012
		700	0.60	2015 이후

자료 : Ocean Shipping Consultants, East Asian Containerports Market to 2020, 2006.

제 5 장

컨테이너 터미널의 장비

제 1 절 컨테이너 터미널 주요 장비의 이해

1. 안벽 크레인(Quay Crane : Q/C)

1) 개 요

컨테이너 하역용으로 특별히 설계된 크레인으로서 에이프런에 부설된 레일 위를 주행하고, 유압으로 신축하는 스프레더에 의해 후크에 매달린 컨테이너를 감아 올림으로써 적하·양하 작업을 수행한다. 안벽 크레인은 아웃리치(out reach)의 결정이 가장 중요하며, 컨테이너 선박의 대형화와 더불어 크레인의 인양 높이, 호이스트(hoist) 및 트롤리(trolley) 속도도 증가하고 있다.

안벽 크레인의 신속한 하역작업은 선박의 재항시간을 단축시킬 뿐만 아니라, 터미널 전체의 생산성을 높이는 데 기여하므로 다수의 하역기기를 동시에 투입하는 추세이다. 안벽 크레인의 사양은 지난 40여 년 간 큰 변화가 없었지만, 포스트파나막스 및 슈퍼 포스트파나막스 선박이 증가하면서 최근 주요 항만에서는 슈퍼 포스트

[그림 5-1] 신항만의 Super Post-Panamax 안벽 크레인

파나막스 크레인으로 안벽 크레인의 사양이 대체되고 있는 추세이다.

더불어 초대형선이 기항시간을 유지하면서 대량의 컨테이너를 신속하게 처리하기 위해서 장비능력증대 외에 크레인 생산성향상이 중요하다. 현재 시간당 처리갯수 20~30개에서 최소한 40개 정도의 처리가 필요하고, 안벽 크레인의 생산성향상과 함께 터미널의 생산성이 향상되기 위해서 야드 생산성을 획기적으로 제고시킬 수 있는 항만운영 시스템이 필요하다.

* Panamax 선박

파나막스, 포스트파나막스 등이 선박의 크기에 사용되는데, 파나막스는 Pnanma와 Maximum의 합성어로 파나막스형 선박이라고 하며, 파나마 운하

[표 5-1] 안벽 크레인의 아웃리치

선박규모	아웃리치(m)	선창의 컨테이너 열수	인양높이(m)
Small Panamax	36 이하	14열 이하	–
Standard Panamax	36~44	14~16	20~30
Post-Panamax	44~48	16~18	33
Super Post-Panamax	50~52	18~20	36~38
	54~56	20~22	40

* 신항 안벽 크레인의 아웃리치는 65m로서 22열 작업이 가능하도록 제작되었다.

[그림 5-2] 파나마 운하를 통과하고 있는 컨테이너 선박

를 통과할 수 있는 최대의 크기를 가진 선박을 말한다. 즉 폭이 32.3m, 흘수가 12m, 그리고 65,000 DWT급 선박을 말한다. 포스트파나막스는 파나마 운하를 통과할 수 없는 초대형선박을 말한다.

2) 안벽 크레인의 주요 동작과 거리

안벽 크레인은 횡행, 권상/권하, 주행의 세 가지 주요 동작을 수행한다.

[그림 5-3] 안벽 크레인의 주요 동작 & 거리

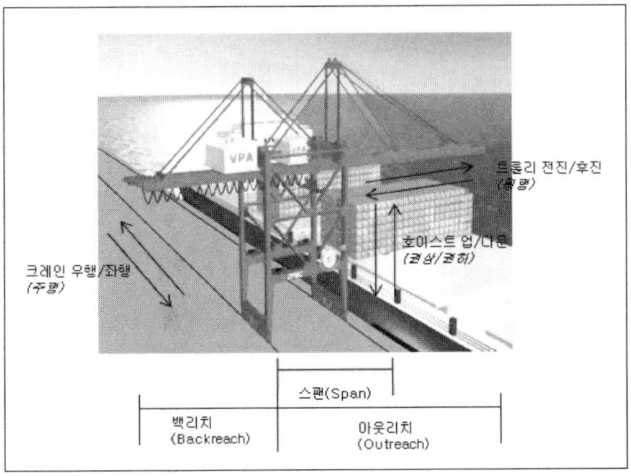

안벽 크레인의 주요 거리를 나타내는 용어로는 아웃리치, 백리치, 레일 간격, 호이스트가 있다.

(1) 아웃리치(Outreach)

스프레더가 바다측으로 최대로 진행되었을 때, 바다측 레일 중심에서 스프레더 중심까지의 거리로 컨테이너 선박에 실려 있는 컨테이너를 처리할 수 있는 열수를 결정한다. 이 거리에 따라 레일 간격(span)의 크기가 달라진다.

(2) 백 리치(Back reach)

트롤리가 육지측 붐으로 최대로 나갔을 때, 육지측 레일 중심에서 스프레더 중심까지의 거리로서, 롱 백 리치형을 제외하고 안벽 크레인의 종류에 관계 없이 거의 일정하게 약 15m 정도로 정해진 것이 보통이다.

(3) 레일 간격(Span)

바다측 레일 중심에서 육지측 레일 중심까지의 거리로서, 이 거리는 아웃리치의 크기에 따라 달라진다. 즉 파나막스급은 32m, 포스트파나막스급은 42.5m이다. 정상의 하역작업시에는 아웃리치와 이 스팬 사이의 거리를 스프레더가 움직이게 된다.

(4) 호이스트(Hoist)

스프레더가 최대로 올라갔을 때 지상(Rail top)에서 스프레더의 컨테이너 코너 구멍 접촉면까지의 거리로서 크레인의 크기에 따라서 이 거리는 약간씩 달라진다.

* 최근 우리나라 컨테이너 터미널에서 신규도입한 안벽 크레인의 사양을 보면 다음과 같다.

Outreach : 65m

Back Reach : 20m

레일간격 : 42.7m

상방인양고도 : 40m

하방인양고도 : 16.7m

3) 안벽 크레인(Quay Crane)의 부분별 명칭

[그림 5-4] 안벽 크레인의 주요 명칭

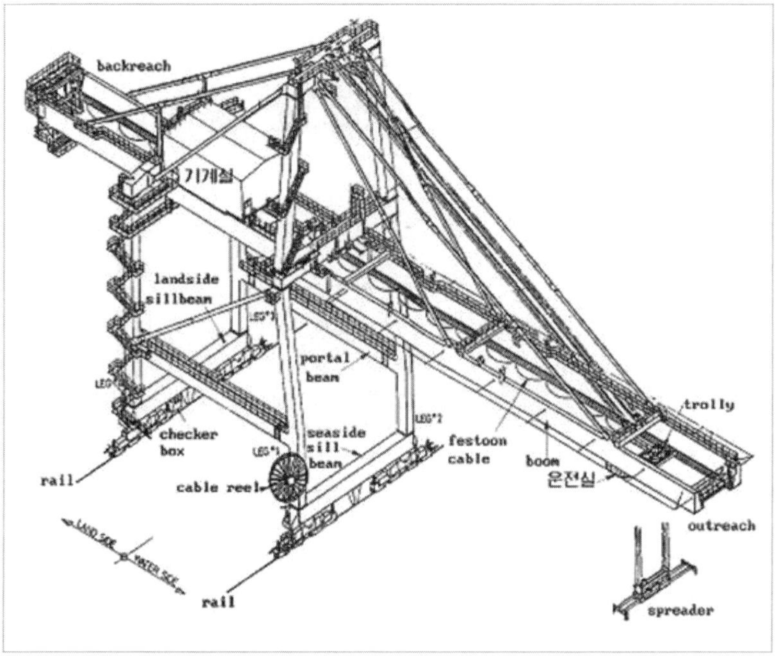

4) 안벽 크레인의 주요 장치

(1) 주행장치

주행장치는 Sea side sill beam 2개, Land side sill beam 2개로 총 4개가 장치되어 있고, 크레인 자체의 주행을 위한 구동장치는 크레인의 다리마다 차륜이 붙어 있어서 운전실에서 조작이 가능하다. 이 구동장치는 네 개의 다리에 다리 1개소당 6개 또는 8개의 차륜이 있고, 이것을 구동할 수 있다. 일반적으로 선석당 300m인 컨테이너 터미널을 기준으로 크레인은 모터가 회전하는 방향에 따라 급전점을 중심으로 하여 좌우 300m씩 이동이 가능하다.

최근 신항만에 도입된 안벽 크레인은 다리 1개소당 8개의 차륜이 있고, 좌우 450m 이동이 가능하다.

[그림 5-5] 주행장치

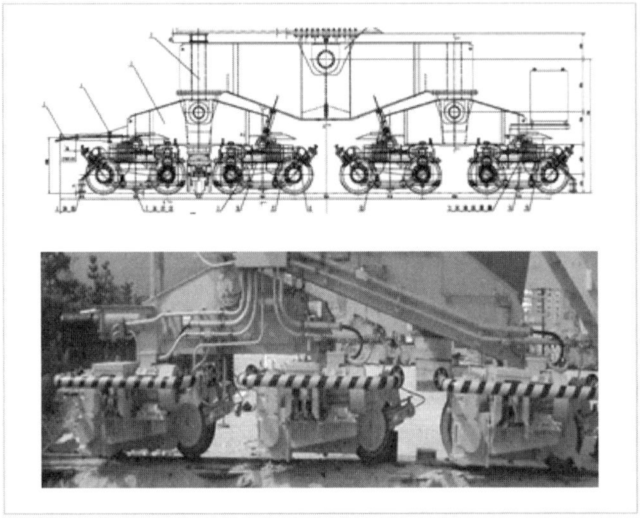

(2) 계류장치

크레인을 사용하지 않을 때에는 반드시 정지용 핀(폭주방지)과 타이 다운(Tie down : 전도방지) 장치를 설치하여 강한 바람이나 갑작스런 태풍으로부터 보호하여야 한다.

① 정지용 핀(Storm anchor)

이 장치는 크레인이 계류위치(Stowage position)에 있을 때, 즉 작업을 하지 않고 계류되어 있을 때 바람에 의해 밀리지 않도록 하기 위한 것으로 일주방지장치라고도 한다. 양쪽의 레일에, 즉 육지쪽 및 바다쪽의 레일당 각각 1조씩 2개 조가 실빔(Sill beam) 중앙의 레일 크램프(Rail clamp) 지주에 설치되어 있다.

이 장치의 조작은 우선 크레인을 지정된 계류장치가 있는 위치에 정지시키고 핀에 연결된 수동조작 레버(Lever)의 핀을 풀어서 레버를 들어 올리면, 계류 앵커의 소케트 안으로 정지용 핀이 들어가게 된다. 이 때 앵커 고정용 핀을 빼고 앵커를 삽입한 후 조작 레버가 자기중량에 의하여 내려가지 않도록 끼워 두어야 한다. 또 주행장치와 인터록(Interlock : 연계장치)하기 위하여 앵커의 풀림을 확인하는 근접 리미트 스위치(Proximity limit switch)가 설치되어 있다.

[그림 5-6] 정지용 핀(앵커)

작업을 하기 전에는 반드시 정지 핀을 풀고 운전중에는 앵커가 낙하하지 않도록 원위치를 확인해야 한다. 또 작업을 중단하거나 또는 작업을 마치고 운전기사가 잠시라도 자리를 비우고 크레인을 떠나는 경우에는 반드시 정지용 핀을 이용하여 크레인을 계류시키도록 한다.

② **타이다운(Tie-Down : 전도 방지장치)**

이 장치는 폭풍시에 크레인이 전도되지 않고 견딜 수 있도록 전도를 방지하는 것으로서, 전도방지장치라고도 부른다. 크레인의 각 다리 부분에 두 줄씩으로 하여 모두 8줄을 부착하고 있으며, 초속 50m의 풍속에도 견디도록 장치되어 있다. 또 이 장치는 크레인 다리 부분의 타이다운 장치(Eye Plate)와 주행로기초에 매설된 기초금속과를 체인 및 턴 버클(Turn buckl)로 연결하여 크레인 계류시에는 주행차대(Bogie) 측면에 준비되어 있는 스패너를 이용하여 힘을 받을 수 있도록 조여서 고정시킨다. 작업시에는 턴 버클을 풀어 기초금속과의 연결 볼트를 빼고 크레인축에 고정해 두도록 한다. 이 타이다운 장치는 주행장치와는 연계되어 있지 않으므로 작동 전에 틀림없이 풀도록 하여야 한다.

* 정지용 핀 → 크레인의 수평이동방지
타이다운 → 크레인의 수직력을 방지

[그림 5-7] 타이다운(Tie-Down)

(3) **주권상 장치**(Hoisting)

이 장치는 지상에 있는 인양물의 권상과 권하를 주목적으로 설치된 장치로서, 최근 건설된 터미널의 안벽 크레인은 교류 모터(AC Motor) 420kw 2 set와 써러스트 브레이크가 장치되어 있다.

주권상 장치는 2개의 주권상 모터를 작동시켜서 모터의 정회전과 역회전에 의하여 양쪽 방향으로 와이어 로프드럼을 회전시켜 헤드 블록(Head block)에 정착된 스프레더와 함께 화물을 장착하여 권상, 권하를 임의토록 할 수 있게 한 장치이다.

[그림 5-8] Main host & Hosting

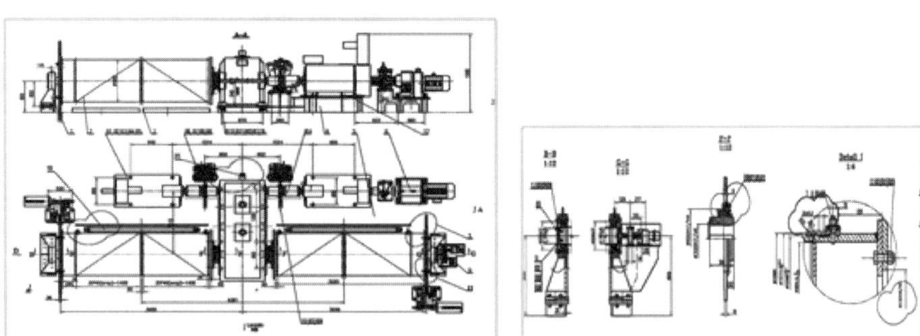

(4) 횡행장치

이 횡행장치는 기계실 내에 설치되어 있으며, 트롤리(Trolley) 횡행방향 전·후진을 구동하는 장치이다. 작동원리는 모터의 정회전과 역회전을 이용하여서 양쪽 방향으로 와이어 로프 드럼에 의한 와이어 로프를 이용하여 구동한다.

[그림 5-9] 횡행장치

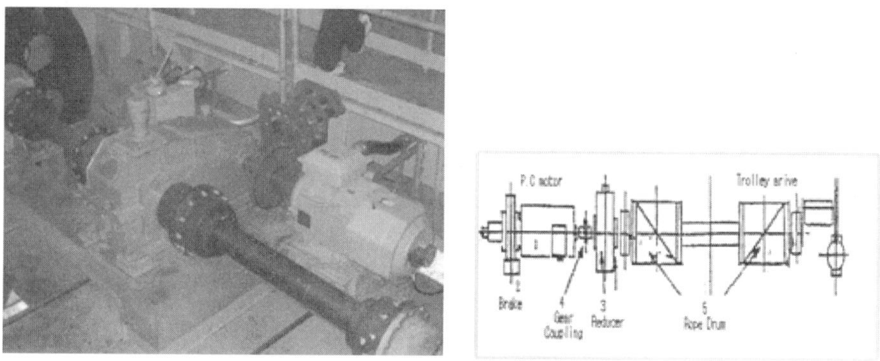

(5) 트롤리(Trolley)

트롤리(Trolley)는 앞서 설명한 횡행장치에 의하여 구동이 된다. 트롤리용 와이어 로프 드럼을 별도로 장치하고, 이 와이어 드럼을 회전시켜 트롤리 프레임 양쪽에 고정되어 있는 와이어로프를 풀고 감음으로써 트롤리를 이동시킨다.

[그림 5-10] 트롤리(Trolley)

트롤리 프레임(Trolley Frame)은 강판 및 형광의 용접구조물로서 4개의 차륜으로 받쳐 서 있으며, 트롤리 가더(Girde) 및 붐에 설치된 횡행 레일 위로 이동한다. 헤드 블록, 스프레더 및 하중은 트롤리 프레임상에 설치된 8개의 시이브에 걸려 있는 주권상 와이어 로프에 의하여 들어 올려진다. 운전실은 트롤리 프레임 아랫면에 있는 트롤리와 같이 횡행하게 된다.

(6) 헤드 블록(Head Block)

헤드 블록은 스프레더를 달아 매는 리프팅 빔(Lifting Beam)으로서, 헤드 블록 아래 면에는 스프레더 윗면의 소켓트(Socket)를 잡는 수동식 연결핀(Connecting Pin)이 4개가 있으며, 윗면에는 스프레더 급전용 케이블을 연결하고 있다.

[그림 5-11] 헤드 블록(Head Block)

(7) 스프레더(Spreader)

① 기 능

스프레더는 한 대로서 자유로이 조정하여 컨테이너 크기에 맞추어 알맞게 하역할 수 있으며, 고정 프레임과 신축프레임 트위스트 록 및 플리퍼(Flipper), 유압 유니트(Hyd.unit) 등으로 되어 있다.

스프레더의 주요 동작에는 트위스트 록/언록, 플리퍼 업/다운(Flipper Up/Down), 텔레스코픽 신축(Telescopic extension/Retraction), 트윈 20피트(Twin 20ft)가 있다.

- 트위스트 록 : 스프레더 콘이 컨테이너의 코너 구멍에 들어가 90도 회전하여 감긴 상태
- 트위스트 언록 : 록(lock)되어 있던 스프레더의 콘이 일직선이 되면서 컨테이

[그림 5-12] 스프레더

너의 코너 구멍에 빠져 나올 수 있는 상태

- 플리퍼 업 : 플리퍼가 올라가 있는 상태(홀드에 들어갈 때나 다른 컨테이너 옆에 붙이기 위한 상태)
- 플리퍼 다운 : 플리퍼가 내려가 있는 상태(빈 스프레더가 컨테이너를 집기 전의 상태)
- 텔레스코픽 축소 : 45피트에서 40피트 및 20피트로 축소한다.
- 텔레스코픽 신장 : 20피트에서 40피트 및 45피트로 확장한다.
- 트윈 20피트 : 20피트 컨테이너 2VAN을 동시에 적하/양하한다.

② 트위스트 록(Lock) 제어

트위스트 록은 운전실(Cabin) 내의 오른쪽 콘솔에 설치되어 있는 스위치에

[그림 5-13] 트위스트 록 제어

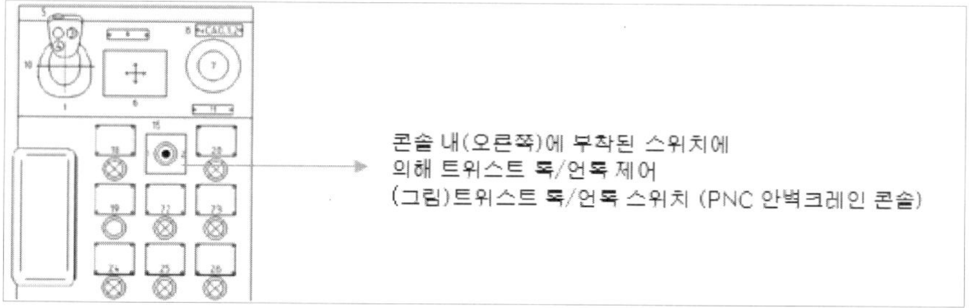

의해 조작되고, 만약 스프레더에 있는 4개의 트위스트 록 모두가 컨테이너 위에 정확히 착상되지 않으면 착상 리미트 스위치에 의해 트위스트 록/언록 작동이 되지 않는다.

③ **플리퍼(Flipper) 업/다운**

플리퍼는 스프레더의 콘이 컨테이너의 코너 구멍에 잘 들어갈 수 있도록 일종의 가이드 역할을 한다. 플리퍼는 약 270도 회전 액츄에이터에 의해 플리퍼 업/다운의 반복회전이 가능하다.

[그림 5-14] 플리퍼 업/다운

④ **텔레스코픽(Telescopic)**

360도 회전 액츄에이터에 체인 스프로켓(Chain sprocket)을 장착하고, 양쪽의 스프로켓을 체인으로 연결한다. 체인에 커넥팅 로드를 연결하여 액츄에이터

[그림 5-15] 텔레스코픽 신장

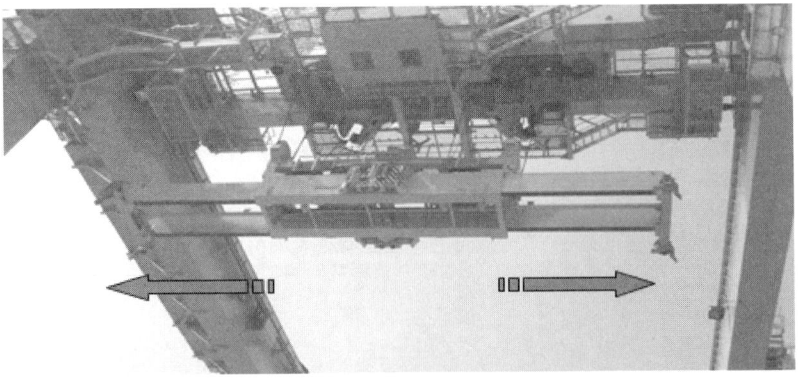

의 정역회전에 의해 커넥팅 로드가 왕복운동을 함으로써 축소와 확장이 달성된다.

(8) Cable reel

안벽 크레인은 일반적으로 육상의 변전소에서 자체 몸체에 부착된 Reel에 감겨지는 전선으로 공급되는 AC 상용전원(6,600kw)을 이용한다.

최근에는 각종 기계설비의 제어와 운영 및 보안용 WTV 장치 등을 안벽 크레인에 추가로 장착하는 추세이고, 이러한 안벽 크레인의 장치 등을 직접 통제실에서 제어하는 방식이므로 Cable reel에는 단순히 AC 상용전원뿐만 아니라, 광 케이블을 6~12 Core 정도 추가하여 AC 상용 전원 Cable에 같이 제작되어 Cable reel을 통하여 네트워크 및 영상제어 장치에 연결할 수 있도록 한다.

[그림 5-16] Cable reel

(9) 운전실(Cabin)

현재의 안벽 크레인은 운전제어가 기계실에 부착된 PLC(Programmable Logic Controller)에 내장된 프로그램으로 조작되는 전자식으로서 운전실에는 조이스틱이 부착되어 있으며, 각종 스위치 조작이 PLC로 연계되어 제어가 된다.

아울러 안벽 크레인의 전체작동상태를 LCD 화면으로 확인할 수 있다.

[그림 5-17] PNC 안벽 크레인 운전실(Cabin)

[그림 5-18] Cabin 내 운전석도면(최근 도입된 안벽 크레인)

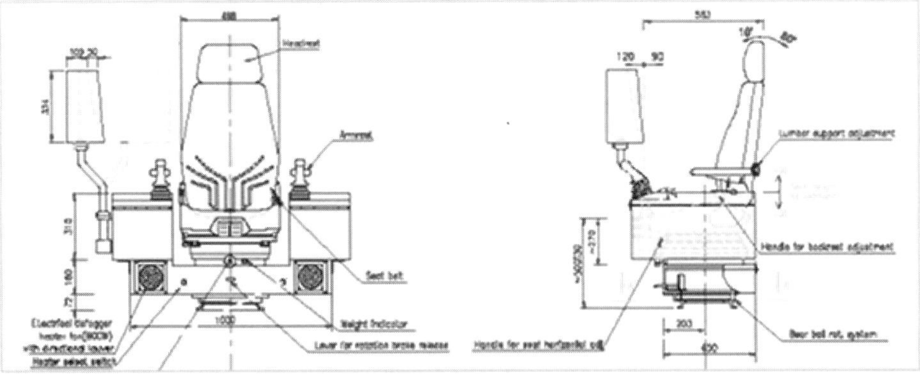

(10) 그 밖의 장치들

[그림 5-19] Twin-Lift Spreader

[그림 5-20] Rotating Spreader

[그림 5-21] 40′ Container Twin lift

5) 안벽 크레인의 작업

안벽 크레인의 작업과정은 아래의 그림과 같다. 작업의 예는 에이프런(Apron)에서 접안된 선박 내 홀드로 컨테이너를 적재하는 적하작업이다. 양하작업은 반대의 경우이다.

[그림 5-22] 컨테이너 크레인 작업절차

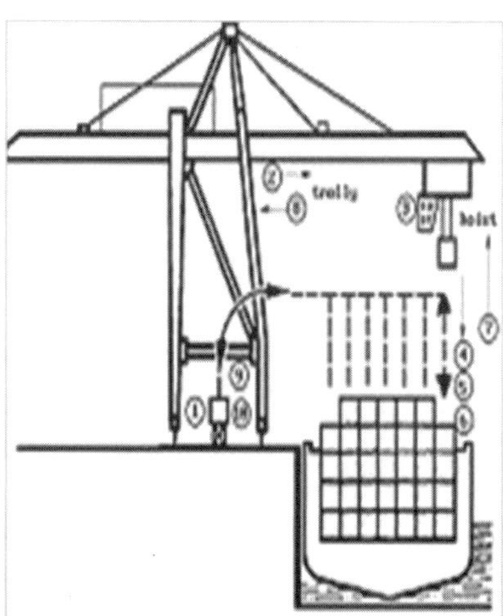

① 컨테이너를 집어 위로 올린다
② 트롤리(Trolly)를 바다 방향으로 움직인다
③ 컨테이너를 선박쪽으로 내린다
④ 선창규격 내에 스프레더(Spreader) 위치를 맞춘다
⑤ 선창 내로 스프레더를 내린다
⑥ 정위치에 컨테이너를 놓고 자물쇠를 푼다(unlock)
⑦ 빈 스프레더를 위로 올린다
⑧ 트롤리를 육지쪽으로 움직인다
⑨ 빈 스프레더를 에이프런으로 내린다
⑩ 컨테이너를 집어서 자물쇠를 잠근다(lock)

6) 항만하역장비의 제원

① 정격하중

스프레더로 장비가 안전한 조건 하에서 들어 올릴 수 있는 권상 최대능력을 말한다.

② 레일 중심간 거리(span)

레일의 궤도를 주행하는 경우, 양쪽 레일간 거리를 말한다.

③ 적재능력

트랜스퍼 크레인에 있어서 컨테이너를 적재할 수 있는 최대능력을 말하며, ×단 ×열로 표시한다.

④ 장비의 능력과 공칭

장비가 안전한 조건 하에서 발휘할 수 있는 최대의 기능을 수치화하여 그 장비의 공칭으로 사용한다. 이것은 들어 올림 단위당 최대중량 값(kg)을 호칭으로 사용하는 장비와 단위시간당 처리하는 주기능의 합산 값(kg/hr)을 사용하는 장비로 구분된다.

⑤ 양 정(lifting height)

스프레더로 화물을 들어 올릴 수 있는 최대 높이를 말한다. 항만장비인 경우에는 선박의 저면까지도 작업범위에 속하므로 레일 상방양정과 레일 하방양정으로 구분할 수 있으며, 총 양정은 이들의 합산 값이다.

⑥ 주행속도(traveling speed)

장비의 최고주행속도를 말하며 분당 주행거리로 표시되는데, 안벽 크레인의 경우 부하상태 하에 주행이 불가하므로 무부하시 속도만으로 표시한다.

⑦ 횡행속도(trolly traveling speed)

트롤리의 주행최고속도를 말하며, 분당 주행거리로 표시하고, 부하시와 무부하시로 구분한다. 예컨대 무부하시 60m/min, 정격부하시 30m/min으로 표현한다.

⑧ 권상속도(hosting speed)

스프레더의 들어 올림 최고속도로서 부하시와 무부하시로 구분하여 분당 올림 거리로 표시한다.

2. 이동장비

이동장비란 안벽과 야드 사이에서 운영되는 운송장비를 말하며, 터미널에서의 보다 높은 생산성을 얻기 위해 사용되는 장비와 보다 큰 설비에 있어서 보조적인 역할을 갖는 장비를 포함한다.

1) AGV(Automated Guided Vehicle)

AGV는 Q/C와 장치장 간의 무인 컨테이너 이송장비로서, 무인자동화 터미널의 핵심적인 장비로 현재 실질적으로 ECT에서 운용하고 있다. AGV는 관제소의 PCS(Process Control System)로부터 목적지와 계획된 통로를 통보받아 자동항법장치를 이용하여 목적지까지 이동한다.

AGV의 주행관리방식은 장치장 야드의 지하면에 격자형태로 감지기(Sensor)인 주행방향용 유도선로[1]가 매설되어 있거나, 위험감지용 무선신호발생기인 트랜스폰더(Transponder)[2]가 매설되어 있는 FROG(Free Range On Grid) 방식이 주로 이용된다. AGV의 운전정보는 연속으로 PCS에 송신되며, PCS는 AGV가 자동적으로 업무를 수행할 수 있도록 목적지 및 교통상황을 지시한다. PCS는 AGV로부터 수신한 위치정보를 이용하여 교통관제를 수행하고, AGV 자체에도 컨테이너 야드 작업중의 돌발적인 상황 등으로 인한 충돌예방을 위하여 적외선 센서를 부착하여

[그림 5-23] ECT의 AGV(Automated Guided Vehicle)

1) 주변공간에 전자유도현상이 발생하는 전선로.
2) 무선신호발생기로 RF(Radio Frequency) Tag라 한다.

충돌시 작업을 중단시키는 대형완충용 Bumper를 앞뒤 양단에 부착하고 있다.

2) 멀티트레일러 시스템(Multi-Trailer System)

멀티트레일러는 5개의 40피트 컨테이너를 한번에 이송하는 시스템으로 인건비는 적게 들지만 회전반경이 커서 에이프런(Apron)의 폭이 커야 하며, 장치장 블록간의 주행폭이 커야 한다. 또한 컨테이너를 선박별, 양하항별 등 종류별로 장치해야 하므로 장치장에 여유가 필요하다. 멀티트레일러의 제동장치는 마지막 트레일러가 처음 제동되고, 처음 트레일러는 마지막에 제동되어 제동시 차량의 이탈을 방지하고 있다.

[그림 5-24] Multi-Trailer System

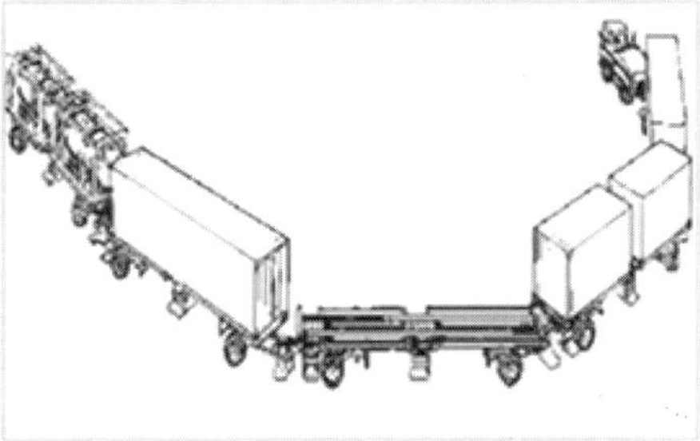

3. 야드 장비

1) 스트래들 캐리어(Straddle Carrier : S/C)

터미널에서 컨테이너 운반에 사용되는 장비로 컨테이너를 마샬링 야드로부터 에이프런 또는 CY 지역으로 운반 및 적재하며, 샤시 위에 이적하는 데도 사용한다. 스트래들캐리어의 운전은 핸들 조작으로 전후 및 좌우 방향으로 주행을 할 수 있으며, 주행방향과 직각으로 핸들이 부착되어 주행시 운전자가 옆을 보면서 운전하는 형태도 있다.

[그림 5-25] 스트래들 캐리어

2) 트랜스퍼 크래인(Transfer Crane : T/C)

교각형의 기둥과 일정한 간격을 가지고 설치된 두 개의 주행각 하부에 이동할 수 있는 바퀴를 가지고 기둥의 상하로 컨테이너를 감아 올려 적재 및 인·수도를 수행하는 야드 크레인으로서, CY에서 샤시, 트레일러 등에 컨테이너를 상·하차할 때 사용한다.

일반적으로 RTGC와 RMGC로 구분되며, 장비의 선택은 처리량, 노동조건, CY의 면적 및 모양 등 터미널 개별조건에 의해 결정된다.

(1) RTGC(Rubber-Typed Gantry Crane)

RTGC는 고무바퀴가 장착된 야드 크레인으로 스팬(Span)이 6개의 컨테이너 열과 1개의 트럭 차선에 이르며, 4단 혹은 5단 장치작업이 가능하다. RTGC의 회전시에는 정지상태에서 타이어를 회전시켜야 하고, 장비를 회전시키기 위해 회전장소(Turning point)는 견고한 철판이나 에폭시(페인트의 일종) 수지 등으로 보강하여야 한다.

RTGC는 기동성이 뛰어나 적재장소가 산재해 있을 경우 이용하기 적당하며, 물동량증가에 따라 추가투입이 가능하다.

[그림 5-26] RTGC(Rubber-Typed Gantry Crane)

[표 5-2] RTGC와 RMGC의 비교

구 분	스 팬	이동속도	장 점	단 점
RTGC	6~7열	Noell사 : 152m/m 가와사키 NNK사 : 180m/m	소형, 경량 연약지반사용 가능 저가의 장비가격	설계 및 조종기능의 복잡성
RMGC	14~16열	Shiusawa MHI사, Morris사 : 135m/m	자동화용이 일관통합이송 가능 신속한 컨테이너 오르내림	궤도에서만 이동

(2) RMGC(Rail-Mounted Gantry Crane)

RMGC는 레일 위에 고정되어 있어 컨테이너의 적재 블록을 자유로이 바꿀 수가 없기 때문에 RTGC에 비해 작업의 탄력성이 떨어지나, 주행 및 정지를 정확하게 할 수 있고 고속으로 인한 높은 생산성, 그리고 레일 폭이 넓어서 컨테이너 적재량을 증대시킬 수 있는 가능성이 매우 크다. RMGC는 RTGC에 비해 큰 스팬을 가지고 있어 표준 RMGC의 스팬이 14~15열에 이르며, 고단적 및 자동화가 용이하다. 장비가격이 RTGC의 약 2배로 화물을 많이 처리하지 않을 경우 비효율적이다.

RMGC 장비계열에는 무인으로 원격지 컴퓨터에서 자동제어되는 ASC (Automated Stacking Crane)가 있다. ASC는 철도궤도를 따라 움직이며, 이 장비가 처음 채택된 네델란드 로테르담의 ECT 터미널의 궤도폭은 컨테이너 6열이며, 높이는 스프레더까지 7m이고, 2단까지 적재가 가능하다. 제어 시스템은 PCS에서

[그림 5-27] RMGC(Rail-Mounted Gantry Crane)

광케이블 선로를 경유하여 통제를 받는다.

[그림 5-28] ASC(Automated Stacking Crane)

(3) OHBC

싱가포르의 KME사가 개발한 OHBC(Over Head Bridge Crane)는 43.6m 스팬에 높이 28m로서 19열 9단적이 가능하다. 이 장비의 동력은 6.6 KV AC를 사용하며, 콘크리트 빔 위 레일을 분당 120m 주행한다.

[그림 5-29] OHBC

3) 야드 트랙터(Yard tractor)와 샤시(Chassis)

야드 트랙터는 야드 내에서 샤시에 탑재한 컨테이너를 이동하는 데 사용되는 장비이다. 일반적인 트랙터와 다른 점은 작업의 간소화를 위하여 샤시의 랜딩 기어를 올리고 내릴 적마다 운전사가 하차하지 않아도 된다는 점이다. 샤시 연결 후에는 유압으로 샤시의 앞부분을 약간 올려서 주행한다. 정차, 분리시에는 자동적으로 분리할 수 있는 장치를 갖고 있다.

샤시란 컨테이너를 탑재했을 때 일체화되어 있고, 20/40피트용 또는 20피트 2개를 탑재할 수 있는 콤비네이션형(콤보샤시) 등이 있다. 트랙터와 연결은 king pin이라 불리우는 연결장치로 결합된다. 트랙터와 연결되지 않았을 때는 앞부분의 랜딩 기어를 내려 주차하고, 트랙터와 연결되었을 때는 운전자가 크랭크(crank)로 랜딩 기어를 올려서 주행한다.

[그림 5-30] Yard tractor & Chassis

4) 리치 스택커(Reach Stracker : R/S)와 지게차(Fork Lift)

리치 스택커는 좁은 공간 내에서 긴 붐을 이용하여 컨테이너의 이적 또는 하역작업을 하는 장비이다.

장비의 회전 없이 붐에 달린 스프레더만을 회전하여 작업할 수 있는 특수기능을 가지고 있다. 규격화된 컨테이너만을 집을 수 있는 스프레더가 붐의 끝에 장착되어 있다. 리치 스택커는 기동성이 좋아 현재 많은 컨테이너 터미널에서 채택하고 있으며, 철도 터미널에서도 화차에 컨테이너 상/하차 작업에 많이 사용되

[그림 5-31] 리치 스택커

고 있다.

한편 지게차는 컨테이널 터미널에서 트럭이나 Flat Car로부터 컨테이너를 적·양하하는 차량이다. 20톤 이상의 대형 지게차는 스프레더를 부착하여 컨테이너 하역작업에 사용된다. 소형은 화물을 컨테이너 내에 적·출입할 때 사용하기도 한다.

Side Picker는 주로 공 컨테이너를 취급하는 장비로서 Top-handler와 매우 유사하다. 차이는 컨테이너 상면 4개의 Corner Casting과 컨테이너 측면의 마찰력을 이용해서 컨테이너를 조작한다. 사양에 따라서 7~8단 정도까지 고단적이 가능하다.

[그림 5-32] Top-handler

[그림 5-33] Side Picker(고단적형 Fork lift)

제 2 절 컨테이너 터미널 야드 장비운영 시스템

야드 내 장치단수와 장치 블록의 배치는 이동작업과 장치작업에 사용되는 장비에 직접적으로 좌우되기 때문에 야드 장비의 선택에 따라 야드 운영 시스템이 달라진다. 야드 장비의 선택은 컨테이너 터미널 운영효율과 비용절감도를 결정하는 데 아주 중요한 요소이다.

그러나 각각의 장비는 나름대로 고유한 작업영역이 있고, 특정작업에 대해 다른 장비보다 우수성을 보이고 있어 실제 터미널 작업에서는 여러 종류의 장비를 결합하여 사용하는 경우가 대부분이다.

1. 트랙터-트레일러 시스템

대형 트랙터와 이것을 견인하는 트레일러로 구성되어 각 트레일러는 20피트 또는 40피트 컨테이너의 수송에 적합하도록 설계되었으며, 연결장치(twist-lock fitting)가 장착되어 있다. 각 컨테이너는 본선에서 양하되어 터미널에 인도되면 트레일러에 계속 탑재된 상태로 항만에 머무르며, 장치장 내외로 이동시에도 트레일러에 탑재된 상태로 트랙터에 의해 운반된다.

컨테이너를 인도할 때에는 내륙운송업자의 트랙터에 그대로 연결되어 반출된다. 반대로 수출 컨테이너가 터미널에 도착하면, 내륙운송업자에 의하여 장치장에 반입되어 트랙터와 분리되어 트레일러 상태로 장치되고, 선박입항과 동시에 트랙터로 선측에 이동되어 컨테이너만 선박에 적재된다.

트랙터-트레일러 시스템은 컨테이너의 직접 취급이 최소에 머물기 때문에 손해발생의 우려가 극히 적고, 장치장의 고정비용이 적게 든다는 장점이 있다. 하지만 장치작업이 오직 1단으로 이루어지며, 트랙터-트레일러 각 조에 대해 큰 회전반경을 필요로 하기 때문에 장치장의 용도로 이용되는 육상부지의 면적이 넓어야 한다.

[그림 5-34] 트랙터-트레일러 시스템

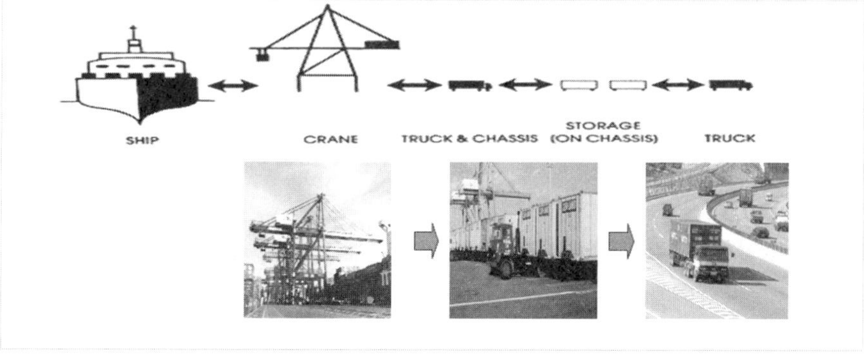

[그림 5-35] 트랙터-트레일러 시스템 터미널 전경

2. 스트래들 캐리어 시스템

1) 직 접 형

스트래들 캐리어가 안벽에서 장치장까지, 장치장에서 교환장소(Interchange area)까지 부두 내의 모든 컨테이너 운송을 담당한다. 화주의 차량은 장치장 내 진입이 불가능하므로 교환장소에서 컨테이너를 인·수도한다.

동 시스템은 작업의 융통성과 효율성이 높아 여러 작업에 쉽게 배치될 수 있으나, 단점은 상대적으로 높은 이동속도와 좁은 통로로 인해 발생할 수 있는 컨테이너와 장비의 파손위험이 존재한다.

2) 연 결 형

야드 트랙터와 트레일러가 CY의 교환장소까지 컨테이너를 운반하며, 스트래들 캐리어는 장치 블록에서 컨테이너를 옮겨 싣고 열을 따라 이동하여 장치한다. 스트래들 캐리어는 장치장 내 장치장소와 반·출입 장소 사이에서 컨테이너를 옮기고 장치하는 작업만을 수행한다.

안벽과 CY 간의 컨테이너 운송에는 고가의 스트래들 캐리어를 이용하는 대신 상대적으로 저렴하고 손쉽게 다룰 수 있는 트랙터-트레일러를 사용한다.

스트래들 캐리어 시스템은 장치장 내를 최고 24km 속도로 자유주행하여 컨테이너 이동 및 단적 등에 이용할 수 있고, 기동성이 좋아 터미널의 작업상황에 따라 자유롭게 배치를 바꾸어 대처할 수 있다. 하지만 스트래들 캐리어는 고가인

[그림 5-36] 스트래들 캐리어 시스템(직접형)

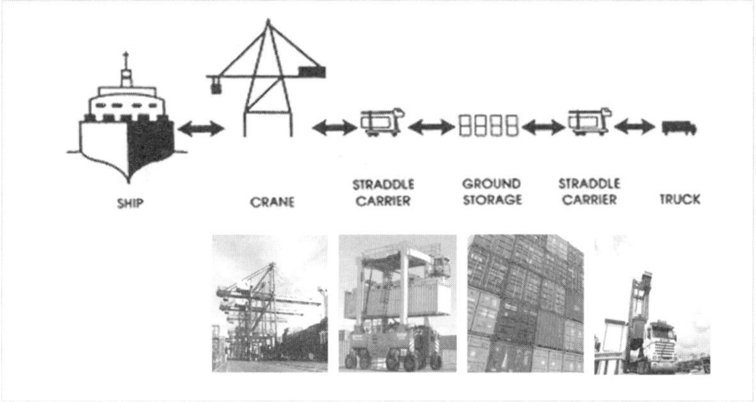

[그림 5-37] 스트래들 캐리어 시스템 터미널 전경

데다 산업차량으로서의 정밀한 작업이 요구되므로 정비에 상당한 비용과 시간이 필요하다.

3. 트랜스퍼 크레인 시스템

선박과 컨테이너 야드 간의 운송은 트랙터-샤시를 이용하며, 장치작업과 구획 내 열간 이동작업은 T/C를 이용한다. 동 시스템의 장점은 높은 단수의 장치능력과 통로건설용의 넓은 부지를 필요로 하지 않기 때문에 야드의 경제적인 활용이 가능하다는 것이다. 또한 크레인의 바퀴가 지나가는 도로만이 장비의 하중지지능력을 보유할 필요가 있기 때문에 다른 시스템에 비해 정지작업에 들어가는 비용이 줄어든다. 따라서 부지가 충분치 못한 곳이나 토지관련비용이 전체비용에서 차지하는 비중이 높은 곳에서는 매우 경제적이며, 부두자동화에 적합하다.

단점은 스트래들 캐리어와 같은 융통성을 갖고 있지 않다는 것이다. RTGC나 RMGC는 컨테이너 야드 내에서 자유로이 이동할 수 있지만, 안벽으로 이동하거나 또는 CFS로 컨테이너를 운송할 수가 없다. RMGC는 한 장치장소로부터 다른 장소로 이동하지 못한다.

[그림 5-38] 트랜스퍼 크레인 시스템

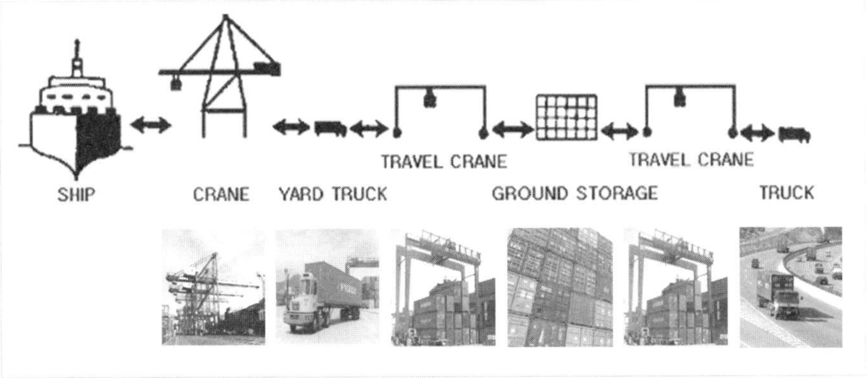

[그림 5-39] 트랜스퍼 크레인 시스템 터미널 전경

4. 프론트엔드로더 시스템

보다 특수한 하역장비로서 탑리프트(top-lift 또는 front-end) 또는 사이드리프트 스프레더(side-lift spreader)를 장착한 대형 리프트 트럭을 사용한다. 동 시스템은 스트래들 캐리어와 같은 유동성으로 터미널 내의 여러 장소에서 컨테이너를 들어 올리는 작업, 장치작업, 안벽 내외로의 운송, 도로주행용 차량으로부터의 인·수도 작업 등에 이용한다.

그러나 프론트엔드로더가 안벽 크레인으로부터 컨테이너를 받아 오는 작업을 수행하기는 어려워 연계형 S/C 시스템과 같이 안벽에서 CY까지 컨테이너 운송은 보통 트랙터-트레일러에 의해 수행되며, 프론트엔드로더는 CY 내, CY와 CFS 간 작업에 투입이 된다. 단점은 하중의 비균질적인 배분 때문에 터미널 지면의 마모율이 높고, 컨테이너 운송시 가시도가 나쁘며, 지지 시스템들이 파손되기 쉽고, 운반작업속도가 떨어지기 쉽다는 것이다.

[그림 5-40] Lift Truck

5. 결합 시스템

트렉터-샤시, T/C, S/C, 프론트엔드로더 등 장비가 갖고 있는 장점을 최대한으로 이용하고, 약점을 최소화하기 위해 여러 장비를 동시에 사용하는 방법이다.

제 3 절 자동화 컨테이너 터미널

1. 자동화 컨테이너 터미널 현황

해상화물의 컨테이너화에 따라 획기적인 물류혁명이 진행되었고, 저비용 고효율에 의한 항만생산성의 향상과 수익성확보를 위하여 자동화 컨테이너 터미널의 연구가 진행되고 있으며, 자동화 컨테이너 터미널이 증가하고 있다. 특히 기존 재래식 컨테이너 터미널의 리모델링에 의한 자동화 컨테이너 터미널의 개발 등

[표 5-3] 자동화 컨테이너 터미널 운영현황

구 분				
규 모		17선석(컨테이너 전용)	27선석(컨테이너 전용)	20선석(컨테이너 전용)
안벽 길이		3.7Km(세계최대)	1.4km	
수 심		16.65m(세계최대)	13.5m(연장예정)	12 ~ 15m
자동화형태		AGV-RMG (ASC)형	AGV-2RMG	AGV-OHBC/RMG
자동화 구간	안벽 크레인	대선박 : 유인 대 AGV : 자동	대선박 : 유인 대 AGV : 자동	대선박 : 유인 대 Y/T : 유인
	Y/T	AGV : 자동운영	AGV : 자동운영	Y/T : 유인
	Y/C	1ASC · 대 AGV : 자동 · 야드 내 : 자동 · 대 S/C : 자동	1무인 RMG · 대 AGV : 자동 · 야드 내 : 자동	1무인 OHBC · 대 Y/T : 반자동 · 야드 내 : 원격 1RMG · 반·출입 : 유인 · 야드 내 : 유인

	외부차량 접점	S/C : 유인	무인 RMG : 원격조정/반자동	무인 RMG : 원격조정/유인
수동 구간	철 송	MTS : 유인		
	비규격	ASC/M : 특수 스프레더, 유인	Y/T : 유인	
	공 컨테이너	RS/SL : 유인		
야드 형태		단일형, 수직배열	단일형, 수직배열	버퍼 야드, 수평배열
장치단적수		3단 6열	4단 10열	8단 10열
비 고		DSL(Delta Sea Land) DDE(Delta Dedicate EAST) DMU(Delta Multi User)	유럽 대륙의 중앙에 위치 하천의 수위가 해면보다 낮음	8년 연속 최우수항만상 수상

컨테이너선의 대형화추세에 맞추어 점차 자동화되어가고 있다.

2. 자동화 컨테이너 터미널의 업무 흐름

선사간 전략적 제휴를 통한 초대형 컨테이너선이 출현하고, 노동집약적 작업으로 인한 컨테이너 처리량의 증가는 인건비의 급격한 상승을 초래하였으며, 선석수를 상회하는 해상물동량의 증가로 컨테이너 항만사용시간이 더욱 줄어들고 있는 추세이다.

따라서 단위시간당 처리해야 할 컨테이너의 양이 현저히 증가하여 대규모의 화물을 신속하게 처리할 수 있는 새로운 개념의 운영 시스템이 필요하게 되어 자동화 컨테이너 터미널에 대한 연구가 진행되었다.

자동화 컨테이너 터미널(Automated Container Terminal)은 컨테이너의 하역, 분류, 운반, 적재, 보관 등 컨테이너 터미널 내의 모든 물류 흐름을 무인자동화하는 터미널이며, 업무개념도는 [그림 5-41]과 같다.

[그림 5-41] 자동화 컨테이너 터미널 업무개념도

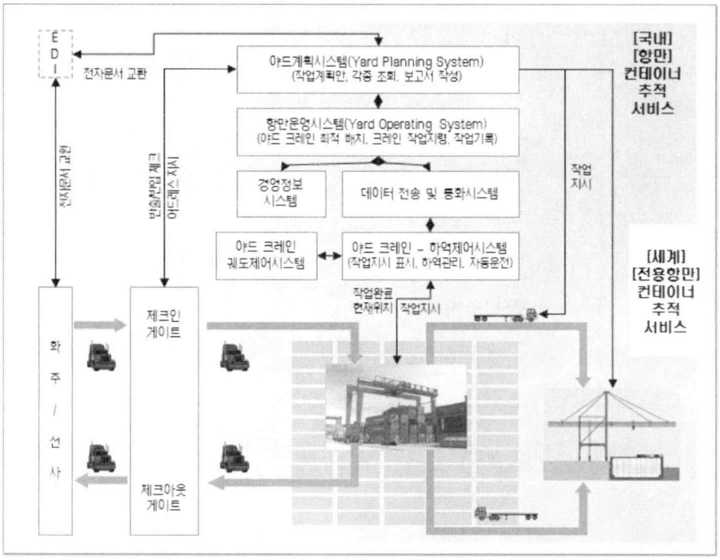

3. 컨테이너 터미널 자동화 시스템 적용

1) 게이트 자동화

(1) 게이트 자동화현황

컨테이너 터미널의 게이트 자동화는 반·출입 컨테이너의 사전예약 정보시스템과 게이트 반·출입 처리의 자동화에 있다. 반·출입 컨테이너의 사전정보는 EDI, On-line으로 예약하며, 출입차량의 도착예정시간은 홍콩의 HIT와 MTL 같이 전화를 이용한 ARS를 채택한 곳도 있다. 반·출입의 자동화는 게이트에서의 자료입력 및 출력을 터미널의 요원에 의해 처리하는 것이 아니라, 사전예약된 정보를 운전기사의 조작과 자동화매체로 대행하여 실제 반·출입 사항을 자동으로 정보처리하는 것이다.

선진 컨테이너 터미널에서의 게이트 자동화추진은 게이트에서의 물류정체시간 단축과 장치장 내 하역장비의 사전배치계획, 게이트의 인건비절약 및 자사시설의 현대화의 홍보에서 출발하였다.

[표 5-4] 국/내외 터미널 게이트 시스템 현황

항 목	수동방식		자동화방식			
자료입력 방식	통제실입력	게이트입력	ATM 처리	IC 카드	문자인식	ATM+ Transponder +문자인식
사용 터미널	미국 일부지역	일본 등	PECT 세방 터미널 한진 터미널 동부 터미널 등	HIT ECT MTL	한진감천 허치슨 (부분적 시행)	PSA

[그림 5-42] 싱가포르의 Flow-Through 게이트 시스템

(2) RFID

기기나 제품의 정보를 컴퓨터에 수록시킬 때 사람에 의한 키보드 입력방식과 다르게 자동으로 인식하는 방식이 활용되고 있다. 대표적인 방식으로 바코드 방식과 자기 띠(Mangnetic Strip) 방식이 있는데, 이러한 방식은 기기나 제품, 카드의 표면에 부착되어 판독기에 접촉함으로써 의미와 수록된 정보가 취득되는 것으로서, 이 방식을 접촉식 인식방식이라 한다.

RFID는 상기 방식과 달리 인식할 물체와 판독기가 직접 접촉하지 않고, 물체가 판독기근처를 통과할 때에 자동으로 감지하는 무선인식방식으로 매체는 여러 가지가 활용되고 있다. 이 방식은 인식할 물체에 부착되는 인식표로 마이크로 칩이 내장되어 있다.

〈구　성〉

- IC 카드 또는 RF-Tag(Raid Frequency Tag)
- Interrogator(판독기)
- 안테나 또는 코일형 유도선로

[그림 5-43] RF-Tag와 Reader Unit

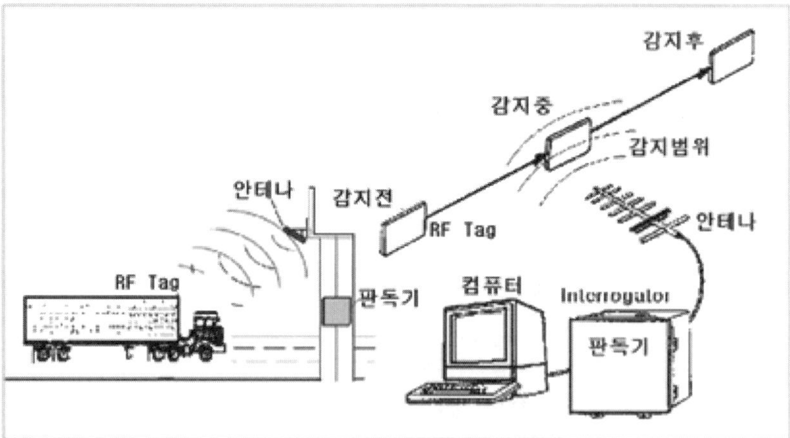

[그림 5-44] 게이트 자동화 RF 시스템

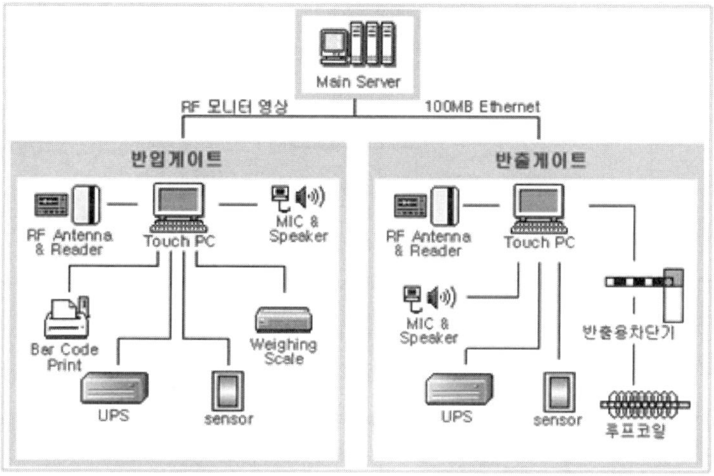

게이트 자동화 RF 시스템은 차량번호가 입력된 RF-ID Card를 차량 앞면에 부착하여 게이트 진입시 차량번호를 자동인식하여 인식된 차량정보를 통해 자동적인 게이트 반·출입 업무를 처리하는 방식이다.

(3) 문자인식방식

문자인식장치는 영상 이미지를 문자로 변환시키는 것으로 OA용의 스캐너(scranner)로 글자를 인식하여 문자 데이터로 변환시키는 것과 같은 원리이다.

게이트에서의 문자인식방식은 도로상에 주행하는 차량의 번호판인식에서 출발하여 컨테이너 터미널에서 컨테이너 번호의 문자인식에 응용되었다. 컨테이너 번호문자인식의 본격적인 활용은 PSA의 CNRS(Container Number Recognition System) 방식을 적용하여 1992년 게이트에서 활용 후 1995년 3월부터 크레인에 설치하여 본선작업활용에 활용하고 있다.

[그림 5-45] 컨테이너 터미널 게이트의 문자인식장치 구성과 동작

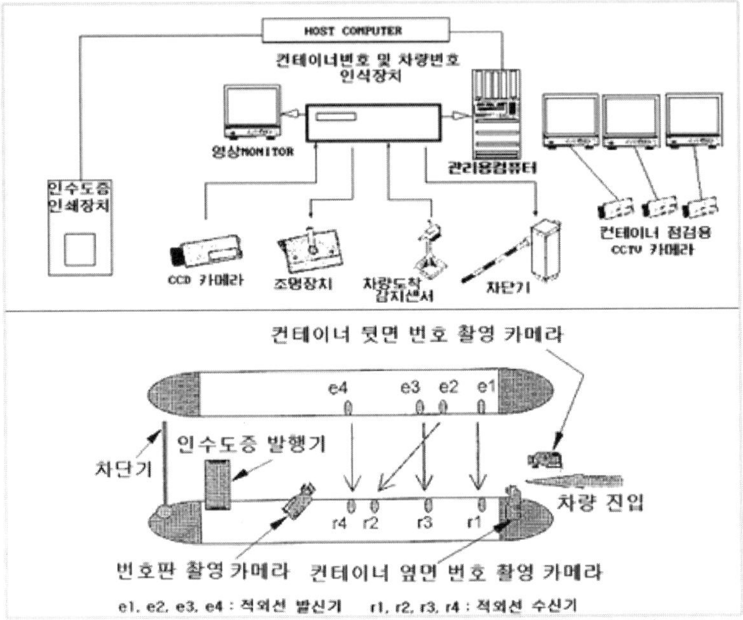

게이트에서 문자인식장치를 설치할 때 필수장치는 CCTV 카메라인 CCD (Closed Coupled Device) 카메라, 조명장치, 차량도착감지 센서, 차단기, 인식용 컴퓨터가 필요하다.

2) 크레인의 운전

(1) 크레인의 운전

컨테이너 터미널의 중요 하역장비인 Q/C, T/C 등 크레인의 재래식 운전은 단순한 기계의 작동을 릴레이(relay)로 제어하는 기계식 운전방식이었으나, 컴퓨터 기술의 발달에 따라 현재는 전자식 운전방식으로 제어되고 있다.

전자식은 기기운전을 위한 PLC가 장착되어 각종 구동장치의 전기회로와 연결되어 작동을 제어하고, 작동상태를 감시하는 기능이 있다.

* PLC(Programmable Logic Controller)

기계식 운전방식의 각종 릴레이, 타이머, 카운터 등의 기능을 마이크로

[그림 5-46] 컨테이너 터미널 게이트의 문자인식장치 구성도

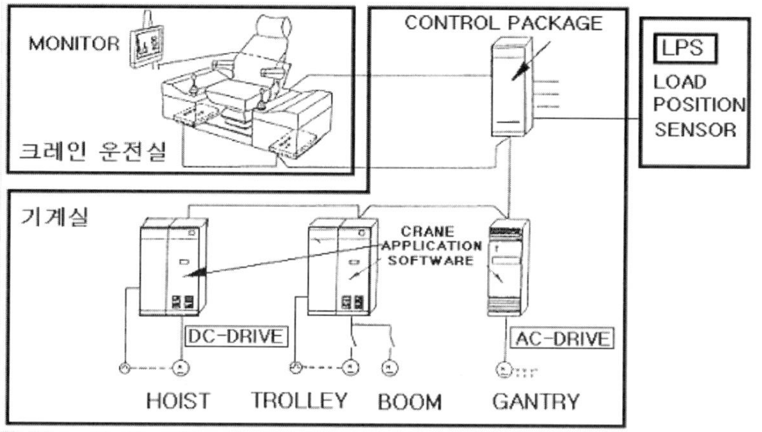

프로세서를 이용해 통합시킨 것으로 기존의 방식에 비해 제어기능신뢰성이 뛰어나고, 제어내용을 손쉽게 수정 및 변경할 수 있으며, 복잡한 제어기능을 수행할 수 있는 장점이 있으며, 제어부, 입력부, 출력부로 구성되어 있다.

(2) 스프레더 동요방지 시스템(Anti-Sway System)

스프레더 동요방지 시스템(Anti-Sway System)은 크레인의 스프레더가 컨테이너를 고착할 때 스프레더의 흔들림을 방지하는 장치이다.

Q/C에서의 흔들림 발생원인은 횡행으로 움직이는 트롤리의 동작과 로프에 연결된 스프레더의 종횡동작, 스프레더가 선 내 작업중의 선박의 흔들림으로 발생되며, T/C에서는 컨테이너를 고착한 상태에서 주행중과 정지상태에서 작업중 트롤리의 횡행동작에서 발생한다.

흔들림 방지방식은 크게 재래방식인 기계제어식과 개량방식인 전기제어식으로 구분된다.

① 기계제어식

기계제어식은 스프레더를 달아 매는 리프팅 빔(Lifting beam)인 헤드 블록에 유압 실린더를 설치하여 동요방지 로프를 사용하는 방식으로 고무 타이어 T/C에 많이 활용하며, Passive, Semiactive, Active 방식으로 세분된다.

[그림 5-47] Anti-Sway System 방식

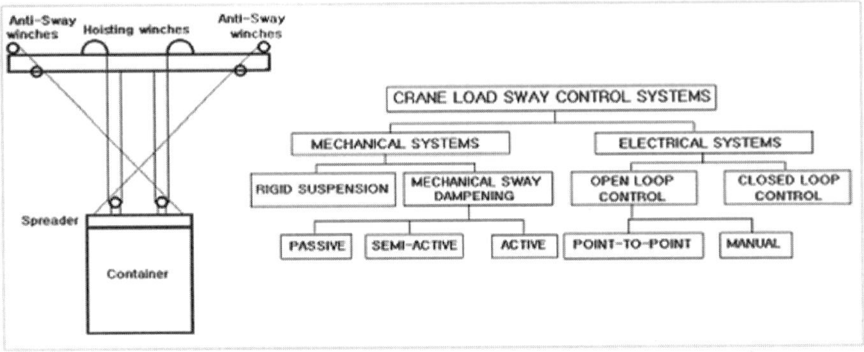

② 전기제어식

전기제어식은 주로 Q/C에 많이 이용되며, 트롤리의 위치를 Encoder[3]로 이용하고, 트롤리 로프의 길이를 센서로 감지하며, 동요각을 적외선과 같은 특수한 센서로 측정하며, 트롤리의 속도와 동요에 따라 가속도를 컴퓨터를 사용하여 계산하여 트롤리 혹은 Q/C 가감속의 조작으로 스프레더의 평형상태를 유지하는 방식이다.

(3) 자동위치검출 시스템

자동위치검출 시스템(Automatic Position Indication System : APIS)의 기능은 컨테이너 터미널과 같은 광대한 지역에서 움직이는 하역장비의 현재 작업위치 및 이동할 위치를 자동측정하는 방식으로 하역장비의 자동화 초보 단계이다.

크레인의 위치검출기능은 주행만 측정하는 것이 아니라, 트롤리의 횡행 및 스프레더의 상하까지 X-Y-Z를 모두 측정할 수 있다. 이동체의 위치를 검출하는 매체는 유도무선방식, 엔코더(encoder) 회전수 검지방식, Proximity Switch 방식, 광학방식, 무선(RF-ID) 방식, DGPS 방식 등이 있다.

여기에서는 부산신항의 RMGC 자동위치검출 시스템인 DGPS 방식에 대해 알아보자.

DGPS 방식에서 GPS(Global Position System)는 위성을 이용한 위치측정 시스템으로 고도 20,000km에서 적도면에 대해 55도 기울기로 6개의 궤도를 동일한 간격으로 12시간 주기로 지구를 선회하는 총 24개의 위성으로부터 전파를 수신해 그 정보를

3) 로러의 회전수를 검지하는 장치.

처리함으로써 언제 어디서나 자신의 3차원 위치를 손쉽게 파악하는 방식이다.

DGPS(Differential GPS)는 GPS의 오차를 기준좌표정보를 이용해 보정하는 방식으로 단독 GPS의 25m 오차를 1~5m로 보정된다.

컨테이너 터미널에서의 사용은 독일 함브르크항의 HHLA 컨테이너 터미널에서 응용을 시작하였으며, GPS의 오차를 줄이기 위하여 터미널 내에 여러 곳에 전파발신장치를 부착하여 위치를 보정하는 방식을 채택하였다. 이 복합방식으로 장치장 내 하역장비인 스트래들 캐리어의 위치오차를 5cm 이내로 줄이고 있다.

현재 DGPS는 T/C의 위치검출에 이용되고 있다.

[그림 5-48] HHLA의 DGPS 활용

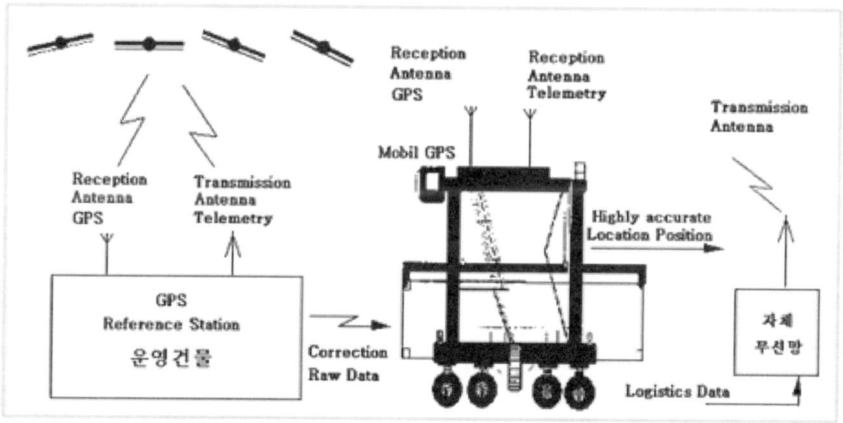

제 6 장

컨테이너 터미널 평면설계의 이해

제 1 절 평면설계의 목적

컨테이너 터미널은 해상 컨테이너 수송에 있어서 중추적 역할을 수행하는 시설이므로 컨테이너 수송의 동향, 배후권 및 육상수송수단과의 관련성, 그리고 확보할 수 있는 부지의 넓이 등을 고려하여야 한다.

또한 부두는 컨테이너선과 접속할 수송기관과 일체로 하여 컨테이너 화물의 입·출입, 보관 등을 원활하고 효율적으로 운영하기 위한 제 시설을 갖춤과 동시에 이들 제 시설이 효율적으로 기능을 발휘할 수 있는 시설배치가 바람직하며, 동시에 충분한 넓이를 갖추어야 한다.

컨테이너 터미널은 운영방식에 따라 일반 컨테이너 부두, 반자동화 컨테이너 부두, 완전자동화 컨테이너 부두로 분류할 수 있다. 이에 따라 야드의 배치계획, 야드 운영방식, 야드 운영장비, 컨테이너 크레인 등이 결정되며, 항만을 이용하는 선사, 항로, 입·출항하는 선박의 규모, 취급화물량과 품목, 배후의 수송시설의 종류 등에 따라 규모 및 형태가 달라진다.

컨테이너를 취급하는 부두에는 전문적으로 컨테이너 화물을 취급하는 전문부두(전용부두)와 컨테이너 화물뿐만 아니라 일반화물(General Cargo)를 함께 취급하는 다목적 부두가 있다.

컨테이너 부두의 경우에는 컨테이너를 전문적으로 처리할 수 있도록 전용 컨테이너 크레인이 배치되는데, 컨테이너 크레인의 제원은 설계에 반영된다. 예를 들어 부산항과 같이 미래 12,000 TEU급 이상의 선박입항이 예상되는 경우에는 22열 크레인을 배치하게 된다.

이 때 하부 Rail Span(해측 Rail과 육측 Rail 간 간격으로 30.5m, 35m, 42.8m 등)을 설계에 반영하게 되며, 일반적으로 터미널의 자동화정도에 따라 Rail Span 내에는 Hatch Cover 적재구역 또는 터미널 내부 이송장비의 하역 및 주행을 위한 도로를 설계하고 있다.

컨테이너 터미널은 컨테이너선 및 접속할 수송기관과 일체로 되는 고도의 흐름 작업을 전개한다. 컨테이너 터미널은 컨테이너 화물의 입·출입, 하역 및 보관을 원활하게 행하고, 그 기능에 대응하는 계류시설, 컨테이너 야드, 컨테이너 화물조작장, 하역기계, 관리시설 등이 일체가 된 컨테이너 터미널과 진입도로, 그 외 배후에 입지하는 창고, 종합물류 센터, 공 컨테이너/샤시 장치장과 물류관련 시설 등에 의해 구성된다. 이들 시설이 효과적으로 운용됨으로써 컨테이너 터미널의 기능이 충분히 발휘된다.

따라서 컨테이너 터미널의 설계의 목적은 한정된 자원(장비, 인력, 부지)을 효율적으로 활용하는 데 있다고 할 수 있다.

제 2 절 평면설계를 위한 고려사항

1. 일반사항

컨테이너 터미널의 규모와 시설배치를 결정할 때 고려해야 할 주요한 사항은 다음과 같다.

① 컨테이너를 효율적으로 처리할 수 있는 충분한 기능을 가질 것

② 해·륙 복합일관수송으로서의 컨테이너 수송 시스템 전체의 경제효율화가 이루어지며, 특히 육상의 진입로와의 효율적인 연계가 이루어질 것
③ 장래의 확장, 수송 및 하역방식의 혁신에 탄력적으로 대응할 수 있을 것

2. 컨테이너 터미널의 주요 고려사항

① 계획취급물동량
② 화물특성(수·출입 화물, 환적화물, 연안화물 등)
③ 컨테이너선의 배선간격과 선형
④ 터미널의 관리, 운영방식
⑤ 안벽 및 Yard에 대한 하역장비
⑥ 이용가능한 토지면적과 형상
⑦ 배후지역의 보관시설의 상황
⑧ 배후권의 수송방식과 도로 등의 교통사정
⑨ 주변의 토지이용상황, 선박항행상황
⑩ 인근의 컨테이너 터미널의 상황
⑪ 자동화 장비 및 시설의 도입 여부, 범위 및 수준

3. 설계 흐름

1) 설계 흐름도

컨테이너 부두건설은 기본계획에 따라 기본 및 실시설계를 수행하게 된다.

기본계획은 터미널의 평면배치를 위한 각종 계획을 수립하는 것으로서 먼저 전국 컨테이너 물동량을 예측하여 컨테이너를 처리하는 항만별로 컨테이너를 배분하는 단계를 거쳐 컨테이너 항만별 입지조건을 고려하여 대상선박, 즉 접안선박규모를 결정하게 되며, 선박규모와 물동량 등의 관계를 고려하여 터미널의 적정시설규모를 판단하게 된다. 터미널의 규모 및 물동량에 따라 컨테이너 크레인(Container Crain : C/C), 야드 크레인(Yard Crane), 이송장비(Yard Tractor : Y/T 또는 Automated Guided Vehicle : AGV) 등 가장 효율적인 운영 시스템을 선정하게 되는데,

[그림 6-1] 컨테이너 부두설계 흐름도

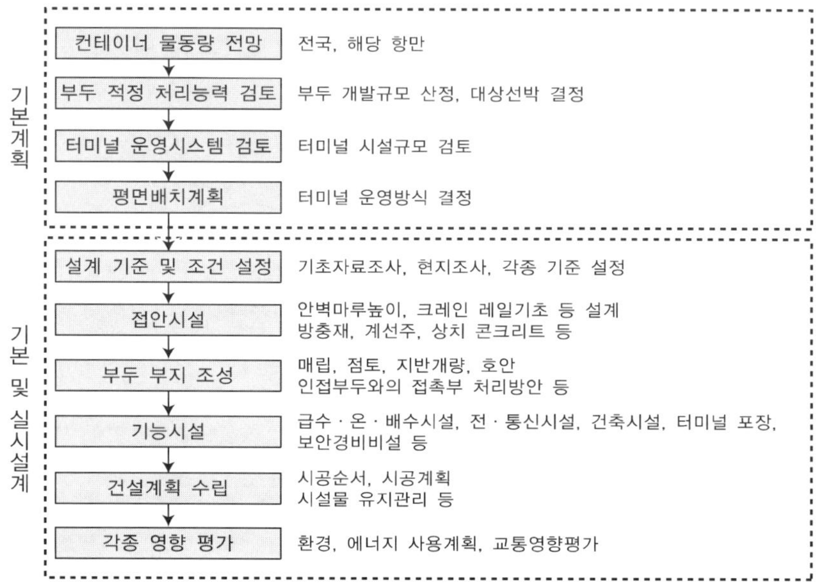

자료 : 한국컨테이너부두공단, 컨테이너 부두건설의 이해.

이러한 운영 시스템의 폭, 작업반경, 회전반경 등 각종 제원은 평면배치계획에 반영된다.

2) 하역능력의 산정

컨테이너 터미널에서의 하역능력은 안벽 하역능력과 장치장하역능력으로 구분된다. 안벽 하역이란 선박으로부터 컨테이너 크레인을 이용하여 컨테이너를 하역하는 것을 의미하며, 장치장하역이란 장치장에서 크레인을 이용하여 차량으로부터 하역하는 것을 의미한다.

(1) 안벽 하역능력

안벽에서의 C/C에 의한 하역능력을 산정하기 위해서는 안벽에서 선석당 C/C 대수, 연간 하역작업일수, 1일 작업시간, C/C 작업시간율(선석점유율, 선박이동계수), C/C 작업효율(C/C 작업계수, 실작업시간율), C/C 시간당 설계하역능력(VAN/HR), C/C간 간섭계수 등의 계수들을 고려해야 한다.

여기서 각각의 계수들의 의미를 살펴보면 다음과 같다.

① 선석당 C/C 대수(기) : 선석당 투입된 크레인 대수
② 연간 하역작업일수 : 연간 작업할 수 있는 작업일수(추석, 설 제외)
③ 1일 작업시간 : 하루 작업하는 시간(아침, 점심, 저녁, 야참 시간 제외) – 최장 22시간, 최소 20시간 정도
④ 선석점유율 : 일정시간 동안 선박이 선석을 점유하고 있는 시간
⑤ 선박이동계수 : 선박의 이접하는 데 걸리는 시간 등을 제외한 시간을 계수로 표현(이안 1시간, 접안 1시간)
⑥ 크레인 작업계수 : 크레인이 작업시 이동한 시간을 제외한 시간을 계수로 표현한 값
⑦ 실작업시간율 : 야드 상황, Hatch cover 여닫는 시간 등을 제한 시간을 계수로 표현한 값
⑧ 크레인 설계능력 : 크레인이 움직이지 않고 연속 작업할 때의 생산성
⑨ 간섭계수 : 선박당 크레인이 1기 작업할 때 100%(=1), 2기 이상 작업시에는 인접 크레인간 작업간섭시 발생하는 생산성하락을 제외한 값
⑩ 단위환산계수 : 20ft, 40ft 총 양/적하 컨테이너 갯수(Van)를 20ft 단위로 환산한 값. 미주, 유럽 구간 운항선박은 40ft 비율이 높고, 동남아운항선박은 20ft 비율이 높다. 20ft 비율이 높을수록 환산계수는 낮고 40ft 비율이 높을수록 환산계수비율이 낮다.
⑪ Overstow 계수 : 선박에서 컨테이너를 양하(안벽에서 내리는 것)하지 않고 선박 내에서 컨테이너를 작업할 때, 이를 제외한 값을 나타내는 계수(선박 내 작업비율은 총 컨테이너의 5% 이내).

국토해양부의 「전국무역항기본계획재정비」에서는 안벽 능력을 다음과 같은 계수를 적용하여 산정하고 있다.

[표 6-1] 안벽 능력

구 분		2만 DWT급 (2천 TEU급)	5만 DWT급 (4천 TEU급)
컨테이너 크레인 대수(기)		2	3
연간 작업가능시간	연간 작업가능일수	365	365
	1일 작업가능시간	24	24
크레인 작업시간율	선석점유율	0.26	0.42
	선박이동계수	0.9	0.9
크레인 작업효율	크레인작업계수	0.95	0.95
	실작업시간율	0.88	0.8
크레인 작업효율	크레인설계능력(VAN)	35	45
	크레인작업손실조정계수	0.75	0.75
	간섭계수	0.9	0.83
단위환산계수(TEU/VAN 비율)		1.36	1.48
Overstow 계수		0.97	0.97
선석당 연간 적정처리량(TEU)		106,817	303,610

(2) 장치장하역능력

① 장치장처리능력의 산정

장치장(CY)에서의 처리능력은 장치장에서 컨테이너의 적치(장치) 단적수, 장치기간, 장치규모(TGS), 화물의 유형별 반·출입현황, 작업시간, 장치장점유율, 구내이적률 등을 고려하여 산정할 수 있다.

다른 방법으로는 장치장에 확보할 수 있는 TGS(TEU's ground slot)의 수와 장치장에 투입할 수 있는 크레인의 수, 그리고 크레인의 주행속도, 인양속도, 횡행속도 등을 포함하는 처리속도 등이 종합적으로 평가되어 장치장의 능력을 산정하기도 한다.

$$\text{장치장취급능력} = \frac{\text{확보 } TGS \text{ 수} \times \text{연간 장치일수} \times \text{최대단적수}}{\text{평균장치일수} \times \text{분리계수} \times \text{수피크 계수}}$$

보통 Yard에서 크레인의 수 및 크레인의 처리속도가 장치장의 운영에 무리가 없다면, 실제 장치장의 처리능력은 확보된 부지에 배치가 가능한 TGS의 수에 비례한다고 볼 수 있다.

이 때는 해당 컨테이너 터미널에서 처리목표로 하는 연간 처리물동량이 기준이 될 수 있으며, 각 항만별 특성에 따라 분리계수 및 피크 연계수, 그리고 평균장치일수 등이 세밀하게 고려되어야 한다. 만약 피크시의 일시적인 화물증가분으로 만약 피크시 장치장의 점유율이 100%에 달할 경우 선박의 하역작업과 구내이적 및 Rehandling 작업에 심각한 문제가 초래될 수 있으므로 계수적용에 있어서는 신중을 기할 필요가 있다.

크레인의 제원, 즉 4단으로 적재가능한 크레인을 활용할 것인지 또는 5단으로 적재가능한 크레인을 활용할 것인지가 결정이 되면, 연간목표로 하는 물동량을 처리하기 위해 소요되는 TGS 개수를 산정하는 방법은 다음과 같이 표현되어 진다.

$$\text{TGS 산정식} = \frac{\text{연간 물동량} \times \text{평균장치일} \times \text{분리계수} \times \text{피크 계수}}{\text{연간 장치일수} \times \text{최대단적수}}$$

[표 6-2] 장치장능력 산정계수설명

구 분	내 용	설 명
연간물동량	물동량(TEU)	연간 처리가 예상되는 최대물동량으로 안벽의 처리능력과 물동량예측기법을 이용하여 물동량을 산정
평균장치일	컨테이너당 평균장치일수	컨테이너 유형별 평균장치일수는 컨테이너 특성을 고려하여 적용
분리계수	계 수	구내이적 및 Rehandling을 위해 필요한 장치장을 반영하기 위한 계수
피크 계수	계 수	피크시에 필요한 장치장의 여유분을 반영하기 위한 계수
연간장치일수	연간 장치일수(일)	연간 장치가 가능한 날로 추석과 설을 제외한 일수
최대단적수	유형별 컨테이너 최대단적수	도입되는 크레인의 제원으로 장치가능한 열수를 고려하여 컨테이너 유형별로 적재가 가능한 최대단적수

② 계수의 결정

연간 목표물동량은 해당 항만의 향후 물동량수요를 추정한 후 이미 공급되었거나, 앞으로 공급될 부두시설의 처리능력과 비교하여 특정연도에 추가로 공급되어야 하는 시설의 처리능력을 의미한다.

연간 목표물동량은 물동량추정기관의 물동량을 바탕으로 수입, 수출, 환적, 연안 등 화물비율을 고려하게 되며, 적/공 컨테이너 등 유형별 물동량으로 구분하여 적용한다.

2005년까지는 5만 톤급 1개 선석당 30만 TEU를 처리목표로 하였으나 이후에는 크레인의 성능개선 및 컨테이너 선박의 대형화효과 등으로 선석당 40만 TEU를 연간 처리목표로 하고 있다.

평균장치일수는 아래 표에서 보는 바와 같이 세계 주요 터미널의 평균장치기간이 모두 다르게 나타나고 있음을 알 수 있다. 이는 항만별로 화주의 특성 및 항만당국의 정책이 일부 다르기 때문이다.

평균장치일수는 장치장의 처리능력을 산정하는 데 필수적인 계수로서 수치가 너무 낮게 적용될 경우 장치장체증이 발생하며, 너무 높게 적용할 경우 부지 낭비효과가 발생하게 된다. 따라서 평균장치일수는 해당 항만의 특성을 다양한 여건을 잘 파악하여 적용되어야 한다.

부산항의 경우에는 반출 적 컨테이너(수입 적 컨테이너)가 7.5일, 반입 적 컨테이너(수출 적 컨테이너)가 4.5일, 환적 적 컨테이너가 3.2일, 공 컨테이너가 3.7일 등으로 나타난 반면, 함부르크항의 경우에는 반출 적 컨테이너가 5.6일, 반입 적 컨테이너가 3.7일, 공 컨테이너가 12.5일 등으로 나타나 있다.

부산항 컨테이너 터미널들의 경우 On-Dock Service를 이용하는 선사들에게 일반 컨테이너는 수·출입 7일, 환적 10일을 제공하고 있으며, Off-Dock Service를 이용하는 선사들에게는 수·출입 3~4일, 환적 7일을 제공하고 있다.

그러나 설계를 할 때에는 선사 서비스 극대화측면 및 기존 운영사와의 경쟁관계를 고려하여 7~10일을 적용하는 것이 적합하다.

단, 공 컨테이너에 포함된 재유통 공 컨테이너는 장치기간이 길기 때문에 15일에서 20일을 적용하는 것이 바람직하다. 재유통 공 컨테이너란 터미널에 보관되어 있다가 화주의 운송요청이 발생하면 운송사가 터미널에서 반출하여 화주에게 운송 후 수출될 화물을 적입하여 터미널에 반입되는 컨테이너로 안벽 능력산정에는

[표 6-3] 주요 터미널의 컨테이너 유형별 평균장치기간 (단위 : 일)

구 분	부 산	싱가포르	상해항	카오슝항	로테르담	롱비치	함부르크	홍 콩
반출 적 컨	7.5	1.8	2.0	3.6	4.0	5.0	5.6	4.0
반입 적 컨	4.5	1.2	8.5	5.7	4.8	5.0	3.7	7.0
환 적 컨	3.2	3.5	3.0	2.2	3.4	–	–	10
공 컨	3.7	5.3	2.0	5.4	6.1	7.0	12.5	15

자료 : 한국컨테이너부두공단, 우리나라 컨테이너부두 생산성 향상방안 연구, 2002.4, p. 257.

포함되지 않는다.

냉동 컨테이너는 냉동설비를 갖춘 선박이 많지는 않지만, 해당 선박이 입항하게 되면 한꺼번에 장치장에 적재되게 되는 특성상 장치기간이 다른 일반/위험물 컨테이너보다 짧고, 단기간에 반입 및 반출되는 특성을 고려하여 평균장치기간 3~4일을 적용한다.

피크 계수와 분리계수는 여유 있는 장치장운영을 위한 분리계수와 피크 계수는 1.2와 1.3을 각각 적용하며, 냉동 컨테이너 장치장의 경우 냉동시설을 설치된 특정선박에 의해 운송되어 일시적인 장치장 피크가 발생하므로 다른 일반/위험물 컨테이너에 적용되는 것보다 높은 피크 계수 1.7~1.8을 적용하는 것이 바람직하다.

최대단적수는 컨테이너 크레인의 적재 열(Row), 적재단수(Tier) 등 제원에 따라 결정이 된다. 만약 6열 4단 적재가 가능한 크레인의 경우에는 컨테이너의 이동적재를 위해서 3.5단을 적용하는 것이 적합하다. 그리고 9열 5단 적재가 가능한 크레인의 경우에는 , 일반 적/공 컨테이너 4.6단을 적용하는 것이 적합하다.

반면 냉동컨테이너는 냉동 랙 설치단수가 추가로 고려되어져야 하는데, T/C(Transfer Crane)를 채택한 컨테이너 터미널에서는 일반적으로는 4단을 적재하고 있다. 위험물 컨테이너의 경우에는 법적 높이 제한으로 인해 최대 2단을 적용하며, On-Chassis와 특수화물을 적재한 비규격 컨테이너 등의 경우에는 1단을 적용한다.

연간 장치일수는 1년 365일 동안 장치장에 컨테이너 적재가 가능하지만, 항만의 공식 휴무일인 추석과 설에는 요금이 부과되지 않기 때문에 추석과 설 등 2일을 제외한 363일을 적용한다.

[표 6-4] TG 산정계수 적용사례

구 분	Full 컨테이너				Empty 컨테이너		
	일 반	냉 동	위험물	비규격	일 반	비규격	재유통
평균장치일	7~10	3~4	7~10	7~10	7~10	7~10	15~20
분리계수	1.2	1.2	1.2	1.2	1.2	1.2	1.2
피크 계수	1.3	1.7~1.8	1.3	1.3	1.3	1.3	1.3
연 장치일수	363	363	363	363	363	363	363
최대단적수	3.5~4.6	4	2	1	3.5~4.6	1	3.5~4.6

제 3 절 시설물, 안벽, 장치장의 평면배치

1. 시설물배치

컨테이너 터미널에 필요한 시설물은 Gate, 운영 · 관리 건물, 식당 및 근로자 휴게실, 정비고, 컨테이너 세척장, 중량물창고, CIS, 컨테이너 검색기, 주차장, 문제발생차량 대기소, 청경초소 등이다. 이 중 운영, 관리 건물과 식당 및 근로자 휴게실은 터미널의 부지활용도를 높이기 위해 운영, 관리 건물에 함께 배치하기도 한다.

1) 운영, 관리 건물 및 주차장, 청경초소, Gate

운영, 관리 건물은 통상적으로 부두 전체를 관리하고, 대외영업을 담당할 부서들이 근무하는 곳으로 터미널의 주요 고객인 선사들과 은행 등이 입주하여 상호 업무효율성을 높이고 있다. 운영, 관리 건물은 Gate에서의 문제발생시 즉각적으로 대처하고, 외부고객이 움직이는 동선을 최소화하기 위하여 Gate 인접지역에 배치되는 경우가 많으며, 때로 운영, 관리 건물 하단부분에 Gate를 배치하는 Complex 형태의 건물을 설계하는 경우가 많다. 이러한 형태는 부산항의 감만 터미널과 감천한진 터미널에서 찾아볼 수 있다.

외부고객들을 위한 주차장은 운영, 관리 본부와 인접해서 배치되는 경우가 많고, 팬스로 터미널 내부와 격리배치된다.

또한 청경초소는 선원과 외부고객 등에 대한 보안검색을 위해 배치되는 시설물로서, 운영, 관리 건물 내부 또는 인접지역에 배치된다.

2) 문제차량대기소

문제차량이란 Gate에서 차량과 컨테이너에 대한 정보가 확인되지 않은 차량으로 별도의 확인절차를 거쳐 터미널로 진입(Inbound)하거나 진출(Outbound)되어야 하는 차량을 일컫는다.

이러한 문제차량이 발생하는 원인은 카메라 인식 시스템 또는 바코드 인식 시스템 등 Gate 인식 시스템에 에러가 생겼거나, 컨테이너의 정보가 사전에 터미널로 전송되지 않아 차량의 정보를 정확히 파악하지 못할 때 발생한다.

문제차량이 발생하게 되어 차량을 Gate에 방치할 경우, Gate 주변 교통의 원활한 흐름에 방해가 되므로 Gate 인접지역에 문제차량대기 공간을 배치하여 일시 주차시킨 후 선박회사나 운송회사를 통해 정보를 확인한 후 터미널로 진입(Inbound)하게 된다.

과거 설계된 일부 터미널은 문제차량을 위한 별도의 공간을 확보하지 않아서 해당 차량이 문제가 해결될 때까지 Gate 진입, 진출을 반복하여 Gate의 혼잡을 가중시켜 왔었다. 그러나 최근 설계되는 터미널들은 별도의 공간을 마련하여 이에 대처하고 있으며, 특히 자동화 터미널로 설계되는 터미널의 경우 확인되지 않은 외부차량의 출입에 의한 자동화 터미널 운영에 불확실성을 가중시킴에 따라 터미널 외부에 문제차량해결을 위한 공간을 마련하기도 한다.

3) CFS(Container Freight Station)와 CIS(Customs Inspection Station)

CFS는 기능상 수출시 1단위로는 컨테이너화가 되지 않는 여러 화주들의 소량화물(Less then Load : LCL)을 모아 컨테이너(Full Container Load : FCL)화시키거나 수입된 FCL 화물을 화주단위로 분배하는 지역으로서 1톤, 5톤 차량 등 외부차량의 출입빈도가 매우 높다.

따라서 CFS를 이용하는 차량이 컨테이너 차량의 진·출입 Gate를 이용할 경우, Gate 및 주변지역은 매우 혼잡해질 뿐만 아니라, 보세구역으로의 통행이 제한되기 때문에 별도로 Gate를 배치하여 운영하는 것이 일반적이다.

CIS는 세관에서 컨테이너 내부의 화물을 검사하거나, 검수, 방역, 검역 등을 수행하는 시설이다.

4) 컨테이너 검색기

컨테이너 검색기는 기존 CIS(Customs Inspection Station)의 단점인 화물검사에 오랜 시간이 소요되는 점을 보완하고, 보다 많은 컨테이너를 검사하기 위해 도입되고 있다. 현재 미국의 9·11 테러 이후 보안검색을 강화하기 위해 항만 및 공항에 컨테이너 검색기를 설치하는 추세이다.

컨테이너 검색기에서는 X-ray 투시를 통해 컨테이너 내부를 판독하게 되며, 컨테이너 내품에 이상 물품이 있다고 판단될 경우 CIS에서 컨테이너를 개봉하여 화물의 상태를 점검하게 된다. 과거 CIS에서 컨테이너 검사를 실시할 경우 컨테이너 1개에 약 4시간이 소요되었으나, 컨테이너 검색기를 이용할 경우 약 15분이 소요되어 컨테이너 내품검사에 매우 효과적이다.

컨테이너 검색기의 개념도는 [그림 6-2]와 같다.

컨테이너 검색기의 각 Unit별 기능을 살펴보면 다음과 같다.

① Check-In 컨테이너 : 검사대상차량의 검사 전 서류접수 및 차량의 검사 안내 및 진행요원을 위한 사무용 컨테이너

② Check-Out 컨테이너 : 검사 후 차량의 검사완료서류 발급 및 차량의 반출을 위한 안내 및 진행요원을 위한 사무용 컨테이너

③ 판 독 실 : 검사차량의 영상을 판독하는 판독장비 및 판독요원을 위한 컨테이너

④ 정 비 실 : 조립이동식 컨테이너로서 검사장비의 유지, 보수를 위한 각종 장비 보관

⑤ X-ray 컨테이너 : X-ray 발생장치 및 주변기기가 내장된 컨테이너

⑥ 디텍트 컨테이너 : 투과된 X-ray를 받아 영상신호로 변환해 주는 디텍트 모듈

[그림 6-2] 이동식 컨테이너 검색기개념도

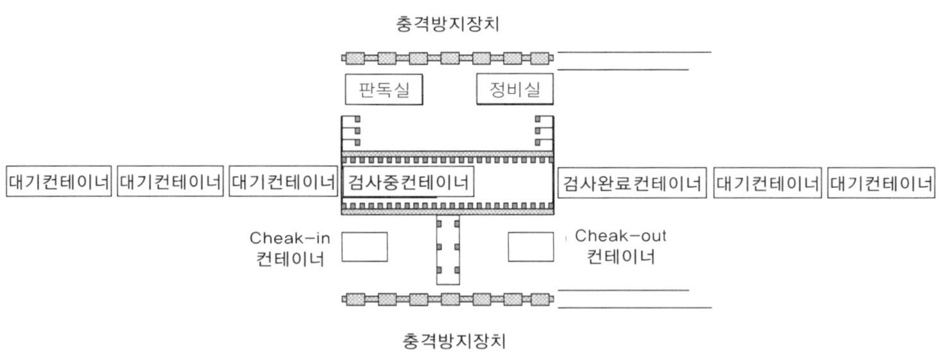

[그림 6-3] 이동식 X-Ray 투시기 및 투시영상

5) 정비공장, 컨테이너 세척장, 중량물창고 등

정비공장은 차량의 정비, 수리 작업을 수행하며, 컨테이너 세척장에서는 컨테이너 내부를 세척하는 시설물이며, 중량물창고는 선박의 하역작업에 필요한 도구를 보관하는 시설물이다. 정비공장과 컨테이너 세척장은 인접하여 배치하는 것이 일반적이고, 중량물창고는 안벽에서 선박의 컨테이너 하역작업 신속성을 위해 안벽 인접지역에 배치한다.

다음은 이들 시설물에 대한 설계사례를 나타내고 있다.

[그림 6-4] 정비공장, 중량물창고 등 평면설계사례

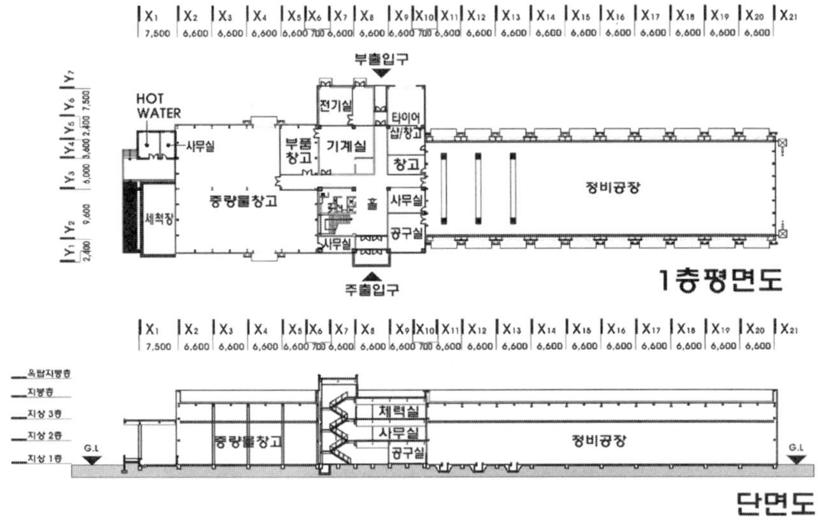

2. 안벽 평면배치

1) Apron

Apron은 선박으로부터의 컨테이너 하역이나 차량의 이동, 선박급수, 선박의 선용품납품 등이 행해지는 구역으로 안벽법선에 면해 있다.

Apron 영역은 선박선용품 납품활동 및 선박과 크레인의 충돌방지를 위한 여유공간인 Set-back과 컨테이너 하역작업 및 컨테이너 차량의 이동공간인 Rail Span, 그리고 Back Reach 영역으로 구분된다. 여기서 Rail Span은 크레인의 제원에

[표 6-5] 안벽 장비제원 및 Set-back에 따른 Apron 계획

구 분	구간거리(m)			
Set Back	6.5	3	8	6.5
Rail Span	35	16	30.5	42.7
Back Reach	25	20	25	25
합 계	62.5	39	63.5	84.2

따라 결정되며, [표 6-5]는 Rail Span이 크레인 제원에 따라 Apron을 평면배치 설계시 반영하기 위한 구간거리를 나타내고 있다.

Rail Span은 컨테이너 크레인 레일 사이의 영역은 컨테이너 양·적하를 위한 차량의 원활한 흐름과 차량대기를 위한 영역이며, 일부 터미널에서는 Hatch Cover를 적재하는 공간으로 활용하고 있다.

Post Panamax형 선박용 컨테이너 크레인의 Rail Span은 16m이며, Super Post Panamax형 선박용 컨테이너 크레인은 30.5~35m이다. 현재까지 Rail Span은 30.5m가 일반적이었으나, 향후 Super Post-Panamax급 선박의 기항에 대비하여 크레인의 아웃리치가 길어지기 때문에 크레인의 안정성 및 차선수확보를 위하여 30.5~35m로 다양하게 설계되고 있는 편이다. 2006년 개장한 부산신항만주식회사는 42.7m의 Rail Span을 갖는 컨테이너 크레인을 배치하였다.

일반적으로 Rail Span이 30.5m인 경우에는 야드 트렉터 기준으로 6차선을 배치할 수 있으며, 주행 2차선, 대기 2차선, 작업 2차선 등으로 구성된다.

아래 그림은 이송장비로 셔틀 캐리어를 사용하고, 컨테이너를 Back Reach 영역에서 하역하는 안벽 크레인을 사용하는 터미널의 Apron 개념도이다.

[그림 6-5] Apron 개념도

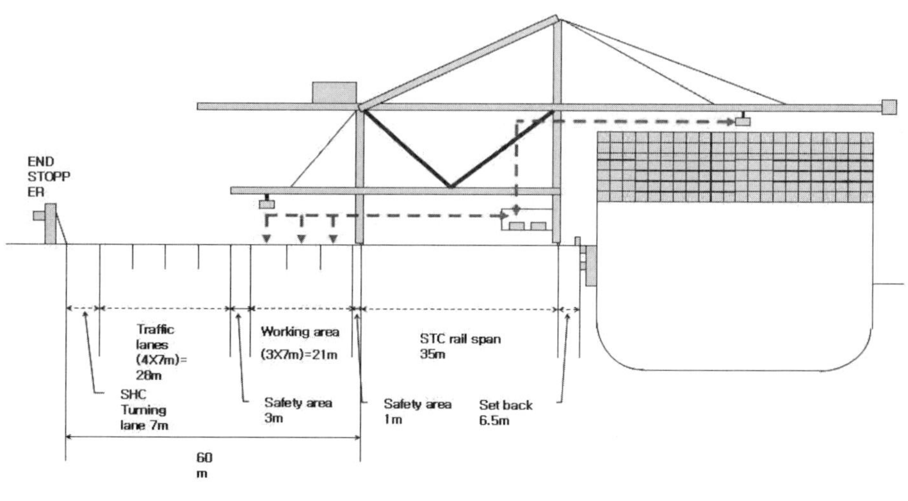

Apron 영역에는 설계에 따라 크레인 기사 및 이송장비(SHC, Y/T) 기사, 하역작업인력 등의 일시적인 휴식과 일시작업대기를 위해 근로자대기실을 배치하기도 한다. 그리고 해안으로 밀입국하는 것을 방지하기 위한 경계초소가 배치된다. 안벽 전면에는 접안하는 선박과 안벽의 직접 충격을 방지하기 위해 충격을 완화하는 방충제(Fender)를 배치하게 되며, Set-back 영역에는 선박의 설계규모(DWT)에 따라 안전한 하역작업을 위해 선박을 고박(고정)하는 계선주(Bitt)를 일정간격으로 배치하고, 선박의 화재발생시 진화를 위한 소화전과 급수를 위한 급수전을 배치하여 필요시 급수전을 청수공급에 활용한다.

컨테이너 크레인과 관련하여서는 컨테이너 크레인의 고정을 위해 Pin-cup, Jack-up 등 관련시설물을 일정간격으로 배치하게 되며, 컨테이너 크레인에 전력을 공급하는 Power Pick Up Manhole을 배치하고, 선박의 외부전화연결을 위한 전화연결 부스를 배치하게 된다.

Pin-cup, Jack-up, Power Pick Up Manhole 등은 필요에 따라 Set-back이나 Rail Span 영역에 배치하기도 한다.

만약 자동화 터미널로서 외부차량이 Apron에 통행을 하도록 계획할 경우, 팬스를 배치하여 터미널 내 자동화된 이송차량과 외부차량의 충돌을 방지하기도 한다.

2) Marshalling Yard

Marshalling Yard란 선박에 컨테이너를 선적하기 전 또는 선박으로부터 양하된 후 컨테이너 터미널 밖으로 반출되기 전 컨테이너를 임시보관하는 장소이며, 컨테이너 야드 또는 컨테이너 장치장 등으로 불린다.

(1) Marshalling Yard의 구분

Marshalling Yard는 크게 일반(Dry, 냉동, 위험물 컨테이너 등 보관) Full 컨테이너를 보관하는 장치장과 빈(Empty) 컨테이너를 장치하는 공 컨테이너 장치장, 비규격(특수화물) 장치장, 야드 샤시(Yard Chassis : Y/C) 장치장 등으로 구성된다. 이 중 가장 많은 비중을 차지하는 것은 일반 Full 컨테이너 장치장이다.

컨테이너 장치장은 다시 컨테이너의 수·출입 또는 환적 여부에 따라 수출 컨테이너 장치장, 수입 컨테이너 장치장, 환적 컨테이너 장치장 등으로 구분된다.

[표 6-6] 장치장의 세부구성

구 분	내 용
적(Full) 컨테이너 장치장	일반 수·출입 및 환적 Dry 컨테이너 보관
냉동 컨테이너 장치장	수·출입 및 환적 냉동 컨테이너 보관
위험물 컨테이너 장치장	수·출입 및 환적위험물 컨테이너 보관
공(Empty) 컨테이너 장치장	수·출입 및 환적 공 컨테이너 및 재유통 공 컨테이너 보관
비규격화물장치장	컨테이너폭이 표준규격보다 넓거나, 높은 컨테이너 및 다른 규격의 컨테이너 적재
샤시 장치장	특수화물을 On-Chassis 상태로 장치하거나 야드 샤시(Yard Chassis)를 주차시키는 데 활용

Marshalling Yard의 가장 큰 기능은 컨테이너를 임시보관하는 것이지만, 이외에도 선박에 적재할 컨테이너 순서를 정해 컨테이너를 구내이적시키는 등 재배치하는 기능을 갖고 있다. 다시 말해 선박은 운항의 안정성을 가장 중요시하는데, 선박의 안정성을 높이기 위해서는 선박의 하단(Hold)에 중량이 무거운 컨테이너를 적재하고, 상단(Deck)에 중량이 가벼운 컨테이너를 적재하여야 하므로 이에 대한 세밀한 계획이 필요하다.

또한 컨테이너의 최종목적항과 컨테이너 Size(20ft, 40ft, 45ft)별로 선박에 적재하는 것이 매우 중요하다. 따라서 이러한 각각의 컨테이너 특성과 최종목적지 등 다양한 조건을 만족시키고, 신속하게 선박하역작업이 이루어질 수 있도록 Marshalling Yard에서의 컨테이너 재배치작업이 필요하게 되는 것이다.

(2) Marshalling Yard 배치

Marshalling Yard는 크게 컨테이너를 보관하는 공간, 이송장비의 이동공간인 도로, 컨테이너 크레인의 회전을 위한 Turning Pad로 구성된다. Marshalling Yard의 평면설계를 위해서 고려할 사항은 컨테이너 종류별로 위치를 배치하는 배치계획과 터미널 내부, 외부 차량의 동선체계결정 등이며, 세부사항은 다음과 같다.

① 장치장배치기준

터미널 에이프런 후면부, 즉 선박이 접안해 있는 안벽과 가까운 지역에는 수출 컨테이너를 보관하는 수출장치장을 배치하고, 반대편인 Gate와 인접한 지역에는 수입장치장을 배치한다.

이러한 배치의 이유는 수입장치장의 경우 화주 또는 운송회사의 차량이 Gate를 통해 진입하여 신속하게 컨테이너를 터미널 밖으로 반출할 수 있도록 이동거리를 최소화하고, 이를 통해 터미널 내부교통 흐름을 원활히 할 목적을 가지고 있다. 반면 수출장치장은 선박에 컨테이너를 적재하는 시간을 최소화하기 위한 목적을 가진다.

환적 컨테이너를 보관하는 환적장치장은 Marshalling Yard의 중앙부, 즉 안벽과 Gate 중앙위치에 배치하는 것이 일반적이다. 환적 컨테이너는 수입 컨테이너나 수출 컨테이너와 같은 자국의 화물이 아닌 타국의 화물로서 임시로 터미널을 거쳐 가는 컨테이너를 일컫는다. 환적 컨테이너는 자기 터미널에서 다른 선박으로 환적시키는 자부두환적 컨테이너와 다른 터미널로 옮겨 환적시키는 타부두환적 컨테이너로 구분된다. 따라서 선적시킬 선박이 결정되면 자기 터미널의 수출장치장으로 옮기거나 다른 터미널로 옮겨지게 되므로, Marshalling Yard의 중앙부에 배치하게 되는 것이다.

공(Empty) 컨테이너의 경우 일반적으로 안벽법선을 기준으로 볼 때 터미널 최후면에 배치하게 되는데, 이 때 공 컨테이너 보관장소의 토지이용률을 높이기 위하여 리치스테커(Reach Stacker : R/S)를 사용하게 된다. 자세한 설명은 나중에 하겠지만 일반적인 Full 컨테이너 장치장은 컨테이너간 이격거리를 0.35~0.39m를 두게 되나 리치스태커를 활용할 경우 0.05m 이하의 이격거리를 두게 되어 토지활용도가 높아진다.

이외에도 리치스태커를 활용하는 장치장은 비규격 컨테이너를 보관하는 장치장이 있으며, 비규격 컨테이너 처리를 위해 특수장치(Movable Flipper)가 리치스태커에 설치된다.

이상의 내용을 정리하면 다음과 같다.

① 수출장치장과 수입장치장은 분리배치
② 수출장치장은 선박작업시 동선이 짧게 형성되도록 안벽 인접지역배치
③ 수입장치장은 외부차량에 의한 반출이 용이하도록 Gate 인접지역배치
④ 공 컨테이너는 안벽 기준으로 최후면배치

냉동 컨테이너 장치장에는 전원공급용 리셉터클(Receptacle)과 수배전반을 배치하게 되며, 내부화물검사를 위해 컨테이너간에 일정공간을 확보해야 한다.

위험물 컨테이너 장치장은 다른 장치장과 별도로 경계 펜스 설치가 필요하다.

② 터미널 차량동선체계

동선계획은 본선접안계획과 연계되어 있다. 일반적으로 Container Door의 방향이 선미방향을 향하도록 선박에 적재되고 있어 이송장비는 선박의 후미에서 선수방향으로 이동하게 된다. 따라서 Apron 영역의 동선체계를 살펴보면 선박의 오른쪽을 안벽에 접안시키는 우현접안방식의 경우에는 좌측에서 우측으로 동선이 형성되며, 왼쪽을 안벽에 접안시키는 좌현접안방식의 경우에는 우측에서 좌측으로 동선이 형성된다.

장치장에서는 Apron의 동선방향과 역방향의 동선이 형성되어 터미널 전체적으로는 동그라미 형태를 취하게 된다.

3) 평면설계조건

Marshalling Yard의 설계를 위해서는 컨테이너를 보관하는 데 필요한 공간의 구성을 이해해야 한다. 먼저 20ft 1개의 컨테이너를 보관하는 공간을 TGS(TEU's Ground Slot)라고 일컫는데, TGS를 구성하는 것은 컨테이너의 바닥면의 순수공간과 컨테이너를 놓는 공간을 구분(보통 페인트칠)해 둔 선(Slot)까지를 포함한다.

장치장 1개 블록(Block)은 열과 행, 그리고 높이로 구성되는데, 열방향을 Row, 행방향을 Bay, 높이 방향을 Tier로 통칭한다. 예를 들어 6열 30 bay로 구성된 Block은 총 180 TGS, 즉 20ft 컨테이너 180개를 바닥에 보관할 수 있는 공간을 확보하게 된다는 의미이다.

[표 6-7]은 컨테이너 유형별 규격을 나타내고 있다.

설계에 적용되는 20ft 컨테이너 제원은 외면치수폭(W) 2.44m와 길이 6.06m이며, 40ft 컨테이너 박스의 제원은 외면치수폭(W) 2.44m와 길이 12.19m이다.

20ft 컨테이너와 40ft 컨테이너는 폭은 2.44m로 동일하며, 길이가 6.06m와 12.19m로 20ft 2개를 합하더라도 12.12m로 40ft가 약간 길다.

그러나 컨테이너 적재시에는 컨테이너간에 약 0.39m의 여유공간을 두기 때문에 실제로 20ft 2개를 적재하는 공간은 12.51m가 된다.

장치장 컨테이너 적재는 20ft 컨테이너는 20ft TGS 1개에 적재하며, 40ft 컨테이너는 TGS 2개를 활용하여 적재하는 것이 유리하다.

[표 6-7] 컨테이너 종류별 규격

종류	호칭	외면치수(mm)			내면치수(mm)			바닥면적 (m²)	내용적 (m³)	최대 총중량 (kg)	자중 (kg)	최대 적재량 (kg)	적재강도
		높이 (H)	폭 (W)	길이 (L)	높이 (H)	폭 (W)	길이 (L)						
건화물	1 A	2,438	2,438	12,129	2,242	2,352	12,030	28.3	63.4	30,480	3,330	27,150	9
건화물	1 AA	2,591	2,438	12,192	2,395	2,352	12,030	28.3	67.8	30,480	3,560	26,920	9
건화물	1 C (20ft)	2,438	2,438	6,058	2,242	2,352	5,900	13.9	31.1	20,320	1,630	18,690	9
건화물	1 CC (20ft)	2,591	2,438	6,058	2,393	2,352	5,900	13.9	33.2	24,000	2,040	21,960	9
톱오픈	1 AA (40ft)	2,591	2,438	12,192	2,333	2,334	12,021	28.1	65.5	30,480	4,000	26,480	9
톱오픈	1 CC (20ft)	2,591	2,438	6,058	2,333	2,334	5,890	13.7	32.1	20,320	2,100	18,220	9
플랫래크	1 AA (40ft)	2,591	2,438	12,192	1,976	2,310	12,070	27.9	54.6	30,480	4,950	25,530	9
플랫래크	1 CC (20ft)	2,591	2,438	6,058	2,227	2,310	5,948	13.7	30.2	20,320	2,200	18,120	9
플랫래크	1 AA (40ft)	2,591	2,438	12,192	1,976	2,310	12,030	27.8	54.9	20,480	5,100	25,380	9
플랫래크	1 CC (20ft)	2,591	2,438	6,058	2,231	2,310	5,900	13.6	30.3	20,320	3,000	17,320	9
플랫래크	1 CC (20ft)	2,591	2,438	6,058	2,393	2,352	5,900	13.9	33.2	24,000	2,200	21,800	9
냉동	1 AA (40ft)	2,591	2,438	12,192	2,240	2,260	11,600	26.2	58.7	30,480	5,550	24,930	9
냉동	1 CC (20ft)	2,591	2,438	6,058	2,266	2,260	5,545	12.5	28.4	24,000	3,360	20,640	9

컨테이너 터미널을 건설할 때 고려되는 TGS는 컨테이너 야드의 구멍이 선석에 수평으로 Block이 놓여지느냐 수직으로 놓여지느냐가 중요한 결정요인이 되는데, 주로 일반적인 컨테이너 터미널에서는 야드 블록(Block)의 배치가 수평으로 이루어지고 선석에 수직으로놓여지는 야드인 경우는 자동화설비로 이루어지는 자동화 컨테이너 터미널의 일반적인 형태이다. 이러한 야드의 수직 또는 수평 배치가 TGS에 주는 영향은 거의 없으며, TGS는 해당 컨테이너 터미널이 가지고 있는 면적을 기준으로 최대한 사용할 수 있는 컨테이너 적재량의 기준이 되므로 매우 중요한 요소이다. 컨테이너 터미널의 TGS는 단순한 면적만을 가지고 계산하는

설계방식보다는 사용되는 운영 시스템의 종류, 야드 내 하역장비의 종류, 하역장비의 크기 등이 같은 면적의 야드 내에서도 TGS의 숫자를 크게 또는 작게 설계할 수밖에 없는 제약요소가 될 수 있다.

따라서 TGS는 단순히 해당 컨테이너의 특성에 따른 평면상의 할당뿐만 아니라 운영, 하역, 기기, 연간 물동량을 종합적으로 고려해야 하는 중요한 요소이다.

(1) 일반 컨테이너 TGS 구성제원

앞에서 설명한 컨테이너 적재를 위한 TGS 구성제원을 그림으로 표현하면 [그림 6-6]과 같다.

[그림 6-6] 일반 컨테이너 TGS 구성제원

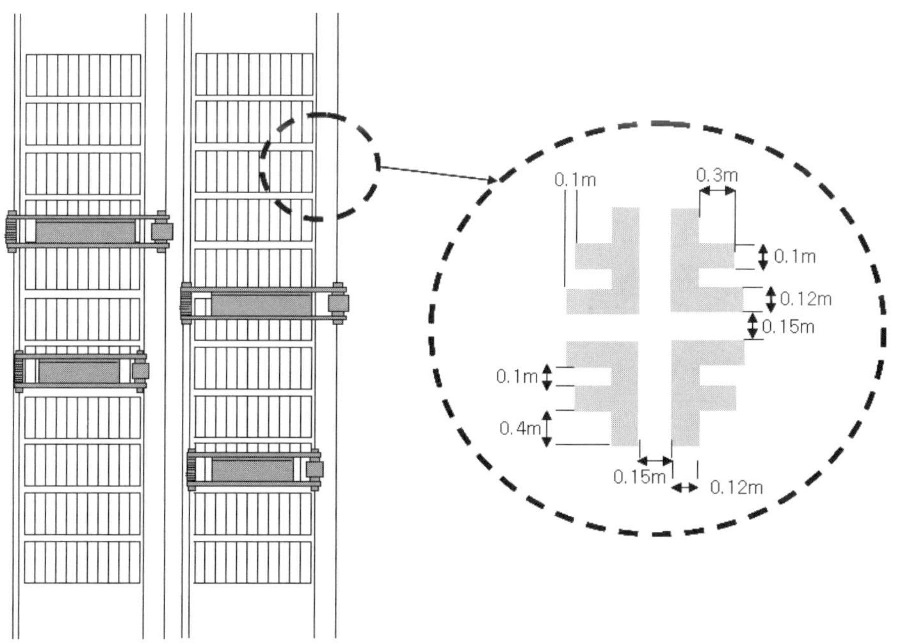

[그림 6-7] 일반 컨테이너 세부명칭

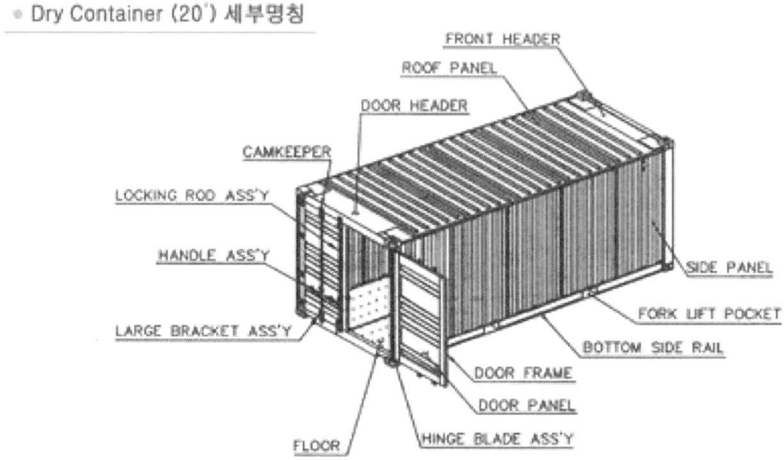

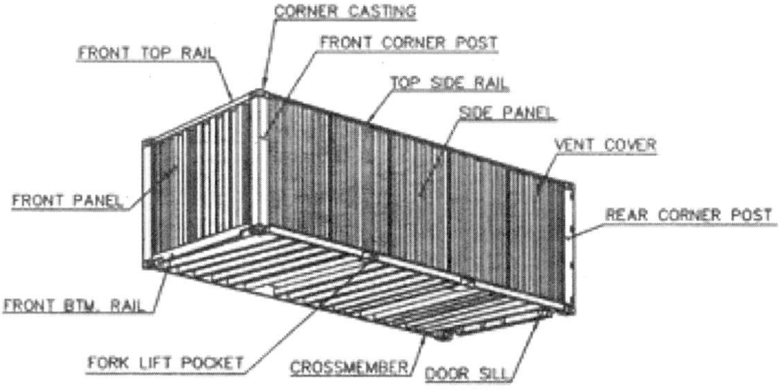

(2) 냉동 컨테이너 장치장 TGS 구성제원

다음 [그림 6-8]은 ATC를 운영하는 냉동 컨테이너 장치장의 개념도를 나타낸 것으로 플랫폼에는 전원공급용 리셉터클(Receptacle)과 수배 전반을 설치한다.

[그림 6-8] 냉동 컨테이너 블록 배치

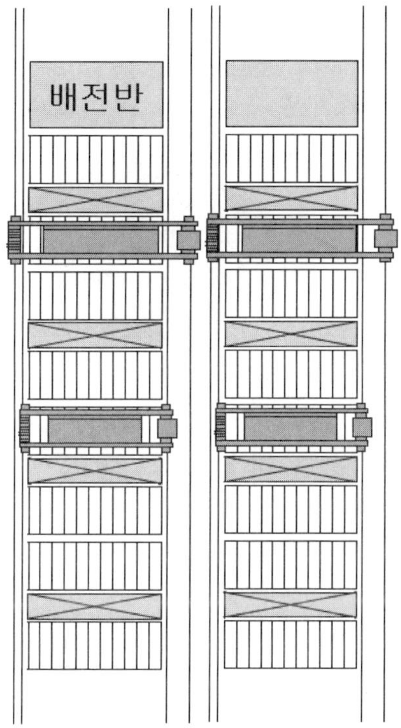

[그림 6-9] 냉동장치장 전경 및 측면도

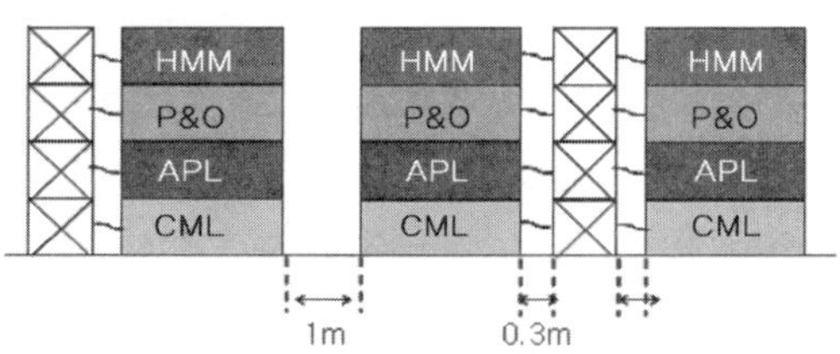

[그림 6-10] 냉동 컨테이너(Reefer Container) 세부명칭

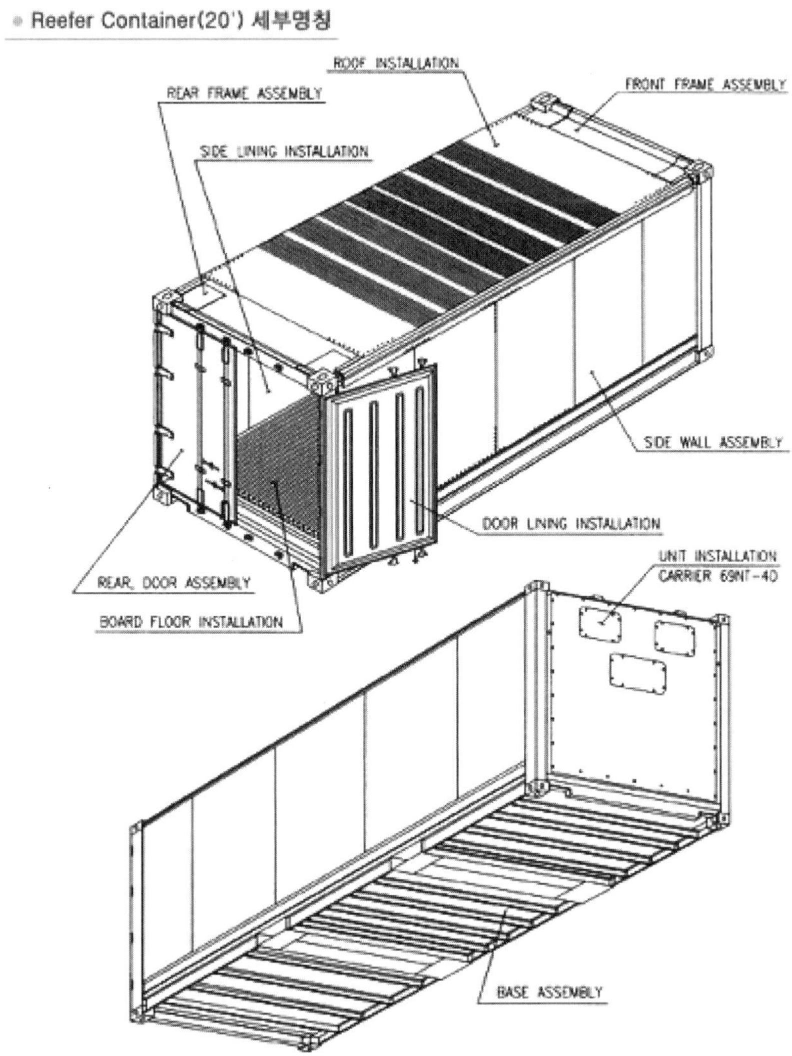

(3) 위험물 컨테이너 장치장 TGS 제원

위험물 컨테이너 장치장은 법상 경계 펜스를 하도록 규정되어 있으므로 하역작업을 고려하여 디근자형(⊂)의 Fence를 설치하고, 컨테이너와 0.3m 이격시킨다.

[그림 6-11] 위험물 컨테이너 등급간 이격거리

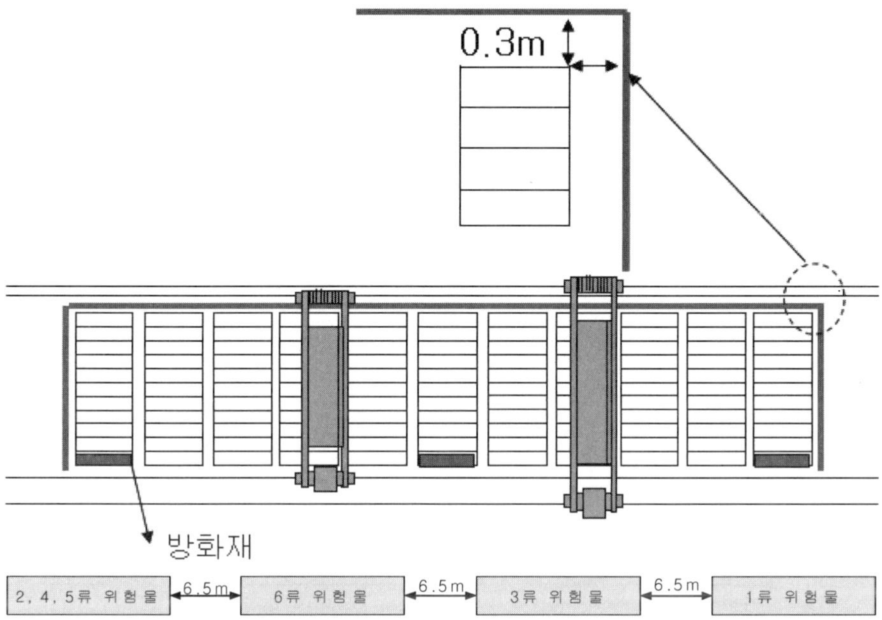

위험물등급에 따라 등급간 6.5m를 이격하고, 만약 발생할지 모르는 위험물의 화재를 진압하기 위해 방화용품을 배치하여야 한다.

이외에도 평면설계시 각 배치시설물에 대한 규모를 결정짓기 위해서 고려되어

[표 6-8] 평면설계시 고려사항

구 분	배치시설물	고려사항
안벽부문	Fender	선박접안방식, 선박규모
	Bitt	
	급수전 및 소화전	
	Power Pick Up Manhole	장비계획
	Pin-cup, Jack-Up 등	
	C/C Rail	
	Hatch Cover Area	
	Lighting Tower	조도계획
	노무자대기실	인력계획
	초 소	

장치장부문	적 컨테이너 장치장	물동량계획
	냉동 컨테이너 장치장(배전반 포함)	물동량계획, 전기소비계획(배전반)
	위험물장치장	물동량계획
	공 컨테이너 장치장	물동량계획
	도로배치	차량회전반경, 동선계획
건물부문	Gate	교통량계획
	운영건물	인력계획
	CFS, CIS	물동량처리계획
	정비소	차량정비계획
	컨테이너 세척장	
	변전소	전기선로인입 계획, 전기소비계획
	컨테이너 검색기	컨테이너 검색계획
	세 관	인력계획
	경비초소 및 초소	
	식당 및 근로자휴게실	인력계획
	주차장	내부, 외부 차량 이용계획
	비상차량대기소	교통량계획
	기타 시설물	부대사업계획

야 할 사항은 [표 6-8]과 같다.

3. 평면배치안(수직 또는 수평 배치)별 비교

1) 수평배치 및 수직배치 개념

컨테이너 터미널의 수평배치란 안벽을 기준으로 장치장을 수평으로 배치하는 것으로서 기존 대부분의 컨테이너 터미널에서 채택하는 방식이다.

수직배치는 안벽을 기준으로 장치장을 수직으로 배치하는 것으로서 ECT, CTA 등 무인자동화 터미널에서 채택하는 방식이다.

[그림 6-12] 수평배치와 수직배치 개념도

수평배치

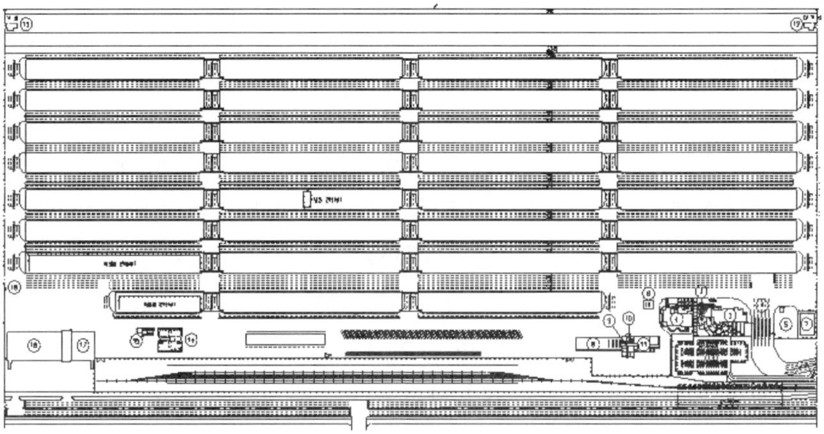

수직배치

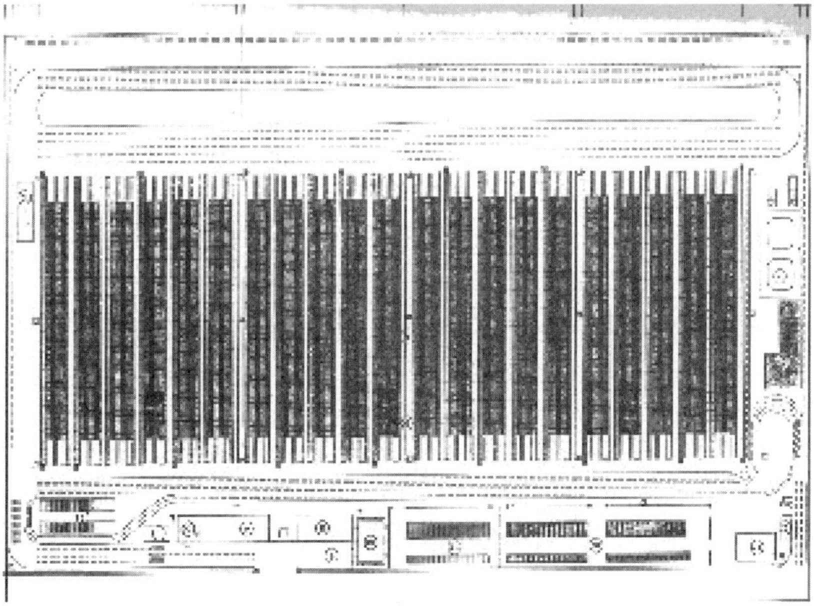

2) 배치형태별 확보가능한 TGS

동일한 1,400m×600m인 전체 터미널 부지를 대상으로 1,400m×400m에 컨테이너 적재를 위한 장치장을 설계한다고 가정해 보자. 만약 9열 RMGC 기준으로 상기 수평배치와 수직배치 형태로 터미널을 설계한다면, 다음과 같은 결과를 얻을 수 있다.

수평배치의 경우 1개 블록당 9열 47 Bay 규모의 32개 블록 배치가 가능하여 총 13,536 TGS를 배치할 수 있고, 수직배치의 경우 1개 블록당 9열 56 Bay 규모의 24개 블록 배치가 가능하여 총 12,096 TGS를 배치할 수 있다.

따라서 동일한 장비제원이라고 하더라도 배치형태에 따라 확보가능한 TGS수가 달라지게 되고, 터미널의 처리능력차이가 나타나게 되어 터미널 설계시 장비선택과 배치형태의 선택은 터미널의 처리능력을 결정짓는 매우 중요한 요소임을 알 수 있다.

제 4 절 평면설계사례

컨테이너 터미널의 평면을 설계하는 것은 제한된 부지 위에 배치계획을 수립하는 것으로서 평면배치계획이라고 한다. 평면배치계획은 부두운영 시스템, 터미널 규모, 화물의 유형별 현황(수·출입 화물, T/S 화물, 위험물화물, 냉동화물, 공 컨테이너, C.F.S 화물 등), 하역 및 이동장비의 구성, 터미널 내·외부의 동선체계, 시설물배치계획(Apron, CY, Gate, 운영건물, C.F.S, 기타 부대시설) 등을 종합적으로 고려하여 배치계획을 수립하게 된다.

1. 해외 컨테이너 터미널 설계사례

1) ECT(Europe Combined Terminal)

세계최초 자동화 컨테이너 터미널로서 초기에 운영미숙, 시행착오 등으로 자동화부두운영 효율에 대해 상당히 회의적이었으나 현재는 안정화되어 DDN(Delta Dedicated North)의 경우 1998년 시간당 평균 30개 컨테이너를 처리하고,

[그림 6-13] ECT 전경

[표 6-9] ECT의 시설현황

구 분	내 용	구 분	내 용
총 면적	245ha	냉 동	2,440 Socket
안 벽	3.8km	RMQC	25기
수 심	최대 16.65m	ASC	90대
장치능력	650,000 TEU	AGV	185대
처리능력	연간 4,100,000 TEU	S/C	69대

1999년 이후 시간당 30~35개를 처리하고 있다.

2) CTA(Container Terminal Altenwerder)

CTA의 시설은 1단계, 2단계로 구분하여 건설계획이 되었으며, 1단계는 안벽 길이(810m), 면적(530,000㎡), 장치능력(15,000 TEU) 건설기간은 2002년까지이며, 2단계는 안벽 길이(590m), 면적(230,000㎡), 장치능력(15,000 TEU), 건설기간은 2004년까지로 계획되었다.

선석은 총 14대의 포스트 파나막스급 컨테이너 크레인을 투입하여 대형선박

양·적하 작업을 신속하게 할 수 있다(바다쪽 도달거리 61m, 육지측 도달거리 16.5m, 갠트리 레일 간격 35m, 권상 높이 38.5m+23m, 권상 하중 630kN).

선석과 야드 사이의 컨테이너 이송은 AGV에 의해서 무인으로 운영된다. 야드는 DRMGC(Double Rail Mounted Gantry Crane)를 1개의 블록에 2대의 RMGC를 투입하여 신속하게 작업을 할 수 있다.

독일의 CTA는 운영 전체를 자동화시킨 완전자동화 컨테이너 터미널로 컨테이너 터미널 내부이송장비로서 AGV를 사용하였으며, 장치장운영은 자동화된 RMGC를 사용하였고, 선박하역작업에 사용되는 컨테이너 크레인(CC)은 두 대의 트롤리 중 육측 트롤리를 자동화하였다.

CTA의 기본제원은 선석길이 1,400m, 수심 16.5m, 전체면적 881,000㎡로, 이 중 자동화 야드 면적은 225,000㎡로 구성되어 있다. 자동화 야드는 22개의 Block(37 Bay, 10열, 4단, 냉동 3개 포함)으로 구성되어 있고, 장치장의 일시 보관능력은 30,000 TEU이다.

[그림 6-14] 독일 HHLA CTA 전경

[그림 6-15] CTA의 Layout

[표 6-10] CTA의 시설현황

구 분	내 용	구 분	내 용
전체면적(m²)	881,000	CC(기)	Dual 13대, Single 1대
선석 길이(m)	1,400	RMGC(대)	44
수 심(m)	16.5	Yard Tractor	AGV : 65
야드 면적(m²) 자동화면적(m²)	335,000 (자동화 야드)	기타 이동장비	철송 크레인 : 4 R/S : 2 트랙터 : 20 샤시 : 200
TGS 및 일시보관능력	7,500 TGS 30,000 TEU		

3) CTB(Container Terminal Burchardkai)

1966년 첫 컨테이너 선박이 접안하여 컨테이너 하역작업을 시작한 이후 전체 함브르크항 컨테이너 처리물량의 약 50%를 처리하고 있으며, 6,000 TEU급 이상 대형 컨테이너 선박의 컨테이너 하역이 가능하도록 1999년에 1·2번 선석을 확장하여 운영하고 있다.

그리고 총 면적은 1,600,000m²이며, 안벽 길이 2,850m로 10개 선석 규모이며, 연간 260만 TEU의 처리능력을 확보하고 있다.

[그림 6-16] CTB의 전경

[표 6-11] CTB의 시설현황

구 분	현 황	비 고
총 면적	1,600,000㎡	
선 석	10선석(안벽 길이 : 2,850m)	
수 심	13~14.5m	
처리능력	연간 260만 TEU (2001 컨테이너 처리량 : 230만 TEU)	
C/C	Post-Panamax급 16기, Super-Post-Panamax급 3기(Dual Trolly)	
S/C	102대	
Rail	6개 Lane(4㎞), RMGC 4대	
냉동 플러그	580 Socket	
CFS	68,000㎡	

4) PPT(Pasir Panjang Terminal)

2002년 개장하여 2003년 3월 공식적인 상업운영을 시작한 싱가포르의

[그림 6-17] PPT의 Layout

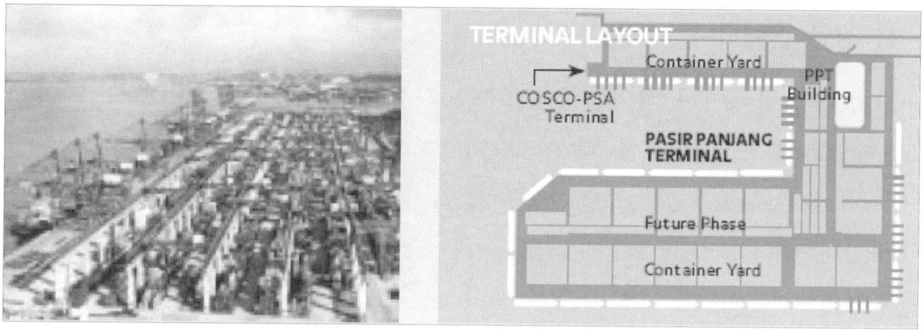

PPT(Pasir Panjang Terminal)는 최초에는 완전자동화 컨테이너 터미널로 계획하였으나 AGV 운행을 포기하였으며, 현재 야드 블록에 RMGC와 OHBC(Over Head Bridge Crane)를 운영하고 있다. RMGC로는 외부 반·출입 화물을 처리하며 기사가 탑승하여 수동운전을 하고 있고, OHBC로는 환적화물을 처리하며 원격운전을 하고 있다.

PPT의 기본제원은 선석 길이 2,270m, 수심 15m, 전체면적 800,000m²에 자동화 야드 면적 397,000m²로 구성되어 있으며, 장치장의 경우 10열 8단적을 적재할 수 있다. 게이트의 경우 6개의 반입 게이트와 6개의 반출 게이트로 구성되어 있다. PPT의 기본제원과 장비보유현황은 아래 [표 6-12]와 같다.

[표 6-12] PPT의 시설현황

구 분	내 용	구 분	내 용
전체면적(m²)	800,000	TGS 및 일시보관능력	8,200 TGS 62,000 TEU
선석 길이(m)	2,270	CC(기)	22
수심(m)	15	RMGC(대)	15
야드 면적(m²) 자동화면적(m²)	397,000	기타 이동장비	OHBC : 44

2. 국내 컨테이너 터미널 설계사례

1) 광양 컨테이너 터미널

광양항의 컨테이너 터미널 중 일부는 자동화로 계획되었으며, 터미널 규모는 3개 선석규모의 안벽 길이 1,050m와 터미널폭 600m, 안벽 크레인수 9대로 하였다. 안벽 길이 1,050m에서 연간 목표물동량은 110만 TEU이며, 야드는 안벽법선과 수직배치형태를 취하고 있다.

광양항 자동화 컨테이너 터미널의 설계에 반영된 개념은 다음과 같다.

① 컨테이너 장치 : 블록별 전담 ATC 운영
② C/C : 에이프런 위 하역만 자동화
③ 에이프런⇔야드 : 자동화(ASC)
④ 야드 내 : ASC에 대한 자동화, 외부용 트럭에 대한 원격제어
⑤ 수　　입 : CC⇨ASC⇨ATC⇨장치장⇨ATC(원격제어)⇨트럭
⑥ 환　　적 : CC⇨ASC⇨ATC⇨장치장⇨ATC⇨ASC⇨CC
⑦ 수　　출 : 트럭⇨ATC(원격제어)⇨장치장⇨ATC⇨ASC⇨CC

[그림 6-18] 광양항 자동화 터미널(안)

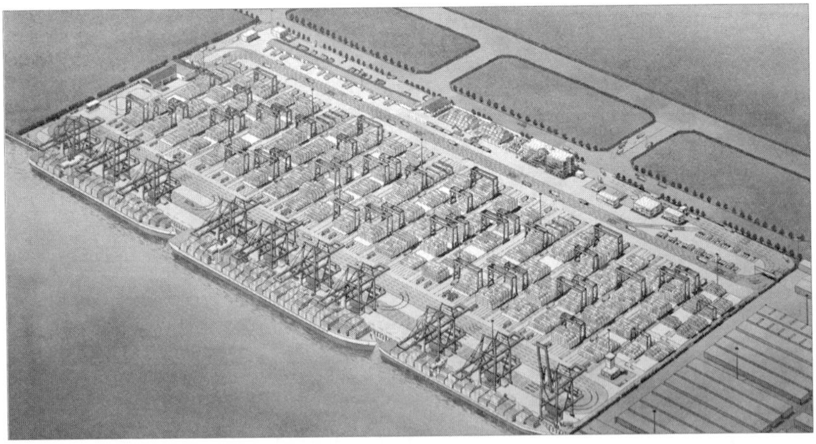

2) 부산항 컨테이너 터미널

부산항의 컨테이너 터미널 중 신항은 일부 자동화 터미널로 설계되었으며, 아래 그림은 4개 선석규모의 안벽 길이 1,400m, 터미널폭 600m인 터미널의 Layout 이다.

부산항 자동화 컨테이너 터미널 설계에 반영된 개념은 다음과 같다. 광양항 자동화 터미널과 다른 점은 야드 장치장의 하역장비만 자동화하였고, 이송장비인 Y/T는 인력에 의한 유인운전이라는 점이다.

- 컨테이너 장치 : 블록별 전담 ATC(Automated Transfer Crane) 운영
- C/C : 에이프런 위 하역만 자동화
- 에이프런 ↔ 야드 : 유인운전(Yard Tractor : Y/T)
- 야드 내 : ATC 내부차량은 자동화하역, 외부용 트럭에 대한 원격제어하역
- 수 입 : C/C→Y/T→ATC→장치장→ATC(원격제어)→외부차량
- 환 적 : C/C→Y/T→ATC→장치장→ATC→Y/T→C/C
- 수 출 : 외부차량→ATC(원격제어)→장치장→ATC→Y/T→C/C

[그림 6-19] 부산항 자동화 터미널 개념도

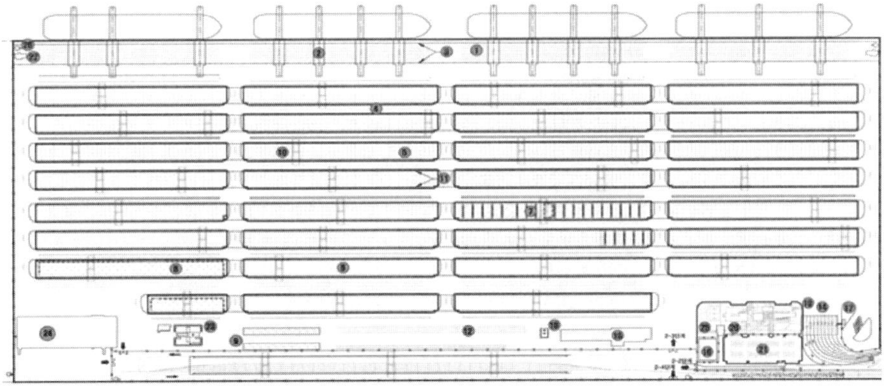

제 7 장

장치장에서의 컨테이너 하역

제 1 절 장치장의 구성(Block, Row, Bay, Tier)

다음은 터미널 운영에 필요한 건물들은 제외된 안벽과 장치장만 표현된 배치도를 보여 주고 있다. 배치도의 윗부분이 해측(바다쪽)으로서 크레인을 이용하여 선박으로부터 컨테이너를 양하하거나 선박으로 컨테이너 선적작업을 수행하는 안벽 부분이다.

아랫부분은 육측(육지쪽)으로서 컨테이너를 임시로 적재하는 장치장이며, 선박으로부터 하역된 컨테이너 또는 Gate를 통해 반입된 컨테이너를 적재하는 장소이다.

장치장을 세부적으로 구분하면 장치장을 구성하는 Block과 종방향(크레인 이동방향)의 Row, 그리고 횡방향(크레인의 옆부분)의 Bay, 쌓이는 단수를 나타내는 Tier가 있다.

이를 x, y, z축의 공간좌표로 표현하면 크레인이 이동하는 종방향을 y축이라고 할 때 y축은 Row가 되고, x축은 Bay, 그리고 z축은 Tier가 된다.

[그림 7-1] 컨테이너 터미널 평면도 일부

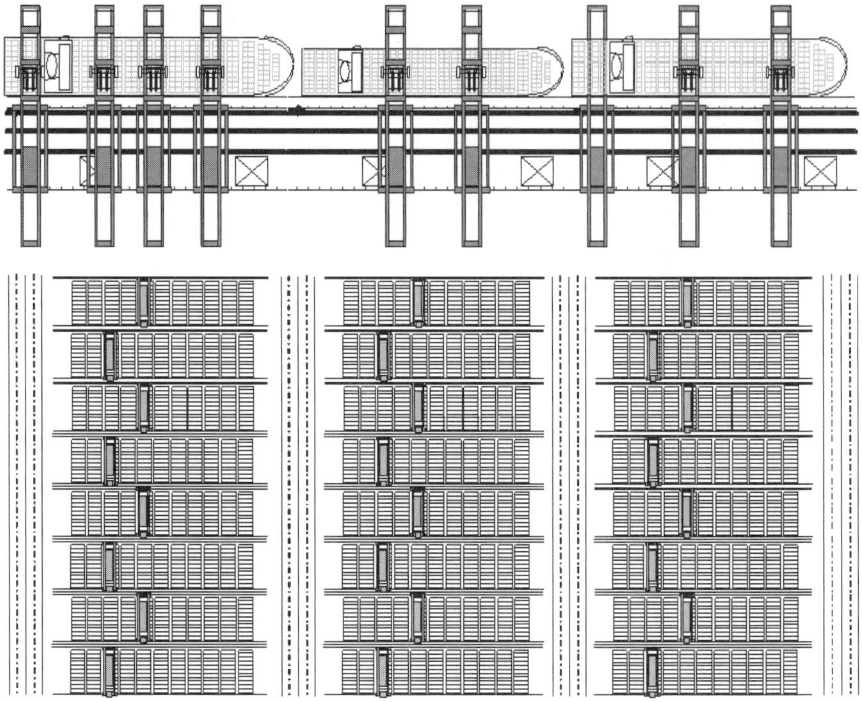

1. Block

Block은 장치장을 구성하는 큰 단위로서 장치장의 크레인이 주행하거나 정지하여 하역작업을 수행한다.

다음 [그림 7-2]에서 보면 1개의 Block에 1대의 크레인이 배치되어 작업을 수행하고 있는 것을 알 수 있으며, 아래에서부터 A Block, B Block, C Block, D Block 등 총 4개 블록이 배치되어 있다.

[그림 7-2] Block의 구성

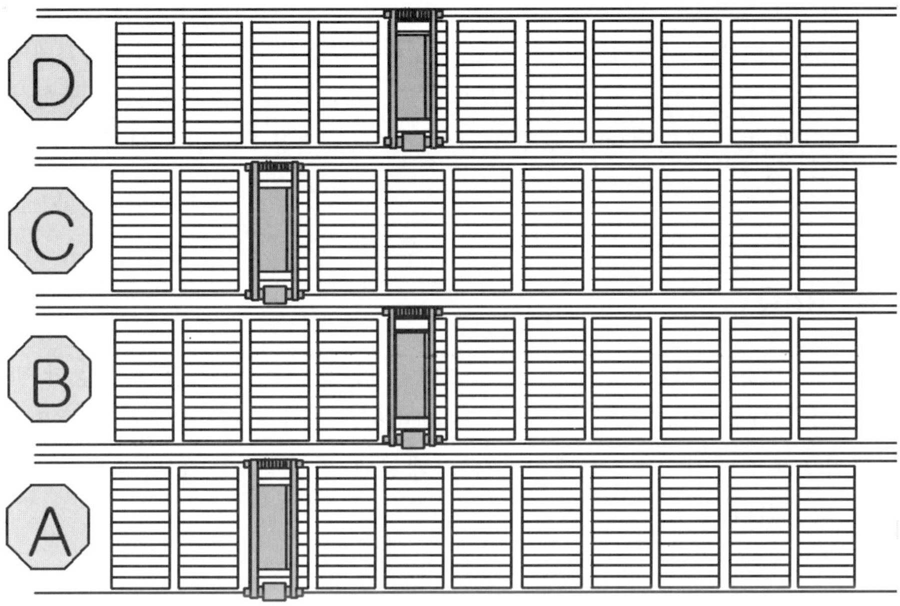

2. Bay

아래 그림은 [그림 7-2]에서 A Block만을 나타낸 것이다. 앞서 설명한 바와 같이 Bay는 크레인의 횡방향을 의미하는 것으로 Block의 옆부분에서 보는 것이며, [그림 7-3]은 11 Bay가 배치되어 있다. 다시 말해 컨테이너를 크레인의 종방향으로

[그림 7-3] Bay의 구성

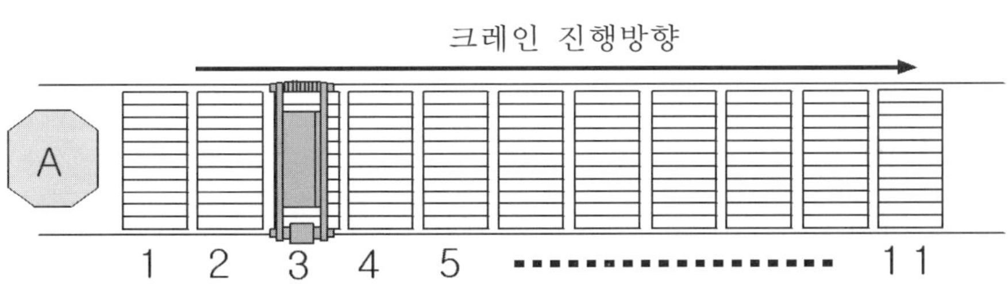

11 Bay를 장치할 수 있음을 의미한다.

이 Bay의 번호 부여규칙은 선박의 Bay 번호 부여규칙과 같으며, 20′와 40′ 컨테이너에 따라 Bay 번호가 변경될 수 있다. 20′ 컨테이너 전용 Bay와 40′ 컨테이너 전용 Bay, 45′ 컨테이너 전용 Bay를 별도로 주는 경우도 많으며, 부지활용도향상을 위하여 20′와 40′ 컨테이너를 공용으로 사용하는 겸용 Bay를 구성하는 경우도 있다.

3. Row

다음 그림은 [그림 7-2]에서 A Block만을 나타낸 것이다. 앞서 설명한 바와 같이 Row는 크레인이 진행하는 종방향을 의미하는 것으로 [그림 7-4]는 11 Row가 배치되어 있다. 다시 말해 컨테이너를 크레인의 횡방향으로 11열을 장치할 수 있음을 의미한다.

[그림 7-4] Row의 구성

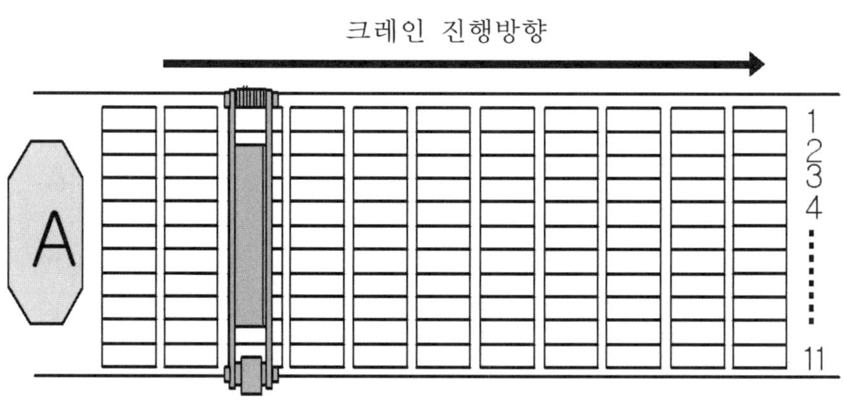

4. Tier

다음 [그림 7-5]는 냉동 컨테이너를 장치하는 Block을 나타낸 것이다. 앞서 설명한 바와 같이 Tier는 z축(높이 방향)을 의미하는 것으로 [그림 7-5]는 4 Tier가 배치되어 있다.

[그림 7-5] Tier의 구성

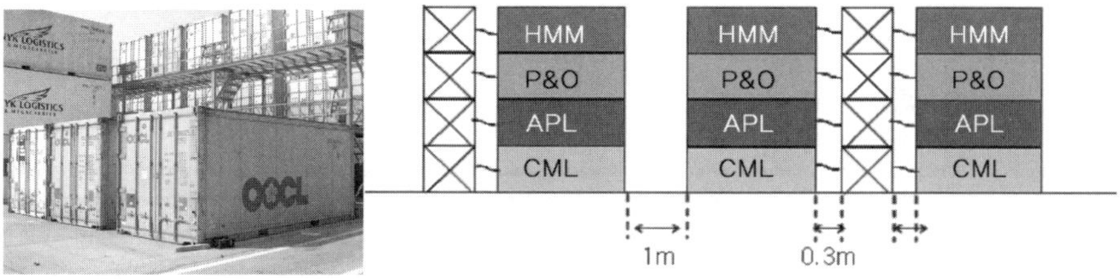

제 2 절 배치형태에 따른 장치장의 분류

1. 장치장의 배치형태

장치장의 배치형태란 안벽법선을 기준으로 볼 때 Block의 배치가 수직 또는 수평 중 어느 형태로 배치되어 있는가를 보는 것이다. 장치장의 배치는 터미널의 자동화와도 밀접한 관계가 있으며, 터미널 운영중에 수평배치형태를 수직배치로 변경한다든지, 또는 수직배치형태를 수평배치형태로 변경하는 것은 거의 불가능하기 때문에 터미널 설계시 다양한 검토를 통해 배치형태를 결정할 필요가 있다.

1) 수평배치

장치장의 수평배치란 [그림 7-6]에서 보는 바와 같이 안벽법선과 장치장 각 Block의 배치가 서로 평행하게 배치되어 있는 것을 의미한다.

수평배치형태는 일반적으로 터미널의 이송장비 또는 장치장의 크레인이 인력에 의해 조종되는 터미널에서 많이 사용하는 형태로서 부산항 대부분의 터미널은 수평배치형태를 취하고 있다.

[그림 7-6] 수평배치

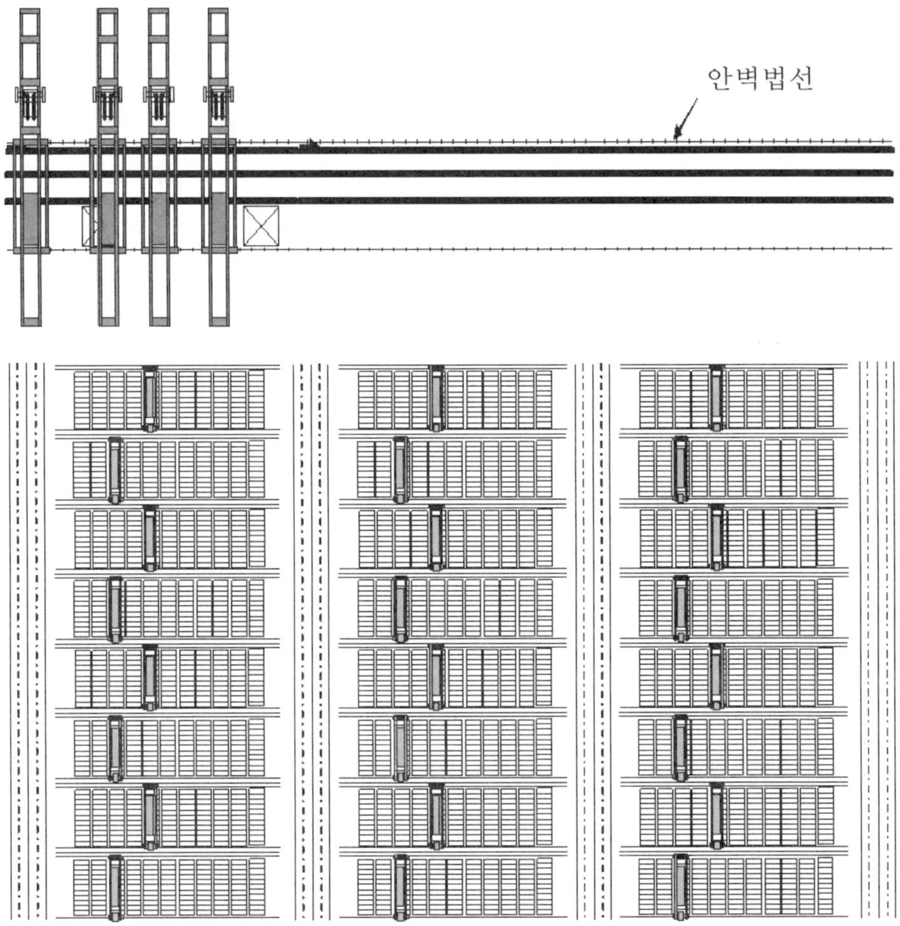

2) 수직배치

장치장의 수직배치란 [그림 7-7]에서 보는 바와 같이 안벽법선과 장치장 각 Block의 배치가 서로 수직되게 배치되어 있는 것을 의미한다.

수직배치형태는 일반적으로 터미널의 이송장비 또는 장치장의 크레인이 시스템에 의해 자동으로 조종되는 자동화 터미널에서 많이 사용하는 형태로서 유럽의 항만들에서 많이 사용하고 있다.

[그림 7-7] 수직배치

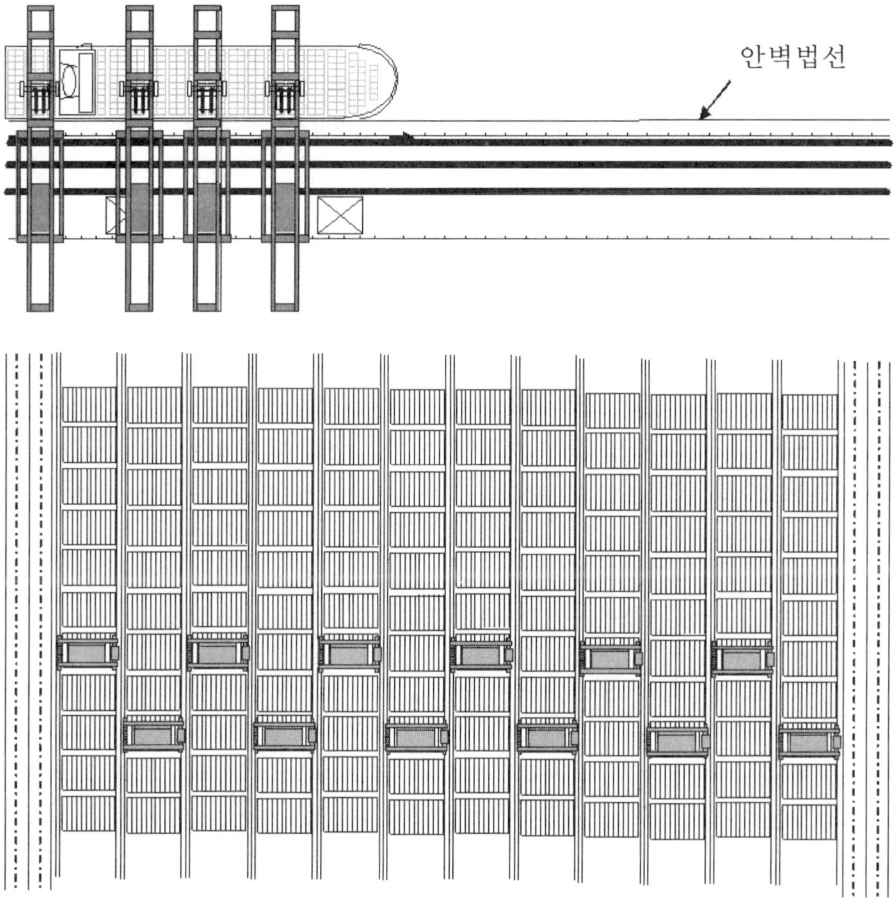

제 3 절 장치장 사전할당방식의 비교

장치장을 사전할당한다는 의미는 모선이 입항하여 양하하거나 선적해야 하는 컨테이너를 적재할 공간 및 그 규모를 모선이 입항하기 전에 사전할당해 두는 것을 의미한다.

할당된 장치장에 다른 모선의 컨테이너를 적재해 두기도 하지만, 이럴 경우 구내이적으로 터미널 생산성을 떨어뜨리기도 한다.

모선에 Booking된 컨테이너는 보통 모선도착 6~7일 전부터 터미널로 반입되기 시작하며, 선사, 운송사, 화주로부터 EDI를 통해 사전에 전송된 정보와 비교하여 터미널 반입 여부 및 적재장소를 결정하게 된다.

장치장을 사전할당하는 방식에는 크게 Grouping 방식과 Random Grounding 방식으로 나눌 수 있다.

1. Grouping 방식

Grouping 방식이란 모선의 컨테이너 양하 또는 선적 컨테이너 적재를 위해 몇 개의 Group을 지정하여 일정공간을 할당하는 것이다.

Grouping 방식에서는 일정공간에 컨테이너가 집화되어 있기 때문에 모선하역 작업을 수행할 때 일괄적으로 작업이 가능하여 작업생산성을 높일 수 있다는 장점을 가지고 있다.

예를 들어 1개 Block에 200 TEU의 컨테이너를 적재할 수 있다고 할 때 모선하역 작업을 해야 하는 화물량은 600 TEU라고 하자. 이 때 필요한 Block은 3개이며, 모선 1척당 3기의 안벽 크레인이 작업하고, 각 안벽 크레인당 작업영역이 지정되어 있으므로 1 Block당 안벽 크레인 1기와 연계하여 하역작업을 수행하기 때문에 생산성을 높일 수가 있게 된다. 생산성을 높이는 또 하나의 이유는 선적될 순서대로 적재되어 있으므로 장치장의 크레인은 순차적으로 작업을 수행만 하면 되기 때문이다.

그러나 Grouping 방식의 사전할당방식을 적용하기 위해서는 매우 넓은 부지가 필요하게 되는데, 이는 앞서 설명한 바와 같이 일단 지정된 할당공간은 해당 모선의 가상적재공간으로서 다른 모선의 컨테이너를 적재하는 것이 힘들기 때문이다.

[그림 7-8] Grouping 방식

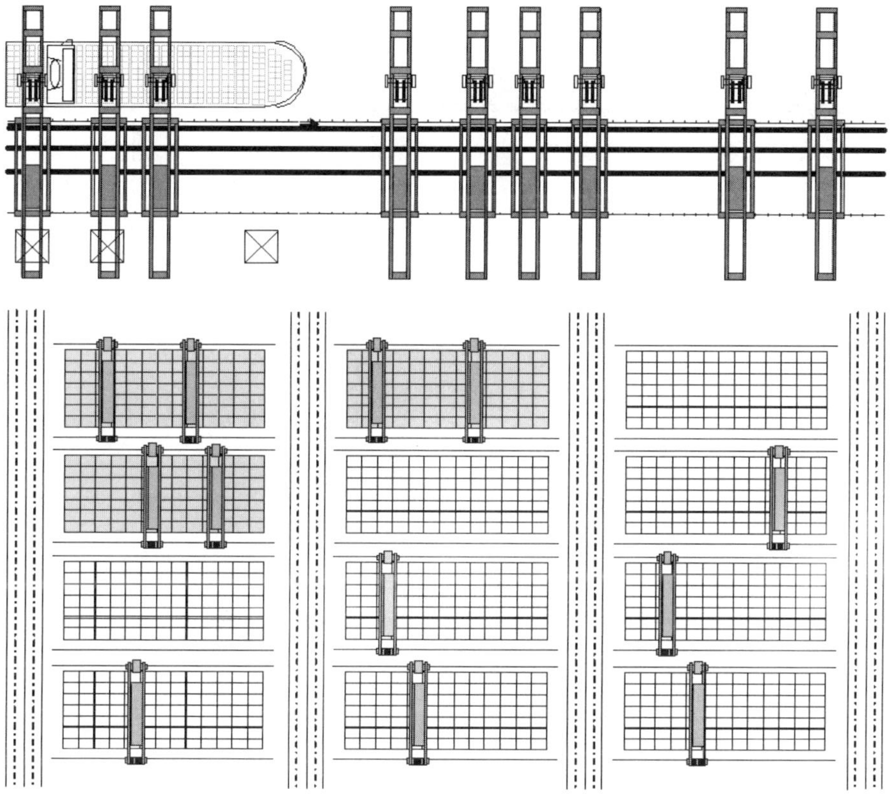

2. Random Grounding 방식

Random Grounding 방식이란 비교적 처리해야 하는 화물량에 비해 장치장의 규모가 작을 때 사용되는 할당방식으로서, Grouping 방식과는 달리 모든 장치장을 대상으로 여러 군데 분산하여 할당하는 방식이다. 따라서 Random Grounding 방식을 사용할 경우에는 선적에 문제가 발생할 수도 있기 때문에 정밀한 시스템이 요구되어진다.

[그림 7-9] Random Grounding 방식

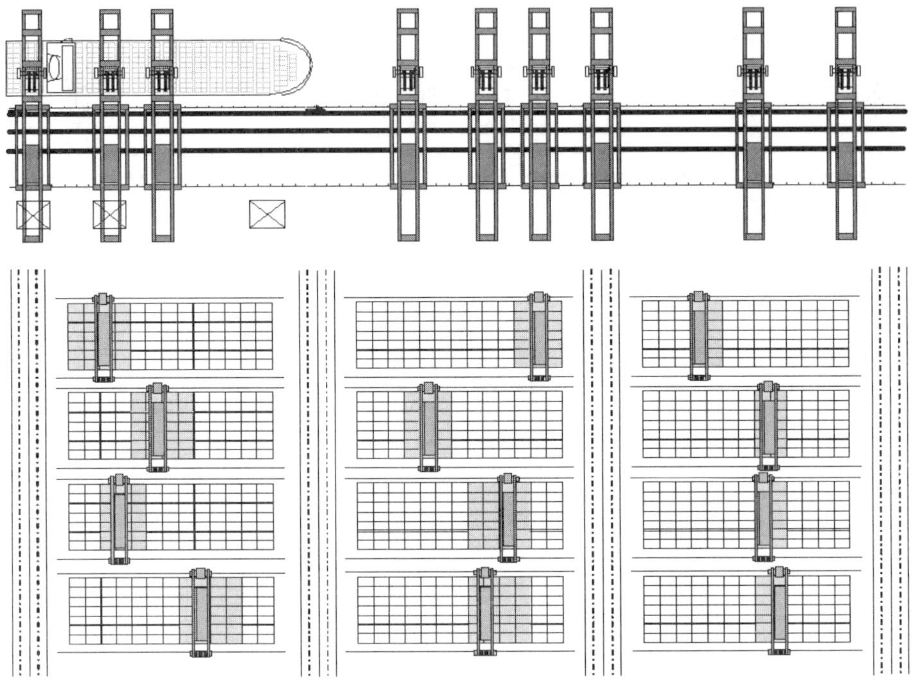

제 4 절 Job Ordering과 Request 방식의 비교

터미널의 야드 운영방식은 일반적으로 Job Request 방식과 Job Ordering 방식으로 운영되고 있다.

국내 컨테이너 터미널은 현장의 작업요청에 대해 시스템이 작업할당을 하는 Job Request 방식을 사용하는 반면, 국외 컨테이너 터미널은 시스템상에 미리 정해진 순서에 따라 현장에 작업지시를 하는 Job Ordering 방식을 사용하고 있다.

Job Request 방식과 Job Ordering 방식의 운영방법은 다음과 같다.

1. Job Request 방식과 Job Ordering 방식의 작업방법비교

1) Job Request 방식

현장(Q/C, RTG 등)에서 작업을 요청하면 계획에 근거하여 시스템이 대상 작업 LIST를 현장단말기에 표시하고, 작업의 선택은 현장에서 행하여 작업완료 후 Confirm하는 방식이다.

본선작업이나 야드 반·출입 작업시에 장치장이나 장비를 터미널 상황에 따라 통제요원과 언더맨의 유기적인 협조체제 아래 탄력적으로 운영된다.

2) Job Order 방식

계획, 반·출입 Event, Equipment availability, traffic 등을 시스템 스스로가 계산하여 실시간으로 각 장비에 작업을 지시하고, 현장에서는 작업수행 후 작업완료를 Confirm하는 방식이다.

이러한 장비작업 할당근거는 Ship/Yard Planning이 기준이 되며, 작업변경이 잦은 국내 터미널에서는 작업변동사항이 많이 발생하여 화물 흐름의 중단/생산성 하락 등을 유발시키기 때문에 잘 활용하지 않고 있으나, 최근 IT 기술의 발달로 Job Order 방식으로의 전환을 꾀하고 있다.

2. Job Request 방식과 Job Ordering 방식의 장·단점 비교

1) Job Request 방식

Job Request 방식은 작업현장중심의 운영방식으로 작업자에게 재량권이 주어지므로 작업의 유연성이 높고 운영 시스템의 난이도가 높지 않아 시스템 구축이 용이한 반면, 생산성이 현장요원 및 장비기사의 숙련도 및 성실성에 크게 좌우되어 일정수준 이상의 생산성향상은 기대하기 어렵다는 단점이 있다.

2) Job Ordering 방식

터미널의 전체상황을 시스템이 파악하고 Optimization Algorithm에 따라 최적의 작업지시와 통제를 수행하여 생산성향상을 기할 수 있어서 자동화 터미널에

[표 7-1] Job Request 방식과 Job Ordering 방식의 장·단점 비교

구 분	Job Request	Job Order
장 점	· 작업자에게 재량권이 주어지므로 작업의 유연성이 높고, 운영시스템의 난이도가 높지 않아 시스템 구축이 용이	· 터미널의 전체상황을 시스템이 파악하고 Optimization Algorithm에 따라 최적의 작업지시와 통제를 수행하여 생산성향상을 기할 수 있음 - 작업변경이 없거나 장비자동화 터미널에는 적합한 이론
단 점	· 시스템에 의해 최적화된 중앙통제가 불가능하여 생산성이 현장 요원 및 장비기사의 숙련도 및 성실성에 크게 좌우되어 일정수준 이상의 생산성향상은 기대하기 어려움	· 정교한 시간예측, 터미널 상황의 실시간 Monitoring, 높은 수준의 최적화 Algorithm 등에 의한 통합관제 시스템의 기술적 난이도가 높아 시스템 구축이 어려우며, 일부 돌발문제의 해결은 MC에 의한 Manual 대처가 불가피함 · 현재 Job Ordering 방식이 일부 rehandling을 줄이는 개념을 포함하고 있으나, 전체적으로 작업에서의 생산성관련효과는 검증된 바 없음 · 국내 터미널과 같이 돌발적인 변수가 많은 터미널의 경우는 통제실요원의 업무과다로 인하여 생산성에서의 역효과가능성이 높음

적합한 반면, 정교한 시간예측, 터미널 상황의 실시간 Monitoring, 높은 수준의 최적화 Algorithm 등에 의한 통합관제 시스템의 기술적 난이도가 높아 시스템 구축이 어렵다는 단점이 있다.

3. Job Request 방식과 Job Ordering 방식의 작업형태비교

1) Job Request 방식

Job Request 방식은 장비할당, Sequence 통제, 작업수정지시를 Manual에 의해 현장인력이 수행하는 형태이며, 작업을 통제실에서 유·무선으로 통제하며, 작업분산화효과가 있어서 작업 Balancing이 높다.

2) Job Ordering 방식

Job Ordering 방식은 장비할당, Sequence 통제, 작업수정지시를 System에 의해 실시간(Real Time)으로 이루어지며, 작업의 통제 또한 System에 의해 제어되고, 전장치장에서 순차적으로 작업이 진행되므로 작업의 집중현상은 Job Request 방식에 비해 적다.

[표 7-2] Job Request 방식과 Job Ordering 방식의 차이점과 문제점

구 분	Job Request(현행)	Job Order
장비할당방식	· Manual 방식, 인력에 의존	· System에 의한 Real Time 방식
Sequence control	· 장비기사, 필요시 Manual	· System에 의한 Real Time Control
작업수정	· 장비기사, 필요시 Manual	· MC에 의한 Real Time Control
Loading balancing	· 통제실에서 voice로 제어 · 작업시간의 집중효과가 높음 · 작업분산화효과가 있음 - 통제실에서 적정하게 분산배치 - 본선작업시 상황에 따른 수시변경	· System에 의해 제어 · 작업집중현상 최소화

4. 기타 특성비교

1) Job Request 방식

Job Request 방식은 작업자가 작업할 장소를 선택하여 작업지시를 받은 후 작업의 순서를 파악하여 작업을 진행하므로 국내의 경우 작업의 편이성이 높은 반면, 사전에 Hatch별로 작업순서만 현장에서 결정하였기 때문에 본선작업이 변경되는 경우에는 Rehandling의 증가, RTG 이동의 증가, RTG Conflict 등에 의한 생산성저하요인이 발생하게 된다.

2) Job Ordering 방식

Job Ordering 방식은 단말기에 나타나는 순서대로 작업진행, 상황에 따라 현장에서 순서변경가능하여 이를 채택하고 있는 외국 터미널의 경우 작업의 편이성이 높고, 실시간 Automatic Ship Planning의 작동으로 본선작업이 변경된다고 하더라도 시스템이 G/C별/Container별 작업 Seq. Control로 생산성이 극대화되는 반면, 작업이 잦은 경우에는 Rehandling이 발생하며, Planning과 실제작업이 작업자에게 혼동을 줄 수 있기 때문에 생산성이 악화될 가능성이 있다.

그리고 시스템에 의해 구동이 되어 복잡한 작업의 처리가 가능하기 때문에 Dual Cycle Operation 및 Y/T Pooling이 가능하다.

[표 7-3] Job Request 방식과 Job Ordering 방식의 차이점과 문제점

구 분	Job Request	Job Ordering
Process logic의 확장성	· 확장성이 낮음 · 시스템 교체불가피	· Server의 logic 추가로 시스템이 확장됨
작업의 편이성	· 비교적 낮지만 국내의 경우 높음 · 작업할 장소를 선택하여 작업지시를 받은 후 작업의 순서를 파악하여 작업진행	· 높음(국내의 경우 낮음) · 단말기에 나타나는 순서대로 작업진행, 상황에 따라 현장에서 순서변경 가능 · 외국의 경우는 J/O가 편리함
본선작업 변경시	· Hatch별 작업순서만 현장에서 결정하며, 이로 인한 Rehandling의 증가, RTG 이동의 증가, RTG Conflict 등에 의한 생산성저하요인 발생 · 작업변경을 고려상황에 따라 야드를 row 단위로 나누어 계획을 하고 있으며, ship planning시 이러한 사항을 일부 고려	· 실시간 Automatic Ship Planning의 작동으로 시스템이 G/C별/Container별 작업 Seq. Control로 생산성극대화 · 반면 작업의 잦은 변경으로 인해 Rehandling이 발생하며, Planning과 실제작업이 혼동될 수 있기 때문에 생산성이 악화될 가능성이 있음
Dual cycle Operation	· 불가능	· 가 능
Direct T/S	· 불가능(가능)	· 가 능
Y/T Pooling	· 불가능(가능: 현재 언더맨들이 배분)	· 가 능
DB server load 부하	· 비교적 높음(낮음)	· 비교적 낮음(높음)
APP. Server Load 부하	· N/A(낮음)	· 높 음
단말기 응답속도	· 비교적 느림	· 비교적 빠름
Network 부하	· 높 음	· 낮 음
시스템 확장성	· 낮 음	· 높 음
Control 프로그램 난이도	· 비교적 낮음	· 매우 높음

제 5 절 컨테이너 하역작업절차

1. 수·출입 업무 프로세스

1) 수출 컨테이너 작업을 위한 세부업무 Process

수·출입 업무의 프로세스는 화주로부터 소비자까지 자체의 프로세스가 복합적으로 이루어져 다양한 이해관계인과 여러 가지의 운영수단이 결합되어 이루어진다. 이러한 다양한 프로세스 중에서도 컨테이너 터미널 내부에서 이루어지는 세부 프로세스는 다음과 같다.

수출 컨테이너 작업을 위한 프로세스는 컨테이너 선사로부터 선적예정목록(Loading prospect)을 받음으로써 세부 프로세스가 시작되어 선석 및 장치장할당, 선적계획 등을 통하여 컨테이너를 선적하여 세관에 반출신고함으로써 프로세스를 정료한다.

[그림 7-10] 터미널 내부 수출업무 세부 Process

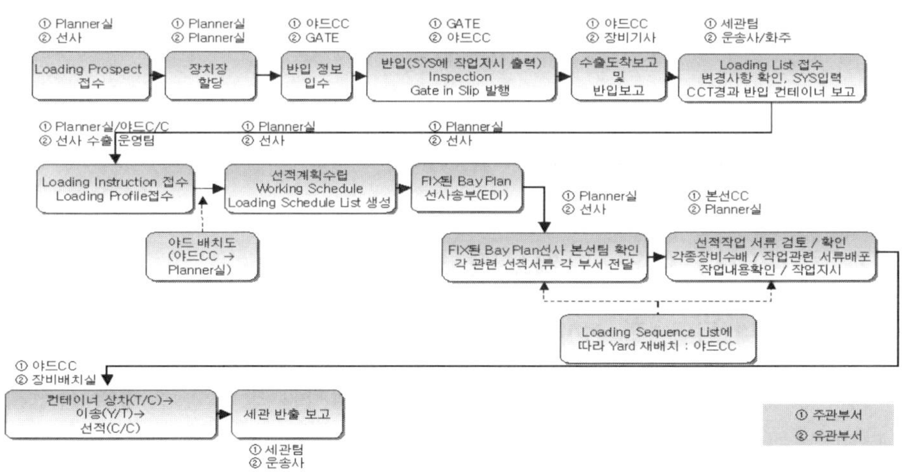

2) 수입 컨테이너 작업을 위한 세부업무 Process

수입 컨테이너의 프로세스는 컨테이너 선사로부터 본선입항정보와 양하자료를 접수함으로써 시작되며, 선석배정, 양하장치장을 할당하고 외부차량이 도착하여 하역된 컨테이너를 반출한 뒤 세관에 하선 및 반출보고를 함으로써 프로세스를 종료한다.

[그림 7-11] 터미널 내부 수입업무 세부 Process

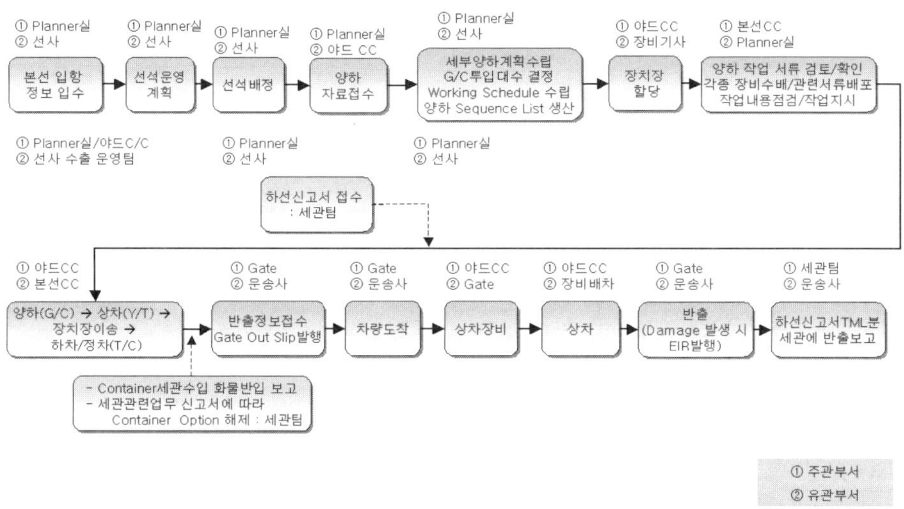

2. 컨테이너 하역시 필요한 전자문서

1) 컨테이너 터미널과 선사, 대리점, 운송사간 정보 흐름

국내정보업체 중 한국물류정보통신(KL-NET)에서는 반입·반출계의 사전제출로 터미널 게이트 자동화를 실현, 차량적채율감소와 인력 및 업무처리시간의 대폭 단축, 수출 컨테이너 예정물량 사전제출로 터미널 야드 계획 사전수립을 목적으로 컨테이너 터미널과 선사, 대리점, 운송사간 서류제출을 EDI를 통하여 전자문서형태로 전달하고 있다.

전송되는 전자문서는 본선적부도, 컨테이너 선적예정목록, 선적예정물량 통

[표 7-4] 컨테이너 터미널↔선사, 대리점, 운송사간 정보 흐름

서 식 명	전자문서명
본선적부도(Bay Plan)	BAPLIE
컨테이너 선적예정목록(Container Loading List)	COLDLT
선적예정물량 통보(Booking Prospect for Terminal)	BKPROS
터미널 반·출입 대장(Terminal Gate Log)	CODECO
반·출입계(Pick-up/Arrival Pre-Notification)	COPINO
컨테이너 이동정보	MOVINS

[그림 7-12] 컨테이너 관련정보 흐름

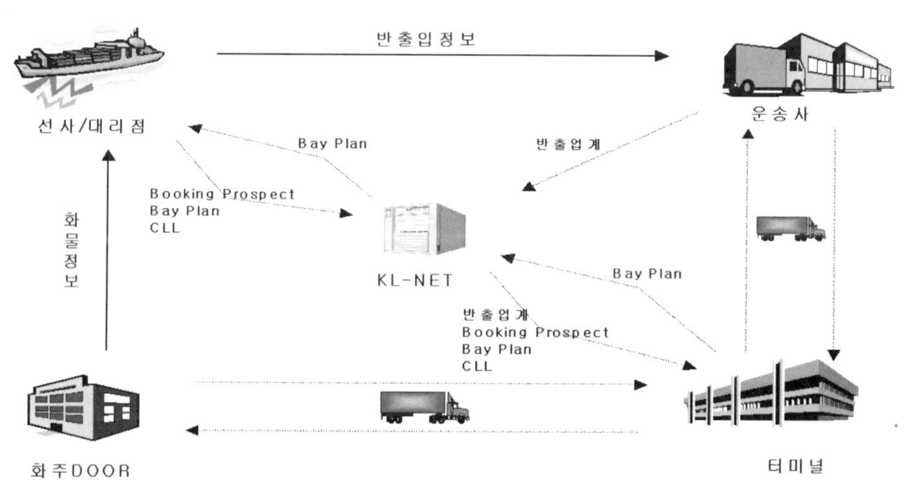

자료 : 한국무역정보통신(주), www.klnet.co.kr.

보, 터미널 반·출입 대장, 반·출입계, 컨테이너 이동정보 등이다.

2) 전자문서의 세부내용

(1) BAPLIE(본선적부도(Bay Plan)) 주요 항목

본선적부도(BAPLIE)에 수록된 주요 항목 및 내용은 다음 [표 7-5]와 같다.

[표 7-5] 전자문서 BAPLIE(Bayplan Message) 주요 항목

항 목	비 고
송신자ID	송신자정보
수신자ID	수신자정보
전송일시	작업일자
터미널 모선항차	pect 모선항차
컨테이너 번호	Container No.
선사 코드	OPER 코드
Voyage No.	선사 Voyage No 적용
Call Sign	호출부호
TS 식별자	14 : 타부두 6(13) :자부두
크 기	Size
종 류	Type
적공구분	5. FULL 4. EMPTY
온 도	냉동온도
온도구분	CEL / FAH
무 게	측정단위 KGM 단위
위험물 코드	IMDG 코드
UN NO	UNNO 코드
초과 높이(H)	overheight
초과폭(S)	overwidth right
초과폭(P)	overwidth left
초과 길이(뒤)	overlength back
초과 길이(앞)	overlength front
SHIP BAY	Stowage Cell
SHIP ROW	Stowage Cell
SHIP TTIER	Stowage Cell
양하항	11. 양하항
Option Port 1	64. Option Port
Option Port 2	68. Option Port
Option Port 3	Option Port
목적항	83. 최종목적지
선적항	9. 선적항

(2) COLDLT(컨테이너 선적예정목록(Container Loading List))

컨테이너 선적예정목록(Container Loading List)에 수록된 주요 항목 및 내용은 다음과 같다.

[표 7-6] 전자문서 COLDLT(Container Loading List) 주요 항목

항 목	비 고
송신자 ID	송신자정보
수신자 ID	수신자정보
전송일시	작업일시
터미널 모선항차	PECT 모선항차
Voyage No	선사 Voyage No.
컨테이너 번호	Conatiner No.
선사 코드	OPER 코드
TS 식별자	5(13).자부두T/S 6(14).타부두T/S 15.철송 16.육송 17.해송
크 기	Size
종 류	Type
적공구분	5. FULL 4. EMPTY
무 게	측정단위 KGM 단위
온 도	냉동온도
온도구분	CEL/FAH
위험물 코드	IMDG 코드
UN NO	UNNO 코드
SELA NO.	봉인번호
초과 높이(H)	overheight
초과폭(S)	overwidth right
초과폭(P)	overwidth left
초과 길이(뒤)	overlength back
초과 길이(앞)	overlength front
SHIP BAY	Stowage Cell
SHIP ROW	Stowage Cell
SHIP TTIER	Stowage Cell
양하항	12.양하항
Option Port 1	Option Port
Option Port 2	Option Port
Option Port 3	Option Port
목적항	20 : 목적지
선적항	9 : 선적항

(3) BKPROS(선적예정물량통보(Booking Prospect for Terminal))

컨선적예정물량 통보(Booking Prospect for Terminal)에 수록된 주요 항목 및 내용은 다음과 같다.

[표 7-7] 전자문서 BKPROS(Booking Prospect For Terminal) 주요 항목

항 목	비 고
송신자 ID	송신자정보
수신자 ID	수신자정보
전송일시	작업일시
터미널 모선항차	PECT 모선항차
선사 코드	OPER CODE
모선명	
크 기	Size
종 류	Type
적공구분	5. FULL 4. EMPTY
T/S 구분	5(13).자부두 6(14).타부두
수 량	port별 갯수
양하항	12 : 양하항

(4) CODECO(터미널 반·출입 대장(Terminal Gate Log))

터미널 반·출입 대장(Terminal Gate Log)에 수록된 주요 항목 및 내용은 다음과 같다.

[표 7-8] 전자문서 CODECO(Container Gate-In/Gate-Out Report) 주요 항목

항 목	비 고
송신자 ID	송신자정보
수신자 ID	수신자정보
전송일시	작업일시
터미널 모선항차	PECT 모선항차
컨테이너 번호	Container No.
선사 코드	OPER CODE
Voyage No.	선사 Voyage No 적용
TS 식별자	2 : 수출, 3 : 수입, 6 : T/S
크 기	Size
종 류	Type

적공구분	5. FULL 4. EMPTY
무 게	측정단위 KGM 단위
온 도	냉동온도
온도구분	CEL/FAH
위험물 코드	IMDG 코드
UN NO	UNNO 코드
참조번호 한정어	BN : Booking No, BM : B/L No, LEM : 가Booking NO.
참조번호	Booking No.
운송이동내역	Movement No 코드
반·출입 일시	GATE 반·출입 일시
초과 높이(H)	overheight
초과폭(S)	overwidth right
초과폭(P)	overwidth left
초과 길이(뒤)	overlength back
초과 길이(앞)	overlength front
SELA NO.	봉인번호
운송수단	1.해상 2.철송 3.육상 4.항공 5.내륙수로
차량번호	차량번호 1/차량번호 2
운송사명	공장위치
양하항	11: 양하항
Option Port 1	Option Port
Option Port 2	Option Port
Option Port 3	Option Port
목적항	7 : 목적항
선적항	9 : 선적항

(5) COPINO(반출입계(Pick-up/Arrival Pre-Notification))

반·출입계(Pick-up/Arrival Pre-Notification)에 수록된 주요 항목 및 내용은 다음과 같다.

[표 7-9] 전자문서 COPINO 주요 항목

항 목	비 고
송신자 ID	송신자정보
수신자 ID	수신자정보
전송일시	작업일시
차량번호	차량번호 1/차량번호 2

컨테이너 번호	CONTAINER No.
크 기	Size
형 태	Type
적공구분	5. FULL 4. EMPTY
타부두 T/S	5.자부두 6(14).타부두
구분 코드	2: 반입, 1: 반출
배차구분	31. 지정배차 32.집단배차, 1.연안해송 2.철도 3.육상
터미널 모선항차	PECT 모선항차
선사 코드	OPER 코드
적공구분	Full/Empty
온 도	냉동온도
온도구분	CEL/FAH
무 게	측정단위 KGM 단위
위험물 코드	IMDG 코드
UNNO 코드	UNNO 코드
초과 높이(H)	overheight
초과폭(S)	overwidth right
초과폭(P)	overwidth left
초과 길이(뒤)	overlength back
초과 길이(앞)	overlength front
양하지	12.양하항
Option Port 1	Option Port
Option Port 2	Option Port
Option Port 3	Option Port
목적항	20.최종목적지
Seal No.	봉인번호
운송목적지	60.도착장소
참조번호 한정어	BN : Booking No, BM : B/L No, LEM : 가Booking NO.
참조번호	Booking No.
담당자	성 명
전화번호	전화번호
컨 갯수	컨테이너 갯수
검색대통과	"Y" 표기

(6) MOVINS(컨테이너 이동정보)

반·출입계(Pick-up/Arrival Pre-Notification)에 수록된 주요 항목 및 내용은 다음과 같다.

[표 7-10] 전자문서 MOVINS(Stowage Instruction) 주요항목

항 목	비 고
송신자 ID	송신자정보
수신자 ID	수신자정보
전송일시	작업일자
터미널 모선항차	pect 모선항차
컨테이너 번호	Container No.
선사 코드	OPER 코드
Voyage No.	선사 Voyage No 적용
Call Sign	호출부호
모선명	
REMARK	Container Loading Remarks
화물구분	DIS : Discharge, SHI : Shift, RES : Restore, LOA : Loading
크 기	Size
종 류	Type
적공구분	5. FULL 4. EMPTY
온 도	냉동온도
온도구분	CEL/FAH
무 게	측정단위 KGM 단위
위험물 코드	IMDG 코드
UN NO	UNNO 코드
초과 높이(H)	overheight
초과폭(S)	overwidth right
초과폭(P)	overwidth left
초과 길이(뒤)	overlength back
초과 길이(앞)	overlength front
SHIP BAY	Stowage Cell
SHIP ROW	Stowage Cell
SHIP TTIER	Stowage Cell
양하항	12. 양하항
선적항	6.선적항
참조번호(특정 컨)	DSI : Destination Stowage location ISO DSF : Destination Stowage location Feeder DSR : Destination Stowage location RoRo DSZ : Destination Stowage location Bilateral

3. 장치장하역을 위한 세부업무

1) Booking Prospect 접수

① 선사에서 Planner실로 선박입항 3일 전에 Booking Prospect를 EDI로 송부한다.

② Booking Prospect 접수 후 장치장운영계획을 검토한다.

③ 검토 후 적하장치장을 할당하게 되며, 장치장할당 후 해당 모선 관련된 컨테이너의 반입가능하다. 단, 모선미지정 컨테이너 반입, T/S Cargo 반입시는 반입 전에 사전확인하여 전산해제 후 반입가능하다.

2) Booking Prospect 접수 후 적하장치장의 할당

(1) 적하장치장할당시 고려사항

① Booking Prospect에 기재된 수량과 모선별, Pod, Type, F/M, 특수화물 등을 고려하여 적하장치장을 할당한다.

② 장치장할당시 터미널의 각 선사의 운항항로별 선박도착분포를 고려해야 한다.

③ 장치장할당시 Pod, Size, F/M(Full/Empty)별로 구분하여 각 Block별로 분할적재하는 것이 필요하다.

④ 냉동의 경우 온도기입분에 대해서는 냉동 Block에 적재하며, 그 외의 냉동 컨테이너는 일반 컨테이너로 취급하는 것이 원칙이다.

반입되는 냉동 컨테이너는 냉동담당자가 List 확보 후 일정장치장 및 Jack을 확보한 후 장치장을 할당한다.

⑤ 위험물의 경우 최초위험물 List를 접수한 후 Imdg Code 1.2.7(소방법상 8류)류는 터미널 내 장치장에 반입하지 않고 직 반·출입을 원칙으로 하며, 나머지 위험물은 위험물담당자가 소방법에 맞추어 Code 입력 후 위험물 Block에 적재한다. 단, 소방법상 7류에 해당하는 컨테이너는 일반 Block에 적재가능하다.

⑥ 장척화물 또는 B/Bulk는 직 반·입을 원칙으로 하며, 선사요청시는 O/H Block에 적재한다.

⑦ 장치장할당시 재배치가 최소화되도록 Planner는 각 선사의 Lane 특성을 고려하여야 한다.

⑧ 장치장할당시 선박이 접안하는 선석에 가깝도록 장치장을 할당하는 것이 원칙이다.

⑨ 20'는 1 Slot, 40'은 2 Slot, 45'는 3 Slot를 차지함을 고려하여 장치장을 할당한다.

⑩ 되도록 20' 컨테이너는 장치장 끝단에 적재하지 않는 것이 좋으며, 그 이유는 T/C 작업을 할 때 T/C가 인접도로를 침범하여 이송장비와 충돌할 위험이 있기 때문이다.

⑪ 장치장할당시 6열 T/C를 사용하는 터미널의 경우에는 1~3번 Row에 Heavy 컨테이너를, 그 외는 Light 컨테이너를 적재하되 경우에 따라서는 1~2번 Row에 Heavy 컨테이너를, 3~4번 Row에 Middle 컨테이너를 적재하고, 5~6번 Row에 Light 컨테이너를 적재하여 작업을 단순화시킬 수 있다.

⑫ 장치장할당시는 그 당시의 야드 상황에 따라 가변적으로 운영되어질 수 있다.

⑬ 터미널별로 차이는 있으나 경우에 따라 Pre-Assign 지역을 운영하며, 여기는 타부두 T/S, 소량의 자부두 T/S 화물 및 선명미지정화물 장치장으로 활용할 수 있다. 단, 다량의 T/S 화물은 수출지역에 장치장을 할당하는 것이 원칙이다.

⑭ 장치장이 할당이 되면 컨테이너의 반입이 가능하며, 반입시 EDI 반입자료 속성별, 순서별로 장치위치가 부여된다.

[그림 7-13] 적하장치장 할당 흐름도

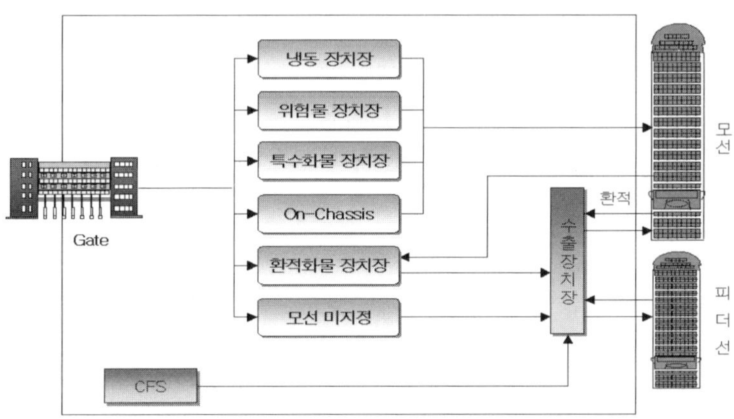

(2) 양하장치장할당

① 양하 Profile 접수 후 G/C 배정, 양하계획수립 후 양하장치장을 할당한다.

② 양하장치장할당시 야드 Density의 최대화 또는 장치장의 이용률이 최대가 될 수 있도록 심층분석 후 장치장을 할당해야 한다.

③ 모선관련하여 컨테이너가 통관되는 세관별로 장치장을 할당하되 하선신고서에서의 당 터미널 지정분, 부두직통관분 등을 고려하여 별도로 장치한다.

④ 모선접안선석 및 양하자료 등을 감안하여 양하장치장소를 할당하게 된다.

⑤ 본선작업시간당 작업수량 및 물동량 등을 감안하여 일정시간(6~8시간)별로 재할당하게 되는데, 이는 장치장을 되도록 효과적으로 활용하기 위한 것이다.

⑥ 이송장비의 투입댓수를 최소화하기 위해 양하위치로부터의 이동거리 최소화 및 선적장비와의 간섭최소화를 고려해야 한다.

⑦ Planner실과 야드 통제 센터는 장치장현황파악, 정리가 필요할 때는 사전에 Planner실에서 야드를 재정리하도록 Planning를 수행한 후 야드 통제 센터에서 작업을 수행하게 된다.

⑧ 양하장치장할당 흐름도

[그림 7-14] 양하장치장 할당 흐름도

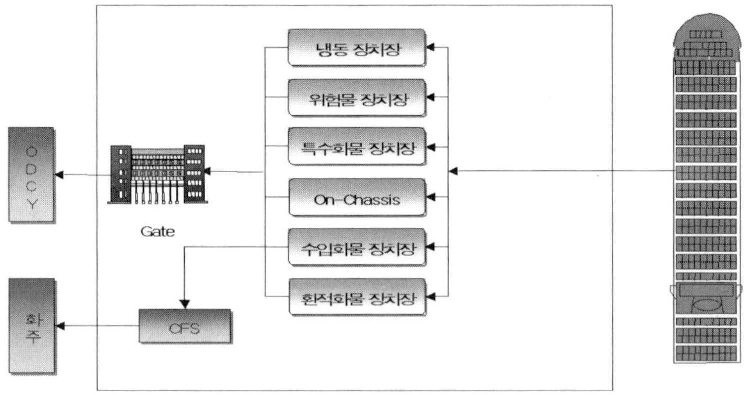

(3) Container Type에 따른 일반적인 야드 Cell 표기법

① H/C Container; H

② 45ft Container; S

③ Container Attribution

④ Flatrack Container; F

⑤ Reefer Container; R

⑥ Flatform Container; P

⑦ Open Top Container; O

⑧ Tank Container; T

⑨ Bundle; B

Ex) Reefer Container And H/C Container; Hr

(4) 구내이적분의 발생

구내이적분이란 터미널 밖으로 반출되거나 선박에 선적되지 않고 장치장의 한 지점으로부터 다른 지점으로 이송장비를 통해 이송되는 컨테이너를 의미한다.

컨테이너 터미널에서 일반적으로 발생하는 구내이적형태는 다음과 같다.

① 직통관배정시 세관검사를 위해 이적하는 경우로 세관팀에서 List를 입력하고, 야드 통제 센터에서 작업지시를 내리게 된다.

② 수입 컨테이너 검역을 위해 이적하는 경우로 세관팀에서 List를 입력하고 야드 통제 센터에서 작업지시를 내리게 된다.

③ 선사, 화주의 화물확인요청으로 인해 이적하는 경우로 세관팀에서 보수작업허가서를 확인한 후 List를 입력하고, 야드 통제 센터에서 작업지시를 내리게 된다.

④ 장치장정리작업을 위해 이적하는 경우로서 Planner실에서 List 입력한 후 야드 통제 센터에서 작업지시를 내리게 된다.

⑤ 이외에도 Yard에서 Repair Shop으로 이송, Yard에서 CFS로 이송, 그리고 Yard에서 직통관지역으로 이송, 마지막으로 Yard에서 Wash Rack(Spotting을 위한 컨테이너)으로 이송시키는 경우 등이 구내이적을 하는 사례이다.

4. 컨테이너 하역작업절차

장치장에서 모선별로 컨테이너를 적재하기 위해서는 사전에 다른 모선의 컨테이너를 해당 모선 컨테이너 적재 block으로 이적시켜야 하지만, 장치장이 좁을 경우에는 서로 다른 모선의 컨테이너가 혼재되는 것이 일반적이다. 이러한 이유로 인해 대부분 야드 장치시 weight별로 구분하여 장치하는 것이 현실적으로 불가능해지기 때문에 대부분 장치작업 후 weight planning과 작업순서를 감안하여 작업을 수행하게 된다. 아래 그림은 설명한 바를 표현한 것으로서 번호는 작업 순서를 나타내고 있다.

정상적인 형태의 경우에는 작업방향이 왼쪽에서 오른쪽으로 진행되는데, 이러한 형태를 취하기 위해서는 장치장을 형성하는 부지가 매우 넓어야 한다.

[그림 7-15] 정상적인 형태

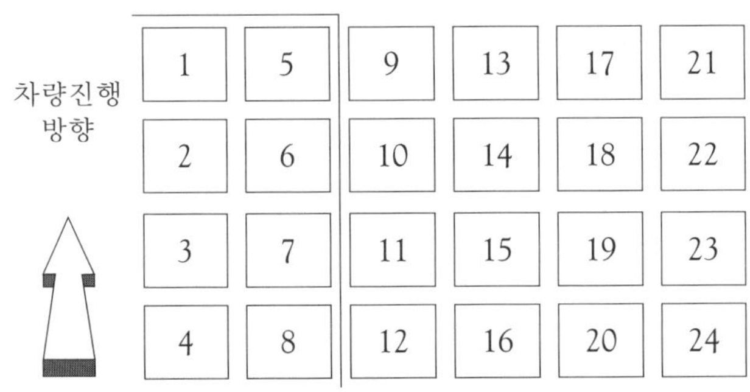

[그림 7-16] 일반적인 형태(비정상적인 형태)

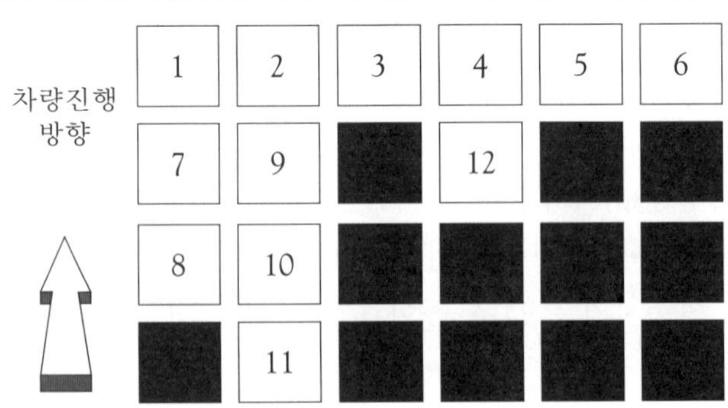

제 6 절 컨테이너 터미널의 주요 작업

1. 반·출입 작업

1) Gate

컨테이너 터미널에서 Gate는 컨테이너 반·출입이 이루어지는 내륙운송과 항만물류처리의 분기점으로서 내륙운송업자와 컨테이너 터미널이 상호 컨테이너에 대한 관리책임을 전환하는 곳이다. 따라서 컨테이너 터미널에서는 Gate를 보안상의 경계인 외곽에서의 출입구 외에 터미널 내측 장치장인근에 별도의 근검장치를 갖춘 문형의 구조물을 지칭하며, Gate는 컨테이너를 반·출입하는 차량통행구와 측면에서 서류접수용 소건물이 1조가 되어 터미널 규모에 따라 여러 열로 단일구조물 내에 설치되어 있으며, 컨테이너 상부검사를 위해 구조물상부에는 점검용 교량이 있다. Gate에서 컨테이너 인수도에 관한 서류를 상호교환하고, 컨테이너 이상유무를 점검하고, 견인차량은 장치장 내 진입방향을 지시받는다. 일부 외국 터미널은 문형구조 Gate 대신에 장치장측면의 일시 주차지역에 서류접수창구를 사용하는 곳도 있다.

수작업으로 운영하는 터미널에서는 Gate에서 접수된 서류를 Teletype 또는 서류전송관(Pneumatic Tube)을 이용하여 장치장관리실과 작업정보를 교환하였으나, Online 컴퓨터 시스템을 갖춘 터미널에서는 Gate의 담당자가 VDU(Video Display Unit)를 이용하여 직접 작업정보를 처리하고 있다.

선진화된 일부 컨테이너 터미널에서는 Gate 운영의 자동화가 이루어지고 있다. 그 중에는 AEI(Automatic Equipment Identification) 표찰을 부착한 컨테이너의 자동감지방식이 있으며, 컨테이너 번호인식 시스템(Container Number Recognition System)도 적용중이다. 이 모든 방식도 컨테이너 터미널이 반·출입될 컨테이너 정보가 EDI를 통하여 사전에 입수되어야만 처리가 가능하다.

2) EIR(Equipment Interchange Receipt)

컨테이너 반입·반출시 필요한 반입계 및 반출계는 선사 또는 대리인이 작성한다. 컨테이너가 반·출입될 때 운송회사가 제출하는 반·출입계의 내용을 Gate

요원이 전산단말기에 입력하면, 기기수도증이라 하는 EIR에 장치지역이 표시되어 전산 프린터에서 발행된다. EIR은 기기수도증역할과 터미널 내 컨테이너를 장치할 위치와 운송차량의 진입방향을 표시하는 안내도를 겸하는 것이 운영상 효율적이다. EIR에 Gate 요원들은 컨테이너 손상이 있을 시 손상위치를 표시하여 운송기사와 상호 서명한 후 1부를 운송기사에게 준다. EIR의 복사부수는 터미널에 따라 수량이 서로 상이하지만, 일반적으로 2~4부 발행하고 있다. 일부 선사는 자체의 컨테이너 관리를 위하여 자체 양식의 EIR을 전산입력용으로 별도수작업으로 작성하기도 한다.

3) 반입작업

반입작업은 수출 컨테이너 실물이 터미널의 Gate에 도착할 때 이루어지나 컨테이너 반입 전에 반입될 컨테이너에 대한 정보가 사전접수된 경우가 있다. 이 경우 1996년 이전 우리나라에서는 위험물, 직송, 철도운송, 터미널 내 CFS 화물 등에 국한되고 있지만, 현재는 터미널에서는 반입예정된 모든 컨테이너 정보가 사전입수되어 Gate에서의 정보처리시간을 단축시키고 있다

컨테이너가 Gate에 반입될 때 컨테이너의 적화작업계획에 필요한 정보와 터미널에 필요한 정보가 입력되면, EIR이 발행되어 터미널측과 운송인 사이에 컨테이너 인·수도를 확인한다. EIR이 발행될 때 사전장치계획이 수립된 부류는 컴퓨터에 의해 장치할 위치가 자동으로 지정된다. 일일단위로 반입된 현황을 선사별, 선박별로 구분하여 시간순으로 반입목록을 일과작성기준 시간대에 맞추어 발행한다.

4) 반출작업

수출 컨테이너 반출시나 수출 컨테이너의 반송할 때에는 반출계에 기재된 컨테이너 번호를 Gate에서 전산단말기로 조회하면 현재 장치된 위치가 출력된다. ODCY 등에 특정선박의 특정한 컨테이너 전체를 대량반출시킬 때는 Gate에 반출조건만 입력하면, 컴퓨터는 장치장에서 작업이 용이한 위치의 컨테이너를 임의지정하여 선정해 줄 수도 있다.

운송기사는 지정된 장치장에서 컨테이너를 상차하여 Gate로 회차시 Gate 요원은 컨테이너 점검 후 컴퓨터에 반출사항을 입력한다. 또한 EIR에 추가되는

요소는 장치위치와 EIR 발행번호, 반출요청일시가 포함되며, 컨테이너를 상차 후 확인시에는 반출일시가 추가된다.

2. CY 작업

1) 장치장의 구분

장치장은 컨테이너 보관이 실제 이루어지는 실외창고로서 장치용 장비의 종류에 따라 운영방식은 서로 상이하나, 이 곳에서 선측이나 Gate에서 도착한 컨테이너를 장치용 장비로 야적하여 일시보관하였다가 다시 선측이나 Gate로 이송시키는 곳이다. 컨테이너 터미널의 장치장은 사방으로 차량이 자유롭게 통행되는 직사각형의 지상구획인 여러 개의 블록으로 나누어진다. 블록의 크기는 컨테이너 터미널의 면적과 하역장비의 종류, 작업방식에 따라 상이하나, 각각의 블록에는 하역장비의 주행로와 컨테이너가 야적되는 공간으로 구성된다.

블록의 야적공간표시는 컨테이너가 장치되는 위치에 따라 사각형의 평면을 표현하는 가로와 세로, 높이를 나타내는 X축, Y축, Z축의 공간좌표를 블록을 포함하여 Bay-X-Y-Z 형의 고유번지로 표시된다.

T/C 방식의 X좌표는 주행방향으로 컨테이너 길이로의 열이며, Y 좌표는 크레인 Trolly의 횡행방향을 컨테이너축의 열이고, Z좌표는 Trolly에 부착된 Spreader의 종횡방향으로 적재된 단적을 표시한다. X축 좌표의 번호는 장치장의 운영효율에 따라 임의조정이 가능하나, Y좌표와 Z좌표는 T/C의 사양에 고정되어 일반적으로 많이 활용하는 6열의 4단인 타이어 T/C인 경우 최대번지는 $Y=6$, $Z=4$가 된다.

S/C 방식의 X좌표는 S/C 1대 진입하는 컨테이너 1개축만큼의 열의 횡순이며, Y좌표는 열 내의 S/C의 주행방향으로 컨테이너 길이로의 종순이다. Z좌표는 S/C의 동체에 부착된 Spreader의 주행방향으로 적재된 단적을 표시한다. X좌표와 Y좌표는 장치장의 운영효율에 따라 임의조정이 가능하나, Z좌표는 S/C의 사전에 고정되므로 3단 적용 S/C인 경우 최대 $Z=3$이 된다. S/C 하역방식에서는 블록 전면에 외부차량과 환적하는 별도의 장소인 T/P(Transfer Point)가 필요하다.

[그림 7-17] 컨테이너 야드 장치장 번호부여

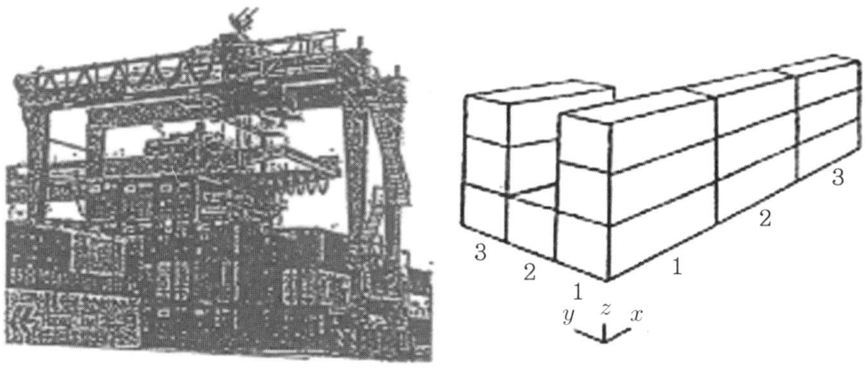

2) 장치장하역작업

장치장 내 컨테이너 물류작업은 엄격한 관제실의 통제 하에 사전수립된 작업계획과 수시지시되는 내용에 따라 수출 컨테이너 반입작업, 수출 컨테이너 적화작업, 수입 컨테이너 양하작업, 수입 컨테이너 반출작업 및 구내이적작업으로 5가지 형태의 기본물류작업이 처리된다. 부가적인 컨테이너 물류처리로는 선내이적작업 중의 적화대기를 위한 일시장치, 이선적(환적) 컨테이너의 일시장치, 수출 컨테이너의 반송 등이 이루어지며, 구내이적은 선적취소분의 정리 등을 위해 장치장 내 블록간을 이동하는 In-Yard 이적, T/C의 주행열을 T/C가 컨테이너를 고착하여 이동하는 Bay 이적, T/C가 Bay 내에서의 이적인 행(Row) 이적이 있다.

컨테이너터 미널이 무선 데이터 통신체계의 자동화가 미비한 곳은 하역장비의 운전기사가 관제실의 관제요원과 무선전화로 지시를 받아 작업을 처리하고, 그 결과에 대한 정보는 관제요원이 처리하므로 물류정보와 일치되지 않고 있다. 그러나 무선 데이터 통신체계를 갖춘 곳은 변화되는 물류정보를 하역장비에서 작업시 직접 전산처리하므로 실시간(Real Time) 정보가 이루어지며, 관제실은 작업상태를 컴퓨터로 항상 모니터링할 수 있다.

[그림 7-18] 컨테이너 야드 작업

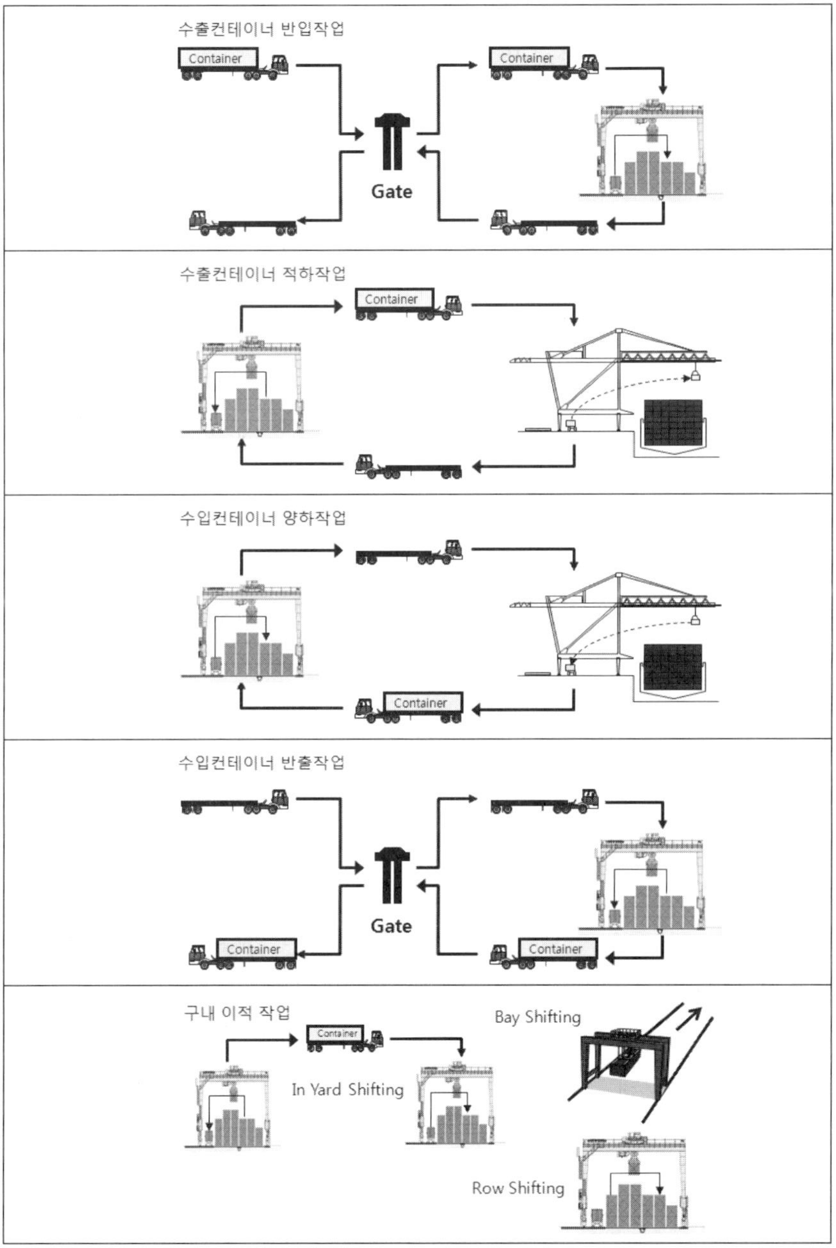

3) 장치장보관작업

합리적인 장치장재고관리는 장치장 내에서 작업중인 장치용 장비의 작업관제를 효율적으로 운영하고, 장치장야적공간의 변화 및 컨테이너 재고를 신속히 파악하는 데 있다. 관제실에서는 장치공간이 수시로 변하므로 최대한의 장치공간의 활용을 위해서 일정시차에 반복하여 활용이 가능한 장치장 내 위치를 파악하면서 차기항선박의 컨테이너를 위한 예비공간도 확보하여 작업계획수립시 참고한다. 아울러 현재 야적된 컨테이너의 특성을 파악하여 선적취소분은 별도장치하도록 하면서 장기체화분은 별도관리해야 한다.

해·륙 기능의 연결점인 터미널의 성격에서 본 항만물류의 활동형태는 선박의 수송과 육상운송의 결합을 대상으로 하는 하역이 주체로 되어 있고, 이에 부수되는 제 기능으로 이송, 보관, 내륙연계 등이 있으나, 그 중에서 가장 큰 역할을 하고 있는 것은 보관기능이다. 이 보관기능은 선박수송의 피동성과 일시다량성에 대처하고, 육상운송기관과 연락조정적 기능으로서 또 배후지역의 창고적 기능으로서 역할을 달성하고 있다.

보관은 그 어휘상 물품을 관리하는 것을 뜻하나, 이것은 단순히 물품을 저장할 뿐만 아니고 저장에 더하여 물리적 관리를 하고 물품의 가치를 유지하는 것을 본래의 내용으로 하고 있다. 따라서 종래의 보관이 단순한 물품의 저장관리를 내용으로 한 수동적인 것에 비하여, 최근에는 종합적 물류합리화를 대상으로 하는 적정한 재고관리나 유통가공 등을 주체로 한 능동적인 성격으로 변하고 있다.

이와 같은 경향으로 보아 저장에 있어 물품의 물리적 관리도 능률적으로 다음의 흐름에 이행될 수 있도록 운반활성을 높이는 것을 충분히 고려할 필요가 있다. 이러한 면에서 보관은 단순히 물품의 저장관리뿐만 아니고 재고관리, 유통가공, 배송 등의 관련에 있어 유기적인 운영이 중요하게 되었다. 컨테이너 터미널 내의 장치장에서의 컨테이너 보관은 장기적 저장을 위함이 아니라 복합운송과정 중의 일부분이므로 이 곳에서의 컨테이너 보관은 운송자의 측면에서는 운반과정의 시간적 고정상태로 보이지만, 컨테이너 터미널 운영자측면에서는 장치장의 일시 점유이므로 공간적 변동을 보게 된다.

그러므로 컨테이너 터미널 운영자측면에서의 컨테이너 재고관리는 고정적

위치인 장치장을 주체로 하여 컨테이너를 선사로부터 일시위탁받아 보관하므로 장치장 내 컨테이너 반·출입과 장치를 합리적으로 관리함을 뜻한다. 이 곳의 장치장 내 생산성이 전체 컨테이너 터미널의 생산성을 결정해 주고 있으므로, 장치장의 장치관리를 합리화한 생산성향상방안이 곧 물리적인 컨테이너 화물처리 효율화를 위한 최적대안이 된다.

4) 하역장비의 운영

하역장비의 운영배치는 하역계획에 따라 합리적인 운용이 가능하나, 무선 데이터 통신체계나 자동화가 추진된 곳을 제외하고는 최대화가 이루어지지 않고 있다. S/C를 이용하는 컨테이너 터미널에서는 장치장 내 작업의 5가지 형태별로 일반적으로 배차를 하지만, 장비특성상 기동성을 발휘하므로 최대화운용을 위해 유럽의 ECT나 HHLA 터미널에서는 무선 데이터 통신으로 1회 반입작업 후 1회 반출임무를 동시에 부여하여 공차회전을 줄이고 있다.

T/C를 운영하는 곳에서는 양하 및 적화시와 같은 순차작업은 운용효율이 높으나, 반입, 반출할 때와 같은 임의작업은 대기율이 많이 발생한다. 따라서 대기율을 최소화시키는 방식을 여러 곳에서 개발하여 사용하고 있다. 일본 미쓰이 조선에서 개발한 T/C의 최대화운용방식은 관제실에서는 당일의 T/C 가동수와 선박하역작업 등의 현장상태를 감안하여 블록별로 T/C를 초기에 배치하면, 각 T/C에 작업의 긴급도를 평가식으로 컴퓨터가 계산하여 작업순서를 자동적으로 지시한다.

평가식 컴퓨터에 의한 T/C 작업지시방식은 선사, ODCY, 육송회사의 사전 작업예정 요청이 전일 제출되어 일일 반·출입 계획이 사전수립되는 컨테이너 터미널에서는 작업의 성력화(省力化)가 이루어진다. 그러나 일일 반출계획이 수립되지 않고 있는 여건에서는 오히려 많은 T/C의 사전배치가 필요하다. 따라서 장비의 가동효율이 저하되므로 수시 현장상황에 따라 T/C의 배차를 조정하여 작업요청시간순으로 지시하고, 작업의 긴급도는 T/C 운전기사에게 작업여건판단 우선순서를 부여하는 것이 효율적인 현실이다.

5) 냉동 컨테이너의 장치장관리

냉동, 냉장, 가온을 위한 전기장치가 부착된 컨테이너는 지정한 온도의 지속적인 유지를 위하여 장치장에 보관할 때에는 육상전력공급 장치에 접속시켜야 한다. 일반적으로 사용하는 전력은 220V/30A, 220V/5OA, 380V/60A 또는 440V/60A이며, 여러 형태의 연결부속품이 준비되어야 한다. 이 때의 전기 접속과 단속을 위한 시간별 온도의 확인이 필요하다. 재래방식은 관리요원이 일정시간별로 확인한 수기록을 보관 또는 일괄전산처리하였으나, 일부 개선방식으로는 휴대용 PC로 현장자료수집 후 일괄전송처리하고 있다.

최근 방식으로는 온도자동감지기를 각 냉동 컨테이너에 삽입하여 컴퓨터와 접속시켜 수작업에 의한 온도확인사무 대신에 현장이 아닌 원격지에서 자동 확인, 기록이 되는 RMS(Remote Monitoring System)가 일부 선진화된 컨테이너 터미널에서 운용되고 있다.

3. 본선작업

1) 본선 적·양하 작업

본선에 적·양하 작업은 육상쪽의 Gate 반·출입 작업과 동일하게 컨테이너 터미널에서의 해상쪽의 출입과정이다. 이 작업은 적·양하 계획에 의한 순차작업으로 사전계획된 지정된 선박별, C/C별, 선창별 작업순서에 따라 순차적으로 이루어지나, 실제의 본선작업여건은 수시변화가 발생되어 계획된 작업순서를 수정하면서 작업이 이루어진다.

물류정보의 처리는 계획된 컨테이너 정보와 실물 컨테이너 번호를 확인하여 작업의 착오를 방지하면서 양하 컨테이너 경우에는 불확실한 사전정보로 인한 컨테이너 번호의 착오정정도 아울러 병행하여야 한다. 개별 컨테이너의 작업완료처리는 작업시간을 수록시켜 관리책임의 한계를 구분하고, 국내와 같이 작업시간에 따른 작업비할증 여부를 판별하는 기초자료가 된다. 국내에서 적용하는 기본장치허용 기간산정은 선박의 출항시간이 기준이 된다.

2) 본선작업형태

컨테이너선의 하역형태는 선형에 따라 ① LO/ LO(Lift On/Lift Off) 방식, ② RO/ RO(Roll On/Roll Off) 방식, ③ FO/FO(Float On/Float Off) 방식 등으로 분류할

수 있다. 여기서 대표적인 LO/LO 방식 하역의 예를 들어 보면, 부두나 선박에 설치된 Gantry Crane을 이용하여 본선의 선창 내에 수직방향으로 20' 또는 40'의 Cell Guide에 적재하거나 갑판상에 적재할 때는 해치 커버에 결속하게 된다.

컨테이너 하역은 전용부두와 일반부두에서 각기 다른 방식으로 행하여지며, 전용부두의 경우 부두 내 CY 또는 CFS에서 나온 컨테이너는 야드 배치계획에 따라 Marshalling Yard에서 선적대기하다가 본선적부계획에 따라 선내작업에 들어간다. 일반부두에서는 CY/CFS가 없기 때문에 ODCY에 반입 후 직상차되어 부두의 레인을 사용하여 선내작업이 이루어진다.

컨테이너의 하역효율은 컨테이너 터미널의 크레인 및 기타 하역기기의 대수와 사양을 기초로 작성한 야드 작업계획과 적부계획이 얼마나 훌륭한가에 따라 달라진다. 즉 훌륭한 작업계획은 터미널의 제 활동을 극히 원활하게 하고, 작업의 안전성을 높일 뿐 아니라 하역비용도 절감시킨다.

일반적으로 작업계획은 컨테이너의 반·출입 장치시점에서 일련의 작업과 깊은 관계가 있기 때문에 하역계획의 시스템화가 급선무이다. 그러나 여러 가지 복잡한 요인을 고려해야 하기 때문에 중요한 업무는 Planner의 경험과 기술을 필요로 한다.

[그림 7-19] 컨테이너의 갑판적재법

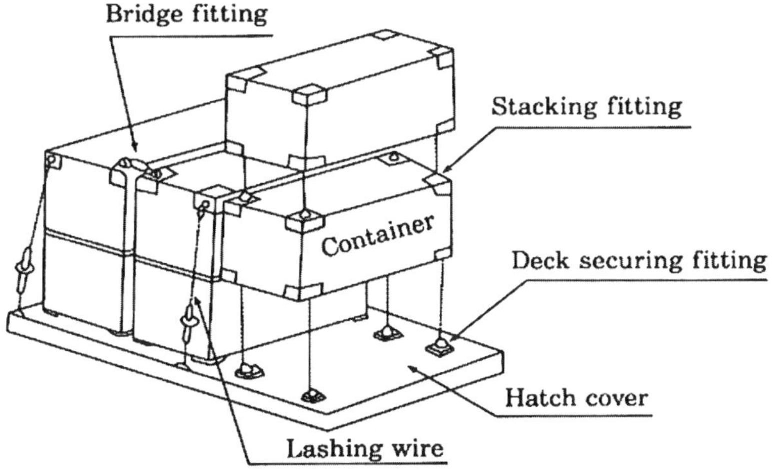

또한 하역방식에 따라 다르나 기존의 컨테이너 하역에는 선석당 보통 2대의 G/C가 사용되고 있으나, 2대의 G/C 간의 거리가 37m(120피트) 이내에 접근하면 작업률이 떨어지는 것으로 알려져 있다. 컨테이너선은 적화와 양하가 동시에 행해지는 것이 일반적이다. 양하를 먼저 할 것인가? 적화를 먼저 할 것인가? 하는 것은 화물의 상태에 따라서 다르므로 본선은 입항 즉시 터미널과 연락하여 하역준비를 해 둔다.

한편 LO/LO 방식의 하역에 있어서 가장 중요한 부분은 컨테이너 크레인의 하역 Cycle이며, Cycle은 컨테이너 레인의 종류에 따라 다르나 횡행⇨권하⇨위치고정⇨컨테이너 고정(Twist Lock)⇨권상⇨횡행⇨권하⇨위치고정⇨컨테이너 고정해제(Twist Lock Off)⇨Spreader⇨권상⇨횡행순으로 이루어진다.

따라서 이들 각 동작의 속도, 특히 횡행, 권상, 권하 부분의 고속화와 위치고정 등에 따르는 시간손실을 줄이기 위한 노력이 지속적으로 추진되어 왔다. 그리고 컨테이너 하역용 크레인은 터미널 능력 및 효율에 결정적인 영향을 미치는 가장 중요한 장비이며, 스트래들 캐리어 등 터미널 하역보조장비는 보조적인 역할을 하는 데 지나지 않는다.

제 8 장

안벽에서의 컨테이너 하역

제 1 절 컨테이너 하역의 개념

하역(荷役, cargo handling)이란 제 1 장에서 살펴본 바와 같이 선박으로 수송되는 화물을 선박에 적재하거나 내리는 작업을 총칭한 개념이다.

컨테이너 터미널에서는 선박이 안벽에 접안해서 선박 자체 또는 안벽에 설치된 크레인을 통하여 하역하기 때문에 접안하역으로 보아야 한다.

접안하역은 선박으로부터 화물을 육지(또는 차량)로 내리는 양하와 육지(또는 차량)로부터 선박으로 싣는 선적 또는 적하로 구분된다.

또한 선박으로부터 하역된 컨테이너는 이송장비에 의해 장치장으로 이송하거나 Gate를 통해 직반출되는데, 장치장으로 이송된 컨테이너는 장치장에 배치된 크레인에 의해 장치장으로 하역된다. 반대로 장치장에서 이송장비로 하역(상차)된 컨테이너는 Gate를 통해 반출되거나 선박에 선적을 위해 Apron으로 이송되게 된다.

제 2 절 컨테이너 하역시 크레인 할당(Allocation) 방식

안벽에서 컨테이너를 하역할 때 고려되어야 하는 사항은 다음과 같다.

1. C/C 배정계획

안벽에서 컨테이너를 하역하기 위해서는 컨테이너 크레인(Container Crane : C/C)을 배정해야 하며, 다음의 방법으로 계획하게 된다.

먼저 선박별로 배정된 C/C들의 기본정보인 작업시간, 시간당 처리능력, 효율, 선박접안방향 등을 입력하게 된다. 그리고 선박의 Hold와 Deck로 나누어 선박의 각 Bay별로 작업수량을 확인한 후 할당된 C/C 수로 작업시간을 고려하여 균등한 작업이 가능할 수 있도록 화물량을 배정한다. 배분된 물량에 대한 C/C간의 작업간섭을 검토하여 간섭이 발생하는 C/C간의 화물량을 Bay, Hold, Deck 단위로 조정해야 한다. 각 C/C별로 조정된 화물량의 불균형이 심하면 양·적하 작업 등을 동시에 고려하여 균등히 분할할 수도 있다.

할당된 C/C별 작업 Bay들은 작업중이더라도 작업중에 발생하는 여러 상황을 고려하여 C/C별로 작업화물량과 작업구역의 재조정이 가능하다.

* C/C별 양·적하 Bay 작업순서

C/C의 양·적하 작업순서는 다음과 같다.

① 양하는 선미에서 선수방향으로 하역작업을 진행한다.

② 적하는 선수에서 선미방향으로 하역작업을 진행한다.

C/C가 하역작업을 할 때 C/C간 충돌을 피하기 위하여 C/C간의 작업거리를 고려하게 되는데, C/C간 충돌을 피하기 위해 두 C/C 간의 최소작업간격은 40' 이상이 되어야 한다.

그리고 C/C를 배정할 때는 선박의 Bridge 위치를 고려해야 하며, C/C가 선박의 Bridge 앞과 뒤로 이동하기 위해서는 Booming-Up 작업이 요구되며, C/C의 Booming-Up 후 제자리 Setting까지 시간은 보통 30분 정도 소요되므로 Boom-up, Boom-down 작업의 횟수를 줄이기 위해서는 Bridge 앞 또는 뒤의 양·적하 작업을 일괄처리하도록 작업순서를 결정하고, 해당 작업종료 후에 C/C를 이동하여 나머지 부분의 양·적하 작업을 수행하도록 계획한다.

컨테이너 양하작업시 특정 Bay의 수리 및 긴급화물 등에 대한 선사의 요구가 있는 경우는 이를 고려하여 작업순서의 변경이 가능하다.

2. 양하 및 적하 계획수립 및 C/C 배정계획

1) 양하(Unloading) 계획수립

(1) 기본절차

양하시에는 사전에 필요한 양하 관련 자료를 접수해야 효율적인 대응이 가능해진다. 다음은 관련 서류 및 절차를 나타내고 있다.

① 선사로부터 Bay Plan 자료 및 양하 Profile을 접안 10시간 전까지 EDI를 통하여 접수
  ⓐ 양하 Profile : A) General Stowage Plan(I/B)
  ⓑ Bay별 Stowage Plan(I/B)
  ⓒ I/B Discharging No List
  ⓓ Dangerous Cargo List 및 하역허가서, 관련 Bay Plan
  ⓕ Special Cgo List(Reefer 포함) 및 Bay Plan
② 전산망이 구축되어 있지 않을 때는 파일이 수록된 Diskette 또는 문서를 직접 접수
③ 수집한 자료확인사항 : 선사명, 모선항차, 컨테이너가 적재된 Bay No, Row No, Tier No, F/M 구분, 중량, Type, 양하항(T/S), 각 선박의 Cell 위치를 확인
④ EDI 또는 문서접수된 자료를 조회하여 선사별, Size/Type별로 수량을 확인
⑤ 양하자료를 확인 후 이상 여부가 발생할 때에는 선사본선팀에 재확인하며, 확인 후 이상이 없으면 양하 Planning 실시
⑥ 냉동 컨테이너의 경우는 선사의 냉동 List상 존재하는 컨테이너에 관해서만 야드에서 Monitoring하며, 그 외의 컨테이너는 일반 컨테이너 취급과 동일하게 전산에 온도가 있는 것과 List상의 수량만을 확인

(2) 양하계획 수립과정

양하(Unloading) 계획을 수립하는 과정은 다음과 같다.

① 컨테이너 수량 및 선 내 컨테이너 적재위치에 이상이 없음을 확인한 다음, 해당 선박의 작업량과 접안선석, 터미널 상황 등을 고려하여 작업 C/C의 댓수를 결정(1선박당 2~3기 C/C 원칙)하고, 각 C/C별로 작업소요시간을 결정

② 각 Bay의 Hold/Deck별 양하순서(Hatch Cover 개폐 포함)는 투입예정 C/C 댓수, C/C별 작업량, 양하예정자료의 Bay 형태, 선박안정도 등을 고려하여 C/C별 양하 Seq를 결정

③ 해당 서류(Seq List, C/C Working Schedule, Bay Plan, Special List)를 출력

④ 작업한 내용을 Server에 Upload

⑤ 양하장치계획과 양하 컨테이너를 일 대 일 매칭하거나 상황에 따라 자동으로 Planning(C/C 작업순서배정)

⑥ 양하계획시 고려사항

ⓐ 효율적인 작업과정반영

ⓑ 장비간섭의 최소화

ⓒ 장치장상황고려

ⓓ 양하순서는 기본적으로 선미에서 선수방향으로 작업진행

ⓔ 선박의 제원, 화물의 적부형태, 안정도 등을 고려 Row 방향에 따라 Nf, Ff 순으로 결정하거나, Tier 방향에 따라서는 Vertical, Horizontal 작업순서결정

㉮ Nf(Near First) : C/C에서 가까운 Row순으로 작업

㉯ Ff(Far First) : C/C에서 먼 Row순으로 작업

㉰ Vertical : Tier 작업시 수직으로 작업

㉱ Horizontal : Tier 작업시 수평으로 작업

ⓕ 일반적으로 양하작업을 할 때는 Nf 작업을 우선

⑦ 발행한 서류를 해당 부서에 전달(본선 C/C, 야드 C/C)

⑧ Sequence List에 분류기호를 기입(특수화물, 냉동물, 위험물, T/S 화물, Etc)

⑨ 양하계획을 자동화할 때는 C/C 투입대수, 모선의 선적형태, 선박 안정도,

야드 상태 등을 고려하여 Working Schedule을 자동산출 후 각 Bay별 양하순서를 결정할 수 있다.

2) 선적(Loading) 계획수립

(1) 기본절차

선적(loading) 계획을 수립하는 과정은 다음과 같다.

① 선사로부터 Booking Prospect를 접안 3일 전에 접수(EDI)

② 접수 후 적하장치장할당 후 반입가능

③ CCT(Container Terminal Closing Time) 종료되기 전(보통 10시간 전)에 선사로부터 Loading Profile 접수하며, 종류는 다음과 같다.

ⓐ Cntr' Loading List=CLL

ⓑ Loading General Stowage Plan

ⓒ Bay별 Stowage Plan

ⓓ Special(Reefer 포함) Cgo List 및 Bay Plan

ⓔ D/G Cgo No List 및 Bay Plan

④ CCT 마감 후 정확한 반입분과 컨테이너 Loading List와 대조확인

ⓐ Loading List에 사전정보가 없는 상태에서 반입된 컨테이너는 선사 선적담당부서에 통보하며, 확인작업 후 미반입된 컨테이너 중 직반입될 화물(D/G, R/F, Special Etc)은 직송입력하며, 최종선적 컨테이너를 Loading List와 일치시키고 총 수량을 확인한다.

ⓑ 컨테이너 반입마감시간 이후 반입시 필히 Planner실에 통보, 확인입력 후 반입을 허가한다.

⑤ 일반적인 직반입 컨테이너 종류

ⓐ D/G Cargo Imdg Code 1.2.7류

ⓑ 장척화물 및 B/Bulk

ⓒ 냉동 컨테이너

⑥ 적하작업에 관련된 서류

ⓐ 적하 Stowage Plan(선사작성분) : 본선의 컨테이너 예정적재상황을 전체적으로 파악할 수 있도록 표시된 총괄도로 양하지, 규격별 적재위치와

특수화물, 냉동, 위험물, H/C 컨테이너 등의 지정위치가 표시되어 있다.

ⓑ 적하 컨테이너 No List(CLL) : 컨테이너 반입완료 후 선사에서 작성해서 터미널에 제출하는 컨테이너 선적목록으로 최종적으로 해당 항차에 선적하기로 결정된 컨테이너의 정보가 상세하게 기재되어 있다. 컨테이너 정보에는 컨테이너 번호, 양하항, 종류, 규격, 중량 기타 선적시 필요한 사항 등이 있다.

ⓒ 이선적 컨테이너 No List : 선사로부터 이선적 컨테이너 목록을 접수하고 해당 모선에서 양하 후 장치된 이선적 컨테이너 장치도를 출력하여 컨테이너 번호, 양하항 등을 확인한 후 모선을 변경한다.

ⓓ 야드 장치도 : 해당 항차의 선박에 관련된 적하될 컨테이너의 야드상의 장치현황이 자세하게 기재되어 있는 총괄도이며, 컨테이너의 장치위치, 컨테이너 번호, 규격, 중량 등이 표시되어 있다.

ⓔ Loading Container Weight Distribution : 최종적으로 결정된 적하 Cntr'에 대하여 양하항과 규격별로 중량이 무거운 순서대로 중량분포를 표시하여 Summary

⑦ Working Station에 해당 모선의 선적자료를 Download받아 양하지, Size, F/M, H/C별로 Summary를 Loading Profile상의 Summary와 일치시킨다.

⑧ 모선특성, 야드 상황 및 C/C별 분배를 고려하여 각 Bay별 Hold/Deck의 선적순서를 지정한다.

⑨ 해당 서류(Seq.List, C/C Working Schedule, Bay Plan, Special List)를 출력

⑩ 작업한 내용을 Server에 Upload시킨다.

⑪ 선적 컨테이너를 야드와 모선 선내위치별로 일 대 일 또는 자동으로 매칭한다.

⑫ 발행한 서류를 해당 부서에 전달(선사 포함)한다.

(2) 적하계획시 기본적 고려사항

적하계획수립시 생산성향상을 위해 기본적으로 고려해야 할 사항은 다음과 같다.

① 장치장의 이동거리 최소화

② 선박의 안정성고려

ⓐ 선박의 무게중심(GM)을 충분히 확보하기 위해 중량화물이 아래쪽에 적재(Bottom-Heavy)되도록 하여야 한다.

ⓑ 작업시 선박의 과대한 Trim(1도), Heeling(3도) 등이 과다발생하지 않도록 선적계획 및 실행이 필요하다.

③ 장비의 간섭의 최소화

④ 컨테이너 재배치의 최소화

⑤ 효율적인 작업과정반영

⑥ 기본적인 적하작업방향

⑦ 컨테이너 유형별 일괄작업

⑧ 선박종류에 따른 작업방법

⑨ 선박의 안정성을 위한 컨테이너 중량고려

⑩ Yard의 동선의 최소화

⑪ Stacking Weight 고려 : Deck상의 적재 컨테이너에 대해서는 Stacking Weight가 초과되지 않도록 하여야 한다.

⑫ 컨테이너에 따른 적재위치제약

(3) 선적계획완료분에 대해 선사에 관련작업서류를 재송부(EDI)

이상여부확인 후 이상작업발생시 작업수정 요청가능

3) 양·적하 계획시 세부고려사항

자동 또는 수작업으로 C/C 배정계획이 이루어지고 난 후 선적계획에 앞서서 양하계획을 수립하게 되며, 양·적하 Stowage Plan을 기준으로 한다. 각 C/C와 각 Hatch별로 양·적하 순서 작성계획을 수립하게 된다. 기본적 고려사항에 따라 공 컨테이너, 냉동 컨테이너, 위험물 컨테이너, 20' 컨테이너 등 속성별로 함께 작업할 컨테이너를 설정하게 되며, 속성별로 우선 작업해야 할 컨테이너를 설정하여 양·적하 순서를 결정하게 된다.

(1) 기본적인 양 · 적하 계획 고려사항

① 선박의 횡방향

ⓐ 양하시 : Nf

ⓑ 적하시 : Ff

ⓒ 선박의 Heeling 고려시 : Nf, Ff 혼재작업

② 선박의 종방향

ⓐ Vertical Order

ⓑ Horizontal Order

Deck는 기본이 Horizontal Order, Hold는 Vertical Order를 기본으로 하되 전용 Bay는 Vertical Order를 원칙으로 한다.

(2) 컨테이너 일괄작업 Rule

① 컨테이너 규격별 일괄작업

20', 40', 45' 등의 컨테이너 규격별로 일괄작업을 수행한다.

② 컨테이너 종류별 일괄작업

Over-Dimesion, Break-Bulk, Reefer, Flat-Rack 등의 컨테이너 종류별로 일괄작업을 수행한다.

③ 컨테이너 운송종류별 일괄작업

자부두 T/S, Shifting 등의 컨테이너 운송종류별로 일괄작업을 수행한다.

④ 공 컨테이너의 일괄작업

공 컨테이너의 경우 선박의 무게 중심을 잡기 위해 컨테이너를 선박의 가장 상부에 적재해 놓을 뿐만 아니라, 장비가 교체되어야 하므로 일반 컨테이너보다 우선적으로 일괄처리되어야 한다.

(3) 기타 고려사항

① C/C의 컨테이너 Passing 여부

컨테이너의 하역작업은 포물선형태로 진행되기 때문에 C/C Passing 여부를 고려하여 필요에 따라서는 선박의 작업 Row 상단의 컨테이너를 우선적으로 제거하여야 하며, 이 때 추가적인 Shifting이 발생할 수도 있다.

② Hatch Cover의 제거

선박 Deck상의 작업이 모두 종료된 후에는 Hold 내의 작업이 진행되어야

하는데, 이 때 Hold 내의 작업을 위해서는 반드시 Hatch Cover가 제거되어야 하며, Hatch Cover가 없는 선박도 있다.

③ **선박의 Cell Guide 유무**

Hold 내에서 20' 전용 Cell Guide가 없고 20' 컨테이너를 양·적하하는 경우에는 작업자가 Stacking Cone 제거작업을 수행해야 되기 때문에 앞, 뒤 Bay를 번갈아 가며 횡으로 작업을 해야 한다.

④ Over Dimesion은 장비교체를 해야 하므로 생산성과 관련한 계산 하에 양·적하 계획을 한다.

⑤ Break-Bulk와 장척화물은 안전을 위하여 전방의 컨테이너를 우선적으로 양하하며, 적하시는 그의 역순이 된다.

⑥ Deck상의 End Slot에만 20' 컨테이너가 적재된 경우, 작업자의 안전을 고려하여 앞쪽 Bay와 번갈아 가며 양하작업을 해야 한다.

⑦ Cell-To-Cell Shifting의 경우에는 Shifting 위치를 확보하기 위하여 일반적인 작업순서를 배제한 채 순서변경이 가능하다.

⑧ **선내이적**(Shifting)

선내이적은 선박의 일정장소에서 선박 내 다른 장소로 컨테이너를 이동시키는 것을 의미하며, 1 time과 2 times으로 구분된다.

1 time은 C/C가 컨테이너를 Lift On한 후 바로 선박 내 다른 장소로 이동하여 컨테이너를 내려 놓는 경우로 1번의 작업으로 이선적작업이 종료된다.

2 times는 C/C가 컨테이너를 Lift On한 후 최종선내위치에 장치하기 전에 야드(Yard, On Chassis, Apron) 또는 모선의 특정장소를 경유하여 다시 선박 내 지정장소로 이동하여 컨테이너를 내려 놓는 경우이며, 2번의 작업으로 이선적작업이 종료된다.

1 time과 2 times의 다른 점은 1 time인 경우는 양하시 바로 선내이적이 될 수 있도록 최종선내위치가 부여되어야 하며, 선적 Planning시 Planning은 하지 않는 반면, 2 times인 경우는 양하시 경유지를 지정하여 일시장치할 수 있도록 하여야 하며, 선적 Planning시 최종선내위치를 부여하도록 Planning한다.

제 3 절 생산성관련지표

1. 안벽 능력

안벽 능력은 해측요소인 선박의 하역량과 작업시간, 육측요소인 안벽 크레인의 성능 및 제원 등에 의해 산정되어지며, 각 시간에 대한 정의는 다음과 같다.

1) 시간, 작업, 수량에 관한 정의

(1) 모선, 크레인에 관련된 시간

양 · 적하 작업은 본선 및 선석에 위치한 하나 이상의 크레인 사용과 함께 작업조(gang)에 의해 이루어지는데, 서비스 시간과 내용은 본선작업을 수행하는 크레인 및 작업조에 관련된 사항과 선박 자체에 관련된 사항들에 의해 일반적으로 분류된다.

(2) 본선작업시간 관련

① 재항시간(Port Time)

외항도착시간부터 외항출발시간까지(buoy-to-buoy)를 칭하며, 항만에서 선박이 소비하는 총 시간은 선석, 서류, 도선(Pirot), 예선(Tug), 악천후 등에 의한 대기시간을 포함한다.

② 총 접안시간(Gross Berth productivity)

접안시 최초의 홋줄이 비트(Bitt)에 걸리는 시간부터 이안시 마지막 홋줄이 비트(Bitt)에서 벗어나는 시간까지를 말한다.

본선작업 준비시간을 포함한 서류준비기간, 작업조, 작업전환 및 준비, 화물취급, 장비고장, 악천후 등으로 인한 대기시간을 포함한다.

③ 순 접안시간(Net Berth productivity)

선박에서 최초로 하역되는 컨테이너의 Lashing이 풀리는 순간부터 마지막으로 선적되는 컨테이너의 Lashing 작업이 완료되는 순간까지의 시간을 말한다.

또는 선석에서의 본선작업시간(본선작업 준비시간), 화물문제, 장비고장, Lashing/unlashing 시간, 콘(cone) 탈 · 착시간, 해치커버 취급, 장비간섭, 기상상태로 인한 중단시간 등의 작업중단시간을 포함한다.

(3) 크레인 시간관련

① 총 크레인 작업시간(Gross Crane Time)

컨테이너 크레인의 최초이동순간부터 완료까지이며, 본선작업 전후의 대기시간 및 작업중단시간을 포함한다.

국내·외 컨테이너 전용 터미널에서는 안벽 크레인이 작업을 위해 붐(boom)을 내리는 시간과 최초 Lashing을 푼 시간의 차이, 마지막으로 Lashing을 푼 시간과 안벽 크레인이 작업완료 후 붐(boom)을 올리는 시간의 차이가 거의 없다.

② 순 작업소요시간(Net Crane Time)

컨테이너 크레인의 최초이동순간부터 작업을 마치고 완료까지의 시간이며, 본선작업 전후의 대기시간 및 작업중단시간은 제외된다.

이에 따라 컨테이너와 관련된 직접적인 시간만을 포함하며, 간접적인 작업시간 및 모든 작업중단시간은 제외된다.

(4) 컨테이너 작업수량 관련

본선작업 동안 크레인(작업조)은 일련의 직·간접적인 작업을 수행하며, 선적/하역, 선내이적 1(shifting 1 time), 선내이적 2(shifting 2 times), 해치의 개폐 등 4가지 종류로 분류할 수 있고, 모두 이동을 기본단위로 한다.

선내이적 1(shifting 1 time)은 양·적하 작업이 동시에 발생되므로 한 개의 컨테이너에 대해 1번의 이동을 적용하며, 선내이적 2(shifting 2 times)는 가상으로 본선－야드－본선의 이동형태로 2번의 이동을 적용한다.

2) 본선과 크레인별 생산성측정

선박과 크레인의 생산성을 측정하는 시간개념을 도식화하면 다음의 [그림 8-1]과 같다.

[그림 8-1] 본선작업 시간분석

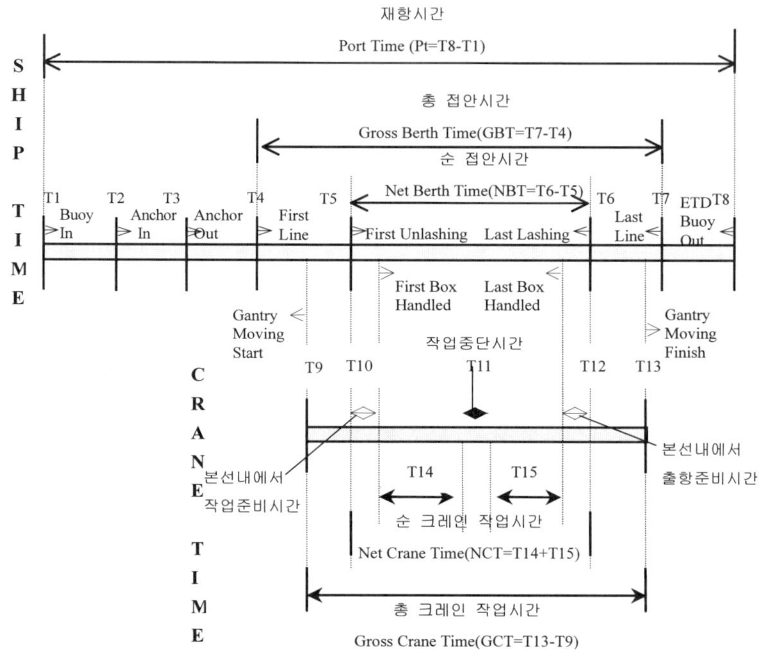

(1) 본선과 크레인별 생산성측도

선박과 크레인의 생산성을 산정하기 위해서 아래의 6가지 산출방법이 제시되며, 생산성산출은 컨테이너÷시간이 기준이 된다.

① 항만접근성(재항시간－총 선석 소요시간)

이 척도는 항만의 지리적인 상황, 즉 항만에 접근하기 위한 거리 및 항해상태, 도선사와 예인선의 이용능력, 본선, 선원, 화물을 감시하는 각 정부기관 등에 관한 효율성, 선석이용률 등을 평가하는 기준으로 사용된다.

② 총 선석당 생산성(총 컨테이너 수량/총 접안시간)

터미널의 전반적인 본선작업상황을 나타내며, 선사의 터미널 선정시 운항스케줄의 근간이 되는 자료이다.

③ 순 선석당 생산성(컨테이너 수량/총 크레인 작업시간)

본선에 할당되는 크레인(작업조)의 수 및 아래의 순 크레인(작업조) 생산성을 반영한다.

④ 총 크레인 생산성(컨테이너 수량/총 크레인 작업시간)

작업시작시간 전후의 대기시간 및 조기작업종료 등을 포함하며, 작업조당 노동계약의 기초가 되기도 한다.

⑤ 순 크레인 생산성(컨테이너 수량/순 크레인 작업시간)

계획과 관리에 있어서 터미널의 경쟁력 및 장비, 설비, 노동력 등의 기술적 능력평가의 지표(pick-rate)가 된다. 총 컨테이너 수량에 관한 간접적인 작업시간, 즉 Lashing, 콘(cone) 탈착, Hatch Cover의 개·폐, 장비고장 등 기타 작업중단사유 등에 대해 소요된 시간을 알 수 있다.

(2) 생산성에 영향을 미치는 요소

생산성에 영향을 미치는 요소는 크게 터미널 운영인력에 의해 통제되는 것과 통제될 수 없는 것 두 가지로 분류되며, 터미널에서는 이러한 요소들의 문제점과

[표 8-1] 국내 터미널 생산성에 영향을 미치는 요소

통제가능한 요소			통제불가능한 요소		
터미널 측면	선사측면	기타 사유	터미널 측면	선사측면	기타 사유
· 운영구조 - 플래닝 기법 - CCT 관리 여부 - 작업통제능력 · 인력관련 - 노무구조 - 작업조당 투입 인원 - 기사 개인능력 · 장비관련 - 장비대수 - 고장시 수리 능력 - 부품조달능력 - 장비가동성능 · 전산관련 - 운영을 위한 전산지원 시스템	· 운영기법 - CCT 준수 여부 - 화물형태 (B/B, O/H 등) - 접안 스케줄 준수 여부 - STOWAGE PLAN 작성 기법 - 정보제공능력 - 운영능력 (화물관리능력, POD 변경, 모선변경, 판매 및 사후관리 능력 등) · 인력관련 - 라이싱 노무원업무, 협조능력	· 국내화주의 인식차이 · EDI 현황	· 장비관련 - 장비형태 및 종류 · 시설관련 - 야드 면적 - 야드 차량진행 방향 - 게이트 디자인	· 선박의 형태 - 선박용량 및 길이 - 셀 가이드 형태 - 콘 형태 - 선 령 - 해치커버 형태	· 기상상태 · 낮의 길이 · 조 석

기초통계를 바탕으로 문제점해결에 주안점을 두어야 한다.

2. 생산성척도

1) 실질적인 생산성향상 및 산정시 고려사항

가장 비교할 만한 생산성부문은 위에 순 크레인 생산성(Net Crane Productivity)이지만, 순 크레인 생산성은 터미널의 운영, 관리 측면에서 가장 중요한 것으로서 선사에게는 선사에 가장 중요한 생산성부문은 순 선석당 생산성이다.

그리고 선사운항관련 최대관심사는 재항시간을 줄이는 데 있으며, 재항시간은 내항접근시간, 터미널 작업준비시간, 터미널 내에 선박작업시간(handling Time) 등의 합이 된다.

선박은 외항에서 대기하므로 외항선박 대기시간이 선박대기율로 반영되어야 하며, 내항접근시간의 대부분은 외항도착 후 선석까지의 운항시간으로 이루어진다.

터미널 내에 선박작업시간(handling Time)은 (컨테이너 수량÷순 선석당 생산성)의 관계이며, 순 선석당 생산성은 (순 크레인 생산성×크레인의 평균대수)의 관계로 나타난다.

제 9 장

컨테이너 화물의 서류 및 정보의 흐름

제 1 절 컨테이너 관련서류의 이해

컨테이너 관련서류는 주로 컨테이너를 이용한 화물의 수출과 수입에 필요한 서류를 말한다. 통상 수출품의 경우 화주가 수출품을 생산한 후 선적하기까지의 내륙운송절차와 컨테이너선 선적절차에 따라 다양한 서류가 필요하다.

1. 컨테이너 화물의 수·출입 과정

컨테이너 화물의 운송은 내륙운송절차와 해상운송절차로 구분되며, 내륙운송의 경우 FCL 화물과 LCL 화물에 따라 달라진다. 내륙운송경로는 화물의 양, 종류 등에 따라 달라지지만, FCL 화물의 경우 도로, 철도, 해상으로, LCL 화물의 경우 도로로 수송된 후 해당 CFS에서 컨테이너 적재작업이 이루어지게 된다. 반면 수입화물의 경우 반대의 경로를 거치게 된다.

1) 운항일정(schedule), 기항지(calling port) 확인

선사에 따라 다소 차이가 있으나 대형선이 취항하는 주요 항로의 경우에는 6개월에서 1년 간의 스케줄을 편성하고, 선박별로 기항항만과 기항일자가 발표된다.

여기에는 기본적으로 각 기항항구와 항구 사이의 거리를 고려하여 항구간에 소요되는 운항시간과 각 항구에서 평균적으로 선적되는 컨테이너와 하역되는 컨테이너의 갯수를 고려하여 전체하역시간을 산정한 시간에 입·출항에 소요되는 시간을 더한 항구재항시간을 합한 시간을 기준으로 Proforma schedule을 작성하는데, 이를 기준으로 기항하는 각 항구의 휴일 등을 적용하여 연간 스케줄을 작성한다.

이러한 연간 스케줄은 Long range schedule이라 불리며, 각 항로의 기본적 스케줄로 인식되어 항상 이 스케줄을 지키려고 노력한다. 마지막으로, 연간 스케줄을 따라 운항하는 선박이 하역시간지연, 날씨 등으로 인하여 스케줄이 지연되었을 경우, 각 구간별로(주로 대륙별) 가장 현실적인 스케줄을 작성하여 연간 스케줄에 맞출 수 있도록 스케줄을 조정하여 각 기항지에서 입항일시를 확정하는 스케줄로 이는 Coastal schedule이라 하고, 이것이 입·출항의 기준이 된다.

[표 9-1] 컨테이너 스케줄의 예

PSW		BUSAN	L.A	OAK	CHI	GULF	N.YORK	M.CITY	TOR/MTL
MING PROPITIOUS	04E	9/27	10/9	10/12	10/14	10/14	10/16	10/18	10/19
MING PROGRESS	79E	10/4	10/16	10/19	10/21	10/21	10/23	10/25	10/26
MING PEACE	01E	10/11	10/23	10/26	10/28	10/28	10/30	11/1	11/2
MING PROMOTION	02E	10/18	10/30	11/2	11/4	11/4	11/6	11/8	11/9

ALL WATER		BUSAN	SAVANNAH	NEW YORK
HANJIN MARSEILLES	62E	10/1	10/26	10/29
MING EUROPE	51E	10/8	11/2	11/5
HANJIN NAGOYA	16E	10/15	11/9	11/12
MING AMERICA	53E	10/22	11/16	11/19

EUROPE		BUSAN	HAMBURG	ROTTERDAM	ANTWERP	LEHAVRE
AUSTRALIAN ENTERPRISE	09CW	10/4	11/1	11/3	11/5	11/6
MING ZENITH	A042W	10/10	11/7	11/9	11/11	11/12
MARE AFRICUM	09LE	10/17	11/14	11/16	11/18	11/19

* NORWAY, SWEDEN, DENMARK AND OTHER EUROPEAN INLAND DESTINATION CARGO ACCEPTABLE.

[그림 9-1] 컨테이너 화물수송의 업무 흐름도

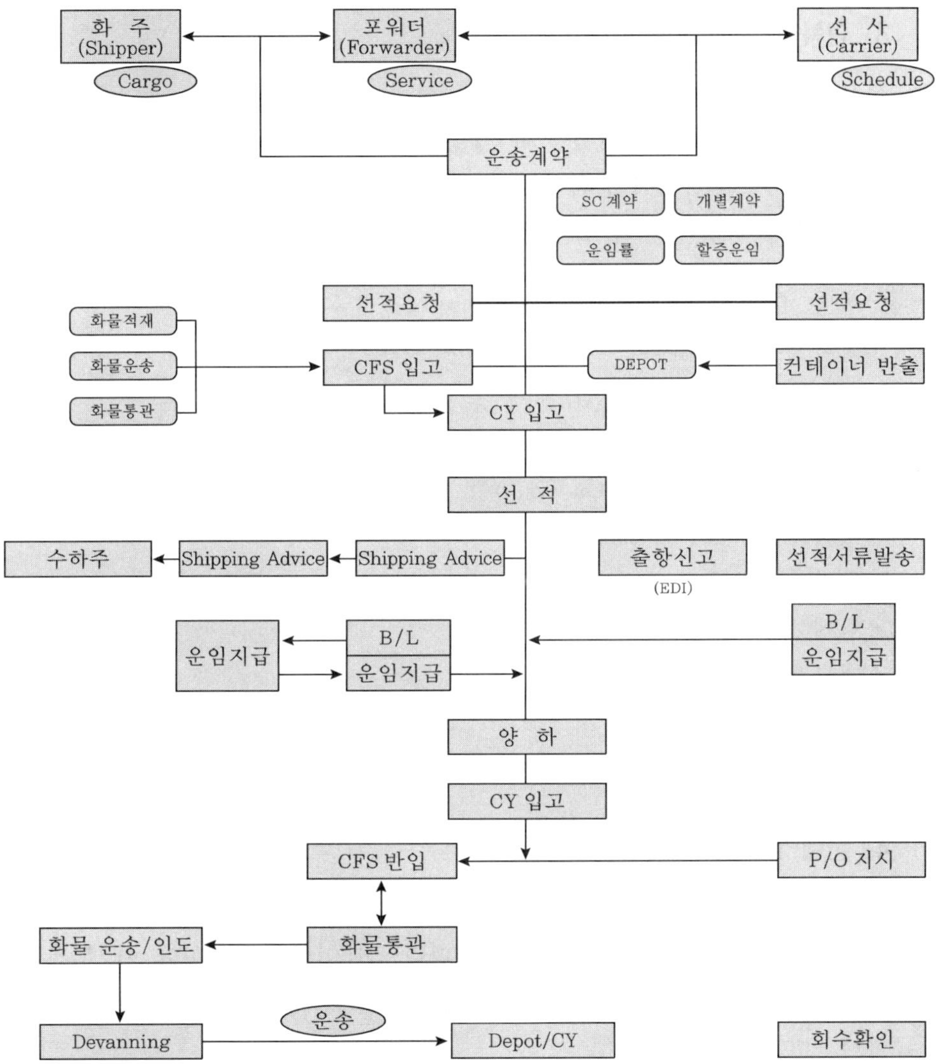

2) 운임률, booking 가능 여부 확인

적용운임률을 확인하고, 원하는 선박에 선적의 여유(space)가 있는가를 확인한다. 동맹선사와 비동맹선사의 운임률이 다르다는 점을 참고한다. 또한 계약화물의 정도에 따라 운임의 할인이 가능하다는 점도 고려한다.

3) 선복예약서(booking note)

선사가 화주로부터 구두 또는 문서로 선적요청서(Shipping Request: S/R)에 대하여 선복예약(booking)이 이루어졌을 때 작성하는 서류를 선복예약서(booking note)라고 한다. 이를 기초로 하여 선사가 수화목록을 작성하게 된다. 이 때 선복예약서(booking note)에 기입하는 주요 내용은 다음과 같다.

- 선명, 항차번호(vessel name & voyage no.)
- 화물명세, 컨테이너 수량, 종류
- 운임률(freight), 할증운임, 비용
  - BAF(bunker adjustment factor)
  - CAF(currency adjustment factor)
  - THC(terminal handling charge)
- 항만시설사용료(Wharfage)
- 컨테이너세(Container Tax)
- 내륙운송료
- 선적항/양하항
- 화물인수도조건(CY to CY, CFS to CFS등)

4) 컨테이너 반출(door)

화주는 선사 또는 포워더에게 공 컨테이너 요청서(Empty Container Door Order)를 보내고, 선사는 화주 혹은 포워더의 요청에 따라 컨테이너를 투입한다. 이 때 컨테이너 반출 장소와 일자를 명확히 하며, 기기수도증(Equipment Intercharge Receipt : EIR)을 발급한다.

5) 화물적재(stuffing)

반출된 컨테이너가 화주에게 도착하면 화물을 적재한다. 화물적재는 FCL 화물의 경우 화주의 비용으로 화물을 적재하고, 컨테이너 번호와 봉인번호를 확인한다. LCL 화물의 경우 화물의 적입을 대부분 포워더에게 일임한다. 포워더는

CFS에서 화물을 혼재한 후 적입(stuffing)과 봉인(sealing)을 하고, 컨테이너 내적부표(Container Load Plan : CLP)를 CY에 전달한다. CLP는 컨테이너에 채워진 화물의 명세, 정보, 인도의 형태를 기재한 것으로서 FCL 화물의 경우 화주 또는 그 대리인이, LCL 화물의 경우에는 CFS 운영자가 컨테이너 1개마다 작성한다.

6) 컨테이너 내륙운송

컨테이너를 선적항의 CY로 운송한다. 도로운송의 경우 트럭을 이용하며, 철도운송의 경우 철도 CY 혹은 철도화물집화장(depot)으로 운송한다. 이 경우 CY 운영자는 내륙운송업자에게 부두수취증(Dock Receipt : D/R)을 발행하며, 내륙운송업자는 이를 화주에 전달한다.

부두수취증이란 선적을 하기 위해 화물을 선박회사가 지정하는 장소(도크)에 인도했을 경우 선박회사가 화물의 수취를 증명하여 화주에게 교부해 주는 화물수취증을 말하는데, 오늘날은 특히 컨테이너 수송화물을 CY나 CFS 등에서 선박회사에 인도했을 경우 재래선의 본선수취층(mate's receipt) 대신 이것을 작성, 교부해 준다.

7) CY 반입 및 통관

통상 선박접안 10시간 전까지 컨테이너 터미널의 CY에 반입(closing time)해야 하며, 통관은 수출면허를 받은 날로부터 30일 이내에 선적해야 한다.

8) 선적대기

본선입항 전에 CY의 컨테이너는 미리 정해진 야드 계획(yard plan)에 따라 마샬링 야드(marshalling yard)로 이동한다.

9) 선　　적

본선입항시 선박의 도착항 적/양하 순서(stowage plan)에 맞추어 적재 후 출항한다. 통상 컨테이너선의 접안시간은 12시간에서 24시간이다.

10) 운임청구

선적이 완료되면 선사는 화주에게 운임을 청구한다. 이와 관련된 송장(invoce)의 예는 다음과 같다.

[그림 9-2] 운임청구를 위한 송장(invoice)의 예

DATE PRINTED 19/06/01
INVOICE NO 15-10254152

PHAICHAI TRADING CO.,LTD.
170-1, POONGSAN-DONG
HANAM-SHI
KYUNGKI-DO, KOREA

POINT OF SALE DATE 19/06/01
PAGE 1
DEBTOR NO. D44003694

Pre-carrier	Arrival date 27/05/01	Through B/L NO.
Ocean Vessel / Voyage PONL SURAT PUA1420	Sailing Date Typ 28/05/01	B/L NO. PONLSEL15003168
Place of Origin BUSAN	Place of Receipt BUSAN	Port of Loading BUSAN, KOREA
Port of Discharge LOME, TOGO	Place of Delivery LOME	Shipper's ref.

FCL TERM HDLG CHARGE-ORIG		1.000 UNT x	100000.00	KRW	100000.00
BILL ISSUING FEE	LMP			KRW	9000.00
ORIGIN PORT TAX		1.000 UNT x	20000.00	KRW	20000.00
WHARFAGE - ORIGIN		20.000 FRT x	170.00	KRW	3400.00
Currency totals				KRW	132400.00

Cheques should be crossed and made payable to P&O NEDLLOYD LIMITED.
When making payment please make reference to the items being settled.

TOTAL DUE KRW 132,400.00
ONE HUNDRED THIRTY TWO THOUSAND FOUR HUNDRED S.KOREAN WON

@ .000760 EQUIVALENT TO USD 100.63
ONE HUNDRED US DOLLAR AND SIXTY THREE CENTS

Weights and measures are in Metric

11) 선하증권(B/L)의 발행

선사는 화주가 제출한 선적요청서(shipping request)에 의거 선하증권(B/L)을 작성, 발급한다. 포워더에게 화물의 선적을 일임한 경우에는 포워더가 선사로부터 B/L을 수령하여 화주에게 전달하거나 혹은 선주의 B/L(master B/L)과 별도로 포워더의 B/L(house B/L)을 화주에게 발급하는 경우가 있다. 선사별로 차이는 있으나 선적업무가 전산화되어 화물의 선적 여부를 전산 시스템을 통하여 확인할 수 있다.

[그림 9-3] House B/L : 포워더가 발행하는 B/L의 예

Consignor/Shipper
SUNIL MACHINERY CO., LTD.
#440, SANGDAEWON-DONG, JOONGWON-KU,
SUNGNAM CITY, KOREA

Negotiable KIFFA
MULTIMODAL TRANSPORT BILL OF LADING
B/L No. KBSSJP0106046

Reg. No.

Consignee
CAPITAL TRADING CO., LTD.
SAKURA BUILDIDING, 1-10-1, KANDA-NISHIKI-CHO,
CHIYODA-KU, TOKYO, 101-0054 JAPAN

UNISON SEA & AIR CO., LTD.
RM.#708, GORYO CENTER BLDG.,
25-5, 1-KA, CHUNGMU-RO, CHUNG-KU,
SEOUL 100-706, KOREA
TEL:82-2-771-0701 (REP.) FAX:82-2-771-0705

Notify Party
SAME AS ABOVE

For delivery of goods please apply to:
JAPAN STAR CORPORATION
3F, SOGOJISHO MORZENNAKACHO BLDG, 1-
ECHUJIMA KOTO-KU TOKYO 135-0044 JAP
TEL : (03)3820-1018 ATTN: MR. CHOI

Pre-carriage by	Place of Receipt
	BUSAN, KOREA CFS

Vessel/Voyage No.
SKY BLUE 1238

Port of Loading	Port of Discharge	Place of Delivery	Final Destination (For the Merchant Ref.)
BUSAN, KOREA	YOKOHAMA JAPAN	YOKOHAMA JAPAN CFS	

PARTICULARS FURNISHED BY CONSIGNOR/SHIPPER

Container No. & Seal No. Marks and No.	No. & Kinds of Containers or P'kgs	Description of Goods	Gross Weight	Measurement
CTC/SUNIL O/N:CT-SM-022 P/N:#1-5 MADE IN KOREA	5PLTS	SAID TO COTAIN; 44,000PCS OF BOLT COMPANION FREIGHT PREPAID SAY : FIVE(5)PALLETS ONLY CFS/CFS	4,409KGS	2.595CBM

UNISON SEA & AIR CO., LTD.
TEL : (02)771-0701~4
FAX : (02)771-0705
FROM :
To 전성기 대리님

NON NEGOTIABLE

SHIPPED ON BOARD
JUN.21,2001

Excess Value Declaration(Refer to § II-4.3):

Total Number of Containers or Packages(in words)

Freight Payable at
SEOUL, KOREA

Freight & Charges	Prepaid	Collect
O/FRT AS ARRANGED		

Received by the Carrier, the Goods specified herein in apparent good order and condition unless otherwise stated, to be transported to such place as agreed, authorized or permitted herein and subject to all the terms and conditions appearing on the front and reverse of this Multimodal Transport Bill of Lading(hereinafter called the 'K B/L') to which the Merchant agrees by accepting this K B/L, notwithstanding any local privileges, customs or any other agreements between the parties. The particulars of the Goods provided herein were stated by the shipper and the weight, measurements, quantity, condition, contents and value of the Goods are unknown to the Carrier. In witness whereof three(3) original K B/L(s) have been signed unless otherwise stated herein. If two(2) or more original K B/L(s) have been issued and either one(1) has been surrendered, all the other(s) shall be null and void. If required by the Carrier one(1) duly endorsed original K B/L must be surrendered in exchange for the Goods or delivery order.

Place and Date of Issue	No. of Original B/L
SEOUL, KOREA JUN.21,2001	THREE(3)

B/L No. KBSSJP0106046

Signature
ACTING AS A CARRIER
UNISON SEA & AIR CO., LTD.

[그림 9-4] Master B/L : 선사가 발행하는 B/L의 예

Bill of Lading for Combined Transport shipment or Port to Port shipment

B/L No.: PONLSEL15003168

Reference:

P&O Nedlloyd

Shipper:
PHAICHAI TRADING CO.,
406-2, HASACHANG-DONG,
HANAM-SI, KYUNGKI-DO,
KOREA

Consignee or Order (for U.S. Trade only: Not Negotiable unless consigned 'To Order')
EMMANUEL OKORIE
B.O.01/3095, CARRE. 177
MISSEBO COTONOU, REPUBLIC OF BENIN

Notify Party/Address
EMMANUEL OKORIE
B.O.01/3095, CARRE. 177
MISSEBO COTONOU, REPUBLIC OF BENIN

Place of Receipt: BUSAN

Vessel and Voy. No.: P&O NEDLLOYD SURAT PUA1420

Place of Delivery: LOME

Port of Loading: BUSAN, KOREA

Port of Discharge: LOME, TOGO

Undermentioned particulars as declared by Shipper, but not acknowledged by the Carrier (see clause 11)

Marks and Nos; Container Nos;	Number and kind of Packages; Description of Goods	Gross Weight (kg)	Measurement (cbm)
SCZU7706990 SEAL: 4912124 VIA LOMT, TOGO INTRANSIT TO COTONOU, BENIN USED BAG MADE IN KOREA	1x20'GP CONTAINER SAID TO CONTAIN 125 BALE(S) FCL/FCL USED BAG 115 BALES USED CLOTHES 10 BALES H.S CODE:6309.0000 TRUE & CORRECT ORIGIN: THE REPUBLIC OF KOREA BELOW GOODS ARE AS PER BENEFICIARY'S PROFORMA INVOICE NO.PC-SC-JO-002	12500	20.000

TOTAL: 1x20' CONTAINER(S) ONLY

FREIGHT COLLECT
SHIPPER'S LOAD & COUNT & SEALED BY SHIPPER

SHIPPED ONBOARD P&O NEDLLOYD SURAT AT BUSAN, KOREA
ON 28/05/01

선 사 보 관 용

FREIGHT AND CHARGES:

ORIGIN INLAND HAULAGE CHARGE	P	SEL
ORIGIN TERMINAL HANDLING/LCL SERVICE CHARGE	P	SEL
OCEAN FREIGHT	C	LFW
DESTINATION TERMINAL HANDLING/LCL SERVICE CHARGE	C	LFW
DESTINATION INLAND HAULAGE CHARGE	C	LFW

* Total No. of Containers/Packages received by the Carrier: 1

Movement: FCL/FCL

Freight payable at: SAGA LOME

Received by the Carrier from the Shipper in apparent good order and condition (unless otherwise noted herein) the total number or quantity of Containers or other packages or units indicated in the box above entitled "Total No. of Containers/Packages received by the Carrier" for Carriage subject to all the terms and conditions hereof (INCLUDING THE TERMS AND CONDITIONS ON THE REVERSE HEREOF AND THE TERMS AND CONDITIONS OF THE CARRIER'S APPLICABLE TARIFF) from the Place of Receipt or the Port of Loading, whichever is applicable, to the Port of Discharge or the Place of Delivery, whichever is applicable. ...

Number of Original Bills of Lading: 3/THREE

Place and Date of Issue: SEOUL 19/06/01

IN WITNESS of the contract herein contained the number of originals stated opposite has been issued, one of which being accomplished the other(s) to be void.

EXCESS VALUATION: REFER TO CLAUSE 7 (3) ON REVERSE SIDE (U.S. TRADE ONLY)

COPY NOT NEGOTIABLE

FOR P&O NEDLLOYD LTD, AS CARRIER:

[그림 9-5] 선적요청서(Shipping Request : S/R)의 예

SHIPPING REQUEST

Consignor/Shipper
PHAICHAI TRADING CO.,
406-2, HASACHANG-DONG,
HANAM-SI,KYOUNGKI-DO,
KOREA

P&O NEDLLOYD

파나-1X20'
WATL02129.

Consignee
EMMANUEL OKORIE
B.O.01/3095, CARRE. 177
MISSEBO COTONOU, REPUBLIC OF
BENIN

For delivery of goods please apply to:

Notify party
MR.ONWUCHEKWA OKORIE

Pre-carriage by	Place of Receipt BUSAN, CFS
Vessel/Voyage No. P&O NEDLLOYD SURAT PUA1420 / NGR1416.	
Port of Loading BUSAN, KOREA	Port of Discharge LOME, TOGO / S/N

PARTICULARS FURNISHED BY CONSIGNOR/SHIPPER

Container No. & Seal No.	No. &kinds of Containers or P'kgs	Description of Goods	Gross Weight	Measurement
Marks and No. VIA LOME, TOGO INTRANSIT TO COTONOU, BENIN	125 TOTAL	"SHIPPER'S LOAD & COUNT & SEAL" "SAID TO CONTAIN:	12,500KGS	20.000CBM

USED BAG

125BALES OF
USED BAG 115 BALES

MADE IN KOREA

WORN CLOTHING & 10 BALES
WORN ARTICLESINCLUDING BLANKETS&
TRAVELING RUGS &
FOOTWEAR ETC.

CNTR/SEAL NO.
SCZU 770699-0/4912124

FREIGHT PREPAID COLL USD 2450 +150

H.S CODE:6309.0000
TRUE & CORRECT ORIGIN:THE REPUBLIC OF KOREA
BELOW GOODS ARE AS PER BENEFICIARY'S
PROFORMA INVOICE NO. PC-SC-JO-002

12) 선박출항

선적과 제반 서류상의 절차가 완료되면 선박은 출항한다.

13) 선적통지서(shipping advise)

선적이 완료되어 선박이 출항하면, 화주는 외국의 수하인에게 선적내용을 통보한다. 이를 선적통지서(shipping advise)라고 하며, 포함되는 내용은 선박명, 항차번호, B/L NO, 선적항/선적일/출항일, 양하항/예정일, 양하항대리점 등이다.

[그림 9-6] 선적통지서(shipping advise)의 예

China National Import Corporation

Dear Sirs

Shipment: Order No. 85EX-612

We are pleased to confirm our cable of 9th October, 1997 informing you that we shipped the following goods on the same day by the m.s. "Neptune" of the East Asia Line as per enclosed copies of the relative shipping documents:

C.N.I.C.	
85EX-612	70 bundles (92,257kgs) of
KOREA STEEL	Seamless Carbon Steel Tubes
HONG KONG	completing your order
S/NOS. 1-70	No.85EX-612 of 21st June, 1997
MADE IN KOREA	

To cover this shipment we negotiated our draft through the Hanil Bank, Ltd. Seoul under the L/C A36418 issue by Bank of China, Hong Kong and commend our signature to your protection.

We trust that the goods will reach you in good order and give you complete satisfaction so that you may favor us with further orders.

Yours faithfully,

HYUNDAI CORPORATION

KT/rk

Encls. 3 Invoices

4 B/L copies

4 Copies of Insurance Policy

3 Packing Lists

1 Letter of Attesting (Nationality of the Vessel)

1 Certified Copy of Cable dispatched to you reporting the details of the shipment

1 Mill Sheet (Inspection Certificate)

14) 양　　하

선박이 목적지항만에 도착하면 컨테이너를 양하한다. 양하된 컨테이너는 인수자가 지정한 CY 또는 CFS로 이송하여 수하인에게 인도된다. 또는 양하 후 포워더의 해외 파트너에게 인도되어 최종목적지까지 운송한다. 통상 양하된 컨테이너의 무료화물 유치기간은 7일이다.

15) 화물인도

화물의 인도시에는 수화주로부터 선하증권(B/L)의 원본 혹은 수입화물선취보증서(Letter of Guarantee : L/G)를 수령한다. L/G는 수입화물이 이미 수입지항구에

[그림 9-7] D/O(Delivery Order)의 예

DELIVERY ORDER (ORIGINAL)

Please deliver to:
NUNG WON METAL IND. CO.,LTD.
314-1, DOHA-RI, EUNHYUN-MYUN
YANGJU-KUN, KYUNGKI-DO
KOREA
150

The cargo will be stored at:
PORT OF INCHON

** DELIVERY ORDER **

Date 22/06/01　Our ref. 1802211114　　Page 1

Ocean Vessel / Voyage: NEDLLOYD HONSHU NEH1114
Due to arrive: 02/06/01
B/L no.: PONLASH00011064
Typ
On-carriage by / Voyage
Due to arrive

Port of loading: ASHDOD
Port of discharge: BUSAN
Place of delivery: INCHON

Marks & numbers	Quantity	Description of goods		KGS	CBM
<POCU0178592> 20 GP		SEAL:31793			
	1	LOT	FCL/FCL	20820	
		COPPER SCRAP MILL BERRY FREIGHT PREPAID CLEAN ON BOARD SHIPPERS STOW, LOAD AND COUNT Precarried from ILASF in EAMED /ALC /0071 on 11-05-2001 SHIPPERS STOW, LOAD AND COUNT			
Total no. of packages: ONE ONLY				20820	

Expected free storage period

2001. 6. 22

P&O NEDLLOYD LTD.

수입부 성 태 수

도착하였으나, 수출자로부터 아직 선적서류가 도착하지 않아 수입자가 화물을 인수할 수 없을 때 선적서류원본을 제시하지 않고 수입화물을 인수할 수 있도록 하는 은행보증서이다.

L/G의 발급은 운송서류의 원본을 인도하는 것과 같아 신용장거래에서 추후 하자가 있는 선적서류원본이 수입자거래은행에 도착할 경우에도 수입자는 거래은행에 대하여 대금지급을 거절할 수가 없다.

한편 화물의 인도를 위해서는 화물인도지시서(Delivery Order : D/O)가 필요하다. D/O는 선주 또는 그 대리자가 외국화물을 싣고 수입항에 들어온 선박의 선장 또는 그 대행자 앞으로 D/O 소지자에게 화물을 인도하도록 지시한 문서를 말한다.

16) 화물의 검역, 검사

동·식물이나 그 가공품 및 식품수입의 경우 통관에 앞서 검역, 검사를 필하고, 수화주는 검사증명서를 확보해야 한다.

17) 통관 및 보세운송(수입)

수화주는 선박회사로부터 화물을 인수한 후 지정보세구역에 반입시키고 수입수속과 통관을 수행한다. 내륙까지 이동 후 통관을 위해서는 보세운송신고를 필한다.

18) 공 컨테이너 반송

내륙운송인은 공 컨테이너를 회수하여 손상 여부를 확인한 후 선사의 화물집화장(depot)으로 공 컨테이너를 운송한다.

2. 컨테이너 운송의 서류 흐름도

앞에서 설명한 내용에 따라 컨테이너 운송의 서류 흐름을 중심으로 정리하면 [그림 9-8]과 같다. 여기에 나타나는 서류의 명칭을 다시 정리한다.

- 계약서(booking note) : 선주와의 계약서

  선사가 화주로부터 구두 또는 문서로 선적요청서(Shipping Request : S/R)에 대하여 선복예약(booking)이 이루어졌을 때 작성하는 서류를 선복예약서

(booking note)라고 한다.

- S/R(Shipping Request) : 선적요청서
  선적에 대한 구두계약이 이루어진 다음 선적요청서를 작성하여 신용장사본, 송품장포장명세서, 선적요청서와 함께 3부씩을 선박회사, 즉 선사에 제출한다
- E/L(Export License) : 수출승인서
  수출을 승인하도록 요청하는 서류
- Door 요청 : 공컨테이너 요청서
  선사에 화물을 싣기 위해 공 컨테이너를 보내 줄 것을 요청하는 서류
- D/R(Dock Receipt) : 부두수취증
  선적을 하기 위해 화물을 선박회사가 지정하는 장소(도크)에 인도했을 경우 선박회사가 화물의 수취를 증명하여 화주에게 교부해 주는 화물수취증을 말하는데, 오늘날은 특히 컨테이너 수송화물을 CY나 CFS 등에서 선박회사에 인도했을 경우 재래선의 본선수취층(mate"s receipt) 대신 이것을 작성, 교부해 준다
- Invoce : 상업송장
  명세서, 계산서, 대금청구서를 겸한 선적서류로 상거래용으로 쓰이는 상업송장(commercial invoice)과 영사송장(consular invoice) 및 세관송장(customs invoice) 등의 공용송장(official invoice)으로 대별된다. 일반적으로 상업송장을 가리켜 단순히 송장이라고 한다.
- B/L : 선하증권
  증권에 기재된 조건에 따라 운송하며, 지정된 양륙항(揚陸港)에서 증권의 정당한 소지인에게 그 화물을 인도할 것을 약정하는 유가증권이다. 이는 화주(貨主)의 청구에 따라 선장(실제로는 선박회사 또는 대리점)이 발행한다. 육상운송에서의 화물인환증과 같이 물권적 효력 및 채권적 효력을 가지고 있으며, 배서(背書)에 따라 양도할 수 있는 유통증권이다.
  - House B/L: 포워더가 제공하는 선하증권
  - Master B/L: 선사가 제공하는 선하증권
- E/R(Equipment Intercharge Receipt) : 기기수도증
  Equipment Interchange Receipt라고도 부르고, E/R로 약칭한다. 컨테이너 기기의 수도를 증명하는 서류로서 Container Terminal에 의해서 작성되어 기기의

CY 반출, 반입할 때 하주측과의 사이에서 양자 서명한 다음 교환된다. 기기에 손상이 있으면 그 취지를 적요란에 기입한다.

- D/O(Delivery Order) : 화물인도지시서

D/O는 선주 또는 그 대리자가 외국화물을 싣고 수입항에 들어온 선박의 선장 또는 그 대행자 앞으로 D/O 소지자에게 화물을 인도하도록 지시한 문서를 말한다.

- CLP(container load plan) : 컨테이너 내적부표

컨테이너에 채워진 화물의 명세, 정보, 인도의 형태를 기재한 것으로서 FCL 화물의 경우 화주 또는 그 대리인이, LCL 화물의 경우에는 CFS 운영자가 컨테이너 1개마다 작성한다.

[그림 9-8] 컨테이너 화물운송의 서류 흐름도

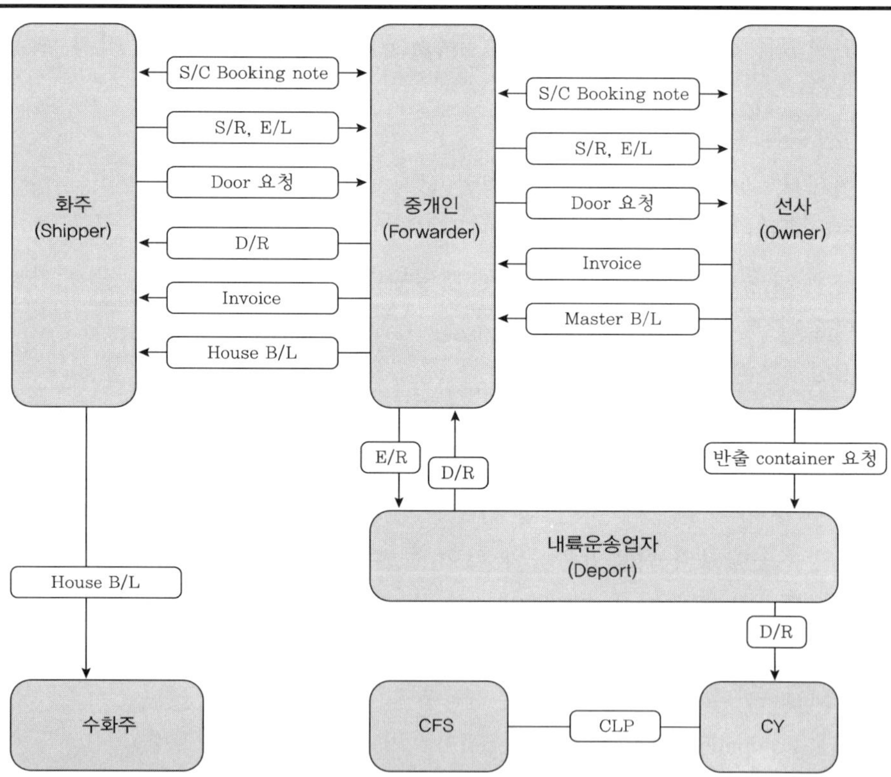

• Shipping Advice : 선적통지서(shipping advise)
선적이 완료되어 선박이 출항하면, 화주는 외국의 수하인에게 선적내용을 통보한다. 이를 선적통지서(shipping advise)라고 하며, 포함되는 내용은 선박명, 항차번호, B/L NO, 선적항/선적일/출항일, 양하항/예정일, 양하항대리점 등이다.

제 2 절 컨테이너 화물의 운송체계

1. 컨테이너 화물의 흐름

컨테이너 운송은 대량생산방식을 운송분야에 도입하려는 것이므로 수송량을 보다 큰 단위로 묶어서 컨테이너 전용열차(Container Unit Train) 또는 컨테이너 전용선 등의 대량운송에 적합한 운송수단에 의해 이루어진다. 즉 재래방식과 같이 항만만을 접점으로 하는 것이 아니고, 내륙에 컨테이너 집화장(Depot)을 설치하여 화물집배치 거점으로 삼는 것이다.

이런 시스템을 흔히 허브 앤드 스포크(Hub & Spoke)라 한다. 컨테이너 1개 분량의 단일화주 화물은 FCL(Full Container Load) 화물이라 하여 화주의 공장 또는 창고 등에서 바로 컨테이너에 적입되어 내륙 컨테이너 집화장(Depot)에 반입된다. 그리고 컨테이너 1개 분량이 안 되는 여러 화주의 소량화물은 LCL(Less than Container Load) 화물이라 하여 내륙 컨테이너 집화장(Depot)에서 목적지 및 적입의 적합성 등을 고려하여 타화물과 혼재(Consolidate)된다. 이처럼 내륙 컨테이너 집화장(Depot)

[그림 9-9] 컨테이너 화물의 유통경로

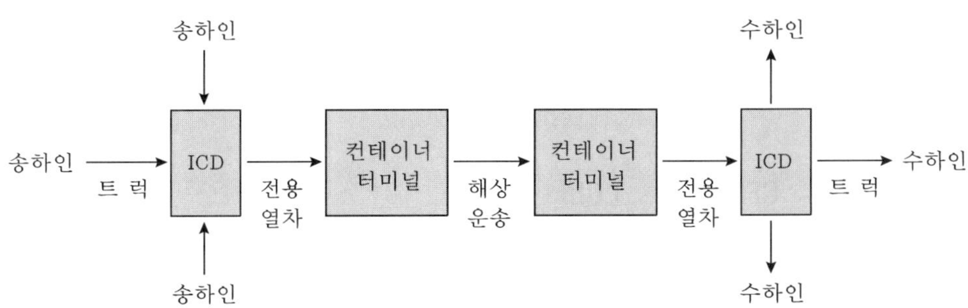

에 집하된 화물은 컨테이너 전용열차로 터미널에 수송된다. 다음 [그림 9-9]는 전형적인 컨테이너 일관운송 루트를 제시한 것이다.

시스템은 대량운송에 의해 규모의 이익을 누리기 위한 것이므로 종래 트럭, 철도 등으로 항만에서 반·출입되던 화물을 내륙 컨테이너 집화장(Depot)에서 컨테이너 전용열차(Block Train)를 편성할 수 있을 정도의 단위로 묶어서 내륙 컨테이너 집화장(Depot)과 컨테이너 터미널까지 대량운송하는 방식이다. 이 시스템이 도입되기 전에는 철도의 컨테이너 운송은 철도역에서 화차조작에 많은 시간이 소요되어 순발력 있는 트럭에게 밀렸다. 그러나 내륙 컨테이너 집화장(Depot)과 항만 간에 컨테이너가 정기적 왕복운송을 할 경우, 종착역 또는 중간역에서의 화차조작이 완전히 배제되어 열차의 회전율이 크게 높아지고 대량, 고속, 염가운송이 가능해진다.

2. 컨테이너 화물의 운송형태

컨테이너 운송은 재래선과 달리 화물의 양과 목적지, 집하방식 등에 따라 그 운송형태가 다르며, 이에 따른 운임구조, 책임한계 등에 차이가 있다. 컨테이너 주요 운송형태는 다음과 같다.

1) CY ⇨ CY(FCL ⇨ FCL)

수출지 CY에서 수입지 CY까지 FCL(Full Container Loaded) 형태로 운송되며, 컨테이너 장점을 최대로 살릴 수 있는 방식이다. 즉 수출지의 공장 또는 창고에서 컨테이너에 만재한 화물을 그대로 선적항 및 양육항을 거쳐 최종목적지인 수입상의 창고까지 컨테이너 개폐 없이 수송가능한 방식이다. 이는 대수출상, 대수입상 간에 이용되며, 운송의 3대 요소인 신속성, 안전성, 경제성을 충족시킬 수 있는 방식이다.

2) CFS ⇨ CFS(LCL ⇨ LCL)

수출지 CFS로부터 수입지 CFS까지의 운송방식이다. 운송인(통상 포워더)이 다수의 송화인으로부터 LCL(Less then Container Loaded) 화물을 모아 수출지 CFS에서 행선지별 컨테이너에 혼재하고, 수입지의 CFS에서 다수의 수화인들에게 분류,

[그림 9-10] CFS ⇨ CFS(LCL ⇨ LCL)

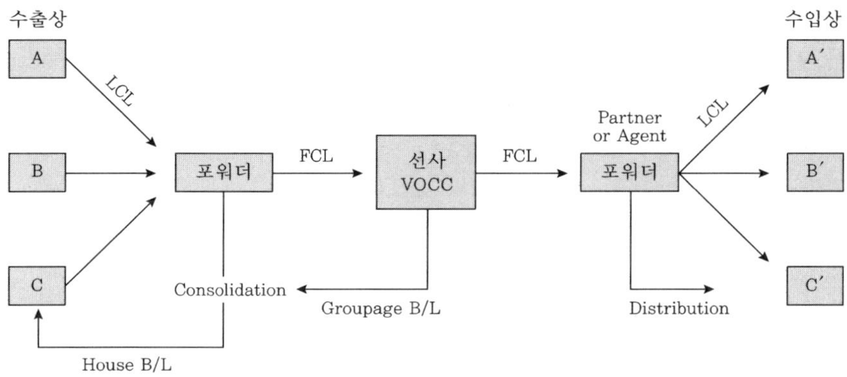

인도하는 방식이다. 통상 포워더가 이용되므로 Forwarder's Consolidation이라 한다.

3) CFS ⇨ CY(FCL ⇨ FCL)

운송인(통상 포워더)이 다수의 송화인으로부터 화물을 모아 CFS에서 컨테이너에 혼재한 후 수입지 CY에서 수입상에게 인도하는 형태이다. 대형 백화점 또는 종합무역상사가 다수의 수출상으로부터 물품을 수입할 때에 이용하며, 통상 수입지의 포워더에게 운송을 의뢰한다. Buyer's Consolidation이라 한다.

[그림 9-11] CFS ⇨ CY(LCL ⇨ FCL)

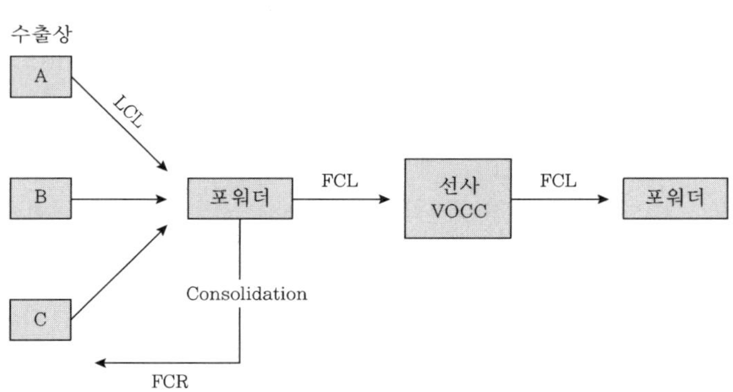

4) CY ⇨ CFS(FCL ⇨ LCL)

CFS ⇨ CY 방식이 뒤바뀐 형태로 수출지 CY로부터 수입지 CFS까지의 운송방식이다. 1인의 송화인, 다수의 수화인 구조를 갖고 있으며, Shipper's Consolidation이라 한다. 선적지에서 수출상이 FCL을 보내면, 수입지 CFS에서 화물을 인출(Devanning)하여 다수의 수화인들에게 배분하는 방식이다. 그러나 실무에는 거의 이용되지 않는다.

3. 컨테이너 화물의 수·출입 절차

1) 컨테이너 화물 수·출입 업무의 흐름

컨테이너 화물 수·출입 업무의 흐름은 다음과 같다.

(1) 수출상과 수입상 간 통상 Inquiry Offer–Counter Offer–Acceptance 순서를 밟아 매매계약을 체결한다(①, ②).

(2) 수입상이 거래은행에 신용장의 개설을 의뢰하면(③), 개설은행은 수출상을 수익자(Beneficiary)로 하여 신용장을 개설하고 통지은행에 송부한다(④).

(3) 통지은행은 신용장을 수취하고 수출상에게 신용장 도착을 알린다(⑤).

(4) 수출상은 제조 또는 구매하여 수출품을 확보하고, 선사에 선적예약을 한다.

(5) 수출품의 검사를 받고 세관에 수출신고(Export Declaration)를 하고, 신고필날인을 받은 후 CY 또는 CFS에 화물을 반입한다(⑥).

(6) 선사는 본선에 화물을 적재하고, 선하증권을 교부한다(⑦).

(7) 수출상은 환어음을 첨부한 선적서류를 거래은행에 매도(Negotiate)하고(⑧), 은행은 선적서류를 매입하고(⑨) 대금을 지불한다(⑩).

(8) 매입(지급) 은행은 수입지의 개설은행에 선적서류를 발송한다(⑪).

(9) 개설은행은 수입상이 상품대금을 지불하면, 선적서류를 인도한다(⑫).

(10) 개설은행은 매입(지급) 은행에 대금을 상환(reimburse)한다(⑬).

(11) 선사(또는 대리점)는 수입상으로부터 선하증권원본을 회수하고(⑭), 화물인도지시서(Delivery Order : D/O)를 교부한다(⑮).

(12) 수입상은 관세사를 통해 수입신고(Import Declaration)를 하여 관세를 납부하

고, 신고필증을 받는다.

[그림 9-12] 컨테이너 수·출입 흐름도

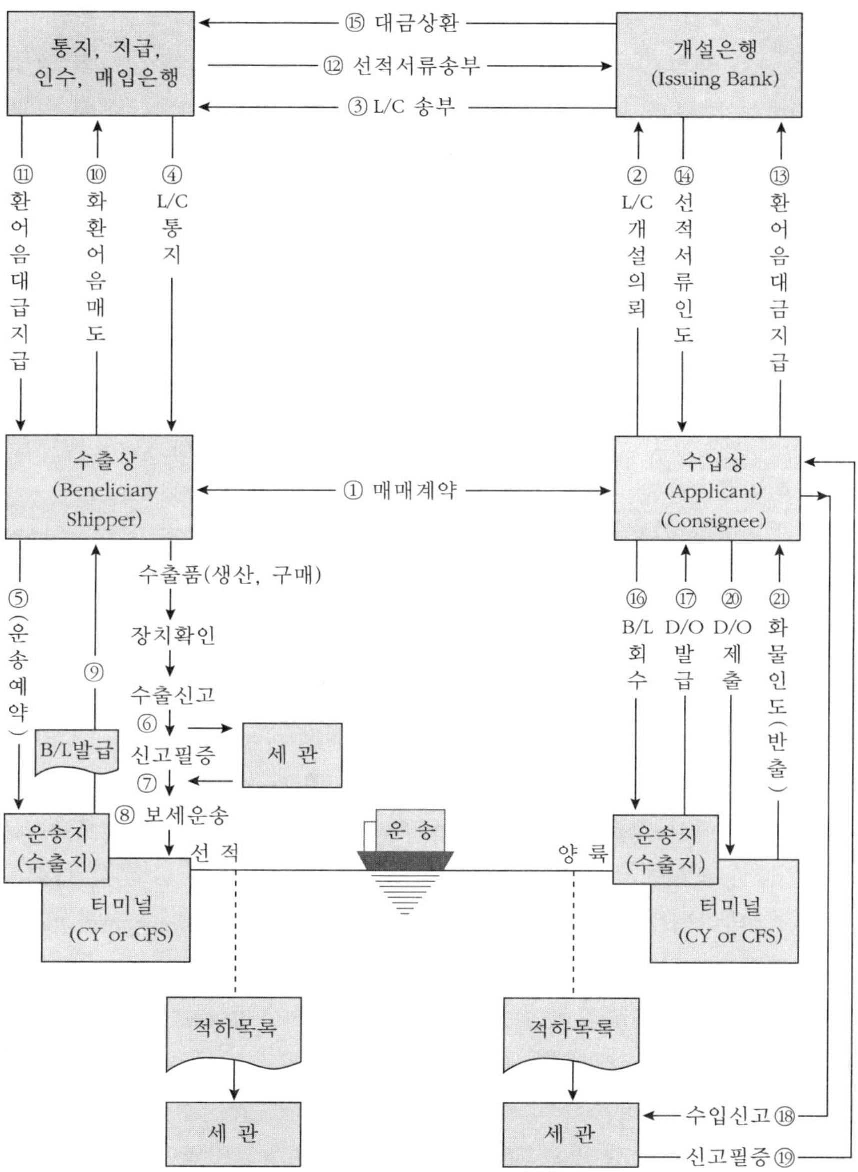

(13) 수입상은 D/O를 CY 또는 CFS에 제출하고(⑯), 화물을 인수한다(⑰).

2) 수출 컨테이너 화물의 선적과 서류의 흐름

송화인(수출상)은 수출계약 ⇨ 신용장접수 ⇨ 상품의 제조 또는 구입 ⇨ 수출검사, 수출신고 등의 절차를 거친 후에 선적을 의뢰한다. 이 때 선사의 영업부에 직접 의뢰하는 방법과 포워더를 통해 간접의뢰하는 방법이 있다. 통상 양자간의 운임차이가 별로 없기 때문에 포워더를 통한 간접의뢰가 많은 편이다. 따라서 여기에서는 포워더를 통한 컨테이너 수출화물과 서류의 흐름을 FCL과 LCL로 나누어 정리한다.

선적예약은 화주가 포워더에게 팩스 또는 전화로 선적을 의뢰하면 포워더가 선적요청서(Shipping Request : S/R)를 작성하여 선사에 제출한다. 이 때 S/R의 Shipper 란에는 화주와 포워더의 이름이 병기된다. 선사는 화주(포워더)로부터 접수한 S/R에 기초하여 선적예약서(Booking note)를 작성하고, 이들을 집계, 예약일람표(booking list)를 작성한다.

그리고 booking List를 자사(또는 계약) 터미널에 송부하고, 공 컨테이너의 반출 및 적 컨테이너의 반입을 준비시킨다.

(1) FCL인 경우

① S/R을 제출한 포워더는 선사에 공 컨테이너의 Door(화주의 창고) 인도를 요청한다(이를 Empty Container Door Order라 한다).

② 선사는 트럭 회사에 공 컨테이너 인도지시(Door Delivery or Spotting Order)를 한다. 화주의 창고가 대전 이북이면 주로 의왕 ICD의 컨테이너를 인도하고, 대전 이남이면 양산 ICD에서 조달한다.

③ 공 컨테이너 대출시 CY Operator는 기기수도증(EIR: Equipment Interchange Receipt) 1부를 트럭 기사를 통해 화주에게 전달한다.

④ 화주의 창고에 공 컨테이너가 인도되는 것은 수출화물이 화주의 창고에서 통관됨을 의미한다. 따라서 화주는 세관에 수출통관과 통관 후 보세운송허가를 요청한다. 이 때 적입장소가 보세구역으로 인정받은 자가장치장(自家裝置場)인 경우에는 타소장치허가가 필요 없지만, 그 곳이 일반창고이면 세관으로부터 타소장치장(他所裝置場) 허가를 얻어야 한다.

⑤ 세관은 전송화면상 수출신고자료에 하자가 없고 검사를 받아야 하는 품목이 아니면, 현품검사를 생략하고 수출신고서에 신고필을 날인한다.

⑥ 통관 후 보세운송은 수입과 달리 별도의 보세운송신청서를 작성치 않고, 통관용 수출신고로 일괄처리된다. 즉 통관시 보세운송신고를 대행하는 수출신고서를 사용하면, 수출신고필과 함께 보세운송면허도 얻는다.

⑦ 컨테이너에 화물을 적입한 선사의 봉인(Carrier's Seal) 또는 세관봉인(필요한 경우)을 부착한다.

⑧ 한편 FCL 화물로 충분한 양인 데도 화주의 창고에서 통관하지 않을 때는

[그림 9-13] 수출 FCL의 흐름

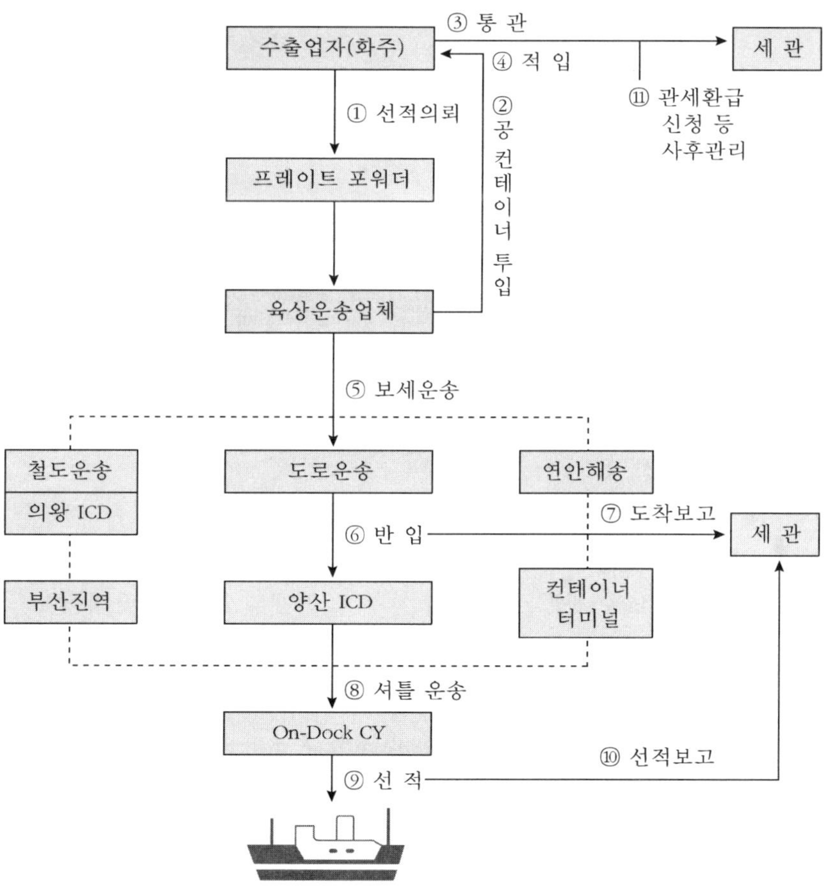

일반 트럭에 의해 벌크(Break Bulk) 상태로 양산 ICD에 반입하여 통관한다. 이 때 ICD 자체가 보세구역이기 때문에 타소장치허가는 필요 없다.

(2) LCL인 경우

① 화주의 창고에서 LCL 화물을 인수(Pickup)한 포워더는 화물인수증에 FCR(Forwarder's Cargo Receipt)을 교부한다. 그리고 같은 행선지의 타화물과 혼재하여 운송한다.

② LCL 화물은 화주의 창고 또는 의왕 ICD에서 통관보세운송으로 양산 ICD 또는 On-Dock CY로 운송되거나, 미통관상태로 부산의 양산 ICD 또는On-Dock CFS로 반입, 통관, 혼재, 적입한다.

③ 포워더가 집화한 화물이 선사의 CFS에 반입된 CFS 담당자는 포워더에게 부두수령증(Dock Receipt : D/R)을 교부한다. D/R은 단순히 화물이 CFS에 반입되었다는 사실을 증명하는 서류로서 화물이 적재된 후 발급되는 선하증권과는 그 성격이 다르다. 이 서류는 통상 포워더가 보관하며, 화주의 요청이 있으면 교부한다.

④ 포워더가 집하한 LCL 화물이 단독으로 FCL 화물이 안 되면 같은 행선지의 다른 포워더와 Joint Consolidation, 즉 Co-Loading을 한다. Co-Loading은 본선출항 1~2일 전(Closing Time)까지 혼재가능한 포워더를 물색, 그의 CFS에 반입, 적입시킨다. 선적 후 그로부터 FBL(Forwarder's B/L)을 발급받는다. 이 때 FBL은 Master B/L의 성격을 갖는다. 포워더의 주사업이 LCL 화물의 집하, 혼재이므로 Co-Loading은 중요한 업무의 하나이다.

⑤ CFS에 반입되었던 화물이 본선에 선적되면 선사는 포워더에게 Master B/L을 발행하며, 포워더는 화주에게 House B/L(HBL) 또는 FBL을 발행한다. 원칙적으로 HBL, FBL 또는 Master B/L은 화물이 본선에 적재된 후에 발급되어야 하지만, 관행상 HBL 또는 FBL은 화물이 반입되면 발급된다. 그러나 일반적으로 HBL 또는 FBL 대신 포워더의 화물수령증이 화주에게 발급된다.

⑥ 선사가 포워더에게 발행하는 Master B/L은 화물이 본선에 선적된 후에 발행(Shipped B/L, On Board B/L)되고 있고, 내륙에서 화물을 인수한 경우에는 수취선하증권(Received B/L)이 발행된다. 수취선하증권은 ⓐ 선박이 미정된(Not Decided) 상태, ⓑ 차선(Following Ship)에의 선적예정, ⓒ 지정선박에의 선적예정 등으로

발행된다.

⑦ 포워더가 화주에게 발행하는 HBL 또는 FBL에는 화주가 포워더에게 지불한 운임이 기재되고, 선사가 포워더에게 발급하는 Master B/L에는 포워더가 선사에 지불하는 운임이 기재된다. 따라서 포워더는 화주에게 Master B/L을 보여 주지 않는다.

⑧ 화물이 본선에 적재되면 포워더는 수입지의 파트너에게 선적통지(Shipping Notice)와 함께 선적서류를 송부한다.

[그림 9-14] 수출 LCL의 경우

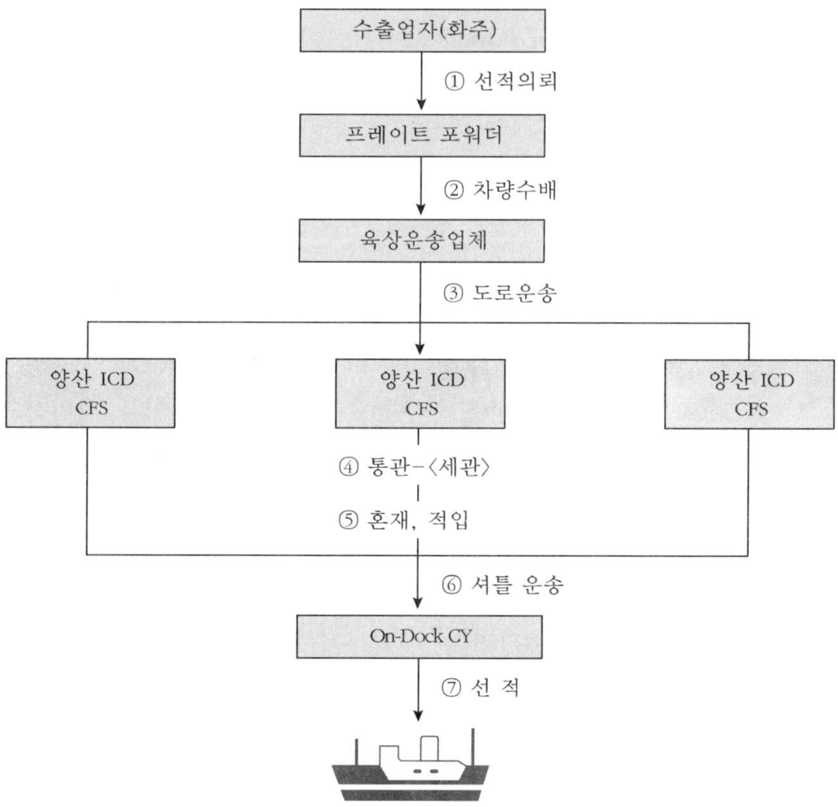

3) 수입 컨테이너 화물의 양륙과 서류의 흐름

(1) 선사가 직접 인도할 경우

① 선사는 수출지로부터 컨테이너 선적목록(Container Load List), B/L 목록, 선박 출항내용 등을 Telex 또는 Fax를 통해 접수하고, B/L Copy 적하목록(Manifest), 최종본 선적부도(Final Stowage Plan), 컨테이너 적입도(Container Load Plan), 컨테이너 번호목록(Container Number List)들을 Air Mail 또는 Courier를 통해 접수한다.

② 본선도착 전에 화주에게 도착통지서(Arrival Notice)를 발송한다.

③ 세관에 적하목록을 전송한다. 관세법상 본선입항시 세관에 적하목록을 제출, 신고해야 한다.

④ 적하목록 및 Container Load List에 의거하여 양륙한다. 양륙된 FCL은 On-Dock CY 또는 양산 ICD에 장치되며, LCL은 On-Dock CFS 또는 양산 ICD CFS에 반입한다.

⑤ 선사는 수입화물에 대해 보세운송, CY, 지정보세구역, 자가창고, CFS 등 인도형태별로 배정하여 세관의 확인을 받는다. 수입화물의 배정을 보면 FCL 화물은 CY Delivery, LCL 화물은 CFS Delivery를 원칙으로 한다.

⑥ 수입통관은 원칙적으로 통관지 세관관할 보세구역반입, 장치한 후 세관에 수입신고를 해야 이루어진다. 현재 우리나라 수입통관은 On-Dock CY 통관 및 세관으로부터 타소장치장허가를 받은 화주창고에서의 통관이 있다. 수입신고필을 얻기 전에 수입상은 세관이 교부한 신고납부서(납세고지서)에 의거 은행에 관세를 납부하여야 한다.

⑦ 보세운송으로 배정된 화물은 보세운송업자가 양륙항에 보세운송을 신고하여 면장을 받아 운송하고, 도착지세관에 도착신고를 해야 한다. 보세운송의 발착신고는 관할세관에 해야 한다. 세관장은 동 업무를 보세장치장관리인에게 위임할 수 있어 현재 발착확인업무는 거의 보세장치장관리인이 대행한다.

⑧ 보세장치장은 선사 또는 포워더가 발행한 Original B/L이나 D/O(Delivery Order)를 소지한 화주에게 화물을 인도한다.

⑨ 공 컨테이너 반환은 원칙적으로 픽업했던 CY로 해야 되지만, 선사가 지정한 ICD에 반환할 수 있다. 무료장치기간(Free Time)이 경과된 때에는 컨테이너 지체료(Detention Charge)가 부과된다.

(2) 포워더가 개재(介在)할 경우(LCL인 경우)

① 수출지에서 선박이 출항하면 수입지의 포워더는 수출지의 파트너 포워더로

[그림 9-15] 수입 컨테이너 화물유통도

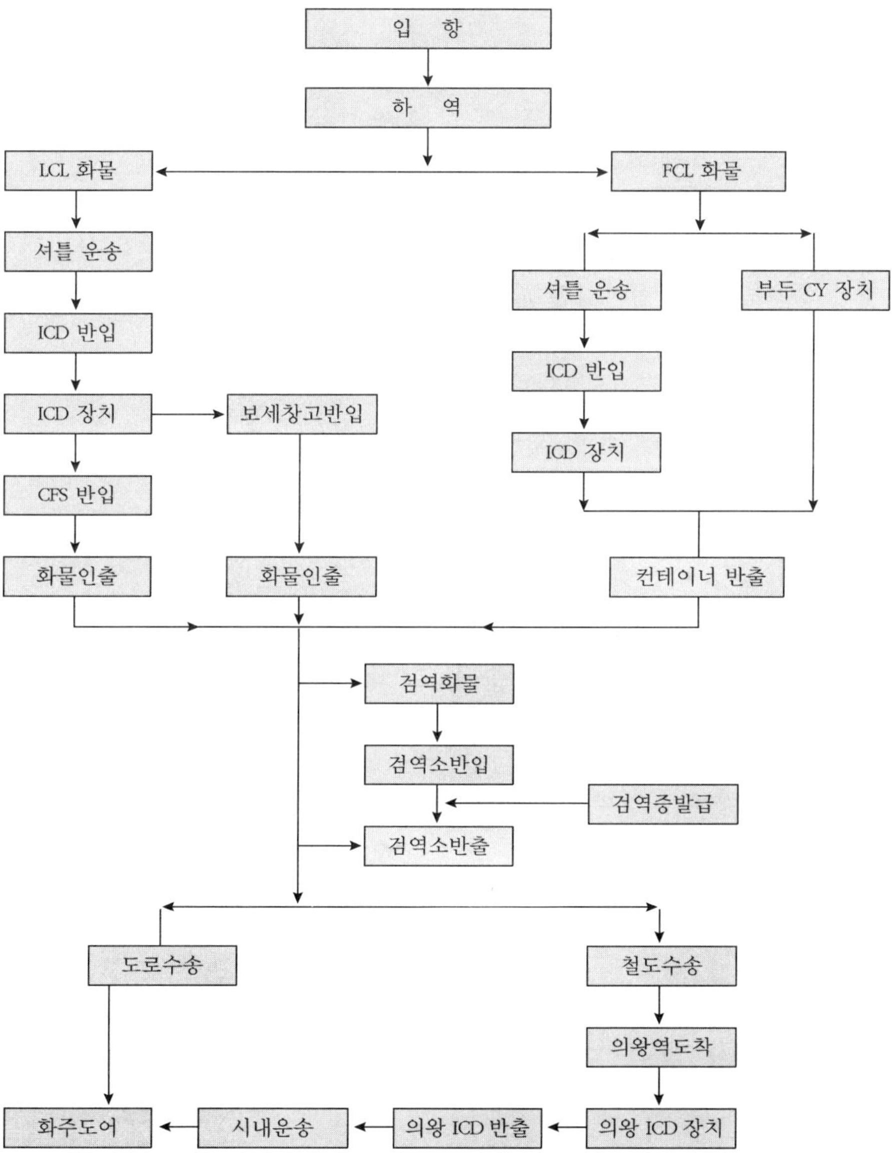

부터 제 선적서류와 함께 선적통지(Shipping Advice)를 받는다.

② 선적서류를 받은 포워더는 본선입항 전에 화주에게 도착통지서(Arrival Notice)를 발송한다. 포워더가 개재되면 선사와 수출지의 파트너 포워더가 수입지의 포워더에게 도착통지를 하고, 포워더가 다시 화주에게 통지한다.

③ 포워더는 양륙된 컨테이너 배정표를 작성하여 선사에 제출하면 선사는 자신이 작성한 배정표와 취합하고, 최종목록을 작성하여 세관에 제출한다.

④ 포워더를 통한 수입통관은 두 가지 방법이 있다. 화주로부터 위임장을 받은 포워더가 자신의 명의로 통관한 후 화주에게 양도하는 방법, 단순대행으로 포워더가 화주의 명의로 통관하는 방법이다.

⑤ CY에서 화물인도는 FCL과 LCL 차이가 없다. 포워더는 선사로부터 장치된 CY 명을 통보받은 후 선적지의 파트너 포워더가 보내 온 Master B/L을 선사에 제시하고 D/O를 받는다.

⑥ 은행으로부터 House B/L을 매입한 수입상은 그 House B/L을 포워더에게 제시하고, 이미 선사로부터 D/O를 발급받아 화물의 소유권을 확보한 포워더는 화주에게 House B/L과 D/O를 교환, 발급하여 화물을 인수하게 한다. 포워더가 발급하는 D/O는 선사의 D/O에 기초하여 포워더가 다시 작성한 것이다.

제 3 절 수·출입 컨테이너의 업무 및 정보 흐름

수·출입 물류와 관련된 주요 국가 DB에 발생되는 자료의 효율적인 연계를 통해 수·출입 화물의 이동경로에 대한 정보를 확보하기 위해서는 수·출입 물류의 업무특성에 대한 분석이 필수적이다. 여기에서는 우리나라 항만을 중심으로 수·출입 물류업무를 분석하고, 화물의 이동중 주요 물류거점에서 발생하는 수·출입 화물의 정보에 대해 살펴본다.

1. 수·출입 물류 프로세스

수·출입 물류는 항만 혹은 공항에서 발생되는 수·출입 화물의 제반 흐름과 관련된 절차를 의미한다. 수입물류는 선박을 통하여 외국에서 항만으로 반입된

[그림 9-16] 수·출입 물류의 흐름

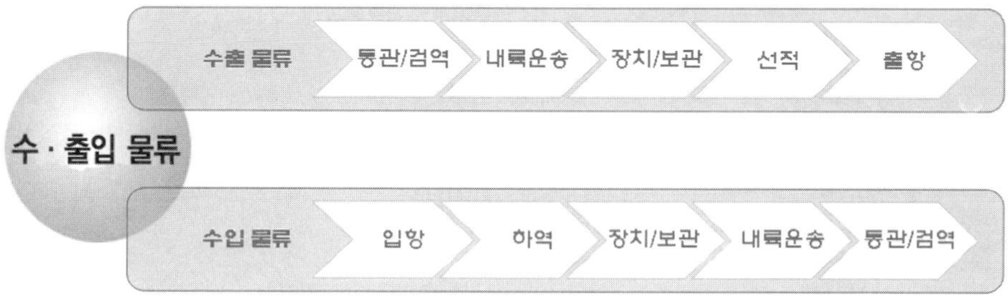

화물이 일시 장치, 보관되거나 혹은 적절한 세관절차를 거쳐 부두 밖으로 반출되는 과정을 의미한다. 반면 수출물류는 화물이 트럭이나 철도, 선박 등 운송수단을 통해 항만에 반입되어 일시 장치, 보관된 후 선박에 선적되어 외국으로 반출되는 과정을 의미한다.

화주가 항만을 경유하여 화물을 수출하거나 혹은 수입하는 과정은 일반적으로 무역업무와 물류업무로 구분할 수 있다.

무역업무는 계약, 신용장업무, 수·출입 승인, 보험업부, 통관업무, 대금결재, 사후관리 등 통상 7개의 기능과 해외시장조사, 거래선발굴 등 26개 프로세스로 구성되어 있다. 수출업무 프로세스는 7개 기능 18개 프로세스로 해외시장조

[그림 9-17] 수·출입의 무역업무기능 모델

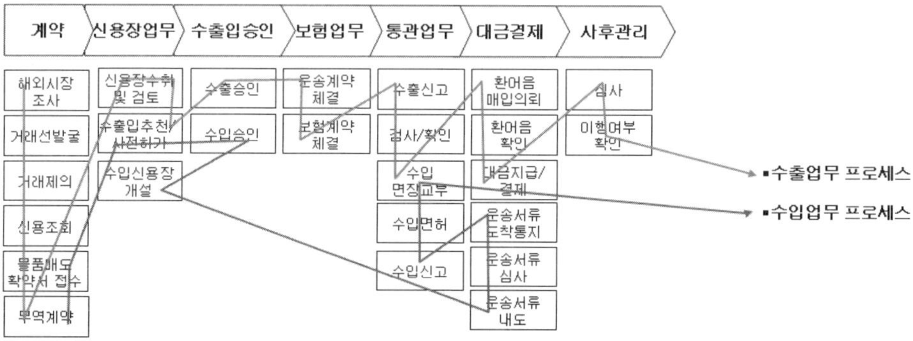

자료 : 정보통신부, 관세자유지역 물류통합정보 시스템 BPR/ISP 수립완료보고서, 2003. 3.

[그림 9-18] 수·출입의 물류업무기능 모델

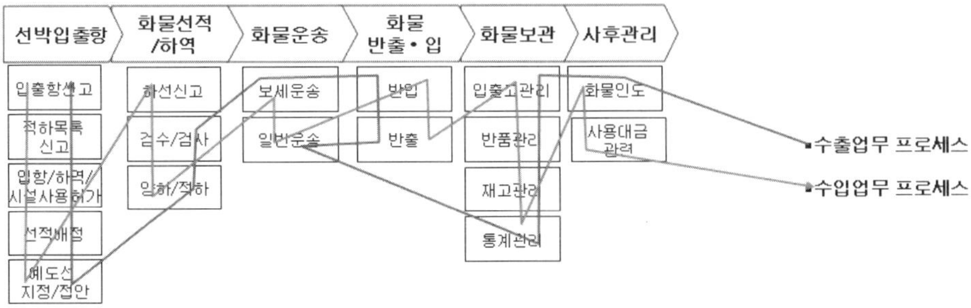

자료 : 정보통신부, 관세자유지역 물류통합정보 시스템 BPR/ISP 수립완료보고서, 2003. 3.

사 → 거래선발굴 → 거래제의 → 신용조회 → 물품매도확약서 접수 → 무역계약 → 신용장 수취 및 검토 → 수·출입 추천/사전 허가 → 수출승인 → 운송계약체결 → 보험계약체결 → 수출신고 → 검사/확인 → 환어음매입 의뢰 → 환어음확인 → 대금지급/결재 → 심사 → 이행여부확인의 단계를 밟는다.

반면 수입업무 프로세스는 5개 기능(보험, 사후관리 제외)의 11개 프로세스로서 무역계약 → 물품매도확약서 접수 → 수·출입 추천/사전허가 → 수입승인 → 수입신용장개설 → 운송서류내도 → 운송서류심사 → 운송서류도착 통지 → 수입신고 → 수입면허 → 수입면장교부 등의 순서를 밟는다.

반면 물류업무는 선박 입·출항, 화물 선적/하역, 화물운송, 화물 반출·입, 화물보관, 사후관리 등 6개의 기능과 입·출항 신고, 적하목록신고 등 18개 프로세스로 구성되어 있다. 물류업무에서 수출 프로세스는 6개 기능의 17개 프로세스로서 화물인도 → 입·출고관리 → 반품관리 → 재고관리 → 통계관리 → 일반운송 → 반출 → 반입 → 일반운송 → 보세운송 → 검수/검사 → 양하/적하 → 예도선 지정/접안 → 선석배정 → 입항/하역 시설사용허가 → 적하목록신고 → 입·출항 신고의 과정을 밟는다.

또한 수입업무 프로세스는 6개 기능의 18개 프로세스로서 입·출항 신고 → 적하목록신고 → 입항/하역 시설사용허가 → 선석배정 → 예도선 지정/접안 → 하선신고 → 검수/검사 → 양하/적하 → 보세운송 → 일반운송 → 반입 → 반출 → 입출고관리 → 반품관리 → 재고관리 → 통계관리 → 화물인도 → 사용대금 관련의 과정을 밟는다.

[그림 9-19] 수·출입 물류의 프로세스

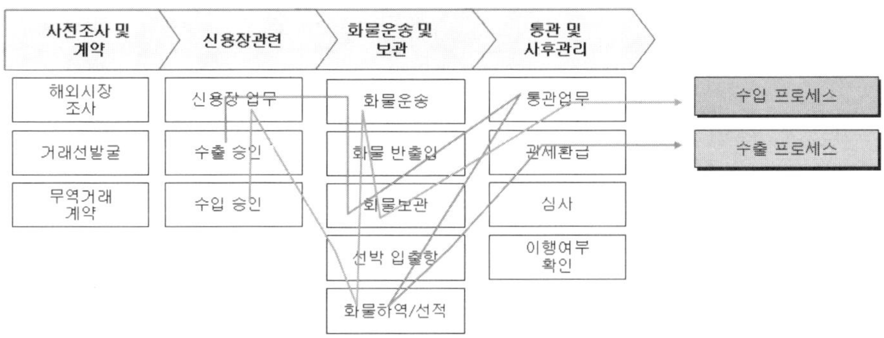

자료 : 정보통신부, 관세자유지역 물류통합정보 시스템 BPR/ISP 수립완료보고서, 2003. 3.

위의 업무기능을 통합한 수·출입 물류의 프로세스는 [그림 9-19]와 같이 신용장관련 기능, 화물운송 및 보관 기능, 통관 및 사후관리 기능 등 3가지로 구분할 수 있다.

수출물류의 프로세스는 수출승인 → 신용장업무 → 화물운송/반출입 → 화물보관 → 통관업무 → 화물선적 → 선박출항 → 관세환급으로 구분되며, 각각의 프로세스마다 관련된 물류기능이 수반된다.

[그림 9-20] 수출물류의 프로세스별 기능

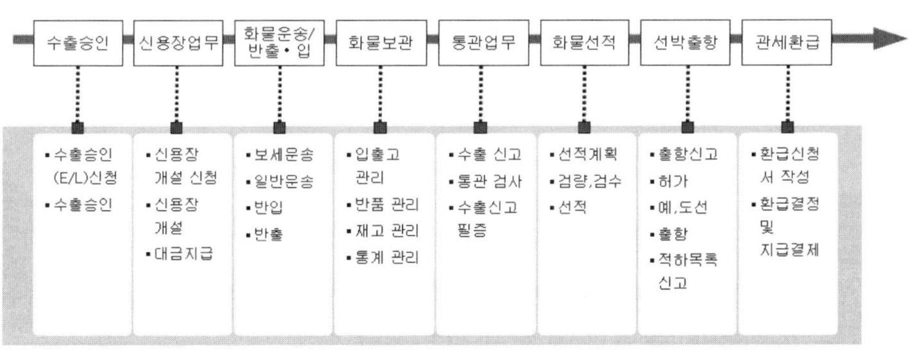

자료 : 정보통신부, 관세자유지역 물류통합정보 시스템 BPR/ISP 수립완료보고서, 2003. 3.

[그림 9-21] 수입물류의 프로세스별 기능

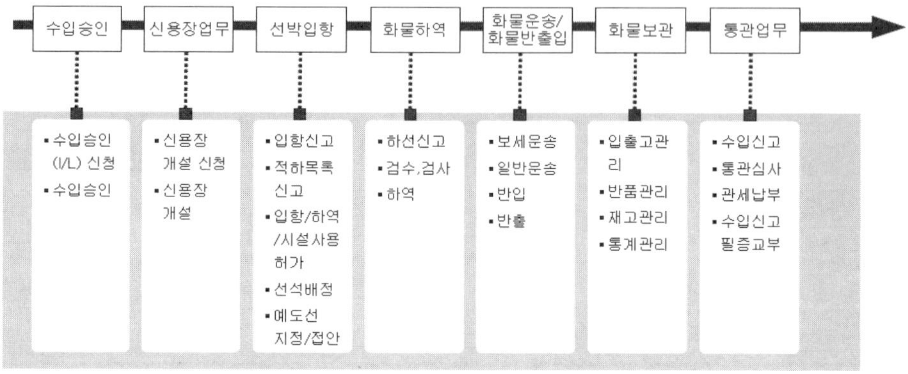

자료 : 정보통신부, 관세자유지역 물류통합정보 시스템 BPR/ISP 수립완료보고서, 2003. 3.

반면 수입물류의 프로세스는 수입승인 → 신용장업무 → 선박입항 → 화물하역 → 화물운송/화물 반·출입 → 화물보관 → 통관업무의 순으로 진행되며, 각각의 프로세스마다 관련된 물류기능이 수반된다.

2. 수·출입 물류관련 업무주체의 역할 및 정보발생

수·출입 물류와 관련된 업무주체는 선사, 화주, 운송사 등 물류사업자들이며, 이들은 자신의 화물을 원활히 수·출입하기 위해 항만, 공항, ICD, ODCY 등 각종 수·출입 관련 물류시설과 다양한 형태의 자료를 교환하고 있다. 즉 물류시설은 수·출입 물류 서비스의 공급자이며, 선·화주, 운송사, 대리점 등은 수·출입 물류 서비스의 수요자로 볼 수 있다.

이러한 수·출입 물류관련 업무주체는 다양한 형태의 정보를 주고 받으며, EDI(Electronic Data Interchange)를 통하여 정보를 손쉽게 이용할 수 있도록 전산자료를 가공하고 통계에 이용하고 있다. 각 항만당국과 국제기구에서는 이러한 정보를 원활히 주고 받을 수 있도록 표준화된 EDI 형식을 제정, 사용하도록 하고 있다.

[표 9-2] 물류주체간 정보의 발생

공급 / 수요	화주	선사	항공사	운송사	하역사	예도선	창고업체	특송업체	검수/검정	포워더	관세사
화 주	–	운송정보	운송정보	운송정보	화물번호	–	장치정보	특송정보	검수결과	운송정보	통관정보
선 사	선적의뢰	–	–	–	선적결과	예도선	–	–	검수결과	운송의뢰	–
항공사	기적의뢰	–	–	–	기적결과	–	–	–	검수결과	기적의뢰	–
운송사	운송의뢰	화물정보	화물정보	–	장치정보	–	–	–	–	하우스BL	–
하역사	하역의뢰	반입정보	반입정보	반입정보	–	–	–	–	–	하역의뢰	–
예도선	–	예도의뢰	–	–	–	–	–	–	–	–	–
창고업	반출의뢰	–	–	화물인도	화물인도	–	–	–	–	반출의뢰	–
특송업	특송의뢰	–	–	–	–	–	–	–	–	특송의뢰	–
검수검정	–	선적정보	화물정보	–	–	–	–	–	–	–	–
포워더	운송의뢰	선박일정	운항일정	운송정보	입고증	–	–	–	검수결과	–	통관정보
관세사	통관의뢰	–	–	–	–	–	–	–	–	통관의뢰	–

자료 : 한국해양수산개발원.

1) 화 주

화주는 수·출입 화물을 발생시키는 근원으로써 모든 물류행위가 화주로부터 유발되며, 따라서 화물과 관련된 일체의 정보가 발생된다. 화주는 화물에 대한 정보 이외에 선사, 항공사, 운송사, 터미널, 하역사, 창고업체, 특송업체, 포워더, 관세사 등에 대한 화물 운송 및 처리를 의뢰한다. 또한 화주는 컨테이너 운송과 관련된 제반 운송계약, 선사와 장·단기 운송계약, 선사/대리점, 포워더 등으로부터 선박운항정보 및 일정 등을 통보받고 양하지 선사/대리점, 포워더 등으로부터 화물인수에 관한 정보를 받는다.

[표 9-3] 화주의 주요 업무 및 물류정보발생

주요 업무	발생정보
· 컨테이너 운송 견적의뢰, 운송견적접수, 운송계약체결 · 공 컨테이너 운송요청 · 공 컨테이너 화주공장접수	· 운송의뢰 · 공 컨테이너 정보
· 선사와 장·단기 운송계약체결 후 화물 BOOKING 및 공 컨테이너 입고요청 · 공 컨테이너에 화물적입 후 선적요청을 위한 제반 서식을 선사에 제출 * Shipping Request, Packing List, Commercial Invoice, L/C Copy, 위험물 컨테이너 수납증, 컨테이너 NO. 등)	· 화물정보 · 선적정보 · 컨테이너 번호
· 선사/대리점, 포워더로부터 Original B/L을 수령하고 선박출항 여부, 선박 스케줄을 통보받음	· 수출화물신고
· 양하지의 선사/해운 대리점 혹은 포워더로부터 선박 스케줄, A/N을 입수하고 배정장소를 지정하여 배정신청	· 입항준비
· 수입 컨테이너 화물인수	· 화물인수

자료 : 한국해양수산개발원.

2) 선 사

선사는 화물해상수송의 주체로써 운송하는 화물과 관련된 제반 정보를 화주로부터 통보받고 운송상태에 대한 정보를 화주에게 통보하며, 항만의 입·출항에 따른 선박정보를 항만당국에 제출한다. 선사는 다음과 같은 정보를 발생한다.

- 컨테이너 운송에 대한 운송견적의뢰, 운송견적접수, 운송계약체결 등 운송의뢰/계획에 관한 정보
- 터미널에 선적예정물량(booking prospect) 및 위험물내역 등 반입예정정보 발송
- 검정회사로부터 화물검정내역을 접수한 후에 컨테이너 내적부표(Container Load Plan : CLP)를 소량 컨테이너 화물작업장(Container Freight Station : CFS)에 제출
- 화주, 포워더, 터미널에 장·단기 선박운항계획을 제출
- 화물의 선적과 관련된 정보(적하목록, Bay Plan 등)를 터미널과 검수회사에 제출
- 입·출항을 위한 예도선신청정보
- 수출적하목록, 위험물목록 등을 관세청에 신고
- 화물/컨테이너 반출신고서, 항만시설사용신고서 등을 국토해양부에 신고
- 선박 스케줄, 선적정보(적하목록, Bay Plan 등)를 양하지 선사 및 대리점에 발송
- 입항과 관련된 제반 선박정보를 항만당국에 제출

[표 9-4] 선사의 주요 업무 및 물류정보발생

주요 업무	발생정보
· 컨테이너 운송견적의뢰, 운송견적접수, 운송계약체결 · 공 컨테이너 운송요청	· 컨테이너 운송정보
· 컨테이너 운송청구서 접수, 지불	· 운송비용
· 하역사(터미널)에 선적예정물량(Booking Prospect) 및 위험물내역 등 반입예정정보 발송	· 반입/장치 예정정보
· 검정회사로부터 화물검정내역을 접수한 후에 CLP(Container Load Plan)를 CFS 전달하고, Tally Sheet 및 컨테이너 No.와 Seal No.를 접수	· CPL 정보
· 장·단기 선박 스케줄을 작성하여 화주, 포워더, 터미널/하역사에 전달 · 화주/포워더와 운송계약체결 및 BOOKING 내용을 접수, 집계 · 운송사에 BOOKING 내용이 포함된 DOOR ORDER를 발송하여 화주가 요청한 장소에 공 컨테이너 조달토록 통보	· 선박운항정보 · 선적준비 · D/O
· 화물선적과 관련된 선적정보(적하목록, Bay Plan, Container Loading List, Stowage Instruction, 위험화물목록 등)를 하역사, 검수회사에 제출	· 선적정보
· 하역사, 검수회사로부터 선적작업 후 최종선적결과보고서(Final Bay Plan, 컨테이너 선적보고서, 검수/검량 보고서)를 접수	· 선적결과보고서
· CIQ 기관에 출항보고서 및 선박, 선원/승객 관련사항을 제출하여 출항허가를 득하고 예도선신청	· 출항정보 · 예도선신청정보
· 수출적하목록, 위험물목록을 관세청에 신고하고 출항허가를 득하고, 화물/컨테이너 반출신고서, 항만시설사용신고서를 국토해양부에 신고 · 부산항에 선적 컨테이너 중 화주를 대신하여 부산광역시 지역개발세(컨테이너세) 대상을 부산광역시에 신고 및 컨테이너세 납부 · 선적결과확인 후 화주나 포워더에게 Original B/L 발급 및 선박출항 여부, 선박 스케줄 통보 · 선박 스케줄, 선적서류(Bay Plan, 적하목록, 위험물목록, B/L Copy, Container Loading List 등)를 양하지 선사 및 해외대리점에 발송	· 수출화물신고 · 수출적하목록 · 위험물목록 · 화물/컨테이너 반·출입 신고서 · 항만시설사용신고서 · 선적결과정보 · 선적정보 해외발송
· 선적지 선사, 대리점으로부터 선박 스케줄, 적하목록, Bay Plan, Copy B/L 등 선적서류를 접수하고 수하주(화주 혹은 포워더)에게 Arrival Notice, 선박 스케줄을 통보, 화물배정신청을 접수하여 화물배정장소 집계 및 하역사에 전달	· 입항을 위한 제반 선박정보
· 선박제원신청을 국토해양부에 제출하여 선박국적증서 발급 · 선박입항 24시간 전 국토해양부에 입항신고서, 항만시설사용허가신청, 강제도선면제신청서 등의 입항관련서식 제출 · 화물/컨테이너 반입신고서를 국토해양부에 제출하여 화물집계표를 접수 · 선박입항 24시간 전 입항신고서, 선원/승객 명부, 휴대품목록 및 선용품목록 등 관세청에 제출 · 입항보고서 및 선원/승객 명부를 법무부에 제출	· 선원/승객명부 · 선박제원정보 · 입항신고서 · 항만시설사용허가 · 강제도선면제신청 · 화물/컨테이너 반·출입신고서
· 수입적하목록을 관세청에 MFCS를 통해 제출하고, 승인접수 후에 하선신고서를 관세청에 제출	· 수입적하목록
· 선적지의 하역정보(적하목록, Bay Plan, CLL 등) 접수, 하역사, 검수회사 등 관련업체에 제출	· 선적지하역정보
· 검수회사로부터 검수결과 접수, 컨테이너 양하보고서 터미널로부터 접수	· 검수결과

자료 : 전자정부위원회, 수출입물류중심의 국가물류정보체계 혁신(BPR/ISP) 사업, 2004. 6.

3) 컨테이너 터미널

컨테이너 터미널은 수·출입 화물의 적화 및 양화가 이루어지는 곳으로 수·출입 물류와 관련된 많은 정보가 발생된다. 컨테이너 터미널의 화물정보는 항만 게이트 관리, 반·출입 화물의 속성정보, 보관·장치기간 정보, 선박의 입·출항 스케줄, 화물의 선적/양하를 위한 장비사용계획, 화물장치계획 등의 정보로 이루어진다.

[표 9-5] 선사의 주요 업무 및 물류정보발생

주요 업무	발생 정보
· 컨테이너 터미널 반·출입	· 컨 반·출입 정보
· 선적예정목록(Booking Prospect List) 및 위험물내역 등 반입예정정보를 접수 · 게이트 통과차량에게 야드 장치장소를 지정하여 SLIP를 발급	· 컨 반입/장치 · 야드 정보
· 화물입고 후에 포워더에 입고증전달 및 컨테이너에 화물적입하고, 컨테이너 No.와 Seal No.를 선사/대리점이나 포워더에게 전달	· CFS 작업정보
· 선사로부터 선박 스케줄을 접수하여 선적계획수립에 참고	· 선적 스케줄
· 선사로부터 접수한 선적정보(Bay Plan, Container Loading List, Stowage Instruction, 위험화물목록 선박제원, 선박 스케줄 등)를 기준, 작업순서표 작성	· 선적정보 (BP, CLL, SI 등)
· 선사로부터 접수한 선적정보를 참고로 선적작업시행 · 선적작업 후 최종선적결과보고서(Final Bay Plan, 컨테이너 선적보고서)를 선사에 제출	· 컨 선적보고서
· 선박제원(신규선박 혹은 제원변경시) 및 선박 스케줄을 선사로부터 접수 · 배정목록접수	· 선박제원정보 · 선석배정정보
· 하역서류를 선사로부터 접수하여 하역계획 및 갠트리크레인 할당작업, 이에 대한 결과물로 Working Schedule 작성	· 하역계획정보
· 하역작업종료 후 선사에 컨테이너 양하보고서 제출	· 컨 양화보고서
· 화물적하목록을 다운로딩받아 활용하고 반입신고서를 정확한 근거자료로 사용 · ON-DOCK CY 입고시 반입신고서 세관제출	· 반입신고
· 분기별로 세관재고내역과 실물재고를 대사하여 세관에 보고 · 장치기간만료 예정화물에 대해 화주통보 후 반출통고목록을 세관에 보고 · 세관은 내부자료와 cross-check 후 체화예정 누락통보 전달	· 세관재고내역 · 반출목록
· 반출승인내역을 세관에서 접수하여 화주의 반출요청시 대사, 확인하고, 물품반출작업 수행 후 세관에 반출신고서 전송 · 화물의 터미널 반출시 반출계(COPINO)를 운송사로부터 수신	· 반출신고서 · 반출계 (COPINO)
· On-Dock CY 반출, ODCY 반출, 내륙창고반출	

자료 : 전자정부위원회, 수출입물류중심의 국가물류정보체계 혁신(BPR/ISP) 사업, 2004. 6.에 의거 KMI 작성.

항만터미널에서 발생하는 주요 물류정보는 다음과 같다.

- 화물/컨테이너의 터미널 반·출입 정보
- 선적예정목록(booking prospect list) 및 위험물내역 등 반입예정정보
- 게이트 정보
- 화물/컨테이너 입고 후 컨테이너 번호와 봉인번호를 화주에 제출
- 선사로부터 선박운항 스케줄 접수
- 선사로부터 선적정보(Bay Plan, 컨테이너 내적부표, 위험화물목록 등) 접수
- 선박제원에 대한 정보
- 하역을 위한 장비사용계획 정보
- 반·출입 화물의 장치·보관 정보

4) 운 송 사

운송사는 화주와 컨테이너 터미널 간 화물의 효율적 수송을 담당하는 곳으로 통상 육상운송, 해상운송, 철도운송으로 이루어진다. 운송사는 운송계약의 체결 이후 운송완료와 운임수령시까지 화물의 이동과 관련하여 끊임없는 정보자료를

[표 9-6] 운송사의 주요 업무 및 물류정보발생

주요 업무	발생정보
· 견적의뢰접수, 운송견적통보, 운송계약체결 · 공 컨테이너 운송요청접수/운송계획수립/운송통지서 발급/조달 · 운송의뢰접수, 보세운송신고, 승인신청, 보세운송면장 접수 · 선박 스케줄 요청, 차량수배, 화물운송신청, 운송방법확정	운송계획 · 화물정보 · 화주정보 · 선주정보
· 반출요청, 반·출입계 제출, Gate-In(Out), Slip 접수, 배정장소이동, 컨테이너 상하차 · 적재내역확인, 화물적재완료 통보, 화물운송통지서 보관, 보세운송면장 송부의뢰, 도착예정화물 확인, 도착통지접수 · 운임계산, 청구서발행, 대금결재확인	운송관련정보 · 터미널 정보 · 화물정보 · 운임정보
· 하역사(터미널)에 반입계발송 · 컨테이너 차량 게이트 통과시 하역사로부터 야드 장치장소를 통보하는 SLIP 접수	반입/장치 · 야드 정보
· 선사로부터 DOOR ORDER를 접수하여 공 컨테이너 재고 및 소요차량을 파악	· 컨 정보
· 터미널/ODCY에 반출계제출	· 도착지정보
· 보세운송도착 보고, 화물인도, 화물인수증수령 · 운임계산, 청구서발행, 대금결재확인	· 화물정보 · 운임정보

자료 : 전자정부위원회, 수출입물류중심의 국가물류정보체계 혁신(BPR/ISP) 사업, 2004. 6.에 의거 KMI 작성.

접수, 발송한다.

제 4 절 환적 컨테이너 화물의 서류 및 정보의 흐름

1. 환적화물의 물류업무분석

환적화물의 물류 흐름은 수·출입 화물의 물류 흐름과 크게 다른 점이 없으나, 환적화물의 특성상 국내내륙으로 화물의 반·출입이 일어나지 않기 때문에 내륙수송이 발생하지 않고, 오히려 CY(Container Yard), CFS(Container Freight Station)에 장치되거나 ODCY(Off-dock Container Yard)로의 셔틀 수송이 발생된다.

따라서 수·출입 화물과 동일한 방식으로 환적화물의 물류 흐름을 구분하여 각 흐름별 특성을 간략히 살펴보고, 추가적으로 둘 간의 차이를 간략히 살펴본다.

[그림 9-22] 환적화물의 물류정보개념도

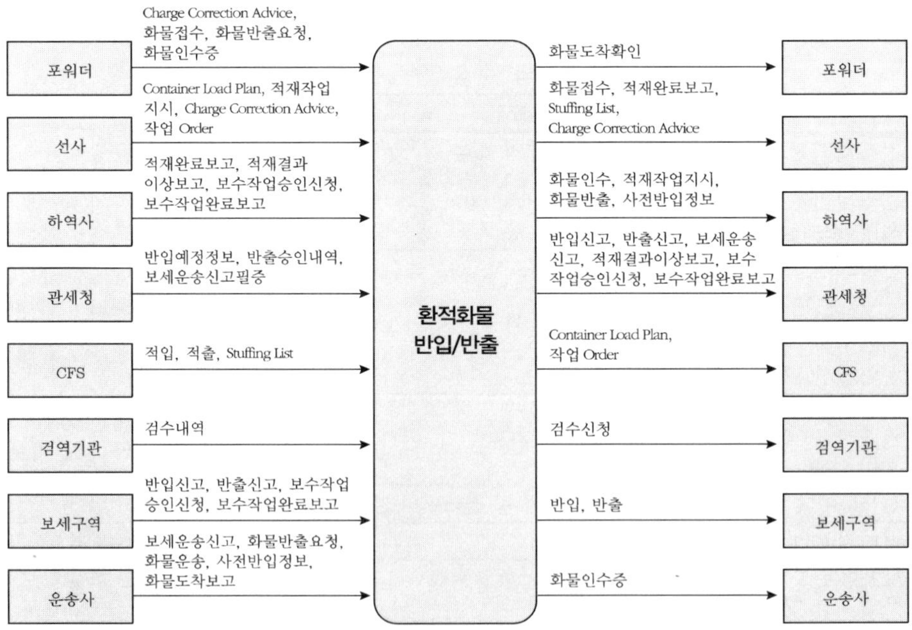

1) 입 항

환적화물의 입항은 기본적으로 수입화물의 입항절차와 동일하다. 선박의 입항에 앞서 적하목록제출, 입항보고, 하선신고가 미리 EDI(Electronic Data Interchange : 전자문서교환)로 수행되어야 하며, 이러한 사전신고를 통해 입항허가가 내려진 경우에만 선박은 지정된 부두에 입항할 수 있다.

2) 양 하

환적화물의 양하작업은 수입화물의 양하와 동일하다. 선박이 접안한 이후 G/C(Gantry Crane)와 트럭을 이용하여 신속하게 양하작업이 이루어지는데, 이 때 LCL(Less than Container Load) 화물의 경우 재분류 및 혼재작업을 위해 CY나 CFS로 이송되며, FCL(Full Container Load) 화물의 경우는 재분류작업이 필요 없기 때문에 CY나 ODCY로 곧바로 이송·보관 처리된다.

3) 보세구역반입

환적화물은 수입화물과 달리 국내내륙으로 화물의 반입이 일어나지 않는 대신에 CY/ODCY/ICD(Inland Container Depot) 등의 보세구역으로 보세운송이 발생하게 된다. 양하된 환적화물은 재선적이 있을 때까지 보세구역으로 이송되어 보관되는데, 이 때 입항지의 항만구역에서 보세구역으로 화물의 반입이 있게 된다.[1)]

이 때 보세구역은 사전에 수신된 반입예정정보(MFCS)를 통해 장치계획을 수립하고, 화물이 반입되는 시점에 컨테이너의 봉인 및 화물의 파손유무를 검사한 후 반입을 실행한다.[2)]

4) 장치, 보관

보세구역으로 반입된 환적화물은 재선적이 발생하기 전까지 보세구역 내에 장치되어 보관된다. 환적화물은 특별한 경우를 제외하고 재선적 때까지 화물의

1) 국내내륙으로의 반입이 발생하지 않는다는 것은 물리적인 의미가 아닌 관세선, 즉 보세지역 내에서의 이동을 의미하는 것이다.
2) MFCS(Manifest Consolidated System)는 적하목록을 취합하여 세관에 EDI로 전송하는 시스템으로써 선사 및 항공사의 취합업무를 대행하여 세관으로 전송하여 주는 시스템이다. 현재 이 업무는 주로 한국무역정보통신(KTNet)에서 대행하고 있다.

이동이 발생하지 않으며, 재선적이 수행되는 시점에서 보세구역에서 출항하는 항만구역 내로의 이동이 발생하게 된다.

5) 보세구역반출

환적화물의 재선적이 발생한 경우 보세구역에 머물러 있던 환적화물은 다시 항만구역 내로 반입되어야 하며, 이 때 보세구역의 반출이 발생한다.

또한 환적화물이 보세구역에서 반출되어 항만구역의 CFS로 반입되기 이전에 CFS에서 화물을 적치할 공간을 미리 파악하고 작업계획을 수립한다. 이 때에도 반입예정정보를 활용하여 세관에 반입신고서가 제출된다.

6) 적　　화

환적화물의 적하작업은 수출화물의 적하와 동일하다. 먼저 ODCY/ICD나 터미널 외부의 CY에 보관된 환적화물은 보세운송을 통해 터미널로 이송되어 선적되며, 터미널 내부에 보관된 환적화물은 바로 선적이 수행된다. 이 때 보세구역에 보관된 환적화물은 보세구역에서 출항지의 항만구역으로 화물의 반입이 발생한다.

7) 출　　항

환적화물의 출항은 기본적으로 수출화물의 출항절차와 동일하다. 다만, 내륙수송을 통한 반입의 과정이 생략되기 때문에 반입신고를 필요로 하지 않는다는 차이점이 있다. 선박의 출항에 앞서 적하목록제출, 출항보고신고를 EDI로 접수한 후 출항허가를 받아 출항을 한다.

8) 수·출입 화물과 환적화물의 물류 흐름상 차이점

물류의 흐름에 있어서 수·출입 화물과 환적화물의 가장 큰 차이점은 내륙수송의 유무에 있다. 환적화물은 국내로의 반·출입이 필요 없기 때문에 내륙수송이 발생하지 않으며, 수입화물과 수출화물은 각각 컨테이너의 하역과 선적을 위한 화물의 반·출입이 발생하게 된다.

내륙수송을 제외하고 수·출입 화물과 환적화물의 처리절차는 모두 동일하며, 다만 환적화물의 경우 재선적 때까지 보관을 위하여 CFS나 ODCY로 이송되는 경우 보세운송이 추가로 발생하게 된다.

[그림 9-23] 일반수입화물과 환적수입화물의 물류 흐름의 차이

〈수입화물〉 입 항 → 양 하 → 장치, 보관 → 반 출 → 내륙수송

〈환적화물〉 입 항 → 양 하 → 보세구역 반입 → 장치·보관

[그림 9-24] 일반수출화물과 환적수출화물의 물류 흐름의 차이

〈수출화물〉 내륙수송 → 반 입 → 장치, 보관 → 적 하 → 출 항

〈환적화물〉 장치, 보관 → 보세구역 반출 → 적 하 → 출 항

2. 환적화물의 정보업무분석

1) 입항보고 및 적하목록 신고

관세청고시[3]에 의해 선사 또는 대리점은 선박이 입항하기 24시간 전까지 적하목록을 선박입항예정지 세관장에게 전자문서로 제출하여야 한다. 다만, 중국, 일본 등 근거리지역으로부터 입항하는 경우에는 선박입항시까지 제출하면 된다.

2) 하선신고

선사 또는 대리점은 하역작업 전에 MASTER B/L 단위의 적하목록을 기준으로 하선장소를 기재한 하선신고서를 세관장에게 전자문서로 제출하여야 한다. 다만, 적하목록제출 전에 하선장소가 결정되어 적하목록제출시 하선신고를 할 수 있는 경우에는 적하목록에 하선장소를 기재하여 제출하는 것으로 하선신고를 갈음한다.

3) 반입, 반출 신고

하선된 환적화물은 CFS에 보관되거나 보세운송을 통해 보세구역 내로 이동을

3) 보세화물 입·출항 하선하기 및 적재에 관한 고시 제2-1-1조 “적하목록의 제출.”

하게 되는데, 이 경우 미리 반입신고가 이루어져야만 이동이 가능하게 된다. 마찬가지로 재선적을 할 경우에도 CFS나 보세구역에 보관되어 있던 환적화물은 사전에 미리 반출신고가 이루어져야만 항만구역 내의 선적을 위한 장소로 이동이 가능하게 된다.[4)]

하지만 환적화물의 경우 반입/반출 어느 경우라도 항만구역과 보세구역을 이탈하여 내륙으로의 이동은 허락되지 않는다.

4) 보세운송신고

환적화물은 수·출입 화물과 재선적 때까지 일정기간 보세구역 내에서 장치, 보관되기 때문에 이를 위한 보세운송이 발생한다. 이러한 보세운송을 하기 위해서는 화주나 운송업자가 세관에 입항보고 전후에 보세운송신고를 해야 한다.[5)] 하지만 보세운송목적지가 하선장소이거나, 공항세관관할 보세구역으로 운송하는 경우에는 모선단위로 일괄하여 보세운송신고를 할 수 있다.

5) 출항보고 및 적하목록신고

입항과 마찬가지로 출항의 경우에도 출항에 앞서 출항보고를 하여야 하는데, 이 때 화물의 적하목록신고도 동일하게 이루어져야 한다. 이는 수·출입 화물과 환적화물 모두 해당되는데, 다만 수·출입 화물은 내륙에서 항만구역 내로의 반입이 일어나는 반면에, 환적화물은 보세구역에서 항만구역 내로의 반입이 발생하는 차이점이 있다.

6) 수·출입 화물과 환적화물의 정보 흐름상 차이점

물류의 흐름과 마찬가지로 정보의 흐름에 있어서도 수·출입 화물과 환적화물의 가장 큰 차이점은 내륙수송의 유무에 의해 발생한다. 환적화물은 국내로의 반·출입이 필요 없기 때문에 이를 위한 반·출입 신고가 없는 대신에 보세구역으로의 수송이 발생하기 때문에 보세운송신고를 필요로 한다.

내륙수송과 보세운송에 의해 발생하는 차이를 제외하면 수출입화물과 환적화물의 정보 흐름상의 처리 절차는 크게 차이가 나지 않는다.

4) 환적화물이 CFS에 보관되는 경우는 화물의 재분류나 손실, 파손 등에 따른 연관작업 및 컨테이너 용기를 교체하는 경우 등으로 자주 발생하지는 않는다.

5) 보세운송에 관한 고시 제1-0-0조 "보세운송신고."

[그림 9-25] 일반수입화물과 환적수입화물의 정보 흐름의 차이

〈수입화물〉 적하목록 신고 → 수입 신고 → 입항 보고 → 하선 신고 → 반입 신고 → 적하목록 정정

〈환적화물〉 적하목록신고 → 입항 보고 → 하선 신고 → 반입 신고 → 반출 신고 → 보세운송신고 → 반입 신고 → 적하목록정정

[그림 9-26] 일반수출화물과 환적수출화물의 정보 흐름의 차이

〈수출화물〉 수출 신고 → 출항 보고 → 적하목록 등록 → 적하목록 정정

〈환적화물〉 반출 신고 → 보세운송 신고 → 반입 신고 → 출항 보고 → 적하목록 등록 → 적하목록 정정

3. 환적화물의 법, 제도 분석

환적화물의 경우 법적으로는 국내화물이 아닌 외국화물로 취급되고 있으며, 보세구역 안에서 처리되기 때문에 환적화물에 대한 사항은 대부분 관세법령에서 처리되고 있다.

관세법은 수·출입 화물의 효율적인 통제, 관세의 부과, 밀수와 같은 불법행위의 방지 등에 초점을 두고 있기 때문에 화물의 원활한 흐름보다는 화물의 제어와 감시에 더 높은 비중을 두는 기조를 유지해 왔다. 그러나 최근 동북아물류중심이라는 국가정책에 발맞추어 세관에서는 초일류세관이라는 정책목표를 내걸고 분야별로 서비스 개선을 위한 다각적인 정책을 추진하고 있으며, 이러한 노력에는 경쟁국 수준으로 환적절차를 대폭 간소화하려는 계획이 포함되어 있다. 이 절에서는 이러한 관세청의 노력을 뒷받침 하는 관계법령 및 기타 환적과 관련된 법령을 분석하여 법제도 차원에서의 개선방안을 강구하고자 한다.

관세청에서 환적화물의 신속한 처리와 효율적인 화물관리업무를 위하여 2003년 말에 제정한 "환적화물처리절차에관한 특례고시"는 다음과 같은 내용을 포함하고 있다.

① 최근 급증하고 있는 Sea & Air 환적화물의 유치지원을 위해 보세운송신고 절차를 생략하고, 하선신고만으로 공항 내 보세구역으로 운송하여 곧바로 항공기에 적재할 수 있도록 절차를 간소화하였다.[6)]

* 절차비교

- 종 전 : 적하목록 및 하선신고서 제출 → 보세구역 반입신고 → 보세운송신고 → 보세구역 반출신고 → 항공기적재(5단계)
- 개 선 : 적하목록 및 하선신고서 제출 → 항공기적재(2단계)

② 종전에는 환적화물 등 보세화물을 국내항만간에 운송하려 할 경우 반드시 내항선(기)에 의한 보세운송절차를 거치도록 하던 것이었으나, 외항선에 의한 운송절차를 마련하여 보세운송신고 없이 적하목록제출만으로 국내항만간 보세화물운송을 허용하기로 하였다.

* 절차비교

- 종 전 : 입항적하목록 제출 → 보세구역반입신고 → 보세운송신고 → 보세구역 반출신고 → 내항선적재 → 보세운송 도착보고(6단계)
- 개 선 : 최초 입항적하목록 제출 → 출항적하목록 제출 → 외항선적재 → 최종 입항적하목록 제출(4단계)

③ 또한 공 컨테이너를 국내항만간에 외항선에 의하여 이동시키고자 할 때에도 내국운송 신고절차를 생략하도록 함으로써 환적화물 등의 물류비용절감 및 운송수단별 수송률편중완화를 도모하였다.

④ 그 동안 환적화물에 대해서는 허용하지 않던 재포장, 라벨부착 작업 등 보수작업을 허용하여 환적화물의 물류부가가치 창출을 지원한다.

⑤ 부산, 인천, 인천공항 등 주요 공항만 내 보세구역의 장치기간을 현행 1년에서 3개월로 단축하고, 터미널에서 배후지보세구역까지의 반입의무기간을 5일에서 3일로 단축하여 운영한다.

이외에 환적과 관련된 법령은 개항질서법이 있다. 개항질서법에서는 위험물 반입과 관련하여 위험물반입신고를 하도록 되어 있으며, 반입품목 및 양/적하

6) Sea & Air 화물의 91% 이상이 중국발 화물이다. 2003년에 인천, 평택, 부산 등을 거쳐 인천공항을 통해 미주나 유럽으로 항공수송된 물량은 35,956톤으로 2002년 대비 44% 증가한 것이다.

환적 여부를 밝히도록 되어 있다. 개항질서법에 의한 위험물반입신고 중 환적은 항만은 물론이고 국민안전을 위해 불가피한 조치이며, 이러한 조치는 전세계 대부분의 항만에서 이루어지고 있을 뿐 아니라 최근 더욱 강화되는 추세에 있다. 위험물반입신고 관련업무는 전자서식에 의해 처리되고 있기 때문에 효율적으로 처리된다고 할 수 있다.

또한 선박안전법과 관련한 "위험물선박운송및저장규칙"에서는 위험물이 수납되어 있는 컨테이너를 환적할 때에는 환적하는 선박의 선장은 당해 위험물 컨테이너 수납검사증을 환적을 받는 선박의 선장에게 교부하도록 하고 있다. 이 역시 선박과 항만의 안전을 담보하기 위한 것으로 필수불가결한 사항이라 할 수 있겠다.

4. 현행 환적화물 관리체제의 문제점과 개선방향

1) 관리중심의 제관정보운영

관세청에서 지속적으로 환적화물의 유치와 효율적인 관리를 위해 대책을 수립하고 시행하는 것은 바람직하다. 그러나 관세관련법령은 여전히 환적화물에 대한 관련정보를 요구하고 있으며, 이러한 정보업무를 처리하는 데 시간과 비용이 발생하고 있다. 특히 환적처리와 관련된 업무와 관련하여 다음과 같은 문제점이 지적되고 있다.

환적화물의 특성 때문이기도 하지만 대부분의 요구사항이 관세행정과 관련되어 있음을 볼 때, 환적화물처리와 관련한 관세행정의 개선이 요구된다. 현행 규정이나 절차가 관세행정의 목적상 불가피한 점이 인정되지만, 환적화물에 대해서는 정책방향을 환적관련 신고 및 처리업무를 최소화하는 쪽으로 개편할 필요성이 있다. 특히 그 동안 혼선을 빚어 왔던 제조업중심의 자유무역지역과 물류업 중심의 관세자유지역을 일원화해 제조업과 물류업이 복합된 자유무역지역으로 운영되므로, 동 지역에서는 특히 전향적인 정책개선이 요구된다.

2) 화물의 물리적인 흐름과 정보 흐름의 불일치

환적화물은 관련주체가 매우 다양하고 그 업무 흐름에 예외성이 많기 때문에 화물의 흐름과 정보 흐름이 일치하지 않는 경우가 종종 발생한다. 특히 운항선사와 피더 선사, 운송사, 하역사, 검수회사 사이에 처리되어 환적업무를 위해 주고받는 Bayplan, 적하목록, Booking Prospect, Container Loading List(CLL) 등의 서류업무가 일부 수작업으로 이루어지거나 내부적인 업무자료로 활용하는 비율이 저조하여 재입력되는 경우가 많아 많은 시간과 인력이 소요되고 있다.

즉 선적, 환적 컨테이너에 대한 확인이 수작업으로 이루어져 많은 시간이 소요되고 있으며, 중국이나 일본 등 근거리항로에서는 화물보다 서류가 늦게 도착하는 경우도 발생하고 있다. 또한 일부정보는 그 정확성이 떨어져 확인대조작업을 필요로 하며, 일부업무에서는 EDI 등이 도입되어 사용중임에도 환적관련업무는 여전히 팩스나 전화, 수작업입력 등의 방법으로 처리되고 있어 업무에서의 불편은 물론 많은 시간이 소요되고 있다. 특히 선사내부적으로도 운항업무부서와 환적업무부서 및 수·출입 업무부서 간에 정보 흐름이 원활하지 못해 이중입력이나 수작업이 종종 발생하고 있는 실정이다.

환적업무처리와 관련된 선사(운항사), 조인트 선사, 선사(내부업무부서), 피더 선사, 운송사, 터미널, 검수사 및 세관과 지방해양항만청 등이 관련정보를 공유하고, 이를 자신들의 업무에 활용할 수 있도록 정보 흐름을 개선할 필요가 있다. 특히 선사의 Bayplan 정보와 적하목록정보를 서로 공유하여 환적관련업무를 효율적으로 처리하는 방안의 도입이 시급하다.

이와 관련하여 현재 KL-Net에서 개발하여 최근에 현장에 적용하기 시작한 항만물류통합정보 시스템(Port Logistics Integrated System for Maritime Business : PLISM)은 환적관련업무 효율을 크게 증대시키고 있는 것으로 보고되고 있다. 동 시스템의 개선 및 보완을 통하여 추가적으로 보완할 수 있는 영역을 발굴하고, 관련주체의 추가적인 수요를 충족시킬 수 있는 정보 시스템으로의 발전가능성을 모색할 필요가 있다.

3) 다양한 정보제공 및 관리주체

환적업무의 핵심주체는 모선사와 피더 선사이지만, 관련된 물류주체는 매우 다양하다. 관세청과 지방해양항만청과 같은 행정기관은 물론이고, 화주, 하역사, 운송사, 검수회사, 터미널 등이 서로 환적화물의 처리를 위해 관련을 맺고 있다. 이들 주체간의 입장과 정보화수준 및 요구사항은 상이하며, 환적업무는 수·출입

업무에 비해 예외상황이 수시로 발생하기 때문에 표준화된 업무 프로세스를 수립하는 데 어려움이 있다. 아울러 정보를 주기보다는 받으려는 경향이 강하고, 입수된 정보도 폐쇄적으로 활용되어 공유하는 기반이 미흡한 실정이다.

환적업무는 모선사와 피더 선사의 스케줄 조정에서부터 여유선복의 확인 및 확보가 핵심이지만, 환적정보의 입수와 처리, 각종 신고, 이송 등의 업무가 가변성이 매우 높아 현장에서의 판단과 대응이 요구되는 경우가 많다. 특히 정보화가 어느 정도 이루어진 컨테이너 전용부두의 경우 환적화물에 대한 정보입수와 공유가 가능하지만, 일반부두의 경우 아직 게이트 자동화는 물론이고 부두 내 운영 시스템에 대한 정보화가 미흡하여 전체적인 정보확인에 어려움이 있으므로 일반부두의 정보화를 지속적으로 추진하여야 한다. 세관의 적하목록정보는 환적에 대한 기본적인 데이터로서 공유시에 환적화물에 대한 각종 부가가치정보의 생산에 크게 기여할 수 있으므로 적하목록정보의 공유나 국토해양부의 화물 반·출입 보고 등과의 통합에 대한 논의가 좀더 진전되어야 할 것이다

제 5 절 연안 컨테이너의 업무 및 정보 흐름

1. 컨테이너의 연안운송계약

컨테이너 화물의 국내운송계약은 크게 3가지 형태가 있으며, 여기에서는 편의상 A, B, C로 구분하여 설명하고자 한다.

첫째, A-Type은 주로 소량화주들이 이용하는 방식으로 화주와 포워더 간에 국내 및 해상운송에 대한 일괄계약을 체결하고, 포워더가 내항선사와 내항운송에 대한 하청계약을 체결하여 운송계약이 2단계로 이루어진다.

둘째, B-Type은 대량화주들이 주로 이용하는 방식으로 화주와 운송회사 간에 국내운송에 대한 일괄계약을 체결하고, 운송회사와 내항선사와 내항운송에 대한 하청계약을 체결하여 운송계약이 2단계로 이루어진다. 특히 B-Type의 경우, 대형화주가 자사 또는 그룹사의 물류업무를 특정의 물류회사(주로 포워더로 삼성그룹은 토로스, LG 그룹은 범한물류, 현대 그룹은 하이스코에 물류업무를 위임)로 지정할 경우, 그 물류회사가 내항운송계약을 체결하게 된다.

[표 9-7] 우리나라 컨테이너 연안운송 계약형태

구 분	운송계약형태
A-Type	· 참여자 : 화주, 포워더, 내항선사 · 이용화주 : 소량화주 · 계약단계 : - 화주/포워더 : 국내 및 해상운송 일괄계약 - 포워더/내항선사 : 연안운송 하청계약
B-Type	· 참여자 : 화주, 포워더, 내항선사 · 이용화주 : 대량화주 · 계약단계 : - 화주/운송회사 : 국내운송계약 - 운송회사/내항선사 : 연안운송 하청계약 * 삼성, LG, 현대 등은 특정물류회사(포워더)에 물류업무 위임
C-Type	· 참여자 : 화주, 포워더, 내항선사 · 이용화주 : 대량화주 · 계약단계 : - 화주/포워더 : 국내 및 해상운송 일괄계약 - 포워더/외항선사 : 국내 및 해상운송 일괄계약 - 외항선사/운송회사 : 국내운송 하청계약 - 운송회사/내항선 : 연안운송 하청계약 * 발생빈도 많지 않음

자료 : 전형진, "내항 컨테이너 운송구조 및 경쟁력분석," 월간해양수산, 한국해양수산개발원, 2007.

셋째, C-Type은 사례가 많지 않고 가장 복잡한 방식으로 화주, 포워더, 외항선사, 운송회사 및 내항선사가 운송계약에 참여하게 되며, 이 중에서 화주, 포워더, 외항선사는 일괄계약, 운송회사와 내항선사는 하청계약을 체결하는 다단계의 계약구조를 보이고 있다.

2. 내항 컨테이너 운송단계

내항 컨테이너의 운송단계는 크게 해송전단계, 해송단계와 해송후단계의 3단계로 구분할 수 있다.

첫째, 해송전단계는 의왕 ICD → 화주공장 → 인천항육송으로 이어지는 단계로 의왕 ICD에서 공 컨테이너가 화주공장으로 이송되고, 화주공장에서 화물을 적입하여 인천항으로 이송하는 것이다. 해송전단계는 내항운송의 가격경쟁력을 실질적으로 좌우하는 구간으로 수원/인천간 운송비는 18만7천 원으로 수원/부산간 전체 내항운송요금 41만 원의 46%를 차지하고 있다.

둘째, 해상운송단계는 인천항과 부산항 간의 해송단계로 인천항 CY → 인천항 4부두 → 해상운송 → 부산항 3부두로 이어지는 운송단계를 거치고 있으며, 해상운송단계는 가장 복잡한 작업단계를 갖고 있어 시간소요가 가장 많은 구간이다.

셋째, 해상운송후단계는 부산항 3부두에서 외항 모선이 접안하는 컨테이너 터미널까지의 셔틀 운송단계이다. 일반적으로 부산항 3부두에서 하역 후 ODCY로 반출하거나 바로 컨테이너 터미널로 이동하며, 그 이후 작업과정은 선사나 포워더의 책임 하에 수행된다.

[표 9-8] 우리나라 컨테이너 연안운송 계약형태

구 분	운송구간 및 작업
해송전단계	· 운송회사가 업무를 담당 · 운송구간 : 의왕 ICD → 화주공장 → 인천항육송 · 컨테이너 연안해송의 가격경쟁력을 실질적으로 좌우하는 구간 * 수원/인천간 18만7천 원으로 전체해송요금(41만 원)의 45.6% 차지
해송단계	· 해상운송단계는 인천항과 부산항 간의 해송단계 · 운송구간 : 인천항 CY → 인천항 4부두 → 해상운송 → 부산항 3부두 · 가장 복잡한 작업단계를 갖고 있어 시간소요가 가장 많은 구간
해송후단계	· 부산항 3부두에서 외항모선이 접안하는 컨테이너 터미널까지 셔틀 운송 · 일반적으로 부산항 3부두에서 하역 후 ODCY로 반출하거나 바로 컨테이너 터미널로 이동

자료 : 전형진, "내항 컨테이너 운송구조 및 경쟁력분석," 월간해양수산, 한국해양수산개발원, 2007.

제 10 장

컨테이너 터미널의 업무

제 1 절 컨테이너 터미널 작업영역

컨테이너 터미널은 컨테이너 수송의 특성상 대량화물을 신속하고 효율적으로 처리하기 위해 하역이송기능, 보관기능 및 혼재기능의 수행이 요구되어진다. 이러한 업무수행을 위해서 컨테이너 터미널은 크게 구분하여 컨테이너 선박하역 물류와 컨테이너 터미널 내부의 물류를 처리하는 작업을 처리한다.

1. 컨테이너의 선박하역물류

기본적으로 선박에 컨테이너를 적재하는 적하와 선박에 적재된 컨테이너를 육상으로 이동시키는 양하가 있다. 또한 양하를 위해서 선박 내에서 양하할 컨테이너보다 상부에 적재된 컨테이너를 일시 타위치로 이동시키거나, 육상에 양륙시켰다가 다시 적재시키는 2가지 작업으로 구분되는 선내이적이 있다. 또한 양하

[그림 10-1] 선박과 터미널 간 컨테이너 이동

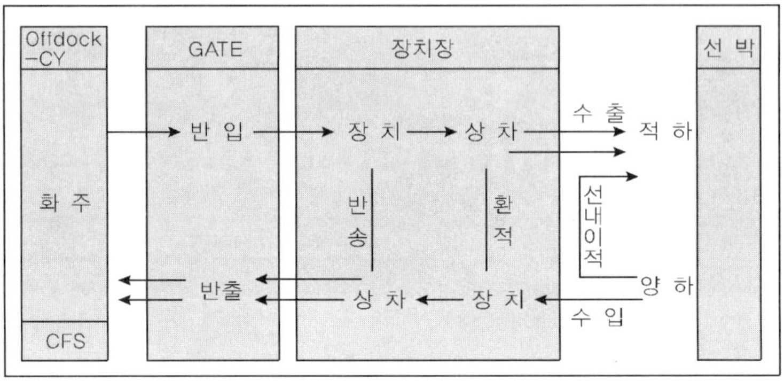

된 컨테이너를 장치 후 다른 선박으로 적하하는 환적[1]도 있다. 환적의 경우 동일 부두 내에서 처리하는 것이 원칙이지만, 타부두로 반출하여 적하하는 경우도 있다.

2. 컨테이너 터미널 내부의 물류처리

터미널 내부의 컨테이너 이동은 단순하다. 즉 장치장을 중심으로 볼 때, 양하나 반입된 컨테이너를 특성별로 분류하여 이송장비로부터 장치장으로 컨테이너를

[그림 10-2] 컨테이너 터미널 물류처리개요도

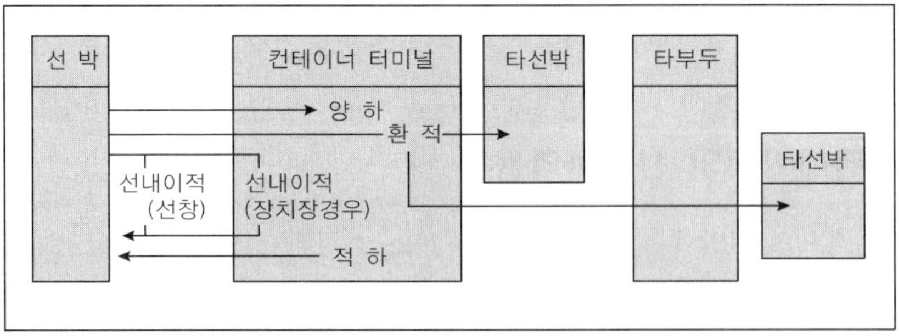

1) 수송하는 컨테이너의 선박을 바꾸는 활동으로 제 3 국으로 수송중에 일시 양하하여 다른 선박으로 적하하는 경우에는 무역 외 수입으로 국가적인 이익이 발생된다.

장치하는 작업과 장치된 컨테이너를 적하 및 반출을 위하여 이송장비에 상차하는 작업의 과정이 있으며, 또한 터미널 구내에서 장치위치를 변경하는 구내이적이 있다.

터미널에서 처리되는 물류를 무역의 관점에서 보면 수출과 수입의 양대 활동으로 크게 나누어지며, 부수적으로 무역 외 활동인 환적과 공 컨 테이너의 보관 및 반출기능의 단순조작이 있다.

컨테이너 터미널에서는 하역작업, 게이트를 통한 컨테이너 반·출입 작업, 장치장 내 컨테이너 관리 등 여러 작업이 혼재되어 유기적으로 운영이 된다.

이 장에서는 컨테이너 터미널의 작업영역을 선석계획, 장치계획, 선박하역계획의 하역계획, 컨테이너 양/적하 및 장치장작업의 하역작업, 보세화물관리 등의 하역지원 및 사후관리의 3가지 작업영역으로 분류하여 알아보도록 하자.

제 2 절 하역계획

1. 하역계획의 목적

컨테이너 터미널이 수동 시스템으로 운영되거나 컴퓨터 시스템으로 운영되거나 관계 없이 기본적인 서류작성과 반드시 수행되어야 할 절차가 있다. 이 절차 중 첫번째는 하역계획이며, 장치장 내의 컨테이너 물류는 하역계획이 토대가 되어 처리된다.

하역계획은 직접적인 물류의 흐름은 없지만, 입수된 정보를 중심으로 컨테이너 터미널의 현상을 수시파악하여 수립하는 것이다. 일반적인 세부계획은 선석계획, 장치계획, 선박하역계획으로 나눌 수 있고, 장치계획과 선박하역계획은 장치장작업과 선박하역작업과 연계가 된다.

2. 선석계획

각 터미널은 계약에 의해 정기적으로 입항하는 선박이 있어 선석계획은 거의 고정적이지만, 선박의 운항환경과 터미널의 작업여건, 기상 등에 따라 입·출항 시간이 변경되고 선석조정이 필요하다.

따라서 하역작업을 위한 첫단계로서 터미널에 기항하는 컨테이너 선박에 대한 입항정보를 처리해야 한다. 이 처리는 선박하역계획 중의 일부분으로도 간주되나, 장기적인 컨테이너 터미널 운영의 전략계획이므로 독립적인 영역으로 구분한다.

이 단계를 다시 세분하면 터미널 운영에 필요한 각종 코드(code)의 제정과 선박접안계획으로 구분된다.

1) 코 드 화

코드화되는 부분은 선명, 선사명, 기항지가 주로 사용이 된다.

(1) 선 명

무선국호출부호를 사용하는 곳도 있으나, 주로 각 선사에서 통용중인 선명의 약호를 대체적으로 이용한다.

(2) 선 사 명

현재 각기 통일화된 코드가 없어 SMDG에서 표준화를 추진중에 있다.

UN에서 주관하여 제정한 국가와 도시를 표현한 코드로 영문자 5자리 중 앞의 2자리는 국가 코드이며, 뒤의 3자리는 도시 코드이다.

(예) 선사명

Hyundai Marine Merchant(현대상선) ☞ HMM

(3) 기 항 지

여러 터미널에서 UN/LOCODE를 이용하고 있고, UN/LOCODE 사용이 표준화된 추세이다.

Shipping Message Design Group은 유럽의 컨테이너 터미널과 선사들의 전자문서 개발단체로 현재는 북미, 아시아 등의 지역에서도 가입되어 있다.

[그림 10-3] Port code management program

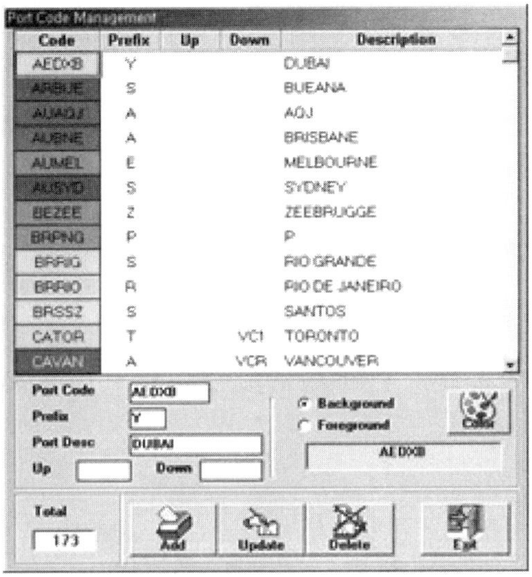

3. 접안계획

선박접안계획은 매월 말 시점에 익월 기항할 선박을 이용선사로부터 선명과 입·출항 예정일시를 전화, TLX, FAX, 전자문서 등의 통신수단이나 일반문서로 접수받아 수집된 입항정보를 토대로 약 1개월간의 컨테이너 터미널의 선석별 선박접안 배정계획을 작성한다. 이 선석별 접안계획은 개략적인 것으로서 장기계획(Longterm Schedule)이 된다.

장기입항 예정정보와 별도로 선사는 수시 선박별 운항상황을 파악하여 확정되는 접/이안 희망시간을 양/적하 컨테이너 수량과 함께 터미널에 제공한다. 그러면 터미널에서는 양/적하 수량과 선박 및 터미널의 작업조건, 선박의 특성을 고려하여 선석을 확정하는 단기계획을 수립한다. 이 때 선박별 항차는 통상 각 터미널에서 별도입항순번을 부여하여 사용한다.

1개의 선석만 가진 터미널이나 선사전용의 터미널에서는 선석배정에 큰 어려움이 없겠으나, 여러 선석을 가진 공용 터미널에서는 선석배정에 원칙이 필요하다.

첫째, 공용 터미널에서의 선석배정의 우선순위는 다음과 같다.

> 장기간 이용계약이 체결된 정요일 정시 입항선박 〉 터미널 운영에 필요한 정확한 정보를 적기에 제공한 선사의 선박 〉 대형선사, 정기선선사의 선박 〉 선입항선박

통상 선박입항 3~4일 전에 1차 잠정확정된 선석배정은 최종 1일 전에 확정하여 선석배정표(Calling schedule)를 발행한다. 일반적으로 배포되는 선석배정표에는 발행일 후 1주일간의 선석별 접안할 선박과 이안예정시각, 작업물량, 수출용 컨테이너 반입마감시간(우리나라에서는 일반적으로 접안예정시각(ETA)보다 10시간 전을 기준으로 한다)이 표시되나, 내부작업용으로 발행되는 선석배정표에는 접안시 사용할 계선주(bitt)의 위치와 작업할 Q/C 수와 Q/C별 작업시간도 표시된다.

둘째, 접안계획수립을 위한 정보의 중요한 요소로서 자료사전을 구성하면 다음과 같다.

> 접안계획
> 선박 코드(선박명)+항차(입항순법)+접안예정시각+이안예정시각+접안할 선석
> 그 밖에도 터미널에 따라 접안방향+계선주번호+작업량(양하/적하/환적)+사용할 Q/C 호기+반입마감시각이 필요하다.

[그림 10-4] 선석배정표

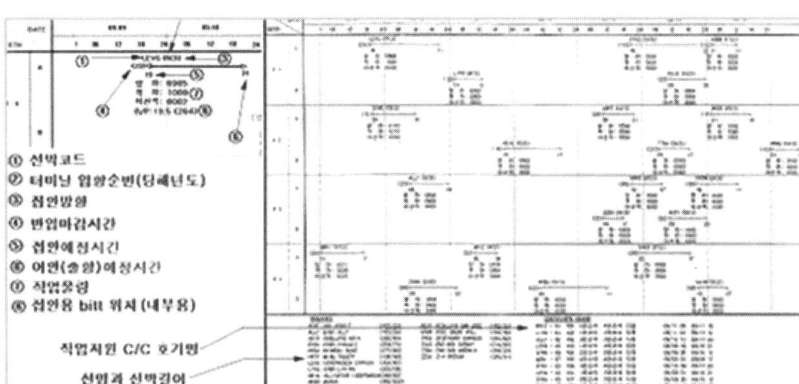

[그림 10-5] 선석 스케줄(부산항만공사 홈페이지 내 항만정보조회 화면)

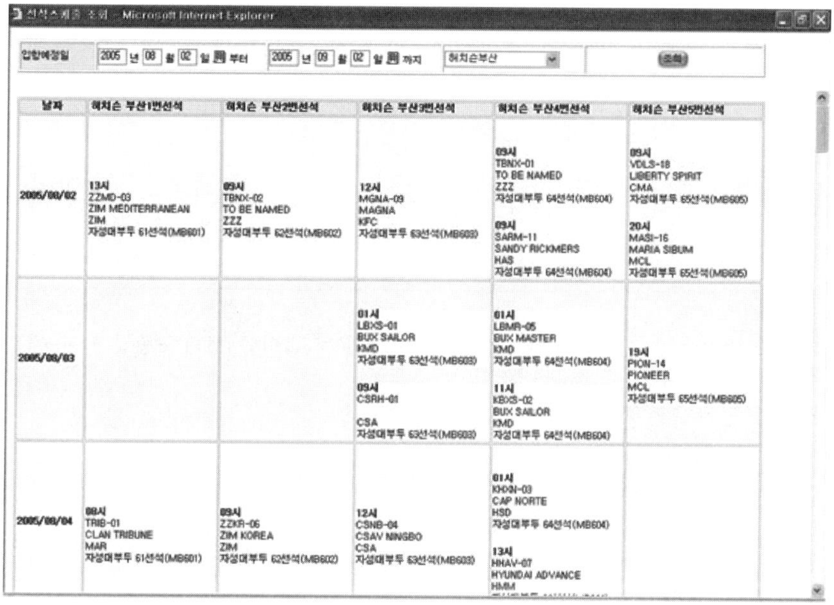

4. 장치계획

장치계획은 터미널 장치공간의 효율적 이용과 하역작업의 신속성을 도모하기 위한 최소토지 이용방법을 수립하는 것이다. 장치계획은 통상 수출, 수입, 환적(이선적), 공 컨테이너로 크게 구분하여 계획을 수립한다.

수출 컨테이너의 장치장배분인자는 선박, 목적항, 컨테이너의 규격과 중량이 된다. 이것을 토대로 본선이 접안될 선석부근의 장치장 중 장치가능지역을 배정한다.

수입 컨테이너는 선박 또는 선사, 컨테이너 규격별로 구분을 하나, 필요에 따라 화주별 구분도 고려된다. 화주별 구분을 위해서는 컨테이너 터미널은 선박 입항 전에 선사에서 화주별로 구분된 적하목록(Mainfest : 외국화물을 실은 선박이 입항할 때 선사에서 입항 24시간 안에 작성하여 제출하는 선적화물의 명세서)이 입수되어야 가능하나, 많은 화주별 장치공간이 필요하므로 장치공간의 이용효율이 저하된다.

공 컨테이너는 2가지 장치목적으로 분류한다. 일반 수·출입 컨테이너와 같이 선박에 양/적하 작업이 따르는 것과 On-dock 업무와 임대용의 보관 컨테이너로 구분되므로 장치목적과 소유주나 선사별로 분리하여 장치계획을 수립하여야 한다.

그리고 장치계획을 위한 정보의 중요한 요소로서 자료사전을 구성하면 다음과 같다.

수출 컨테이너 :
선박 코드(선박명)+항차(입항순번)+양하항(코드)+규격(길이와 형태)+중량구분+예정물량
수입 컨테이너 :
선박 코드(선박명)+항차(입항순번)+규격+예정물량
공 컨테이너 :
선사 코드+규격+예정물량

5. 하역계획

하역계획은 본선에 적재되어 있는 컨테이너의 양하작업순서와 적재할 컨테이너의 적하작업순서를 본선의 안정도를 고려하여 수립하는 것이다.

1) 양하계획

양하 컨테이너의 경우, 선박입항 전일까지 선사로부터 본선의 컨테이너 적재상태가 표시된 적부도(Stowage Plan 또는 BAYPLAN)를 접수받아야 한다. 이 때 위험화물, 냉동화물 및 장척화물 등의 특수화물이 양하될 때에는 해당 명세서를 접수하여야 한다.

접수된 적부도상의 격자 내에 표시된 해당 항의 양하분과 선내이적분의 컨테이너를 선택하여 선창별로 양하작업순서를 결정하여 양하순서표(discharging sequence list)를 준비한다.

선사에서 컨테이너 선박의 적부자료를 컴퓨터로 전산처리하면서 문서화된 적부자료를 이용하지 않고 국제공인 전자문서(Bay Plan/Stowage Plan Occupied and Empty Location Message : BAPLIE) 또는 상호 약속한 정형화된 형식의 자료를 전산망을

[그림 10-6] 컴퓨터 출력의 적부도

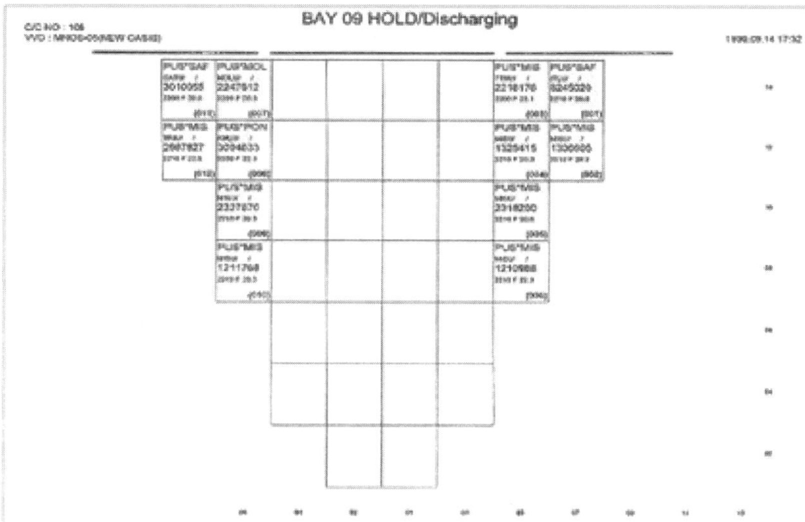

[그림 10-7] COSMOS사 Ship Planning System의 VDU 화면

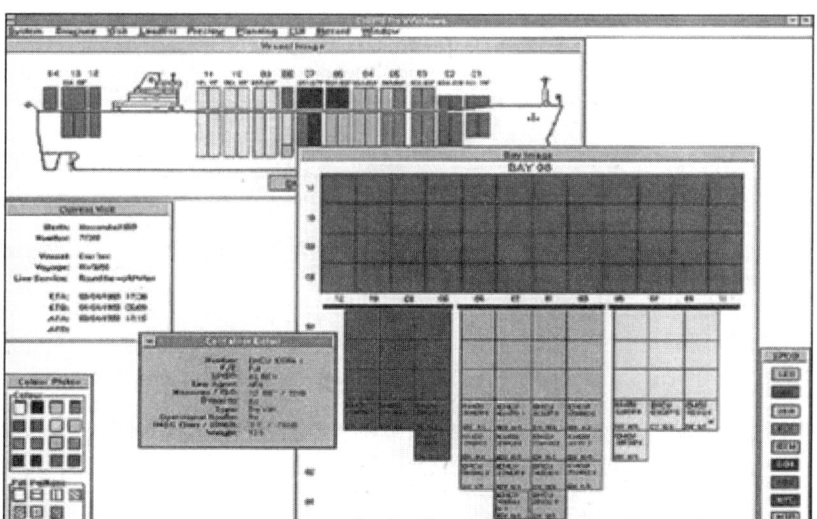

통하여 컨테이너 터미널로 송신할 수 있다.

수신된 적부자료는 자동으로 터미널 전산에 수록되어 영상장치(VDU)에 표시되는 선창도형을 이용하여 컨테이너의 적부상태를 파악한 후 양하순서를 자동결정시키거나, 수작업으로 양하순서만 결정하여 추후 컴퓨터에 입력하면 양하순서표를 출력할 수 있다. 이 때 안벽 크레인의 작업계획서인 Working Schedule도 동시에 생성된다.

자동으로 컴퓨터에 의한 선창별 양하순서를 결정할 때에는 선박의 접안상태 및 선창 내 컨테이터의 적재상태를 감안하여 아래와 같이 4종류의 방식 중에서 선택할 수 있다.

[그림 10-8] 양하순서 자동결정방식

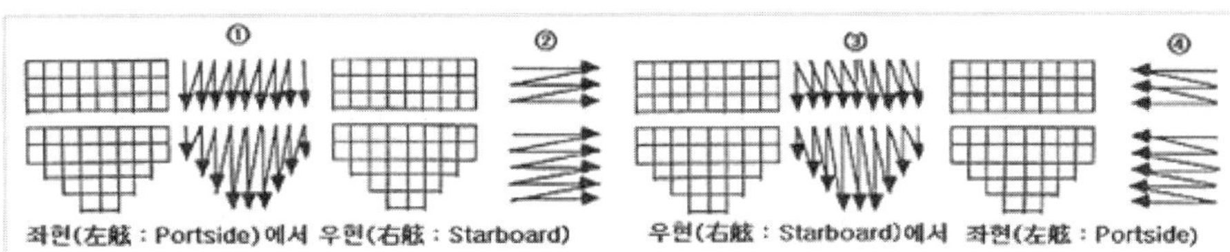

[그림 10-9] Discharging Sequence List

DISCHARGING SEQUENCE - 07 HOLD

C/C NO : 106
VVD : MNOS-05(NEW OASIS)
1999.09.14 17:32

SEQ	CONTAINER NO.	YARD LOCATION	SHIP LOCATION	SIZE F/E	OPR	TYPE	WGHT	POD	SHIFT TIME	SHIFT TO	REMARKS
1	TPHU6935207		07-07-14	20 F	SAF		20.0	PUS			
2	POCU0333100		07-05-14	20 F	PON		21.0	PUS			
3	MISU1184826		07-05-12	20 F	MIS		20.3	PUS			
4	MISU3329272		07-06-14	20 F	MIS		20.3	PUS			
5	POCU0578665		07-06-12	20 F	PON		21.4	PUS			
6	XTRU8529765		07-05-14	20 F	SAF		20.0	PUS			

[그림 10-10] Q/C Working Schedule

C/C WORKING SCHEDULE (106)

VVD : MNOG-05(NEW OASIS)
ETB :

1999.09.14 17:02

SEQ	BAY	OPS	SZ	GENERAL						T/S						SHIFTING (Via Yard)						SHIFTING (Direct)						TOTAL
		TP		F	M	45F	45M	RF	SP	F	M	45F	45M	RF	SP	F	M	45F	45M	RF	SP	F	M	45F	45M	RF	SP	
1	09 D	D	20'	3																								3
2	07 D	D	20'	2																								2
3	09 H	D	20'	12																								12
4	07 H	D	20'	6																								6
20' TOTAL				23																								23
40' TOTAL																												
GRAND TOTAL				23																								23

2) 적하계획

접안계획된 선박의 입항예정시각 수 시간 전부터 수출 컨테이너의 적하계획을 수립해야 한다. 적하계획을 수립하기 전에 몇 가지의 사전준비작업이 필요하다. 운항선사는 수출을 위해 반입장치된 컨테이너 중 선적이 확정된 컨테이너의 번호와 각 컨테이너의 실제 양하지 및 중량이 기재된 컨테이너 선적예정목록(Container Loading List)을 터미널측에 서면 또는 전자문서[2)]로 제출하며, 타선박에서 양하되어 터미널에 장치된 컨테이너 중 이선적되어 적하될 컨테이너 명세도 동시에 제출한다.

터미널에서는 컨테이너 선적예정목록을 실제 장치된 수출 컨테이너와 대조하여 선적취소 컨테이너를 구분하고, 선사로부터 접수한 자료 중 양하지와 중량이 상이한 컨테이너는 재조작대상 컨테이너로 표시한다.

컨테이너의 선적을 위한 적하계획수립을 위해서는 선사로부터 해당 선박의 선창도형이 인쇄된 서류에 선적할 장소를 컨테이너들의 규격과 양하지별 색채로 구분표시된 사전적부계획서(General Stowage Plan)를 선박입항 전에 접수받아야 한다. 이것을 이용하여 컨테이너 터미널은 적하계획을 수립한다. 사전적부계획서는

2) 국제공인문서는 Container Discharge/Loadung Order인 COPRAR(COntainer PRe-ARival)이나, 이 내용 중 Loading(적하)분만 이용하는 COLDLT(Container LoaDing LisT)를 현재 우리나라에서는 활용중이다.

[그림 10-11] 사전적부계획서(GENERAL STOWAGE PLAN)

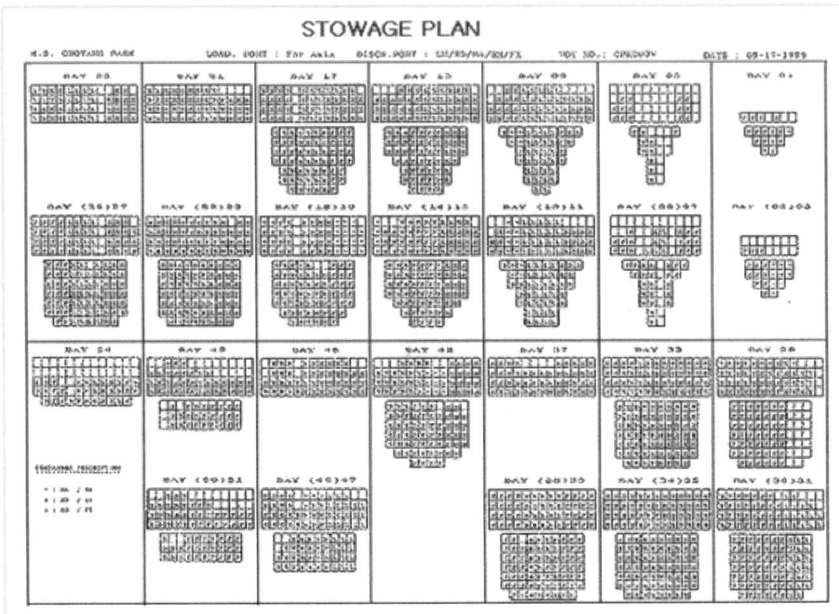

종이서류 대신에 적재지시서 국제공인 전자문서[3]로 EDI를 이용하여 수신하는 추세로 바뀌고 있다.

적하계획시 고려해야 할 조건은 다음과 같다.

① 선박의 복원력과 균형을 조정

컨테이너선은 흘수가 얕고 선폭이 크므로 복원력은 크나 복원의 범위는 일반화물선보다 적으며, 갑판 위에도 컨테이너를 적재하기 때문에 GM(선박의 외심점과 무게 중심과의 거리)의 중심이 높아지면서 풍압을 강하게 받게 되므로, 선박의 안정성을 위해 상당히 큰 GM이 요구된다. 따라서 무거운 화물은 아래로, 가벼운 화물은 위로 배치하여 선체의 중심 외에도 동요를 고려하여야 한다.

② 냉동 및 위험물, 특수화물 컨테이너는 선박 내의 지정구획에 배치한다.

③ 크레인간의 작업간섭

많은 양의 컨테이너를 적하 또는 양하하기 위하여 두 개 이상 크레인을 동시에

3) MOVINS(MOVe INStruction).

[그림 10-12] 선박 양/적하 정보 흐름

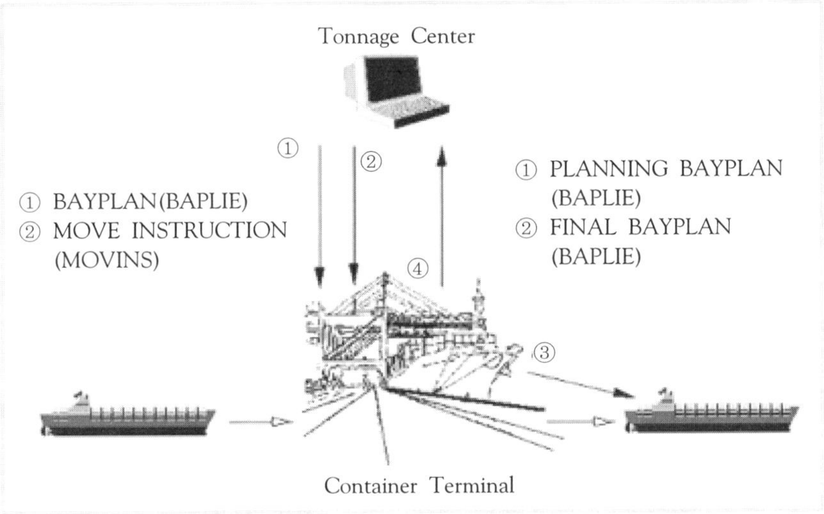

사용하여야 하므로, 크레인간의 작업간섭이 없도록 하면서 Bay별 적정배치로 선박의 균형을 유지할 수 있도록 적재위치를 분산시키도록 한다.

현재 대다수의 컨테이너 터미널에서는 전용 컴퓨터를 이용하여 해당 선박의 사전적부계획서(General Stowage Plan)와 장치현황도를 VDU 화면으로 보면서 화면상에 적하용 적부도(BAYPLAN)를 작성하고, 작업할 크레인별 작업량을 할당한 후 하역작업용으로 적하순서표와 크레인의 작업계획서를 출력하여 그 결과를 정보 시스템 내에 수록한다.

3) 자료 흐름과 자료사전

BAYPLAN의 정보는 컨테이너 터미널 및 선사에 따라 표기방법이 다양하지만, 표준화로 추천하고 있는 ISO 방식을 이용한 자료사전은 다음과 같다.

BAYPLAN=선박명+항차+1{적부위치+양하항+상태+적하항+중량+컨테이너 번호+선사+규격+N(위험물분류기호/냉동유지온도/표준초과폭/표준초과길이)}

컨테이너 터미널에 반입된 컨테이너 중 실제 적하할 컨테이너의 최종확인용 문서인 선적예정목록(CLL/Container Loading List)의 자료사전은 다음과 같다.

> 컨테이너 선적예정목록=
>
> 선박명+항차+1{컨테이너 번호+양하항+중량} N

선사가 컨테이너 터미널에 제출하는 적부계획서인 General Stowage Plan의 자료사전은 다음과 같다.

> General Stowage Plan=
>
> 선박명+항차+1{양하항+규격+적공+수량+적부범위}

BAYPLAN, 컨테이너 선적예정목록, General Stowage Plan은 현재 전자문서 형식으로 사용하고 있다.

[그림 10-13] 양하계획과 적하계획의 작업 흐름

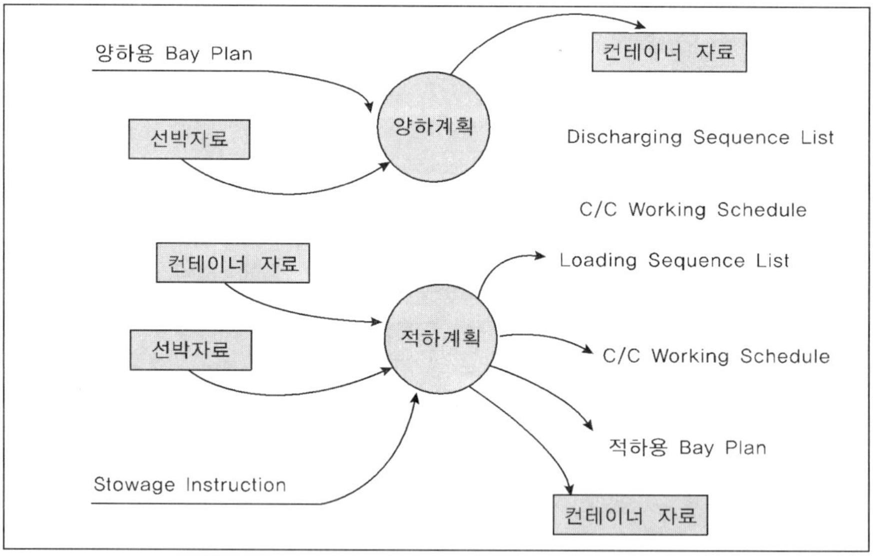

제 3 절 하역작업

컨테이너 하역작업은 컨테이너 반·출입 처리와 장치장작업, 그리고 선박 양/적하 작업으로 구성된다. 여기에서는 컨테이너 하역작업을 구성하는 각 작업단계별 업무내용을 다루기로 한다.

1. 컨테이너 반·출입 처리

1) GATE

1970년대 수작업으로 운영하는 컨테이너 터미널에서는 GATE에서 접수된 서류를 텔레타이프(Teletype) 또는 문서전송관(Pneumatic tube)을 이용하여 통제실과 작업정보를 교환하였으나, On-line Computer System으로 전환되면서 GATE 담당자가 VDU(아래 [그림 10-14] 참조)를 이용하여 직접 작업정보를 처리하고 있다.

[그림 10-14] GATE Management program(Hi-Tops)

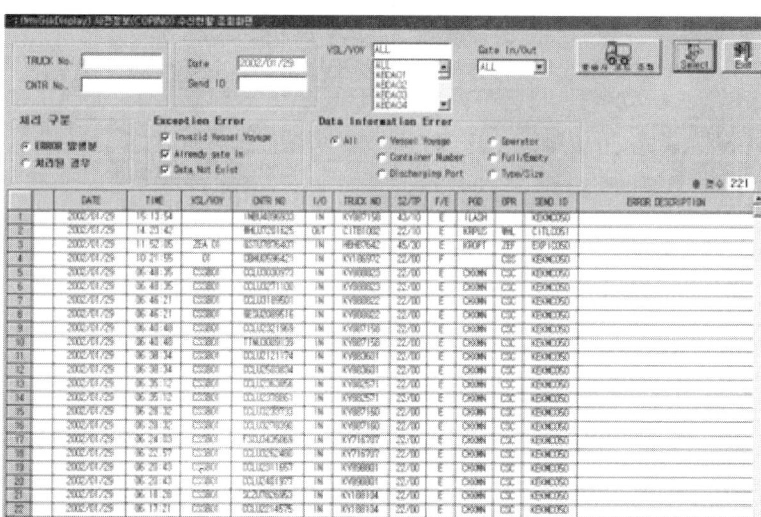

최근 일부 선진화된 컨테이너 터미널에서는 GATE 운영의 자동화가 이루어지고 있다. 자동화는 차량출입증을 이용한 ASM(Automatic Service Machine) 방식과 RFID의 AEI(Automatic Equipment Identification) 표찰을 부착한 컨테이너 또는 출입차량의 자동감지방식이 보편화되었으나, 최근에는 차량번호판과 컨테이너 번호 문자인식(OCR)도 많이 운용중이다. 이러한 자동화 게이트 시스템도 반·출입될 컨테이너에 대한 정보가 EDA나 EDI를 통하여 사전입수되어야만 운용이 가능하다.

2) 반·출입 컨테이너 정보처리

수작업으로 컨테이너 반입 및 반출이 이루어질 때 정보취득을 위해 필요한 반입계 및 반출계는 선사 또는 운송회사에서 작성하며, 터미널에 반·출입하는 운송기사가 소지하여 터미널 GATE 담당자에게 제출한다. GATE 담당자는 반·출입계를 참고하여 컨테이너 정보를 입력한 후 해당되는 컨테이너가 장치할 위치를 컴퓨터에서 부여받아 EIR 또는 반·출입증(티켓 형태로 우리나라의 명칭이며, HIT에서는 Container Movement Slip라 하고, PSA에서는 Location Slip라 한다)을 운송기사에게 전달한다.

EDA나 EDI에 의한 사전예약은 반·출입계 내용과 유사한 정보를 운송회사에서 운송차량이 GATE에 도착하기 전에 터미널로 송신하는 방식이다. 우리나라의 경우 운송회사에서 EDI 통신사업자인 KL-Net(한국물류정보(주))에서 제공한 PC 입력용 EDI 변환 프로그램을 사용하여 컨테이너 반·출입 예정정보(COPINO)를 전송한다. 또한 웹 브라우즈를 이용하는 EDA 방식은 HBCT, PECT 등 일부 터미널에서 비상시를 대비하여 이용할 수 있도록 준비되어 있다.

컨테이너 반·출입 예정정보와 별개로 일부 터미널(외국)에서는 운송차량의 회전율을 높이고, 터미널의 혼잡도를 피하여 반·출입 작업을 원활하게 처리하기 위해 차량출입시간 사전예약제를 실시하고 있다. 현재 성공적인 운영을 하고 있는 터미널 중 Tractor Appointment Service라 호칭하는 홍콩항 HIT의 경우를 소개하자면, ARS를 이용한 전화기의 키보드나 터미널의 온라인 시스템을 이용하여 터미널에 차량출입 2~3일 전에 공휴일을 제외한 월요일에서 금요일의 07~21시 사이의 14개 시간대를 예약하여 출입을 시킨다. 이 때 30분 전 사전도착이나 1시간까지의 사후도착은 허용하며, 미예약인 경우에는 21~익월 07시 사이나 일요일 또는 공휴일에 이용해야 한다.

[그림 10-15] 반·출입계 양식

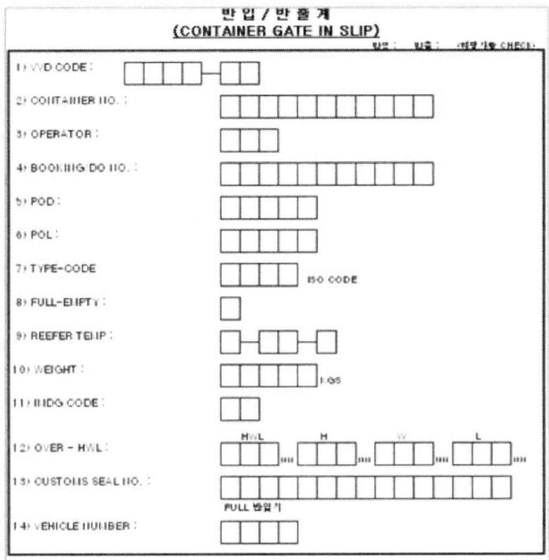

[그림 10-16] KL-Net의 PC 입력용 EDI형 반·출입 입력화면

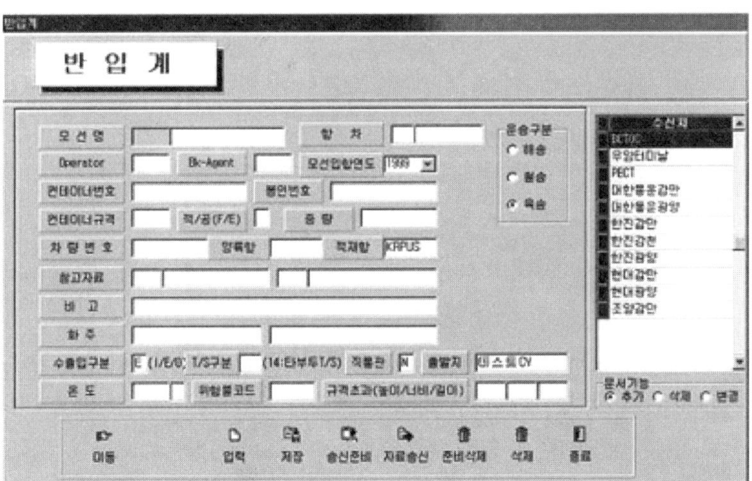

컨테이너 반·출입 예약정보를 위한 EDI용으로 국내 대다수 운송사가 사용하는 국제표준전자문서 COPINO(Container Pre-notification Message로 Container Plckup Notice의 약자이다)의 자료사전은 다음과 같다.

> 반입예정정보=차량번호+컨테이너 번호+크기+규격+중량+적공구분+양하항+반·출입 구분+모선 코드+모선항차+선사 코드+(타부두 T/S/직통관유무/봉인번호/위험물분류기호/냉동유지온도/표준초과폭/표준초과 길이/표준초과 높이)+수신일시+이용업체 ID

이 중에서 반출예정정보는 "차량번호+컨테이너 번호+반출구분+수신일시+이용업체"만 필수항목이 된다.

3) On-dock 업무

On-dock이란 화물의 배송기능과 공 컨테이너 관리기능을 부두 바깥에 위치한 Off-dock CY에서 담당하는 것을 전용부두의 컨테이너 터미널에서 일괄운영하는 제도이다. 즉 기존의 부두와 화주 사이의 물류과정에 존재하던 Off-dock CY의 기능을 통합하여 서비스하는 것으로 편의상 Off-dock와 구분하기 위한 용어이다.

On-dock 업무는 취급을 희망하는 선사와 컨테이너 터미널 간의 계약으로 시행되며, 컨테이너 터미널에서는 기본장치기간의 확대, 재유통 공 컨테이너 관리, 컨테이너 검사업무제공, 컨테이너 청소 및 수리 서비스, 수·출입에 관련된 제반 관공서업무대행 등을 수행하여 준다. 부가되는 업무로는 내륙운송 서비스 및 내륙 데포(depoet) 운영이 있으나, 우리나라에서는 컨테이너 터미널 중 일부 회사만 서비스를 하고 있다.

이 제도는 1998년 부산항 감만부두와 광양항의 개장으로 터미널의 시설과 인력의 여유로 터미널의 서비스 향상과 수입확대를 위하여 시행되었으며, 이에 따라 터미널 바깥에서 발생되는 Off-dock CY까지의 시내운송료와 Off-dock CY 내의 조작료가 절감되어 비용절감을 통한 경쟁력향상에 도움을 주고 있다.

컨테이너 터미널의 On-dock 업무의 반·출입 정보처리는 Pre-Gate에서 시작된다. 수출업무인 경우, 화주는 일반적으로 화물이 출고되기 전 또는 세관에 수출신고를 전후해서 선사에 선적예약을 하게 된다. 선사에 접수된 선적예약정보는 공 컨테이너를 관리하는 컨테이너 터미널과 운송회사(자가운송일 경우 생략)에 통보된다.

[표 10-1] On-dock system 개념

<table>
<tr><th>구 분</th><th>내 용</th><th>비 고</th></tr>
<tr><td>개 념</td><td>· 기존 부두와 화주 사이의 물류과정에 존재하였던 ODCY의 기능을 컨테이너 터미널 내에서 일괄통합하여 운영하는 체계임</td><td></td></tr>
<tr><td>서비스</td><td>· 무료장치기간의 확대
- 무료장치기간을 수출 7일, 수입 10일, 환적 10일로 확대하여 운영
· 선석보장 및 하역생산성 향상
- 계약선사들에게 선석확보보장
- 높은 하역생산성을 보장함으로써 선박체항시간 단축
· 전산지원체계 개선
- 계약선사에 대하여 온 라인 리얼타임 정보제공
· 재유통 공 컨테이너(Return Empty Container) 장치장제공
- 화물을 화주가 인출 후 반환되는 공 컨테이너에 대한 장치장지정 운영
- 선사의 전체물량에 따른 무료장치할당량 부여(pool제)
· 컨테이너 수리 서비스 제공
- 컨테이너 수리 및 청소 서비스 제공
· 컨테이너 검사업무제공
- 터미널에 반·출입 및 양/적하되는 컨테이너 검수업무 수행
· 수·출입 지원 및 관련서류 지원업무
- 세관지원업무
- 컨테이너와 관련된 Demurrage & Detention 부과
- 동·식물 검역업무지원</td><td>기존
수출 3일
수입 4일
환적 7일</td></tr>
<tr><td>요 율</td><td><table><tr><th>일반 기본요금</th><th>On-Dock 기본요금</th></tr><tr><td>선내임, 마샬링료</td><td>선내임, 마샬링료, 구내이적,
선창개폐, 보세수수료, 야간/
공유 할증(터미널별로 상이)</td></tr></table></td><td></td></tr>
</table>

이 때 선사에서는 화주가 예약한 화물정보에 따라 필요한 컨테이너 종류와 수량을 터미널에 제공하면, 터미널은 관리하고 있는 해당 선사의 공 컨테이너 중에서 선입, 선출 방식과 장치장의 작업조건, 화물의 종류 등을 고려하여 컨테이너를 선별한다(터미널 운영 시스템에 따라 번호지정방식과 번호미지정방식이 있다). 해당 운송차량기사가 Pre-Gate에 도착해서 운송회사나 화주로부터 접수한 선사의 Booking order No.를 제시하면 터미널에서는 공 컨테이너를 선택하여 주고, 향후 화물적입시 봉인할 seal을 제공한다. 공 컨테이너를 선별시 특정지역에는 선사 자사소유 컨테이너만 선정하고, 임차한 컨테이너는 제외한다.

선사의 공 컨테이너 반출지시정보는 Booking Acknowledgement 또는 Empty Container Release Order, Door order라 하며, 정보전달방식은 문서의 FAX 전송,

[표 10-2] On-dock팀 업무내용

구 분	작업단계	상세내용
수 출	① Door Order 접수	· 선사발행 Door Order · 모선 및 Port 확인
	② 공 컨 반입	· 컨 이력확인 후 COPINO 입력 · Port 지정, Lease 컨 반입시 공 컨 사무실연락
	③ 공 컨 반출	· 공 컨 반출계획수립 · Door Order 확인 후 Copino 입력 · Port 지정 컨테이너 별도 관리 반출
	④ 수출 컨 반입	· Booking List 접수 · 컨 이력확인 후 COPINO 입력
	⑤ 선적 및 정산관리	· CLL 접수확인 및 미착 컨테이너 Check · 선적 List 정리 및 선적수량확인 · 경과보관 List 출력관리
수 입	① 적하목록접수	· 선사로부터 적하목록 접수, 정리 · 하선신고서확인 · CFS 배정분확인
	② 반·출입 신고 및 컨테이너 반출	· 컨테이너 반입신고 · 반출요청접수 · 컨테이너 반출 · 타부두 양하 및 T/S 컨테이너 반입/반출 · 컨테이너 반출신고
	③ 정산관리	· 모선별 양하수량확인 · SOC 입력관리
기기관리	① 양/적하 컨테이너 관리	· 양하 List 출력관리 · 반납, Port 지정 컨테이너 관리 · Empty 특수 컨테이너 관리
	② 반·출입 Move 관리	· Lease, 반납, 매각 컨테이너 Mover 관리 · Rent 회수 및 Port 지정관리
	③ 재고 및 이력 관리	· 장기체류/특수 컨테이너 관리 · Damage 컨테이너 관리
	④ 청구정산관리	· 경과보관 List 관리청구 · Lift on/off On Dock 사용료 관리청구
	⑤ 통계자료관리	· 일일작업현황 작성관리 · 주간 본선실적 작성관리 · 월간 실적작성관리

터미널에서 제공한 전산단말기에 직접 입력, 선사측의 사설 파일(file)의 전송방식을 주로 이용해 왔고, 현재는 EDI 방식에 의한 표준전자문서인 IFTMBC, ITIGG (International Transport Implementation Guidelines Group)에서 준비한 UN/EDIFACT 규정의 Booking Confirmation Message의 이용으로 권장되고 있다.

[그림 10-17] 공 컨테이너 반출 흐름(On-dock system)

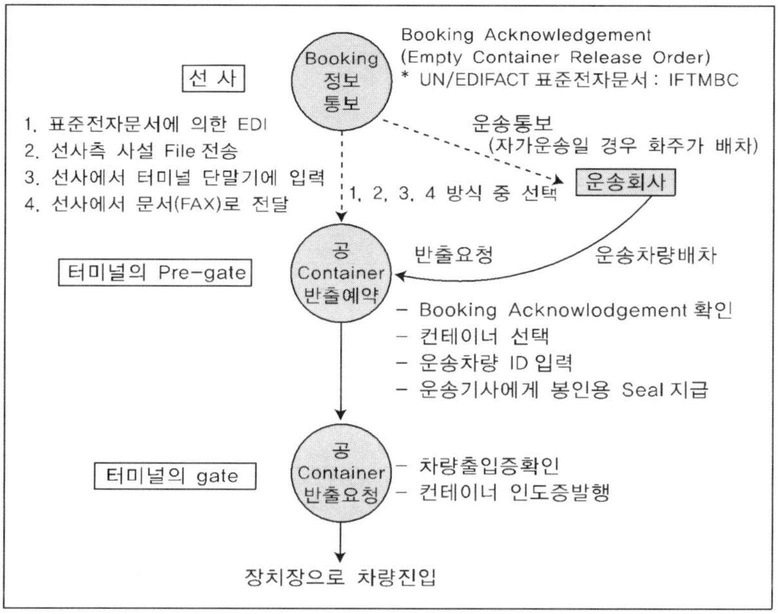

공컨테이너 반출지시정보의 일반적인 자료사전은 다음과 같다.

공컨테이너 반출지시정보=

Booking No+화주명+적하지+양하지+화물명+컨테이너 크기+컨테이너 종류+컨테이너 수량+(육상운송회사+선적모선+선적예정일)

4) EIR(Equipment Interchange Receipt)

컨테이너가 반·출입될 때, EDI에 의해 예약된 정보를 운송기사가 차량출입증을 이용하여 인식기에 감지하거나 문자인식에 의한 차량번호나 컨테이너 번호를 감지하면, GATE에 설치된 컴퓨터 인쇄장치는 차량이 진입할 위치가 인쇄된 카드형의 인수도증 또는 2~3매가 복사되는 기기수도증인 EIR을 출력한다.

[그림 10-18] 컨테이너 터미널 인수도증 양식(앞/뒤)

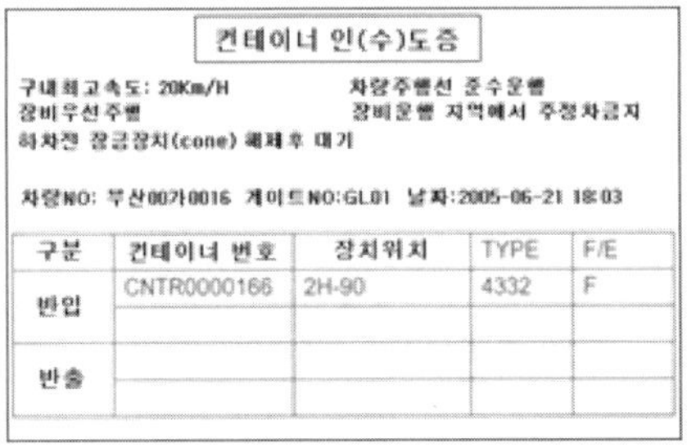

컨테이너 인(수)도증

구내최고속도: 20Km/H　　차량주행선 준수운행
장비우선주행　　장비운행 지역에서 주정차금지
하차전 잠금장치(cone) 해제후 대기

차량NO: 부산00가0016 게이트NO:GL01 날짜:2005-06-21 18:03

구분	컨테이너 번호	장치위치	TYPE	F/E
반입	CNTR0000166	2H-90	4332	F
반출				

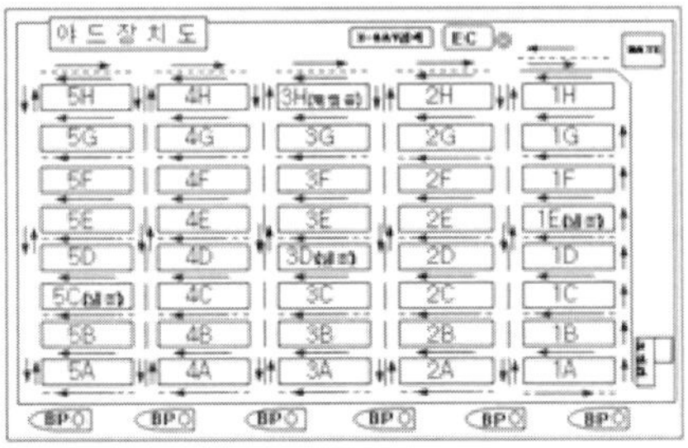

[그림 10-19] 컨테이너 터미널 기기인수도증 양식

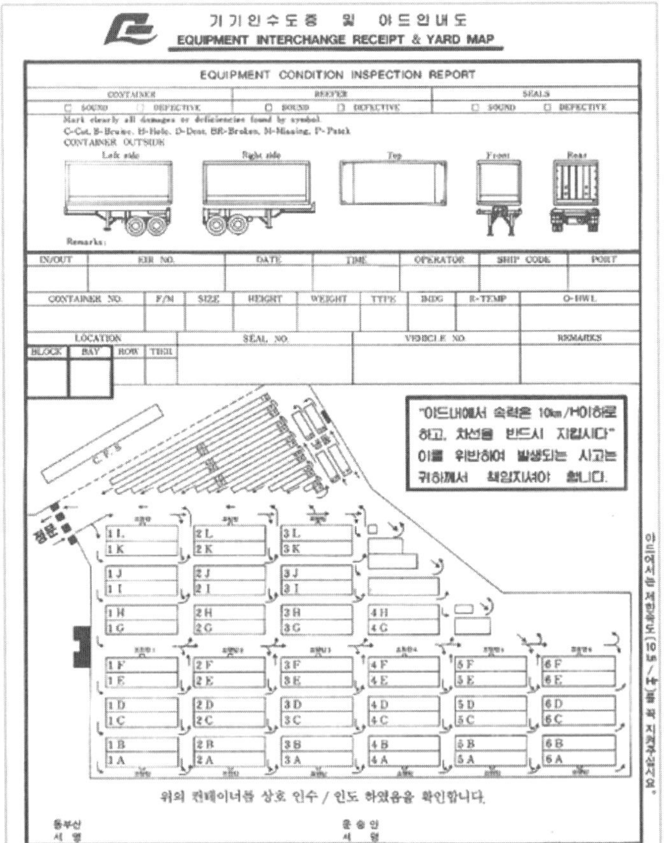

기기인수도증 및 야드안내도
EQUIPMENT INTERCHANGE RECEIPT & YARD MAP

EQUIPMENT CONDITION INSPECTION REPORT

CONTAINER		REEFER		SEALS	
□ SOUND	□ DEFECTIVE	□ SOUND	□ DEFECTIVE	□ SOUND	□ DEFECTIVE

Mark clearly all damages or deficiencies found by symbol.
C-Cut, B-Bruise, H-Hole, D-Dent, BR-Broken, M-Missing, P-Patch
CONTAINER OUTSIDE
Left side　Right side　Top　Front　Rear

Remarks:

IN/OUT	EIR NO.	DATE	TIME	OPERATOR	SHIP CODE	PORT

CONTAINER NO.	F/M	SIZE	HEIGHT	WEIGHT	TYPE	IMDG	R-TEMP	O-HWL

LOCATION				SEAL NO.	VEHICLE NO.	REMARKS
BLOCK	BAY	ROW	TIER			

"야드내에서 속력은 10㎞/H이하로 하고, 차선을 반드시 지킵시다" 이를 위반하여 발생되는 사고는 귀하께서 책임지셔야 합니다.

C.F.S
정문

1L 1K 2L 2K 3L 3K
1J 1I 2J 2I 3J 3I
1H 1G 2H 2G 3H 3G 4H 4G
1F 1E 2F 2E 3F 3E 4F 4E 5F 5E 6F 6E
1D 1C 2D 2C 3D 3C 4D 4C 5D 5C 6D 6C
1B 1A 2B 2A 3B 3A 4B 4A 5B 5A 6B 6A

위의 컨테이너를 상호 인수 / 인도 하였음을 확인합니다.

동부산 서 명　　운송인 서 명

(주)동부산컨테이너터미널　236㎜×279㎜

인수도증과 기기수도증(EIR)에는 공통적으로 차량출입시간, 컨테이너 번호, 반·출입 구분, 장치할 위치가 인쇄되나, EIR에는 컨테이너의 이상유무를 게이트 근무자(컨테이너가 게이트에 반입시 주로 터미널에서 아웃소싱 계약을 체결한 검수업체직원이 컨테이너 검사를 수행한다)가 점검하여 손상종류와 위치를 수기로 표시한 후 운송기사와 상호 서명을 한 후 1부를 운송기사에게 준다

인수도증이나 EIR은 터미널의 장치장안내도를 겸하는 곳도 있으며, EIR의 복사부수는 터미널에 따라 수량이 서로 상이하지만, 일반적으로 2~4부 발행하고 있으며, 일부 선사는 EIR에 자사에서 보유하고 있는 샤시 관리를 위한 항목도 삽입하여 터미널 GATE 통과시에 샤시의 이상유무도 검사하기도 한다.

선진화된 터미널에서는 수작업에 의한 EIR 교환 대신에 CCTV로 녹화하거나, 게이트 근무자가 Hendheld PC나 PDA 같은 무선단말기로 이상유무를 입력하여 컴퓨터에 수록하는 방식을 활용하고 있다.

2. 장치장의 작업

1) 장치장의 기능

컨테이너 장치장은 컨테이너 보관이 실제 이루어지는 옥외창고로서 장치용 장비의 종류에 따라 운영방식은 서로 상이하나, 선박이나 게이트를 통하여 도착한 컨테이너를 장치용 장비로 야적하여 보관하였다가 다시 선박이나 게이트로 이송시키는 장소이다.

합리적인 장치장재고관리는 장치장 내에서 작업중인 장치용 장비의 작업관제를 효율적으로 운영하고, 장치장야적공간의 변화 및 컨테이너 재고를 신속히 파악하는 데 있다.

컨테이너 터미널 통제실에서는 최대한의 장치공간활용을 위해서 일정시차에 반복하여 활용이 가능한 장치장 내 위치를 파악하고, 차기항선박의 컨테이너를 위한 예비공간을 확보하여 장치장작업계획 수립시 반영한다.

아울러 현재 야적된 컨테이너의 특성을 파악하여 선적취소분은 별도장치를 하도록 하면서 장기체화분은 별도관리해야 한다.

장치장 내 컨테이너 물류작업은 엄격한 통제실의 통제 하에 사전수립된 작업

[그림 10-20] 장기체화 컨테이너 관리 프로그램 화면

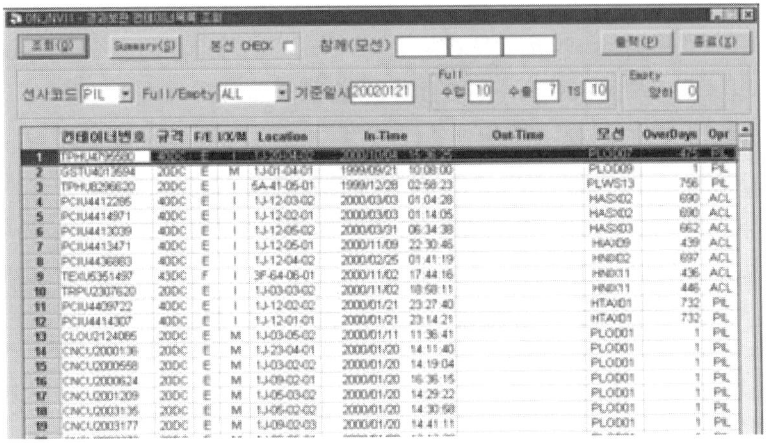

계획과 수시지시되는 내용에 따라 수출 컨테이너의 반입작업, 수출 컨테이너의 적하작업, 수입 컨테이너의 양하작업, 수입 컨테이너의 반출작업, 장치된 컨테이너의 구내이적작업의 총 5가지 형태의 기본물류작업으로 구성된다.

이 모든 물류작업을 위해서 과거에는 무선에 의한 음성으로 통제실에서 작업지시를 하였으나, 효과적인 작업을 위하여 일부의 후진 터미널을 제외하고는 데이터 통신방식으로 전환되었으며, 음성에 의한 작업지시는 보조수단으로 이용하고 있다.

하역장비에 대한 작업지시정보는 다음의 자료요소가 필요하다.

> 작업지시정보=작업요청시간순+작업구분+컨테이너 번호+규격+작업위치+운송차량번호+(작업요청시각)
>
> 작업결과정보=컨테이너 번호+작업장비번호+작업완료시각

장치장에서 컨테이너를 하차 또는 상차할 트랙터-샤시를 T/C(RMGC, RTGC)가 식별이 용이하도록 과거에는 게이트에서 프라스틱 또는 나무 판자에 일련번호가 적힌 Placard라는 소형숫자판을 운전기사에게 지급하여 차량에 일시 부착하여 구분되게 하여 작업을 진행하였으나, 식별이 용이치 않아 작업에 애로가 많았다.

[그림 10-21] 싱가포르 트랙터의 차량번호 표지규격

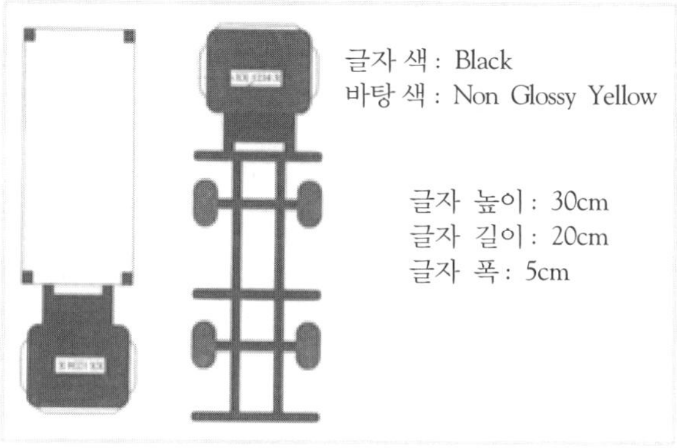

이의 해결방법으로는 싱가포르 PSA에서는 1998년 8월에 트랙터 운전석상부 지붕에 차량번호를 표시하는 방식을 제정하였으며, 우리나라에서는 1990년부터 운전석상부 지붕에 차량번호 끝 4자리 숫자를 도장하여 표시하도록 BCTOC와 PECT에서 공동으로 운송회사에 권장하여 현재 사용중에 있다.

2) 장치관리

컨테이너의 야적방법은 하역장비의 각기 특성에 따라 서로 상이하다. 스트래들 캐리어 작업에서는 컨테이너를 길이로 장치하며, 3단 장치가 가능해도 아래의

[그림 10-22] 스트래들 캐리어(S/C)와 T/C(RTGC)

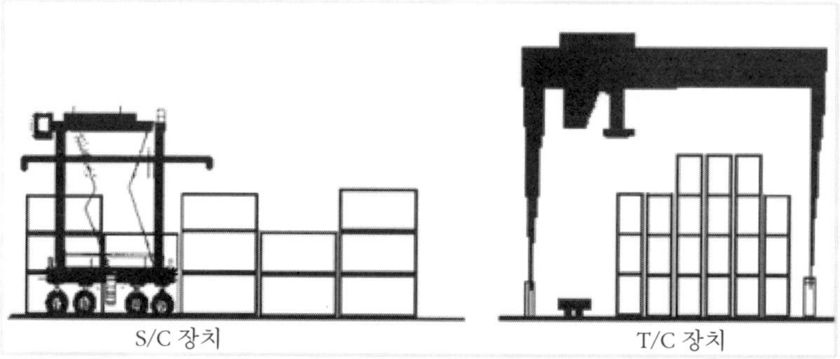

[그림 10-22]와 같이 하단장치된 컨테이너를 이동시 상단장치된 컨테이너를 이적하기 쉽도록 1개 slot는 최대장치를 하지 않는다.

T/C(RTGC) 작업에서도 4단 6열 장치가 가능한 1개 Bay의 최대적재수량 24개를 장치하지 않고, [그림 10-22]와 같이 21개만 적재하는 것이 하단 컨테이너 이동에 용이하다.

무선 데이터 통신체계나 자동화가 미비된 터미널은 하역장비의 운전기사가 통제실의 직원과의 무선전화를 통해 지시를 받아 작업을 처리한다. 그러나 무선데이터 통신체계를 갖춘 곳은 변화되는 물류정보를 하역장비에서 작업시 직접전산 처리하므로 실시간(Real Time) 정보처리가 이루어지며, 통제실은 작업상태를 컴퓨터의 영상장치로 항상 감시할 수 있다.

장치장의 정보=컨테이너의 위치상태+장치공간의 점유상태+수·출입 구분+크기+규격+선사+(선사+양/적하항)

3) On-dock 업무의 장치장관리

(1) 수출 컨테이너

우리나라에서는 일반적으로 컨테이너 터미널과 On-dock 업무 위탁계약이 체결되지 않은 선사의 수출 컨테이너의 경우에는 화주의 발송지에서 컨테이너 터미널 인근시내의 Offdock-CY에 반입하여 일시 장치하였다가 터미널에서 수출컨테이너의 장치계획이 수립된 이후인 기본장치기간 내에 선적모선이 확정된 후 반입을 한다.

그러나 터미널에서 On-dock 업무를 취급하면서 화주의 발송지로부터 컨테이너 터미널까지 바로 컨테이너를 반입하여 장치계획에 따라 장치지역을 할당받아 장치하거나, 선적할 모선이 확정이 안 된 가모선명 또는 모선이 확정되어 있어도 기본장치기간 이전에 사전반입되어 야드에 장치가 된다.

이런 경우를 대비하여 터미널에서는 별도의 장치지역을 할당하여 임시장치를 한 후 기본장치기간 내에 장치계획이 수립되면 일괄하여 구내이적을 실시한다. 이 때 선적모선이 미지정된 수출 컨테이너 중 해당되는 것은 모선명의 변경과 장치위치변경의 정보처리도 변경한다.

(2) 수입 컨테이너

선사의 수입 컨테이너는 컨테이너가 양하되기 전 선사가 세관으로 제출하는 적하목록(원어는 mainfest로 외국무역선이 적재하고 있는 화물의 일람표이다. 통관상의 필요서류로서 세관은 이것에 따라 적재화물을 파악하고, 화물의 단속과 과세를 행한다)에 따라 하선장소를 기재한 하선신고서를 세관에 함께 제출하여 하선장소를 배정받는다. 이 때 터미널에서는 On-dock 업무가 체결된 선사의 수입 컨테이너 중 부두 내로 하선장소가 지정된 컨테이너에 대해 선별하여 각종 검사업무 등의 대관청업무를 대행한다.

아울러 부두에서 직접 통관하는 화물에 대한 검사를 위해 터미널에서는 해당 컨테이너를 위하여 별도장치를 한다.

수입화주는 하역 전 당해 세관에 사전수입신고를 하고, 물품검사 여부를 세관으로부터 통보받는다. 1998년 7월부터는 동년 6월 10일 제정된 관세청의 "컨테이너

[그림 10-23] On-dock 터미널의 장치장배치도 예

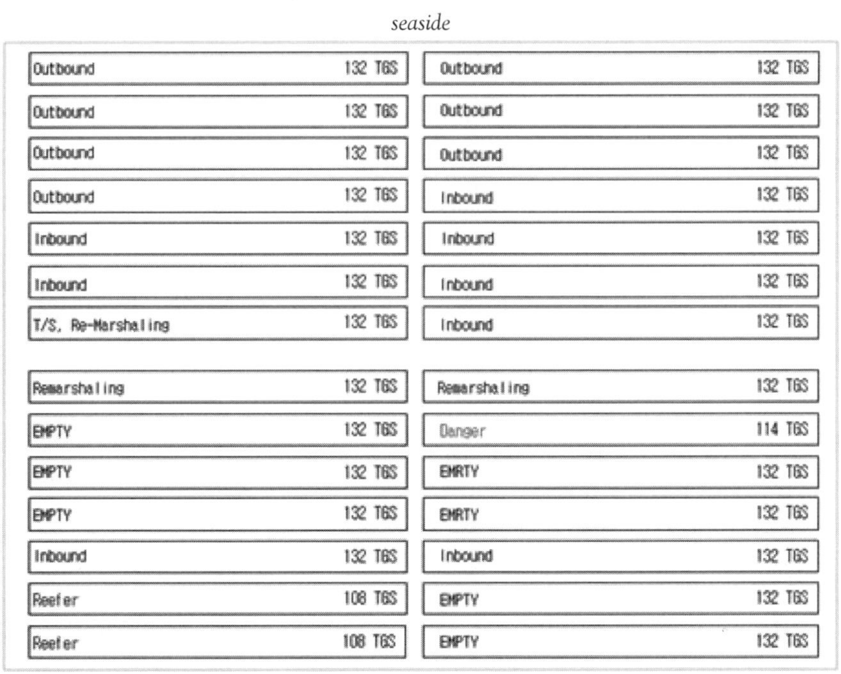

화물 부두통관 및 부두보세운송 규정"에 따라 컨테이너 전용부두에서는 수·출입 화물의 통관소요시간 단축과 Off dock-CY로의 시내이동에 따른 교통정체를 완화하기 위하여 부두에서 직접 통관하거나, 화주가 희망하는 목적지에서 통관하도록 부두에서 직접 보세운송하는 제도를 적극 시행하고 있다.

따라서 On-dock 업무는 Off dock-CY 이용이 배제되기 때문에 정부에서 적극 권장하는 부두직통관제와 부두보세운송의 활성화에 도움이 된다.

4) 위험물의 장치관리

위험물안전관리법 제 2 조에 규정한 "대통령령이 정하는 인화성 또는 발화성 물품"을 말한다. 동법 시행령 별표 3에는 그 성상에 따라 1류(산화성고체), 2류(가연성고체), 3류(금수성물질), 4류(인화성액체), 5류(자기반응성물질), 6류(산화성액체)의 45품목이 지정되어 있으며, 실제 인화 또는 발화되지 않더라도 가연물이 연소하는데 필요한 산소의 공급원이 되는 산화성물질과 그 물질의 고유성상에 따라 물 등과 접촉시 가연성물질을 발생시키는 것도 위험물로 분류되고 있다.

선박에 의한 위험물의 안전수송을 위해 국제해사기구인 IMO(International Martime Organization)에서는 위험물의 선박수송상의 요건인 위험물의 용기, 포장, 표찰, 적재방법격리, 선적서류 등에 관한 수송기준으로서 "국제해상위험물규정"(International Maritime Dangerous Goods : IMDG)을 1971년 완성하였고, 용기에 넣어 포장된 위험물을 분류하는 IMDG-code는 각국에서 준수하여 해양수송에 이용하고 있으며, 컨테이너에는 적재된 위험물의 표찰을 부착한다.

우리나라 정부는 IMO에서 적극 시행을 촉구하고 있는 해상운송 위험물 컨테이너 점검제도인 CIP(Container Inspection Program)를 1989년부터 수출 컨테이너에 한해서 실시한 것을 2001년 3월부터 수입 컨테이너에도 확대시행하였다. 수입 컨테이너 CIP는 위험물을 적재한 컨테이너가 수입되면 컨테이너 장치장에 IMO가 권고한 규정에 따라 위험물의 포장과 용기상태, 위험물내용의 표기상태를 점검해 하자가 없을 경우에만 다음 운송절차를 진행하는 제도로 현재 미국과 일본, 노르웨이, 스웨덴 등에서 도입하고 있다.

[표 10-3] IMDG-code에 의한 위험물분류

제 1 급	화약류(Explosives)	
	등급 1.1	대폭발위험성이 있는 물질 및 제품
	등급 1.2	방사위험성은 있으나 대폭발위험성은 없는 물질 및 제품
	등급 1.3	화재위험성이 있으며 또한 약간의 폭발위험성 또는 약간의 방사위험성 혹은 그 양쪽 모두가 있으나, 대폭발위험성은 없는 물질 및 제품
	등급 1.4	중대한 위험성이 없는 물질 및 제품
	등급 1.5	대폭발위험성이 있는 매우 둔감한 물질
	등급 1.6	대폭발위험성이 없는 매우 둔감한 물질
제 2 급	가스류(Gases)	
	제2.1급	인화성 가스
	제2.2급	비인화성, 비독성 가스
	제2.3급	독성 가스
제 3 급	인화성액체류(Flammable Liquids)	
제 4 급	가연성물질류(Flammable Solid, Spontaneous Combustible & Dangerous When Wet)	
	제4.1급	가연성물질
	제4.2급	자연발생성물질
	제4.3급	물과 접촉시 인화성 가스를 방출하는 물질(물반응성물질)
제 5 급	산화성물질류(Oxidizing Substances & Organic Peraxidos)	
	제5.1급	산화성물질
	제5.2급	유기과산화물
제 6 급	독물류(Toxic & Infectious Substances)	
	제6.1급	독 물
	제6.2급	병독을 옮기기 쉬운 물질(전염성물질)
제 7 급	방사성물질(Radioactive Materials)	
제 8 급	부식성물질(Corrosive)	
제 9 급	유해성물질(Miscellaneous Dangerous Substances & Articles)	

현재 우리나라에서는 위험물안전관리법 등의 관련법규에 따라 화약류, 고압가스류, 방사성물질에 대하여는 컨테이너 터미널의 장치장에 일시 장치하는 것을 금하고 있다. 따라서 상기 화물을 적재한 컨테이너는 선박적하시에는 차량에서 직접 적하시키고, 양하시에는 차량에 직접 상차시켜 터미널 외곽의 위험물장치장에 장치를 하고 있다.

[그림 10-24] 위험물화물의 표착

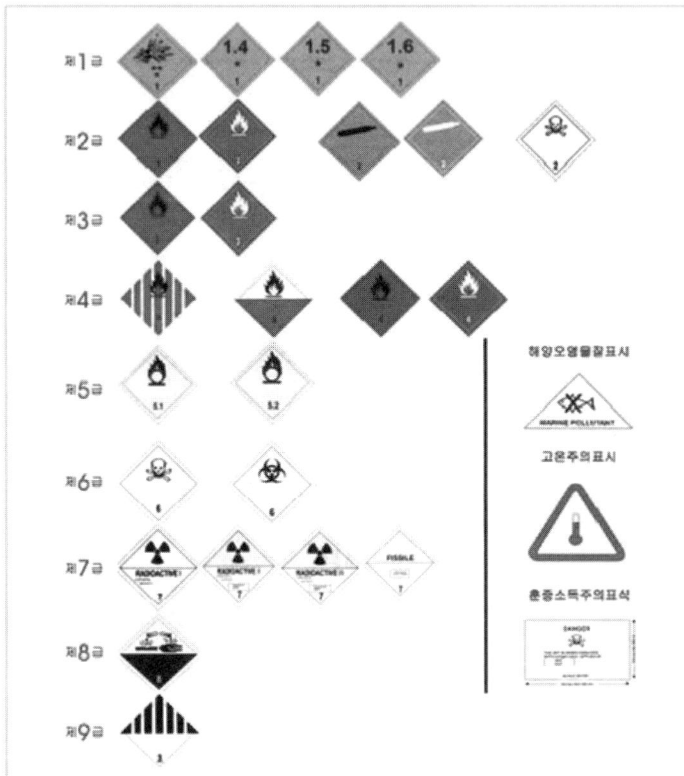

5) 특수화물의 장치관리

컨테이너 터미널의 특수화물은 컨테이너의 5면, 즉 앞, 뒤, 양 옆면, 높이보다 치수가 큰 화물을 지칭하며, 플랫트형을 포함한 플랫폼 컨테이너와 오픈탑 컨테이너에 적재된 것과 컨테이너에 내장되지 않은 기계류, 차량, 선박 등의 Break Bulk 화물도 포함된다.

이 중 컨테이너에 장치된 것은 일반 컨테이너의 장치와 달리 트레일러 위에 적재된 상태(On-chassis)로 관리가 된다.

[그림 10-25] 특수화물의 장치

3. 선박의 양/적하 작업

1) 컨테이너 터미널의 양하작업

(1) 양하작업 전

터미널 작업	선박관련작업	비 고
양하작업관련 서류수령 (3~4일 전)	입항 프로세스	각종 입항 신고관련 서류, 절차
	묘박지[4] 도착	
	CIQ[5]기관접촉/점접	
	접안부두 통보수신	
	도선선, 예인선 도착	
Planning 완료(5~6시간 전) 작업계획서작성	도선사승선	
	묘박지출발/선회장도착	
	접안작업	

컨테이너선이 입항할 때 선사 또는 대리점에서는 국토해양부, 세관, 법무부, 출입국관리소에 신고하고, 컨테이너 터미널 및 항만용역 관련회사에 선박접안에 관한 사항을 통보한다.

입·출항 규정에 의하여 제 신고된 선박은 24시간 입·출항이 가능하나 500톤 이상의 선박은 법규에 의해 도선사의 인도로 컨테이너 터미널에 접안할 수 있다.

입항 후 컨테이너 터미널에 선박이 접안할 때는 터미널에서 배정한 선석의

4) 항구 밖에 대기장소를 말하며, 검역 및 통관절차를 하며, 물품을 하역하는 순서를 기다리는 장소이다. 항구마다 묘박지구역은 정해져 있다.

5) Customs, Immigration and Quarantine의 약자로서 세관, 출입국관리, 검역을 의미한다.

지정된 위치에 정지하도록 선교(Bridge)의 조타기와 수평되는 위치에 표지기를 게양하여 선박을 접안시킨 후 계선주에 선박을 고정시키는 줄잡이 작업(강취방)을 시행한다.

(2) 양하작업

컨테이너 터미널 작업	선박관련작업	서류관련
Q/C 붐(boom) 양하작업 인원투입	접 안	각종 출항신고 관련 서류 및 제반 절차 (통관, 검역 등)
시큐어링 장치 해제작업		
단계별로 양하작업		
양하작업종료		

① 갑판 위 컨테이너의 시큐어링 장치해제와 양하작업개시

양화할 컨테이너의 시큐어링 장치는 갑판 바로 윗쪽의 라싱용구를 제거한 다음, 컨테이너 적재더미 최상단의 시큐어링 장치를 해제한다. 현장감독자(포맨)는 시큐어링 장치가 안전하게 해제되었는지 확인한 후 안벽 크레인(Q/C) 기사로 하여금 하역작업을 시작하도록 한다.

Q/C 기사는 시야확보를 충분히 하기 위해 안쪽 컨테이너단부터 차례 차례 열방향으로 한 단 한 단씩 양화작업을 한다. 이 때 라싱 작업원은 육상으로 이동하는 컨테이너 밑에서 작업해서는 안 된다. 컨테이너가 육상으로 인양되면 검수원은 각 컨테이너를 검사/검수한다. 이렇게 최상단의 컨테이너 열작업이 모두 마치면 다음 컨테이너단의 시큐어링 장치를 해제하고, 양하작업을 다시 시작하는 과정을 반복한다.

포맨과 검수원은 컨테이너 양하작업 중에 문제가 발생하였는지 주의깊게 살피고, 잘못이 있을 때는 신속한 조치를 한다. 예컨대 양하된 컨테이너의 번호가 Discharging sequence(양하순서표)의 내용과 일치하지 않을 때는 통제실에 알려 지시를 기다리거나 잠시 원위치시키는 등의 조치를 취한다. 오적재된 컨테이너로 인해 양하작업에 차질이 생길 때는 오적재된 컨테이너를 근처의 다른 위치로 옮겨 그 위치를 기록하고 통제실에 알린다. 이 밖에도 IMDG 표찰이 붙은 컨테이너의 내용물이 유출되거나 컨테이너 상태가 문제 있을 때, 그리고 크레인 스프레더나 안벽 크레인에 이상이 있을 때는 통제실에 알리고 신속한 조치를 취하는 한편, 작업원을 안전하게 대피시켜야 한다.

② 해치커버의 인양 및 갑판 아래 작업확인

포맨은 해치커버의 무게를 확인하고, 시큐어링 장치를 해제시킨 다음 작업인원과 장비 등을 대피시킨 상태에서 헤치커버를 안벽 크레인의 백리치 구역에 장치하도록 한다. 갑판 아래 작업을 시작할 때 포맨은 해치 개구부주변에 장애물을 없애도록 본선항해사 등에게 요구한다.

또 스프레더나 컨테이너가 셀 가이드에 끼일 수 있는 점을 고려하여 리스트(list)나 트림(trim) 등을 살피고, 문제가 있으면 밸러스트(ballast) 조정을 요구한다.

③ 시큐어링 장치해제와 양하작업

갑판 아래 최상단 컨테이너의 시큐어링 장치를 해제하고, tier by tier 혹은 stack by stack 방식으로 양하작업을 한다. 특히 최상단에 위치한 특수 컨테이너들의 상태 등을 고려하여 시큐어링 해제 및 안전작업을 할 수 있도록 포맨은 세심한 주의를 해야 한다.

검수원은 각 컨테이너 기록을 검수보고서(Inspection Report)와 양하순서표(Discharging sequence)를 교차확인(Cross checking)하는 한편, 컨테이너 봉인(seal) 번호와 손상 여부 등도 점검해야 한다.

2) 컨테이너 터미널의 적하작업

(1) 적하작업 전

컨테이너 터미널 작업	선박관련작업	서류관련
선적기간 스케줄 작성	입항 프로세스	각종 입항 신고 관련 서류 및 제반 절차 (통관, 검역, 출입국 신고 등)
월간 출항계획표작성	묘박지도착	
Out bound cargo 서류수령	CIQ 기관 접촉/점검	
서류확인작업	접안부두 통보수신	
Planning 작업	도선선, 예인선 도착	
CCT 반입마감	도선사승선	
선적서류수령	묘박지출발/선회장도착	
Planning 완료	접안작업	

(2) 적하작업

컨테이너 터미널 작업	선박관련작업	서류관련
적하작업개시		
갑판 아래 적하작업개시		
OVERSTOW 및 재조작작업		
갑판 아래 적하작업종료		
갑판 아래 시큐어링 작업종료		
해치커버 본선에 장착작업	접 안	
갑판적재 작업개시		
OVERSTOW 및 재조작작업		각종 출항신고 관련 서류 및 제반 절차 (통관, 검역, 출입국 신고 등)
갑판적재 작업종료		
갑판적 시큐어링 작업종료		
적하작업완료		

① 갑판 아래(hold) 적하작업시작

안벽 크레인(Q/C) 기사는 포맨의 지시에 따라 작업할 해치로 장비를 안전하게 이동시킨 후 작업순서표(Loading Sequence)에 따라 적하작업을 시작한다. 이 때 이송장비가 크레인 아래쪽에 차례로 도착하도록 조치(컨테이너문은 냉동 컨테이너를 제외하고 위를 향하도록 하고, 컨테이너가 안벽측과 평행하도록 해야 한다)하고, 검수원을 통해서 적하작업순서표와 컨테이너 번호가 일치하는지 점검해야 한다. 만약 컨테이너가 적하순서표와 달리 먼저 도착하였다면, 임시장치장소로 옮긴 뒤 적하계획에 따라 적재한다.

적하작업이 진행되는 동안 이적 및 재적재 작업이 진행될 수도 있다. 갑판 아래 최상단은 보통 특수 컨테이너가 적재되므로 적부위치를 반드시 지키고, 양하작업에서처럼 작업을 위한 용구준비와 안전작업에 최선을 다해야 한다. 검수원은 컨테이너 번호 및 적부위치를 정확하게 기록한다.

② 해치커버를 원위치시키고 갑판 위(deck) 적하작업시작

해치커버가 제 위치되고 안전하게 되면, 시큐어링 작업반을 배치하여 갑판 위에 콘을 부착한 후 본선 바깥쪽부터 안쪽으로 차례로(tier by tier 방식) 적재작업을 시작한다. 열단위로 작업이 진행되면서 시큐어링 작업도 병행된다.

제 4 절 하역지원 및 사후관리

1. 보세화물관리

컨테이너 터미널은 허가된 특허보세구역(신청에 의하여 세관장이 특허해 주는 보세구역을 말하며, 여기서 수·출입 화물을 보관하는 것을 업으로 하는 것을 영업용보세구역이라 한다)이므로, 컨테이너의 입·출입에 대하여는 관세법에 의한 통제를 받는다. 따라서 터미널에서는 세관에서 위임된 수·출입 화물에 관련된 업무를 지원하거나 처리하여 준다.

1) 수출화물선적 전 물품확인제도

미국에서 발생된 9·11사건으로 인하여 해상 테러 방지를 위한 고위험 컨테이너 화물에 대하여 선적 전 사전검사를 미국 관세청에서 2002년 1월 물동량처리기준 세계 20대 항구가 속한 14개 국가와 컨테이너 안전에 관한 협정(Container Security Initiative : CSI)을 요청함에 따라 우리나라도 부산항에서 2003년 5월 1일부터 실시하고 있다.

이 제도는 종전 출항익일 24 : 00까지 제출하도록 한 출항적하목록을 항로별로 별도로 정한 선적 전 일정시점까지(미국행 해상화물에 대하여는 선적 전 24시간 이전까지) 세관에 제출하며, 아울러 우리나라 선사가 미 관세청에 선적 24시간 전에 전자적으로 제출하는 선적정보를 토대로 미국의 ATS(Automatic Targeting System : 자동선별 시스템)를 이용한 분석을 통해 우범 컨테이너를 선별하여 국내 파견된 미국 세관직원이 한국 관세청에 통보하면 관세청은 정보분석을 통하여 이견이 없으면 선별된 화물은 선적 전에 컨테이너 터미널에 설치된 컨테이너 X-RAY 투시기로 확인을 한다.

한·미 양국간 협정이 체결됨에 따라 우리나라에서 선적된 화물에 대하여 미국 내 통관과정에서 현품검사가 생략된다. 부산항을 단순경유하는 환적화물은 원칙적으로 검사가 제외된다.

[그림 10-26] 선적 전 물품확인제도 절차도

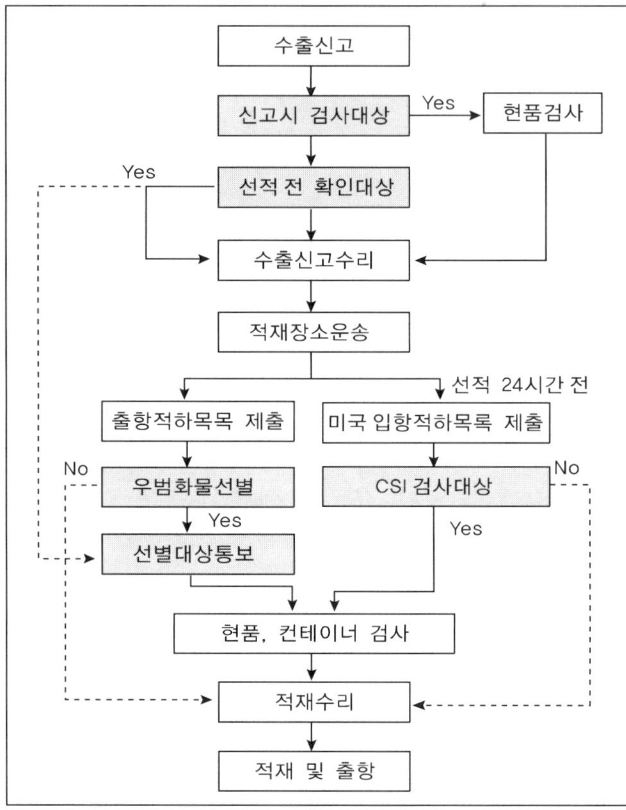

2) 수입화물직통관

부산항 등 우리나라 주요 항만에서는 화주가 부두직반출(직통관 및 보세운송)을 희망하는 물품의 하선장소를 부두 내로 제한하여 처리하는 부두직통관제를 시행하고 있다.

부두직통관의 절차는 화주 또는 관세사(보세운송업자)는 부두하선요청서를 작성하여 하선신고수리 전까지 세관 및 선사에 제출해야 한다.

컨테이너 터미널에서는 세관화물 정보시스템의 적하목록 취합시스템(Manifest Consolidation System : MFCS)에서 선사별 하선신고서, 타부두이선적, 타부두에서 양하 하선신고서를 EDI로 수신받아 선사에서 입수된 BAYPLAN과 대조하여 직통관대상

[그림 10-27] 부두직통관

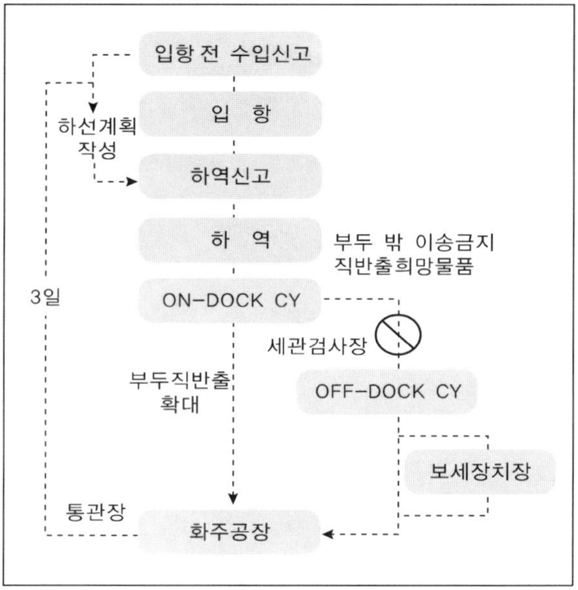

컨테이너를 선별확인한다.

직통관대상 컨테이너 중 검사대상 컨테이너는 양하 후 장치시 별도장치하도록 사전조치한다.

컨테이너가 반입되면 세관에 반입보고한 후 검사대상 컨테이너는 세관검사를 이행시키고, 검사비와 경과보관료 등을 화주에게서 현금을 수납하고, 면허화물에 대한 출고정리 후 반출현황을 일일 세관에 보고한다.

3) 보세운송

보세운송이라 함은 외국으로부터 수입하는 화물을 입항지에서 통관하지 아니하고 세관장에게 신고하거나 승인을 얻어 외국물품상태 그대로 다른 보세구역으로 운송하는 것이다.

그러나 부산항 컨테이너 터미널에서 인근의 Off-dock CY까지의 셔틀 운송은 보세운송절차를 받을 필요가 없다.

[그림 10-28] 보세운송

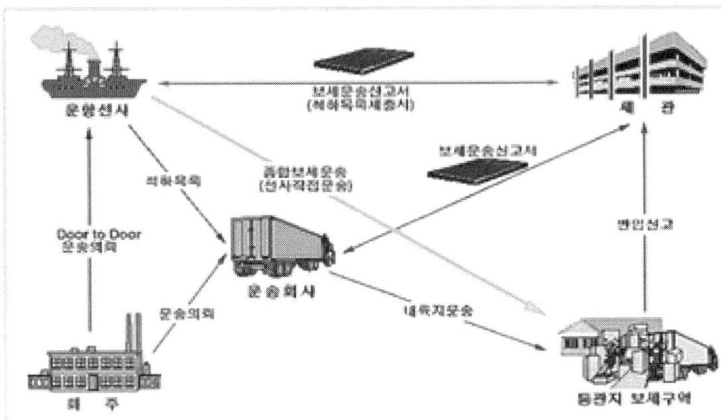

2. 정 산

터미널에서는 각 선박의 하역작업이 완료되면, 터미널과 선사 간에 하역작업에 관한 내역을 확인하는 협정서(certificate)를 작성하여 선사측의 확인을 받는다. 이 과정에서 통상 선사측의 대리인인 검수회사와 작업내역에 대한 확인을 사전에 이행하고 있다.

협정서에 선사측의 확인이 끝나면, 터미널에서는 하역작업비용을 양하, 적하, 이선적, 선내이적, 휴일 및 야간 할증, 냉동, 재조작, 반송, 구내이적, 벌크(bulk), 철송, 보세, 위험물, 선창개폐, 특허료 등으로 구분하여 분류한 후 적용기준에 따라 계산하여 각 터미널 운영회사 내부의 양식인 BILL을 작성하여 선사에 제출한다.

하역비용청구를 위하여 각 BILL의 계산내역을 집계하여 은행지로를 사용시 지로용 청구서와 세금계산서나 부가가치세영세율 확인원을 발행한다. 부가가치세 적용은 국적선사가 대상인 부가가치세를 징수하는 과세, 국내대리점을 갖고 있는 외국적선사가 대상인 영세, 국내대리점이 없는 외국적선사가 대상인 면세로 구분한다.

제 11 장

컨테이너 터미널 정보 시스템

제 1 절 컨테이너 터미널 정보 시스템

1. 컨테이너 터미널 정보 시스템 개요

컨테이너 터미널에서 원활한 운영에 필요한 조건으로 정보처리 시스템이 있다. 초기의 터미널 운영은 컨테이너 물류정보처리를 수작업을 통하여 이루어졌으나, 현재 컨테이너 터미널은 설계에서부터 정보처리 시스템과 자동화는 중요한 부분으로 그 역할을 담당하고 있다.

터미널 직원들의 수작업형태로 이루어진 업무처리의 진행은 정확한 기록의 보존이 필요하며, 자료의 증가로 인하여 세세한 수작업으로 이루어진 문서로써는 그 정확성과 신속성을 감당하지 못하게 되었다. 그러므로 대량화물을 취급하는 컨테이너 터미널에서는 인력 및 경험에 의한 많은 작업을 전산화하여 점차로 작업의 단축과 재분배, 그리고 시간 내의 통신절감을 통하여 업무의 효율성과 정확성을 증대시킬 필요성을 느끼게 되었다.

컨테이너 터미널은 막대한 자본의 투입과 다수의 인력과 다양한 장비들이 개체단위로 작업하는 곳이며, 상호 유기적으로 결합되어 운영하는 곳이다. 즉 컨테이너 터미널은 다양한 서비스를 제공하는 시설뿐만 아니라 마치 하나의 거대한 공장과 같은 부가가치를 창조하는 곳이기 때문에 통제적인 체제가 구축되어야만 효과적인 관리가 된다. 또한 수시로 입·출항하는 정기선을 접안시간의 단축이 선박회전율을 증대시키므로, 작업계획의 사전수립과 신속한 정보로 가공처리하는 수단과 체제가 필요하다. 그리고 터미널에서 정보의 발생원이 광범위한 지역에 걸쳐 있고, 정보의 변환이 짧은 시간(예 : GATE에 반입한 후 장치할 때까지 최단 20초 소요) 내에 발생하므로 필요한 정보를 즉시에 취득할 수 있는 집중화된 자료기기와 분산을 위한 통신망이 구축되어야 하며, 터미널에서 발생할 수 있는 많은 작업 중 통상적이고 정상적인 물류처리 외에 예외적으로 수시발생되는 반입지연, 선적취소, 수출반송 등의 비정상적인 물류처리를 위한 정보의 수집, 가공이 수시가 능해야 한다. 그러므로 이용자가 수시로 다양한 정보를 편리하게 이용할 수 있도록 접근이 용이해야 하며, 요구된 정보는 신속, 정확하게 제공되어야 한다.

물류의 중계지인 컨테이너 터미널의 다양한 역할을 고려해 볼 때, 전산화에 의한 정보제공 및 처리가 절대적으로 필요하다. 컨테이너 터미널의 전산화는 컨테이너 물류를 위한 터미널 운영(Terminal Operation) 외에도 CFS 운영, 하역장비 정비, 회계, 인사, 통계 등의 모든 분야를 포함하고 있다.

2. 컨테이너 물류정보 시스템

컨테이너 터미널에서 취급되는 컨테이너 물류정보는 단위정보들이 이동하면서 결합된 복합정보로 구성되어지며, 지역에 따라 육송회사의 내륙운송정보도 추가하여 포함하는 곳도 있다.

이 복합정보는 컨테이너의 소유주, 집화선사, 운송선사가 동일체인 경우에는 단일화된 정보원에서 컨테이너 인식정보, 화물정보, 선박적부정보가 함께 발생될 수 있으나, 리스(Lease) 컨테이너 화물을 적입한 선사가 공동운항하는 타선사의 선박으로 운송시킬 경우에는 정보가 컨테이너의 취급경로를 거치면서 구분, 발생되고, 컨테이너 터미널에 도착하여 작업과정을 거치면서 터미널 내 운영정보가 부가되었다. 해양청, 터미널, 운송사 등 항만물류관련 주요 기관 및 업체간에 화물내

[표 11-1] 항만물류관련 주요 기관 정보제공내용

해양청	세관(KCIS)	터미널	운송사/장치장	선 사
· 선박의 입·출항 정보 · 선박의 선석접안정보 -부두별, 기간별 · 입·출항 통계 - 지역별/부두별/선박톤급별 통계 · 화물/컨테이너 통계 - 지역별/부두별/품목별	· 수입화물의 통관진행정보 (장치, 통관상태) · 화물통계정보 - 중량용적단위/컨테이너 단위별 적재항/목적지별 수·출입 화물실적	· 본선작업정보 - 선적배정/접안현황 - 선박작업현황 · 야츠 작업현황 - 일일 반·출입 현황 - 미반출/과반출 컨테이너 - 양하 컨테이너 정보 · 냉동 컨테이너 정보 · 위험물 컨테이너 정보 · CFS 입·출고화물정보 · ON-Dock 정보	· 화물추적 - 컨테이너 Movement - 수·출입 운송 정보조회 - 수·출입 CFS 작업조회 - CY별 컨 장치 현황 · 운송협력사 서비스 - 배차지시정보 조회 - 운행일보조회 · 기업물류 - 수·출입 화물 재고현황 - 수·출입 화물 입·출고 현황	· 선박 스케줄 · 서비스 항소/가이드 · BL Preview 서비스 · Arrival Notice 조회 · 국내외 Cargo Tracing
· 선사/대리점 · 부대물류업자	· 화주, 관세사 · 창고	· 선 사 · 운송사	· 선 사 · 화 주	· 화 주

용, 처리상태, 위치정보, 그리고 다양한 서비스의 선박 및 화물정보 등의 교환이 이루어지고 있다.

컨테이너 터미널의 전체 전산화범위에서 가장 중추인 컨테이너 물류처리를 위한 운영분야의 정보처리 체계구축은 DB/DC(Data Base & Data Communication)의 유기적인 결합으로 성립이 된다. 이 정보처리체계는 작업현장의 단순한 운영정보(Operation information)로부터 출발하여 실제 작업을 위한 사전계획을 수립하고 처리하는 전술정보처리 및 중·장기 예측과 계획을 위한 전략정보처리에 이르는 체계로 구성되어야 한다.

3. 컨테이너 터미널 운영 프로그램의 현황

컨테이너 터미널의 전체 전산화범위에서 가장 중추인 컨테이너 물류처리를 위한 운영분야의 정보처리 체계구축은 DB/DC(Data Base & Data Communication)의 유기적인 결합으로 성립이 된다. 이 정보처리체계는 작업현장의 단순한 운영정보

(Operation Information)로부터 출발하여 실제 작업을 위한 사전계획을 수집하고 처리하는 전술정보처리 및 중·장기 예측 및 계획을 위한 전략정보처리에 이르는 체계로 구성되어야 한다.

터미널 운영 시스템은 현재 우리나라와 외국의 전문 소프트웨어 개발회사에서 상품으로 개발된 전문 프로그램이 많이 출시되고 있다.

체계적인 상품 프로그램의 효시는 IBM사가 1970년대에 영국 Liverpool의 Mersey Docks and Harbour Co.와 공동개발한 On-line 개념을 도입한 CONICS (Container Information Control System) 시스템이며, 하역장비의 작업지시를 무선방식으로 본격적으로 응용한 것은 일본 Mitsui 조선에서 선두개발을 했으며, 선박의 양/적화 시스템에서 그래픽 화면에 Pointing device를 적용한 것은 네델란드의 I3P사가 개발하여 로테르담의 ECT와 홍콩의 HIT에서 사용한 것이 출발이다.

여러 소프트웨어 개발회사에서 개발한 위의 상품 프로그램은 부분별로 평가하면 상당히 우수하여 표준적인 업무처리에는 무난히 적용된다. 그러나 언어적 문제와 특정 컴퓨터 시스템에만 적용, 지역의 물류특성, 경영방식에 따른 예외적 업무처리에는 능동적 대처가 불가능하여 대단위의 컨테이너 터미널은 자체 특성을 가미한 독자적 운영 시스템을 구축하고 일부 계획업무 등 부분적 특수업무에 상품화된 전문 프로그램을 삽입하고 있는 추세이다. 컨테이너 터미널 운영 프로그램으로 신선대 컨테이너 터미널의 경우 Pectos2000(Pusan East Container Terminal Operation System)이 있으며, 허치슨 컨테이너 터미널 : HI-TOPS, 대한통운 터미널 : CONTIS(Container Terminal Information System), 싱가포르 HIT : YPCS+YOCS+SHIPS+OMS+TRACS+TOPS가 있다.

소프트웨어 개발기법은 점차 발전하여 현재는 관계형 데이터베이스를 이용하여 첨단유무선통신 기법과 자동화응용기술, 화면상에 그래픽의 응용이 가미된 프로그램으로 전환되는 추세이다.

4. 컨테이너의 물류정보의 자료사전

컨테이너 터미널에서의 하역계획과 하역작업에서 파악된 물류정보의 유통과정에서 발생된 기본정보내용을 정리하면, 아래와 같은 자료사전이 구성된다.

이 자료사전은 컨테이너 물류정보의 효율적인 관리와 이용을 위한 전산화에서

[그림 11-1] 컨테이너 터미널 물류정보의 자료사전

컨테이너 인식정보	컨테이너 번호+컨테이너 규격
컨테이너 인식정보	컨테이너 인식정보+적공구분+중량+(FCL/LCL)+(냉동온도)+(위험물분류)+(장척화물표시)+양하항+(목적지)+(선사)
선박적부정보	화물정보+선박 코드+항차+선적위치+(이적위치)
터미널 운영정보	선박적부정보+작업상태+장치위치+보관구별+(반입시간/양하일시)+(반출일시/적하일시)+EIR 번호+입출운송수단+(반입/반출) 차량번호+(적하/양하) 순서+(적하/양하)/할증 여부+(반입경과 여부)+(장기보관 여부)+(화물정보변경 내용)+(선박적부정보 변경내용)+(세관장치확인 여부 및 일시)+ (터미널 내 장치장비, 기사, 일시)+ (터미널 내 상차장비, 기사, 일시)+ (터미널 내 적하장비, 기사, 일시)+ (터미널 내 양하장비, 기사, 일시)

는 자료의 유통경로 및 정보내용의 개선을 위해 필요하며, 이를 총체화시킨 DB(Data Base) 구성의 기초가 된다.

제 2 절 컨테이너 터미널 운영 프로그램

컨테이너 터미널의 정보 시스템은 터미널의 운영을 네트워크를 통한 컴퓨터 시스템으로 구축한 것으로 활동별로 계획 시스템, 운영 시스템, 관리 시스템으로 구분할 수 있다. 터미널 운영 시스템은 각 컨테이너 터미널 및 소프트웨어 개발회사에서 여러 가지로 시스템을 분류하여 각기의 명칭으로 호칭하고 있으나, 집약하면 하역작업을 위한 사전계획(Planning) 시스템, 실제 현장작업(Operation) 시스템, 계획과 작업을 위한 자료 및 작업결과의 최종정리를 위한 지원(Support) 시스템으로 구분할 수 있다.

[그림 11-2] 컨테이너 터미널의 정보화현황

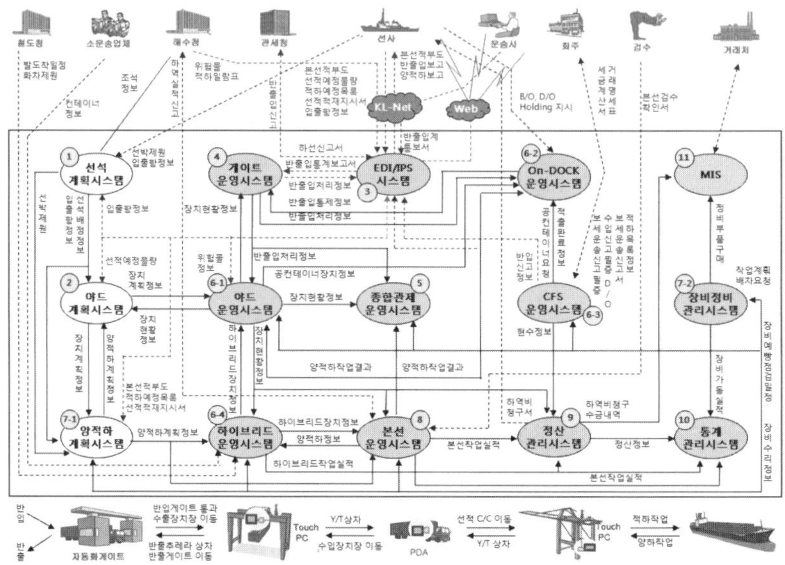

이러한 시스템은 컨테이너 터미널의 생산성과 효율성을 극대화하기 위해서 터미널의 모든 생산활동을 Planning, Allocation, Scheduling, Controlling, Monitoring 하는 최상의 통합정보 시스템이다. 컨테이너 터미널의 고유한 특성과 사용자 요구사항에 맞게 최소의 비용과 시간을 투입하여 정확하게 개별화할 수 있는 융통성 있는 시스템이다.

계획 시스템(Planning system)은 업무부담의 최소화를 위하여 간결하고 쉬운 User Interface-Operation 업무와의 연계로 이루어져 있다. 선적계획(Berth Planning), 장치계획(Yard Planning), 양/적화계획(Stowage Planning), 장비배차계획(Deployment system) 등으로 나눌 수 있다.

운영 시스템(Operation system)은 게이트 운영 시스템(Gate Operation), 야드/본선 운영 시스템(Yard & Ship Operation), 작업통제 시스템(Monitoring & Control) 등이 있다.

관리 시스템(Management System)은 하역장비의 정비이력 및 부품재고관리, 일반관리, 인사급여, 각종 통계, 사무자동화 등의 시스템으로 구분된다.

[표 11-2] 컨테이너 터미널 시스템의 기능

시스템	분 야	기 능
계획 시스템	Berth Planning	항로별/선박별 및 자원의 효율적인 배정
	Yard Explorer	수·출입 컨테이너에 대한 최적의 장치장계획수립
	Ship Explorer	최적의 본선 양/적화 계획수립
	Configuration	각 계획을 수립하기 위한 기초정보관리
운영 시스템	Gate Operation	터미널의 게이트로 반·출입되는 컨테이너 운영
	Yard/Ship Operation	본선, 야드 계획에 의한 컨테이너 작업운영
	Monitoring/Control	컨테이너 작업현황의 실시간 감시 및 통제
	EDI & IP Service	EDI 및 고객에 대한 실시간정보제공
	On-Dock Operation	계약된 선사를 대상으로 컨테이너 관리 서비스 제공
	CFS Operation	CFS의 화물관리 및 통합재고관리
관리 시스템	Statics & Analysis	의사결정자를 위한 통계정보제공
	Billing	본선하역작업 등 선사 및 화주의 청구에 대한 정확한 정산관리
	Equipment Maintenance	컨테이너 하역작업에 필요한 장비들의 유지, 보수관리

1. 계획 시스템(Planning system)

1) 선석계획(Berth Planning)

각 터미널은 계약에 의해 정기적으로 입항하는 선박이 있어 선석계획은 거의 고정적이지만, 선박의 운항환경과 터미널의 작업여건, 기상 등에 따라 입·출항 시간이 변경되면 선적조정이 필요하다. 따라서 하역계획의 첫단계로써 터미널에 기항하는 컨테이너 선박에 대한 입항정보를 처리해야 한다. 이 처리는 선박하역계획 중의 일부분으로도 간주되나, 장기적인 컨테이너 터미널 운영의 전략계획이므로 독립적인 영역으로 구분한다.

선석계획은 다시 세분하면 터미널 운영에 필요한 각종 코드(Code)의 제정과 사용방법을 규정짓는 등록과정과 선박접안계획으로 구분된다.

선석계획(Berth Planning)은 터미널에 접안하는 선박의 위치와 일정계획을 수립하는 것이다. 그러므로 선박의 길이와 접안예정시간, 출항예정시간, 작업량 등이 고려되어야 한다. 초기에는 모든 업무를 수작업으로 내용을 입력해야만 했으나, 최근에는 컴퓨터 화면을 통하여 직접 조정하는 업무방식을 대체적으로 사용하고 있다.

[그림 11-3] 컨테이너 계획 시스템

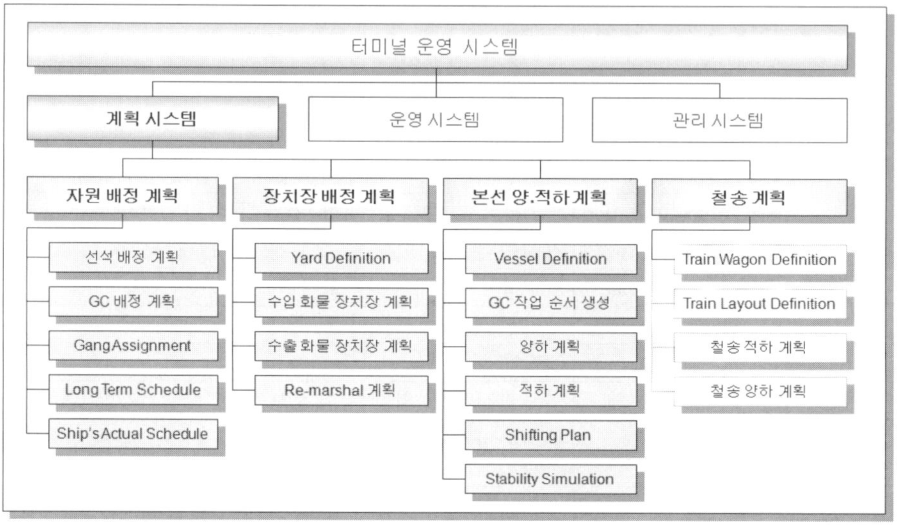

선석계획 프로그램은 안벽 점유, QC/GC의 효율 및 선박의 접안시간을 최적화할 수 있으며, 사용자의 편의성을 고려한 GUI 디자인으로 Long Term Schedule을 이용한 자동선석 배정기능을 갖추고 있다. 또한 QC/GC의 이동가능거리와 수리일정을 고려한 최적의 선석위치 결정기능과 함께 통계자료를 이용하여 작업시간 및 ETD를 추정할 수 있다.

Berth Allocation은 선석과 선박의 길이가 실제로 동일한 비율로 화면에 표시되며, 선박접안시 선박간의 간섭 및 Draft와 수심을 고려한 계획기능을 지원하고 있다. Pre-Planning을 위한 특정선박에 대한 추가/삭제 기능도 포함되어 있다. QC/GC Allocation은 통계자료를 이용한 예상작업량을 추정할 수 있는 기능이며, 통계자료를 이용한 작업시간 및 ETD 추정, QC/GC 생산성, 양/적화 컨테이너 물량에 대하여 추정할 수 있다. Calling Schedule을 통하여 Long Term Schedule을 정의하도록 하고 있으며, 자동선석 배정계획은 물론 직관적인 화면구성으로 상세한 정보를 표시하여 특정선대에 주간입항선박을 구성할 수 있는 기능도 갖추고 있다.

*** 선석계획의 기능**

- 선석과 선박의 길이가 실제로 동일한 비율로 화면에 표시

[그림 11-4] Berth Allocation : Berth Planning

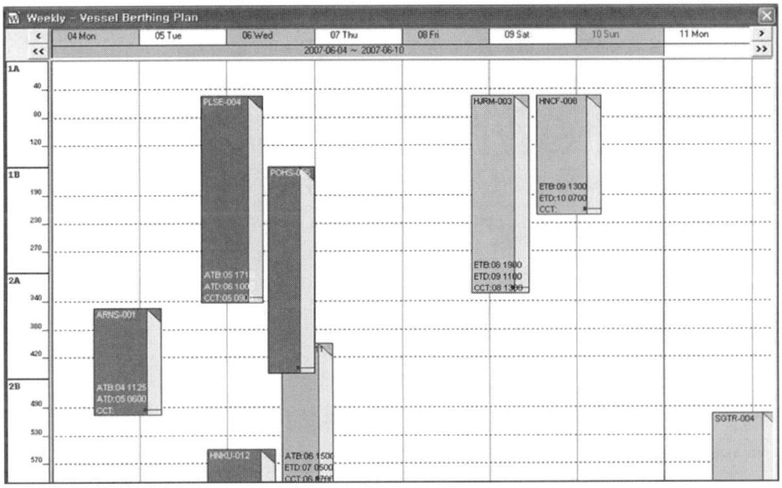

- 선박접안시 선박간의 간섭, Draft와 수심을 고려한 계획기능지원
- Pre-Planning을 위한 특정선박의 추가 및 삭제

선박접안계획은 매월 말 시점에 익월 기항할 선박을 이용선사로부터 선명과 입·출항 예정일시를 전화, TLX, FAX, EDI에 의한 전자문서 등의 통신수단이나 일반문서로 접수받아 수집된 입항정보를 토대로 약 1개월간의 컨테이너 터미널의 선석별 선박접안 배정계획을 입안한다. 이 계획은 개략적인 것으로 선박의 사정과 터미널의 작업상황에 따라 수시조정하는 장기계획(Long-term Schedule)이 된다.

선사에서 장기입항 예정정보와 별도로 수시선박별 운항상황을 파악하여 확정되는 터미널 접안과 이안희망시각을 양/적화 컨테이너 수량과 함께 터미널의 특성을 고려하여 선석을 확정하는 단기계획을 수립한다. 이 때 선박별 항차는 통상 각 터미널에서 별도입항순번을 부여하여 사용한다.

1개의 선석만 가진 터미널이나 선사전용의 터미널에서는 선석배정에 큰 어려움이 없겠지만, 여러 선석을 가진 공용 터미널에서는 선석배정에 원칙이 필요하다. 공용 터미널의 선석배정의 우선순위는 장기간 이용계약이 체결된 정요일, 정시 입항선박을 선박의 길이와 재항예정시간을 감안하여 거의 고정화된 선석에 배정하고, 터미널 운영에 필요한 정확한 정보를 적기에 제공한 선사의 선박, 대형선사,

정기선선사의 선박, 선입항선박의 순서로 하고 있다.

통상 선박입항 3~4일 전에 1차 잠정확정된 선석배정은 최종 1일 전에 확정하여 선석배정표(Calling Schedule)를 발행한다. 일반적으로 배포되는 선석배정표에는 발행일 후 1부일간의 선석별 접안할 선박과 접안과 이안 예정시각, 작업물량, 수출용 컨테이너 반입마감시간이 표시되며, 내부작업용으로 발행되는 선석배정표에는 접안시 사용할 계선주의 위치와 작업할 C/C 수와 C/C별 작업시간도 표시된다.

다수의 선석을 가진 공용 터미널에서의 선석계획은 이미 접안된 선박과의 작업 및 입·출항시의 간섭이 최대한 배제되어야 하며, 작업량에 따른 사용할 C/C의 대수도 감안해야 한다. 컴퓨터를 이용한 반자동화된 선석계획은 컴퓨터에 계획할 선박의 접안예정시각과 이안예정시각을 입력한 후 영상화면장치(Visual Display Unit : VDU) 화면에서 마우스 등의 도구를 이용하여 접안할 선석에 지정시키며, 컴퓨터에 등록된 선박의 길이와 다른 선석에 접안된 선박과의 안전거리를 감안하여 계선위치가 조정된다.

2) 선박계획 시스템(Ship Planning System)

선박계획 시스템은 선박과 야드 모두의 Re-Handling을 최소화하고 생산성을 향상시키는 최적화 알고리즘을 적용하고 있다. 즉 사용자의 편의성을 고려한 GUI 디자인으로 다중모선, 다중창을 이용한 다중계획기능을 지원하고 있으며, 수동, 반자동 및 완전자동 계획 시스템을 지원하고 있다. 또한 Twin-lift QC/GC 장비를 이용한 계획기능과 선박종강도 및 동적 복원성계산 및 시뮬레이션 기능을 갖추고 있다.

*** 선박계획의 기능**

- 다중창을 이용하여 다수선박을 동시에 계획가능
- 양/적화 계획의 수정, 계획 후 QC/GC 작업 스케줄 작성 및 재작성하는 기능제공
- 다중모선취급이 가능하므로 두 선박 간의 이선적계획 기능제공
- 터미널 작업환경을 고려한 강력한 수동 및 자동 양/적화 계획 기능제공
- 다양하게 계획정보를 조회하고 집계하는 기능을 제공

[그림 11-5] Ship Planning : G/C Working Schedule

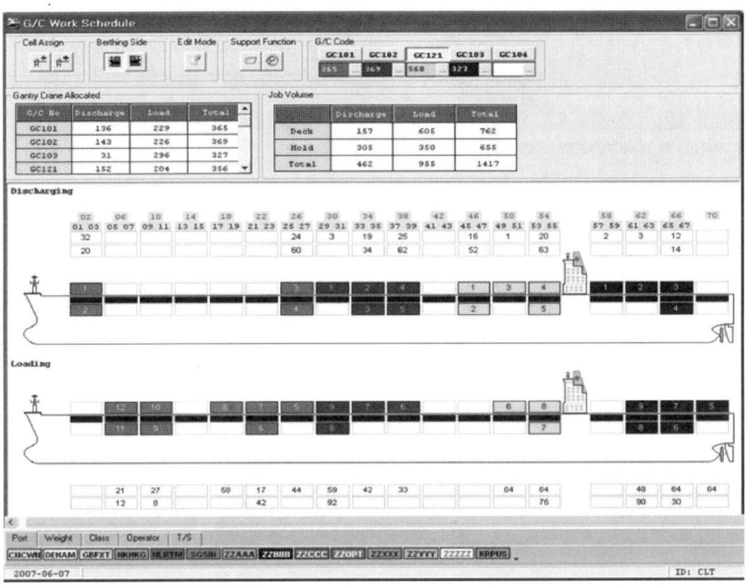

3) 장치계획(Yard Planning)

장치계획은 터미널 장치장공간의 효율적 이용과 하역작업의 신속성을 도모하기 위한 최소토지 이용방법을 수립하는 것으로 마샤링(Marshalling) 계획이라 한다. 마샤링 계획은 장치장용 하역장비의 유형에 따라서 수출 컨테이너와 수입 컨테이너 야적방식은 서로 상이하나, 장치장 내 장치위치 배분인자는 장비와 관계 없이 통상 수출, 수입, 환적, 공 컨테이너로 크게 구분된다. 접안계획이 확정된 선박의 운항선사는 양화지별, 규격별, 적화예상 컨테이너 수량이 기재된 Booking Prospect를, 서면 또는 EDI에 의한 전자문서 등의 통신수단으로 터미널에 제출하면 터미널은 수출 컨테이너의 장치계획을 수립한다.

우리나라에서는 부두통관시 세관검사를 위하여 부두통관분 컨테이너는 별도 지정된 장치지역으로 할당한다. 또한 위험물, 냉동, 장척 컨테이너는 별도의 지정지역에 할당한다.

공 컨테이너는 2가지 장치목적으로 분류된다. 일반 수·출입 컨테이너와 같은 선박에 양/적화 작업이 따르는 것과 On-dock 업무와 임대(lease)용의 보관 컨테이너로

[그림 11-6] Yard Planning : Block/Bay Detail View

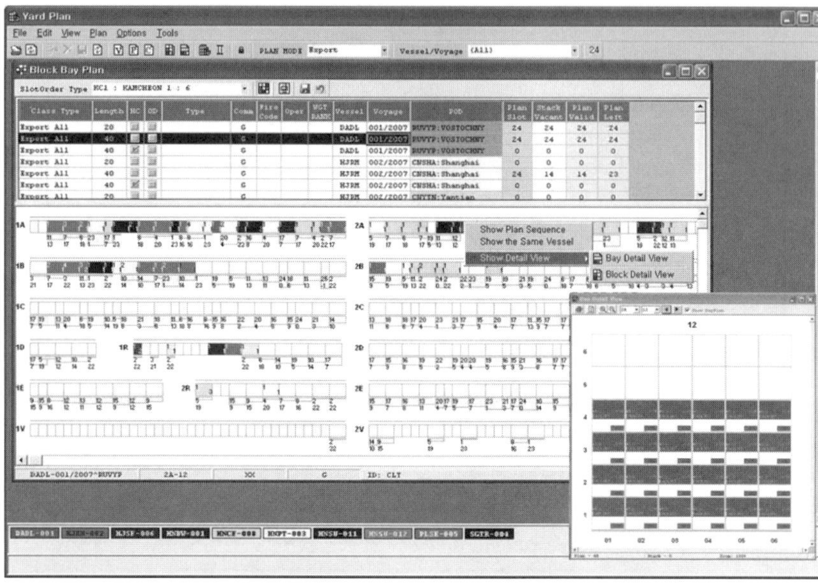

구분되므로 장치목적과 소유주나 선사별로 분리하여 장치계획이 필요하다.

장치계획의 정보처리는 과거의 작업실적에 따른 통계치로 컴퓨터에 의한 자동으로 기본배정을 하고, 세부적 사항을 조정하는 방식이 바람직하며, 선박하역계획과 이에 따른 하역작업, 게이트의 반·출입 작업과 연계되므로 터미널의 하역장비 운영형태에 맞추어 독특한 산식이 필요하다. 최근의 기법은 VDU의 화면에서 도형과 마우스 등으로 편리하게 조정작업도 처리할 수 있다.

선박에 양/적화할 컨테이너를 장치장에 장치할 계획을 수립하는 장치계획으로 선박의 접안위치, 선박별, 양/적화별, 양화항, 길이, 규격, 내장화물의 적재 여부, 장치장의 사정 등을 감안하여 수립하면 된다. 장치계획은 야드 이용률을 극대화하고, Re-handling을 최소화할 수 있도록 최적화 하는 데 있다. 예외적인 상황의 발생에 대비하여 계획의 유연성을 재고하고 있으며, 야드에 장치된 상황을 다양한 조건(POD, QC/GC, VVD 등)으로 조회가능하다. 다양한 야드 View를 제공(정면도, 측면도, 평면도 등)하며, 야드 내 임의의 가상 블록을 동적으로 생성 및 사용 가능한 기능을 가지고 있다.

[그림 11-7] Ship Planning : Sample Screen

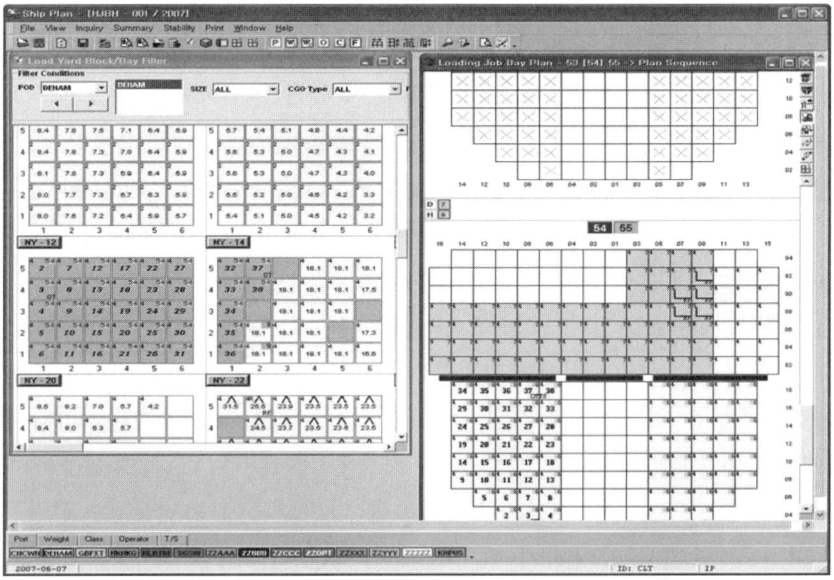

또한 Yard Layout의 야드 장치현황을 확대 및 축소 기능, 다양한 조회조건과 임의의 가상 블록의 생성 및 사용이 가능하다. In/Out Bound Planning으로 다양한 컨테이너 장치현황을 조회할 수 있으며, 다수의 블록을 서로 다른 창에 띄워서 계획하는 야드 구내이적을 계획할 수 있다. 계획 그룹을 이용한 수·출입 장치장계획과 터미널 작업환경을 고려한 강력한 수동 및 자동 야드 장치계획기능을 제공한다.

4) 양/적화 계획(Stowage Planning)

양화 컨테이너의 경우에는 선박입항 전일까지 선사에서 컨테이너 터미널에 본선선박의 컨테이너 적재상태가 표시된 적부도(Stowage Plan 또는 Bay Plan)를 제출해야 한다. 이 때 위험화물, 냉동화물 및 장척화물 등의 특수화물이 양화될 때에는 해당 명세서를 제출해야 한다. 컨테이너 터미널에서는 접수된 적부도상의 선창도형의 격자 내에 표시된 해당 항의 양화분과 선내이적분의 컨테이너를 선택하여 선창별로 양화작업순서를 결정하여 양화순서표를 준비한다.

선사에서 컨테이너 선박의 적부자료를 컴퓨터로 정보처리를 하면서 이용하는 컨테이너 터미널과 EDI 전산망이 구성되어 있다면, 문서화된 적부자료를 이용하지 않고 선사에서 국제공인 전자문서 또는 상호 약속한 정형화된 형식의 자료를 전산망을 이용하여 터미널에 송신할 수 있다. 수신된 적부자료는 자동으로 터미널의 컴퓨터에 수록되어 VDU에 표시되는 선창도형을 이용하여 작업할 선박의 컨테이너 적부상태를 파악한 후 양화순서를 자동결정시키거나, VDU 화면에 양화순서만 지정하여 양화순서표를 출력할 수 있다. 이 때 Container Crane의 작업계획서인 Working Schedule도 동시에 생성된다.

접안계획된 선박의 입항예정시각 수 시간 전부터 수출 컨테이너의 적화계획을 수립해야 한다. 이 선박 내 적화계획을 수립하기 전 사전준비작업이 필요하다. 운항선사는 수출을 위해 반입장치된 컨테이너 중 선적이 확정된 컨테이너의 번호와 각 컨테이너의 실제 양화지 및 중량이 기재된 컨테이너 선적예정목록(Loading Container No. List 또는 Container Loading List)을 터미널측에 서면 또는 전자문서로 제출하며, 타선박에서 양화되어 터미널에 장치된 컨테이너 중 선적되어 적화될 컨테이너 명세도 동시에 제출된다. 터미널에서는 컨테이너 중 선적되어 적화될 컨테이너 명세도 동시에 제출된다. 터미널에서는 컨테이너 선적예정목록을 실제 장치된 수출 컨테이너와 대조하여 선적취소 컨테이너를 구분하고, 수출 컨테이너를 반입시 선사에서 제공된 양화지와 중량이 상이한 컨테이너는 재조작 대상 컨테이너로 표시한다.

컨테이너의 선적을 위한 적화계획은 선사에서 준비한 해당 선박의 선창도형이 인쇄된 서류에 선적할 장소를 컨테이너들의 규격과 양화지별로 색채로 구분표시된 사전적부계획서를 선박입항 전에 컨테이너 터미널에 제출해야 한다. 이것을 이용하여 컨테이너 터미널은 적화계획을 수립한다.

사전적부계획서는 EDI를 이용하여 수신하고 있으며, 적화계획의 사전준비는 장치된 해당 선박의 적화예정 컨테이너 중 선적취소되는 컨테이너를 선별하고, 양화항과 중량 등의 오류를 수정하는 전산처리 등 별도조치한 후 적화될 컨테이너만 야드에 장치상태를 표시한 장치현황도를 VDU 화면이나 인쇄물로 전산출력한다.

적화계획시 고려해야 할 조건은 여러 가지가 있다. 우선 선박의 복원력과 균형을 조정해야 한다. 컨테이너선은 흘수가 얕고 선폭이 크므로 복원력은 크나 복원의 범위는 일반화물선보다 적으며, 갑판 위에도 컨테이너를 적재하기 때문에 GM의 중심이 높아지면서 풍압을 강하게 받게 되므로 선박의 안정성을 위해 상당히 큰 GM이 요구된다. 따라서 무거운 화물은 아래로, 가벼운 화물은 위로 배치하여 선체의 중심 외에도 동요를 고려해야 한다. 냉동 및 위험물, 특수화물 컨테이너는 선박 내의 지정구획에 배치한다. 또한 많은 양의 컨테이너를 적화 또는 양화하기 위하여 두 개 이상 크레인을 동시에 사용해야 하므로, 크레인간의 간섭에 유의해야 한다. 현재 대다수의 컨테이너 터미널에서는 전용 컴퓨터를 이용하여 해당 선박의 사전적부계획서와 장치현황도를 VDU 화면으로 보면서 화면상에 적화용 적부도(Bay Plan)를 작성하고, 작업할 크레인별 작업량을 할당한 후 하역작업용으로 적화순서표와 크레인의 작업계획서를 출력하여 그 결과를 정보 시스템에 수록한다.

적화작업시 계획한 적재위치와 상이하게 실제 컨테이너가 변경되는 경우가 있으므로 작업이 완료되면 최초계획한 적부도에 실제 작업결과를 수정하여 선박이 출항하기 전에 해당 선박에 디스켓으로 전달하고, 차항과 선사용은 양화용 적부도를 수신시 포함되어 온 선박에 적재되어 타항에 양화할 통과 컨테이너 자료를 포함하여 EDI로 전송한다.

[그림 11-8] 선박 양/적화 정보 흐름

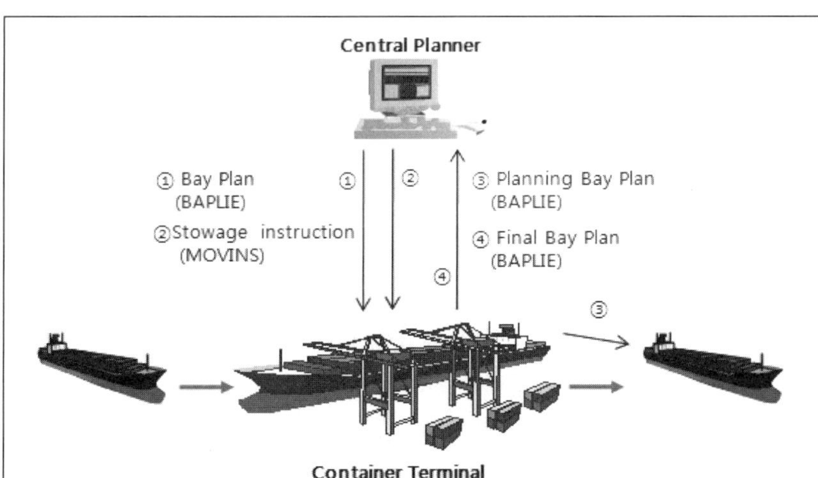

선진화된 정보 흐름은 이 과정을 직전 출발항에서 통과 컨테이너 자료와 양화 컨테이너 자료가 모두 포함된 적부된 정보를 EDI로 수신하고, 선적지시 자료는 선사의 Central Planner실에서 전자문서인 MOVINS를 EDI로 수신하고, 적화작접 결과의 적부정보는 직접 Central Planner실과 차항에 전자문서인 BAPLIE를 EDI로 송신하며, 작업한 선박에도 직접 정보를 제공하는 것이다.

그러나 현재 부산항 공영 터미널에서는 일부 선사를 제외하고는 통과 컨테이너 정보를 선사에서 터미널에 제공하지 않고 있으므로, 터미널에서는 자체에서 작업한 부산 적화정보만 선사에 제공하는 것이 대부분이다. 작업간섭이 없도록 하면서 Bay별 적정배치로 선박을 균형을 유지할 수 있도록 적재위치를 분산시켜 계획해야 한다.

선박에 양적화할 컨테이너 위치와 작업순서를 계획하는 양/적화 계획으로 선박의 특징, 작업량, 투입하역장비 댓수, 장치장의 사정을 감안하여 계획을 수립한다. 초기에는 컴퓨터의 키보드를 이용했으나, 현재는 컴퓨터 화면의 Window 기법을 활용하거나 2개의 화면으로 마우스 등을 이용하는 반자동화로 일반적으로 처리하지만, 시뮬레이션(Simulation) 기법에 의한 자동화도 응용되고 있다.

5) 장비배차계획(Deployment System)

장비배차계획이란 야드에서 작업할 각종 하역장비의 배차를 계획하는 것을 일컫는다. 일반적으로 선진화된 터미널은 필수적으로 선적계획(Berth Planning), 장치계획(Yard Planning), 양적화계획(Stowage Planning)을 운영중이나, 장비배차계획 시스템은 선택적으로 운영하고 있으며, 싱가포르 PSA는 Primemover Deploy System과 Yard Crane Deployment System을 운영중이다.

최근에는 컨테이너 터미널에서 Y/T pooling 시스템을 도입하면서 Job Request 방식에서 Job ordering 방식을 취하고 있으며, 이에 따라 장비의 배차는 그 때 그 때 운영되는 야드의 상황에 따라 자동화 알고리즘에 의하여 컴퓨터가 자동으로 장비에게 다음 작업을 지정하는 자동장비배차 시스템으로 발전해 나가는 추세이다.

2. 운영 시스템(Operation System)

[그림 11-9] 컨테이너 운영 시스템

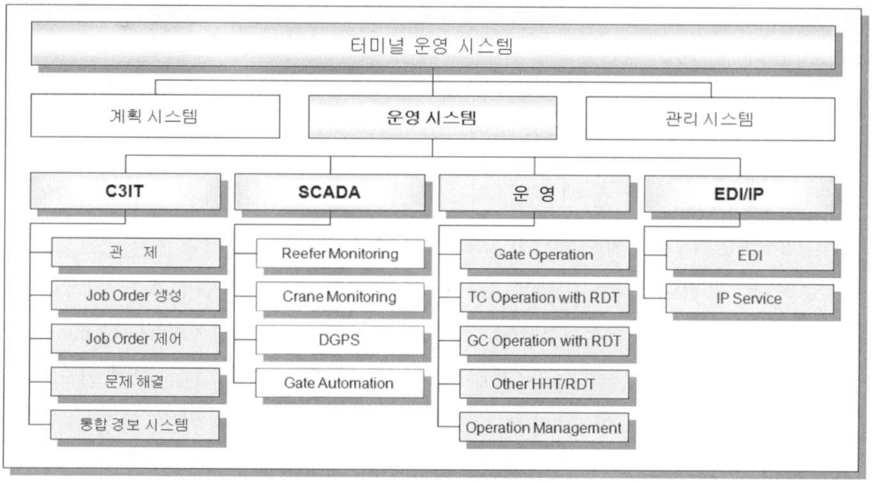

1) 게이트 운영 시스템

게이트 운영 시스템은 1970년대 초에는 수작업으로 작성된 서류를 게이트에서 받아서 통제실로 송부하는 기송관(Pneumatic Tube)을 이용하여 관제실에서 자료를 입·출력하는 방식부터 출발하였다. 그 후 On-Line 기술이 정착되어 직업 게이트 단말기에 의한 입·출력 방식으로 발전하였다. 그러나 현재 선진화된 터미널에서는 자동화방식을 도입하고 있다.

자동화방식에는 터미널의 원격 On-Line, 직접 전화예약(Interactive Voice Response System), EDI(Electronic Data Interchange)에 의한 사전예약방식이 선행되어야 한다. 아울러 선진국에서는 수동방식의 게이트 운영에 사전 예약방식을 병행하는 추세이다.

일부 미국지역에서는 게이트에서 혼잡을 줄이기 위해 게이트 전면에 카드 인식장치와 인터폰을 설치하여 사전예약을 통제실에서 확인하는 방식을 채택하는 곳도 있으며, 게이트에 출입하는 외부운전기사가 직접 조작하는 ASM(Automatic Service Machine)은 싱가포르에서 Self Terminal이란 장치를 처음 적용했으나, 우리나라는 신선대 컨테이너 터미널에서 이 방식을 응용한 장치를 기획하여 전문업체에 제작시켜 BCTOC 등 국내 터미널에 전파시켰다. 게이트에서 컨테이너를 검사하고, 그 결과를 수작업으로 기록하는 EIR(Equipment Interchange Receipt) 작성은 게이트 자동화취지에 상반된 일부 터미널에서는 CCTV 촬영기록과 휴대용 무선 컴퓨터로 대체하고 있다.

2) 야드 운영 시스템 및 본선운영 시스템

야드 운영 시스템과 본선운영 시스템은 초기에는 통제실에서 무선에 의한 음성으로 컴퓨터 화면에 나타난 작업할 내용을 지시하고 결과를 즉시 또는 일괄처리를 하였으나, 선진화된 터미널에서는 하역장비에 설치된 컴퓨터로 직접 작업할 정보와 작업결과를 처리하는 것으로 장비와 이동체이므로 DC(Data Communication) 기술과 유무선통신의 첨단기술과 결합되어 있다. 특히 컨테이너 크레인의 제어장치와 이 본선운영 시스템의 결합은 크레인의 운전석에서 제어로 자동화, 양/적화 작업을 처리할 수 있다.

야드 운영 시스템은 T/C의 위치제어 시스템인 Automatic Position indication System이 선진화된 터미널에서는 병행적용되고 있으며, 자동화는 로테르담의 ECT에서 ASV와 AGV를 이용하여 무인화운영을 하고 있다. 일부 컨테이너 터미널에서는 AGV의 도입적용을 시험중이며, 싱가포르의 PSA에서는 RTGC(Rubber Tyred Gantry Crane)를 CCTV와 무선을 이용하여 원격으로 조종하는 방식을 1996년도에 개발하여 새로 개발하는 Pasir Panjang Terminal의 9단적의 Bridge Crane에 응용하였다.

3) 작업통제 시스템

작업통제 시스템은 야드 통제 시스템과 본선통제 시스템으로 일반적으로 나눌 수 있으나, 첨단화된 터미널에서는 냉동 컨테이너 장치장의 컨테이너 온도유지상태를 원격으로 감시하는 냉동 컨테이너 감시 시스템과 터미널 내의 하역장비의 기계적 가동상태를 감시하는 하역장비운전 감시 시스템도 있다.

야드 통제 시스템은 초기에는 하역장비의 작업을 지시하고 결과를 처리하는 것이 목적이었으나, 최근에는 하역장비 내 컴퓨터에 의한 작업지시 및 처리를 응용하므로 전체장치장 내 작업상태를 CCTV와 함께 감시하고 긴급시 작업지시를 위한 기능으로 전화되고 있다. 본선통제 시스템도 작업지시의 목적보다 작업상태를 원격에서 즉시 파악한 기능을 갖추고 있다.

3. 지원 시스템(Management System)

지원 시스템은 하역작업결과에 따른 통계 시스템, 최종하역작업을 정리하고 그 결과를 산출하는 정산 시스템, 하역작업준비를 위한 필요한 자료의 입력과 관련서류의 출력과 대관청업무를 수행하는 작업지원 시스템 및 외부와의 정보의 교환을 위한 정보 서비스 시스템으로 세분할 수 있다. 여기에서는 정보 서비스 시스템을 주로 다루기로 한다.

일반적으로 인터넷은 홈페이지를 이용한 개인이나 회사의 홍보목적을 활용하고 있으나, 컨테이너 터미널에서는 홍보목적보다 터미널 내의 물류정보 DB와 연동된 실시간 웹(Web) 정보제공 서비스에 중요 목적을 가져야 한다.

컨테이너 터미널에서 EDA 기능으로 웹을 통하여 제공할 수 있는 정보는 선석의 스케줄, 컨테이너 개별 정보 및 이동현황, 게이트 반·출입 목록, 미반출, 미선적 및 재조작 컨테이너 목록, 게이트 반·출입 예약사항, CFS 화물 입·출고

[그림 11-10] System Diagram

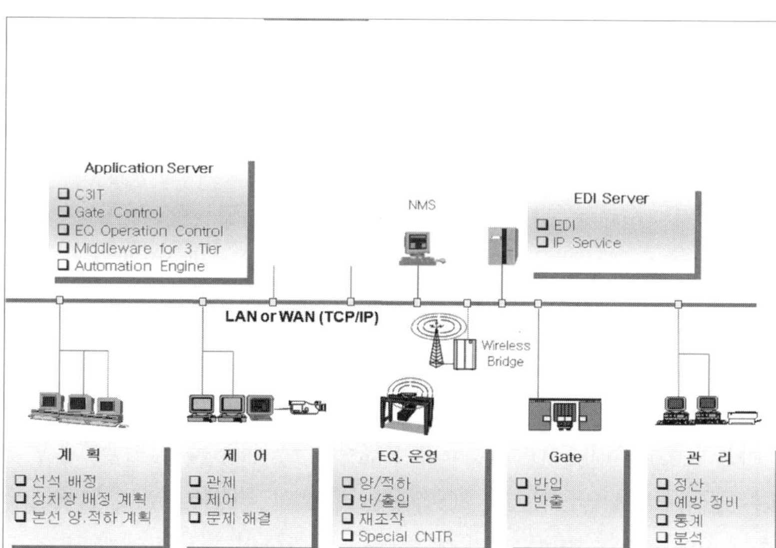

현황 등이다. 또한 현재 접안된 선박의 작업 상황과 장치장의 장치 및 차량 대기 현황 등은 현재 상황을 그대로 중계할 수 있으며, GATE 반·출입 예약과 같은 업무는 입력처리할 수 있다. 아울러 인터넷의 방송기능을 이용하여 터미널의 선측 및 야드 작업현황을 터미널에 설치된 CCTV와 CCTV 영상을 네트워크를 통해 웹 브라우즈를 출력할 수 있게 하는 Web Transmitter 장치, 고속통신망을 이용하여 실시간 화상중계기능도 할 수 있다.

4. 첨단기술의 이용

초기의 전산이용은 장치현황도를 스티커(Sticker) 형식의 전산용지에 인쇄하여 컨테이너별의 스티커를 떼어 내어 적부도에 붙이는 방법을 이용하였다. 최근의 전산처리방법으로는 선박의 제반 정보가 전산망에 의한 EDI 자료 또는 수작업 입력으로 적화계획수립 전에 컴퓨터 내에 수록되어 있으면, 반자동 또는 자동으로 컴퓨터로 처리한다.

반자동은 보편적인 방식으로 인력과 전산이 혼합된 병행처리방식인 Computer Aided Stowage Plan의 입력매체에 그래픽 영상화면에 표시되는 선창도형을 보면서 종래에는 키보드를 사용하였으나, 선진화된 터미널에서는 컬러(Color) 그래픽 영상화면으로 CAD(Computer Aided Design) 기법을 응용하여 키보드에 의한 입력방식에서 라이트펜(Light-Pen), 디지타이저(Digitizer), 마우스(Mouse)를 이용한 방식으로 전환하고 있다.

화면표시도 2개의 그래픽 화면을 이용하여 장치장과 선창을 각기 투시하여 기기로 야적된 컨테이너를 이동하는 방식을 많이 사용해 왔으나, 최근에는 대형화면에 장치장과 선창이 동시 투영하여 수시로 각각의 크기를 확대 또는 축소시키는 Window 기법을 활용하고 있다. 자동은 컴퓨터의 모의시험(Simulation)에 의한 최적 작업조건을 산정하여 계획을 수립하는 것이다.

선박이 터미널에 접안할 때 선사에서 선박의 균형(Draft & Trim) 및 복원력(Stability), 비틀림(Torsional), 저항력(Stress) 산출이 가능하도록 선박의 제 변형수치인 유류, 청수 등의 양을 터미널에 제공하면 출항시 선박의 안정성계산도 할 수 있으나, 현재 최신형의 선박은 자체 컴퓨터를 탑재하여 기항지에서 변경된 컨테이너 적부자료만 입수하면 자체에서 자동으로 계산하여 처리된다.

부산신항만 주식회사에서는 GATE 자동화를 통하여 문자인식장치를 이용하여 컨테이너 번호와 차량번호를 자동인식하여 화물의 반·출입 처리가 이루어지고 있다. 대부분의 컨테이너 터미널들이 Bar code 방식으로 반·출입 자료를 처리하고 있으며, 대한통운 터미널이 종전의 Bar Code 방식에서 개인용 휴대단말기 PDA(Personal Digital Assistant)를 설치하여 차량번호만 입력하면 반·출입 자료를 처리할 수 있도록 하였다.

각 컨테이너 터미널들은 야드 및 본선작업에서 무선랜 방식으로 자료를 처리하고 있다(무면허주파수 2.4Ghz대 사용, 출력 35~100mW에서 50~250m 범위에서 교신).

그 외 운송사에서 관리비용을 부담하는 주파수공용통신(Trunked radio system : TRS) 대신 GPS(Global Positioning System)와 GIS Map을 통하여 실시간으로 차량의 위치를 파악하는 시스템으로 환경변화를 이루었다.

[그림 11-11] ITS/GIS 기반의 첨단항만 물류적용현황

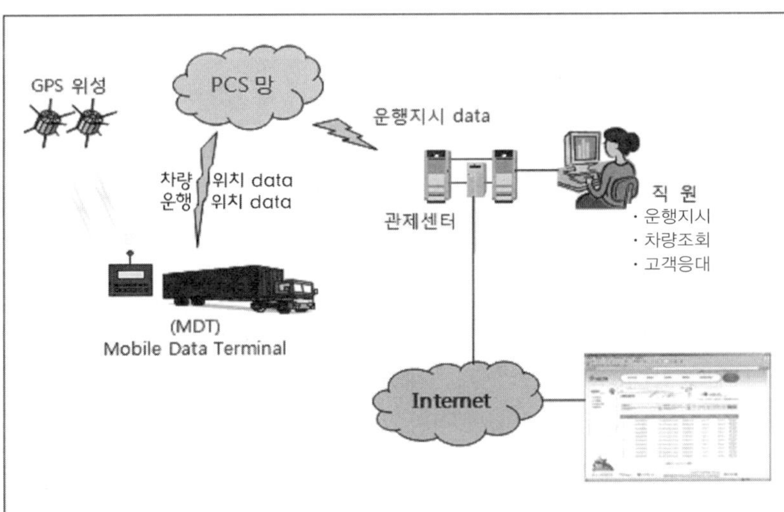

제 3 절 전자문서교환(EDI)

1. EDI의 배경 및 목적

항만물류란 화물의 흐름에 관한 관리 및 경영을 말하는 것으로, 기능적으로 볼 때 크게 수송, 보관, 포장 및 수송수단 간의 연결점에서 발행하는 하역으로 나뉘어지며, 이러한 요소들을 연결하고 지원해 주는 정보활동 등이 모여서 하나의 일관된 시스템을 형성하고 있다.

화물의 운송에 있어서 물류 시스템의 핵심인 일관운송체제는 화물의 집하, 배송, 운송, 보관, 하역 등 각 하위 시스템을 포함하는 복합 시스템이다. 즉 일종의 화물유통체계로서 각종 수송수단의 효율적인 연결을 통하여 화물수송에 있어서 시간과 비용의 절약을 도모하고 있다. 다른 형태의 수송수단과 연결될 때 시간의 손실 없이 계속적으로 연결될 수 있도록 적정한 장비의 준비 및 지원체계를 갖추어야 한다. 이러한 항만의 물리적 요소와 제도적인 요소를 뒷받침하기 위하여 정보의 원활한 유통은 필수적이다.

따라서 효율적인 운영을 하기 위해서는 이를 전체적으로 관리할 수 있는 물류정보 시스템의 확립이 필요하게 되었다. 각 기능별 주체인 하주, 운송업자, 주선업자, 창고업자, 하역업자 등을 상호 연결하여 정보를 효율적으로 수집, 처리, 생산, 공급하고 관리함으로써 물류 서비스의 목표인 효율성, 경제성, 신속성, 안정성 등을 촉진하는 데 기여할 수 있기 때문이다.

정보의 원활한 유통은 이러한 문제를 해결해 줄 수 있다고 보고, 철도청과 항만청은 EDI 기술을 이용한 물류 EDI망(물류 EDI Network)을 구축하여 화물유통의 효율화를 이루었다. 컴퓨터와 통신기술발달은 컴퓨터와 컴퓨터 간의 작업에 있어서 한번 입력한 자료를 재입력함이 없이 자동적으로 업무를 처리할 수 있는 EDI 기술을 발전시켰다.

EDI를 이용한 업무처리는 처음에는 한 부문의 산업에서 합의된 양식(Formet)으로 메시지를 교환하는 전자사서함(E-Mail)에 의존하였으나, 사용자들의 거래가 서로 다양해지면서 총체적인 Network(Global EDI 또는 Open-EDI)를 구축하여야 할 필요성이 생겼다. 즉 전자문서교환(Electronic Data Interchange : EDI)을 이용한 전산망이 구축됨으로써 서류의 이동 없이 장비의 배치부터 통관 및 자금결제까지 처리할 수 있게 된 것이다.

2. EDI의 운영

항만물류정보화는 국토해양부의 항만운영정보 시스템(Port-MIS)과 한국물류정보통신(주)의 물류망(KL-Net) 서비스, 그리고 컨테이너 터미널 정보 시스템 등이 있다. 항만운영정보 시스템은 한국물류정보통신(KL-Net)을 통해 운영하고 있으며, 수·출입 화물의 원활한 물류거래를 지원하기 위해 34종의 전자문서를 개발하여 서비스를 실시하고 있다.

특히 Port-MIS는 항만운영관리제도를 시스템화하여 다양한 정보를 종합적으로 처리하여 선박의 입·출항 관리, 화물, 항만시설 등에 의해 발생되는 모든 데이터를 종합적으로 관리, 처리하는 항만정보은행 시스템(Port Data Bank System)이다. 대개 국토해양부와 각 관련기관들 사이의 항만민원 업무처리를 중심으로 연결되어 있다.

1) 항만물류서식 표준화

서식 및 정보 표준화는 정보화를 위하여 필수적인 전제요소이다. 1994년 종합물류망수립시 항만, 해운 분야에서 사용하는 제반 서식에 대한 표준화를 진행

[표 11-3] 서식표준화현황

구 분	해양청신고	세관신고	터미널 자동화	기타 물류업무
문서명	입·출항 보고(신고)서 항만시설사용신청서 항만시설사용신고서 화물반·출입 보고서 컨테이너반·출입 보고 위험물반입보고 국고 이체신청/통지 등	입·출항 신고서 해상적하목록 하선신고서 혼재적하목록 보세화물반·출입보고 보세운송신고서 등	선적예정물량 통보 컨테이너 선적요청서 컨테이너 반·출입계 컨테이너 선적목록 본선적부도	철도청문서 8종 선적업무문서 8종
특 징	*KEDI/FACT 표준문서 *UNEDI/FACT 일부적용 (선원/승객 명부)	*KEDI/FACT 표준문서 *입·출항 신고서는 해양청과 동일	*KEDI/FACT 표준문서 *UNEDI/FACT 일부적용	

한 바 있으며, 업무별 특성을 고려하여 국제표준(UNEDI/FACT) 및 국내표준(KEDI/FACT)을 혼합채택하고 있다. 또한 세관관련분야는 관세청의 주도로 진행되어지고 있다.

2) EDI의 현황

정보기관의 업무에 따른 다양한 신고/승인 업무가 이루어지고 있다. 선박충돌이나 좌초 등의 해난사고예방과 항만운영을 기하기 위하여 각종 정보(항만운영, 항행안전, 기상특보 등)를 제공하기 위한 항만관제(PTMS) 업무, 화주의 수산물수입신고시 수산물검사소에 EDI로 검사신청 및 검사결과정보를 조회할 수 있도록 전자민원 서비스를 제공해 주는 등 다양한 서비스를 제공해 주고 있다.

전자 입·출항 수속은 부산항입항을 위한 해양청, 세관, 출입국관리소 등에 대한 선박의 입·출항 보고 등 제반 수속 및 예도선신청업무를 관계기관을 방문없이 사무실에서 전자문서(EDI)로 신청/승인한다. 입·출항 신고(보고)서의 선원명부 등 각 기관의 공통서식들은 표준서식으로 통일화하여 활용하고 있으며, 입·출항 보고는 최초(기존 입·출항 예보서)와 최종으로 구분하여 신고하여야 한다.

전자항만운영 관련신고 서비스는 해양청이 입·출항 보고, 선석 신청/허가 및 시설사용료, 위험물관리시설료 부과통지 및 수납자동화 등 항만운영과 관련된 제반 신청과 인·허가, 결제업무처리를 전자교환방식(EDI)으로 진행할 수 있도록 함으로써 물류신속성보장 및 서류 없는 항만행정을 목적으로 하고 있다. 특히 예도선사, 검역소 등 항만물류 유관기관의 지원을 위한 시스템 개발을 제공하여 항만정보화에 기여하고 있으며, 부산시 컨테이너세 세입행정을 지원하기 위하여 물류업체로부터 EDI 방식으로 신청/승인 체제를 구축하여 EDI형 세관보세화물 신고를 할 수 있다. 적하목록은 운항선사가 공동배선사 및 포워더의 적하목록을 취합하여 세관에 제출하며, 보세화물 시스템은 통관 시스템과 연계되어 화물을 관리 및 처리하고 있다.

항만물류에서 터미널의 생산성제고를 위해 터미널이 양/적화 계획 및 장치계획수립에 필요한 사전정보를 EDI로 제공하고 있다. 선사는 터미널에 사전작업 물량정보(Booking Prospect), 컨테이너 선적요청서(Container Loading List), 본선적부도(Bay Plan)를 제공하며, 운송사는 사전 컨테이너 반·출입 예정정보(COPINO)를 제공한다. 또한 차량이 터미널 게이트에 도착하면 차량 ID 카드를 제시하고,

[그림 11-12] EDI형 세관보세화물 신고

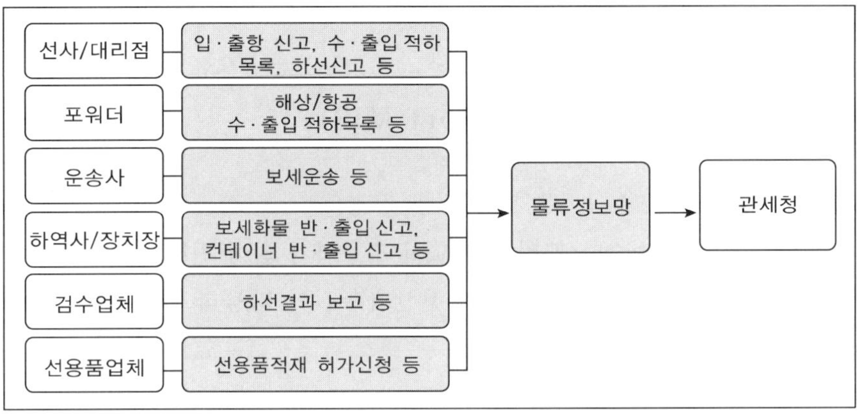

[그림 11-13] 터미널 자동화

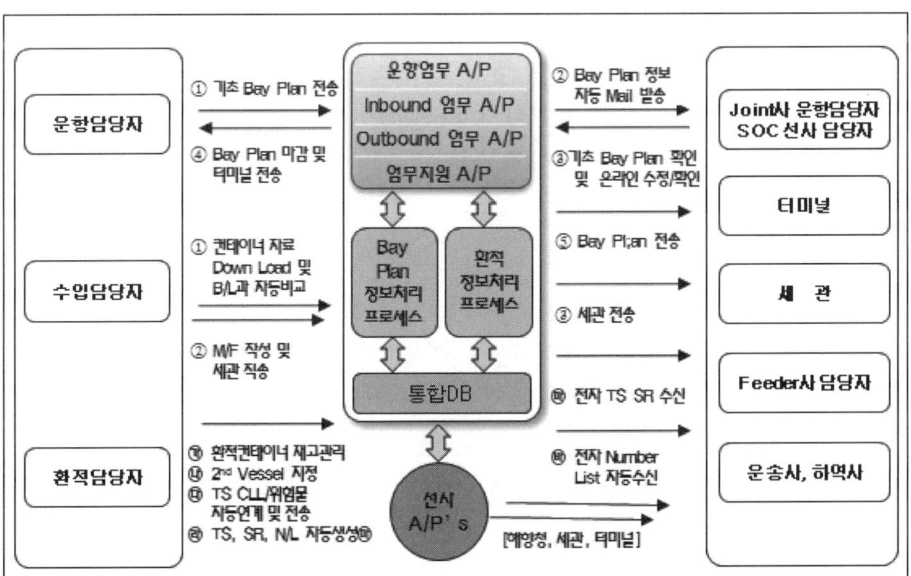

ID 카드의 차량정보와 사전등록된 컨테이너 정보를 비교해 보고 반·출입을 허가하게 된다.

3. 항만운영정보 시스템(Port-MIS)

1) 시스템 개요

해운부문은 타 수송수단에 비해 비교적 정보화가 많이 진전되었는데, 그 이유는 화물이 통과하는 항구를 중심으로 전산화추진이 가능하고 대부분의 물량이 수·출입 화물이기 때문이다.

PORT-MIS(PORT-Management Information System)란 항만업무의 효율화를 통한 21세기형 신항만건설을 위해 국토해양부가 케이엘넷을 통하여 현재 해상 컨테이너 화물운송업무와 관련한 전자문서교환(EDI), 물류관련 DB 등의 서비스를 제공중이다.

이 시스템을 통하여 입·출항 관련서식 및 절차의 간소화와 전산화로 문서없는 행정체제를 구축하여 민원인의 방문에 따른 불필요한 노동력과 비용을 절감함으로써 대국민 서비스의 질을 향상시키고, 물류비의 대폭적인 절감을 통해 국가경쟁력을 제고하는 데 크게 기여하고 있다.

2) 주요 제공 서비스

(1) 민원업무처리 서비스

입·출항 신고서, 항만시설사용 허가신청서, 내항선 입·출항 신고서, 화물 반·출입 현황 및 컨테이너 반·출입 현황 등 22개 서식을 EDI 방식으로 PORT-MIS에 송신하여 처리해 주는 서비스이다.

이 서비스를 통해 선사와 선박대리점에서는 모선 입·출항시 선박 입·출항 신고서를 물류 EDI망을 통하여 PORT-MIS에 송신함으로써 입·출항 신고를 한번에 처리할 수 있게 되었으며, 화물 입·출항료를 납부하기 위하여 신고하는 항만시설사용신고서도 입·출항 20일 전에 EDI로 송신함으로써 업무의 사전계획수립이 가능해지는 등 민원업무처리의 효율성을 높였다.

[그림 11-14] Port-MIS 서비스 화면

(2) 항만운영정보 서비스

해양수산부의 홈페이지를 통해 PORT-MIS 관련 다양한 항만운영정보를 언제 어디서나 제공받을 수 있는 서비스이다. 특히 항만운영정보의 멀티미디어화를 목적으로 항만운영정보 서비스의 개발완료하였으며, 선사, 선박대리점, 운송사

[그림 11-15] 항만운영정보 서비스

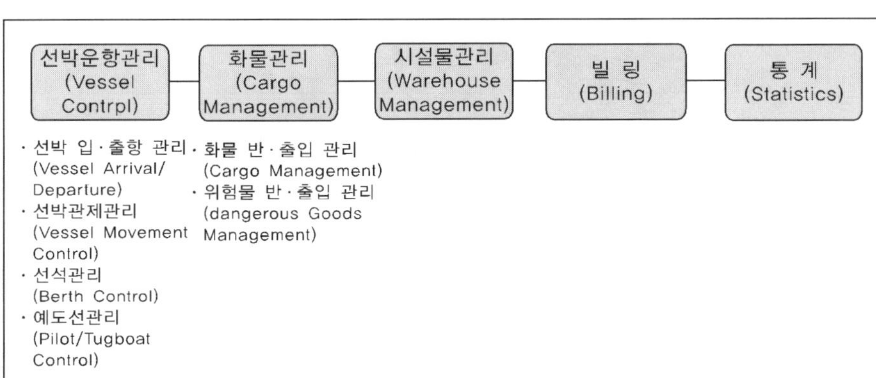

등 물류관련업체는 물론 해양수산부 실무자들의 업무효율화에 기여하고 있다. 최근에는 무선통신망을 이용하여 개인단말기를 통하여 항만운영정보에 접속하여 업무를 처리하도록 시스템을 향상시키고 있다.

(3) 터미널 게이트 자동화 서비스

컨테이너 전용 터미널의 업무효율화와 장치장 및 선석 등의 운영효율화를 위하여 이용자와 터미널 간의 정보전달을 EDI로 서비스함으로써 터미널 게이트 자동화를 실현하였다.

항만 터미널을 전·출입하는 컨테이너 화물과 컨테이너 운반차량에 대한 추적, 관리 체제를 구축하기 위하여 추진된 게이트(Gate) 자동화사업은 자동 게이트 설치 공사 및 관련전산 시스템 개발, 출입차량에 대한 등록정보구축 및 ID 카드 발급, 터미널 출입차량 운전기사에 대한 Gate 통과방법에 대한 교육, 홍보 등 사전준비기간과 시범사업기간을 거쳐 1996년 9월 이후 컨테이너 터미널을 이용하는 모든 차량에 대하여 Gate 자동화 시스템 사용을 의무화하였다.

현재 PECT, HBCT, UTC 등의 거의 대부분의 컨테이너 터미널에서 적용하고 있는데, 컨테이너 GATE에서 반·출입 화물에 대한 모든 정보(화물의 종류, 반입장소

[그림 11-16] 터미널 게이트 자동화 서비스

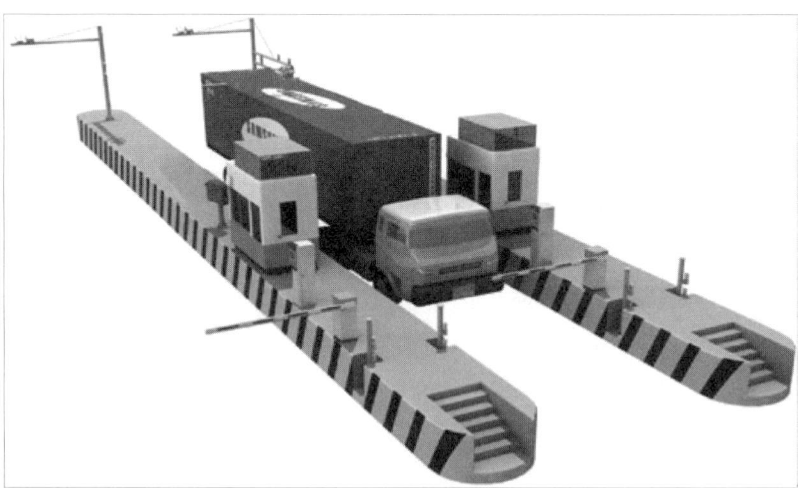

자료 : 부산신항만(주).

[그림 11-17] RFID 기반 항만물류 효율화사업 개념도

등)를 사전에 제공받을 수 있고, ID 카드에 의하여 차량 및 화물의 통제가 가능하게 됨으로써 게이트의 무인화와 신속한 출입이 가능하게 되었다.

2004년부터 유비쿼터스 항만의 도입을 목적으로 RFID를 이용한 항만물류 효율화 사업을 시행하였다. 이 효율화사업은 2005년 부산지역의 2개의 컨테이너 터미널과 내륙의 ICD를 선정하여 시범사업을 시행하였다. 이 결과를 토대로 2006년 부산지역의 전 컨테이너 터미널에 RFID를 이용한 컨테이너 터미널 Gate의 운영을 적용하기 시작하였으며, 컨테이너 트레일러에도 RFID 카드와 Bar-Code를 같이 소지하도록 하였다.

3) 기대효과

1995년도부터 일부지역에 PORT-MIS EDI를 시범운영한 후 1996년 부산항에 PORT-MIS EDI를 도입한 데 이어 마산, 울산, 포항항 등 영남권항만에 단계적으로 PORT-MIS EDI를 적용하였다.

1996년 한 해 동안 PORT-MIS EDI를 통해 영남권항만에서 큰 실효를 거둔 해양수산부는 1997년에는 인천항을 중심으로 한 경인권역에 PORT-MIS EDI를 적용하였고, 이어 동해항을 기점으로 한 영동권역에, 그리고 여수항 등 호남권역에 PORT-MIS EDI를 도입함으로써 올해 안에 전국항만의 PORT-MIS를 상호 연계함

[표 11-4] 항만운영정보 시스템의 주요 제공 서비스

업무명	주요 제공 서비스 내용
선박운항관리	· 선박 입·출항 관리(Vessel arrival/departure) · 선박관제관리(Vessel movement control) · 선석관리(Berth control) · 예도선관리(Pilot/Tugboat control)
화물관리	· 화물 반·출입 관리(Cargo Management) · 위험물관리(Dangerous Goods Management)
시설물관리	· 체계적인 시설물관리
빌링 & 통계	· 항만세 및 화물료의 자동회계처리 · 전반적인 항만운영 전략수립을 위한 의사결정의 과학적 기반 제공
효율지표제공	· 각종 화물 및 선박운항통계 등
정책결정자료 제공	· 분야별 정책결정통계 제공

으로써 전국단일망을 구축하였다.

이와 함께 해양수산부에서는 향후 무역, 통관망은 물론 현재 구축중인 도로, 항공 등 타물류망과도 연계함으로써 명실상부한 수·출입 업무의 One-Stop Service 체제를 구축하여 운영중에 있다

PORT-MIS를 통하여 선사 및 선박대리점, 운송사 등 업체들은 해당 지방해양수산청 또는 항만공사를 방문하지 않고도 전국 어디서나 항만업무를 처리할 수 있게 되었다.

4. 컨테이너 운송차량 정보 시스템

1) RFID(Radio Frequency IDentification)

RFID는 무선주파수(Radio Frequency : RF)를 이용하여 대상(물건, 사람 등)을 식별할 수 있는 기술로서, 안테나와 칩으로 구성된 RF 태그에 사용목적에 알맞은 정보를 저장하여 적용대상에 부착한 후 판독기에 해당하는 RFID 리더를 통하여 정보를 인식하는 방법으로 활용된다. RFID는 바코드 및 스마트 카드와 유사한 기능을 수행하지만, 원거리에서 인식이 가능하고 충돌방지기능이 있어 동시에 여러 개를 인식할 수 있는 기술적 장점을 가진 자동인식(Automatic Identification) 기술의 하나이다.

[표 11-5] RFID의 기본구성요소

활용분야	원 리
 [태그]	· 상품에 부착되며, 데이터가 입력되는 IC 칩과 안테나로 구성 · 리더와 교신하여 데이터를 무선으로 리더에 전송 · 배터리 내장유무에 따라 능동형과 수동형으로 구분됨
 [안테나]	· 무선주파수를 발사하며, 태그로부터 전송된 데이터를 수신하여 리더로 전달함 · 다양한 형태와 크기로 제작가능하며, 태그의 크기를 결정하는 중요한 요소임
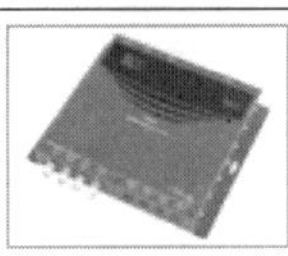 [리더]	· 주파수발신을 제어하고, 태그로부터 수신된 데이터를 해독함 · 용도에 따라 고정형, 이동형, 휴대용으로 구분 · 안테나 및 RF 회로, 변/복조기, 실시간 신호처리 모듈, 프로토콜 프로세서 등으로 구성
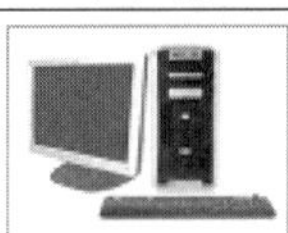 [호스트]	· 한 개 또는 다수의 태그로부터 읽어 들인 데이터를 처리함 · 분산되어 있는 다수의 리더 시스템을 관리함 · 리더부터 발생하는 대량의 태그 데이터를 처리하기 위해 에이전트 기반의 분산계층구조로 되어 있음

유선판독기 및 바코드 인쇄상태와 결점을 보완하기 위해 개발된 무선주파수식별법(RFID)은 판독기에서 나오는 무선신호를 통해 상품에 부착된 태그를 식별하여 데이터를 호스트로 전송하는 시스템이다. 따라서 RFID는 기존의 바코드만으로 이루어질 수 없는 작업환경에서 유용하며, 교통 카드, 주차관리, 도서관리, 출입통제용 카드, 동물식별, 하이패스용 카드 등에 응용되고 있으며, 기본구성요소는 다음과 같다.

(1) 작동원리

① 칩과 안테나로 구성된 태그에 활용목적에 맞는 정보를 입력하고, 박스, 팔레트, 자동차 등에 부착

② 게이트, 계산대, 톨게이트 등에 부착된 리더에서 안테나를 통해 발사된 주파수가 태그에 접촉

③ 태그는 주파수에 반응하여 입력된 데이터를 안테나로 전송

④ 안테나는 전송받은 데이터를 변조하여 리더로 전달

[그림 11-18] RFID 개념도

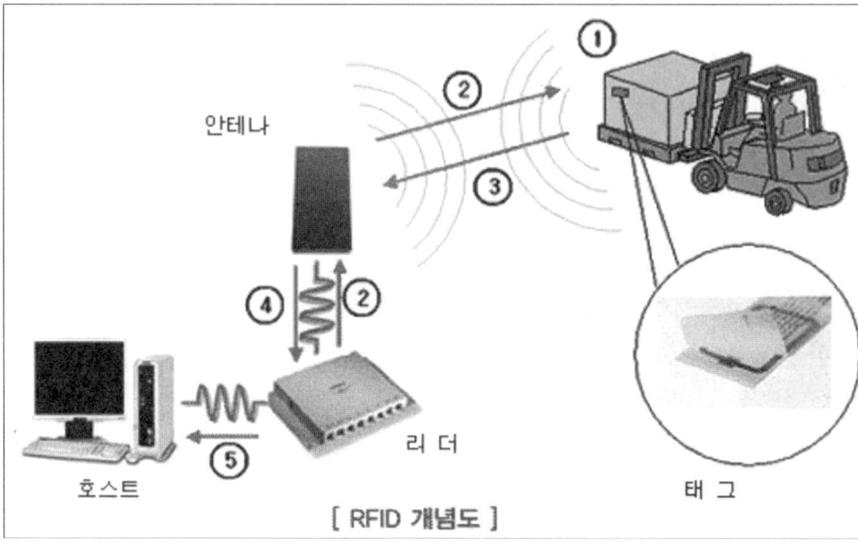

⑤ 리더는 데이터를 해독하여 호스트 컴퓨터로 전달

(2) 태그의 종류별 특징

[표 11-6] RFID 태그의 종류별 특징

방식별 구분		원 리
읽기/쓰기 가능 여부	읽기 전용	· 제조시 정보입력, 정보내용은 변경불가 · 가격이 저렴하여 바코드와 같이 단순인식분야 사용
	태그 전원유무	· 사용자가 데이터를 1회 입력할 수 있으며, 입력 후에는 변경불가
	읽기/쓰기 가능	· 여러 번 데이터 입력과 변경이 가능 · 가격은 높지만 고가상품 등에 활용가능
태그 전원 유무	능동형 (Active)	· 태그에 배터리가 부착, 수십 미터 원거리통신용 · 가격고가, 수명제한, UHF 대역 이상에서 사용
	수동형 (Passive)	· 태그에 배터리가 없으며, 10m 이내 근거리통신용 · 가격저렴, 수명은 반영구적(약 10년 이상)

(3) RFID의 장점

바코드와 달리 접촉하지 않아도 인식이 가능하여 원거리 및 고속이동시에도 사용할 수 있으며, 충돌방지기능이 있어 여러 개를 동시에 인식할 수 있다.

바코드와는 달리 Tag의 데이터 변경 및 추가가 가능할 뿐 아니라, 눈, 안개, 결빙, 도색, 오염 등 환경적 제한상황에서도 인식가능하다. 그러나 바코드에 비해서 비용이 높다는 점과 스마트카드에 비해서 메모리 용량이 작다는 단점을 가지고 있다.

[표 11-7] 현행 바코드와 RFID 기술과의 차이

구 분	바코드	RFID
인식방법	광학식 Read Only	무선 Read/Write
정보량	수십 단어	수천 단어
인식거리	최대 수십 Cm	최대 100m
인식속도	개별 스캐닝	최대 수백 개
관리레벨	상품 그룹	개개 상품(일련번호)
가 격	라벨 인쇄 10원 미만	태그 수백원

(4) RFID 주파수의 특성

[표 11-8] 주파수종류별 특성

주파수구분	특 징	적용가능분야
저주파수 대역 (125㎑ &134㎑)	· 짧은 인식거리(1m 이하) · 저가형 · 느린 인식속도	· 출입통제 · 동물식별 · 재고관리
중간주파수대역 (13.56㎒)	· 중저가형 · 상호 유도방식 적용 · 비금속장애물의 투과성우수	· 출입통제 · 스마트카드
고주파수대역 (433MHz)	· 고가형 · 능동형 · 긴 인식거리	· 컨테이너 식별 및 추적
고주파수대역 (860 — 960MHz)	· 저가형, 장거리인식(~10m) · 금속 및 액체 인식률 저조 · 수동형	· 유통물류분야
마이크로파 대역 (Microwave : 2.45㎓)	· 장거리(~27m) · 빠른 인식속도 · 차폐물이 있는 경우 인식불가 · 고가형	· 자동차운행 흐름 모니터링 · 톨게이트 시스템

(5) RFID의 활용분야

[표 11-9] RFID의 활용분야

주파수	활용분야	원 리	
125KHz	동물관리		출생내력 등 식별정보가 입력된 칩을 동물에 이식하여 혈통관리 및 위치파악에 활용
133KHz	스키어 관리 시스템		스키장 통로에 수직 게이트형 안테나를 설치해 스키어들의 입장확인
133KHz	마라톤 선수 추적 시스템		가벼운 무선 태그가 선수운동화에 부착되며, 루프 안테나가 마라톤 주행도로의 출발선, 중간반환점, 결승선 등에 설치되어 선수의 기록을 관리
13.56MHz	교통 카드		카드를 리더에 가까이 대면 카드에 내장된 RFID 칩이 리더와 무선으로 교신하여 자동으로 요금을 징수
13.56MHz	주차관리		태그가 부착된 차량이 접근하면 자동으로 출입통제 장치가 자동으로 개폐
13.56MHz	도서관리		도서에 RFID 칩을 삽입하여 도서부당반출시 경보음 울림
13.56MHz	출입통제		신원정보가 입력된 칩이 내장된 카드를 리더에 가까이 대면, 출입자격 여부를 조회하여 출입문개폐
UHF	물류창고 관리 시스템		팔레트/박스 단위로 태그를 부착해 자동 입·출고 처리 및 Supply Chain을 경유하는 상품의 실시간 위치추적 및 재고관리
UHF	농산물 이력관리		RFID 태그에 농산물의 원산지와 생산자에 대한 정보를 입력하여 농산물의 이력추적 및 관리
UHF	고속도로 전자요금 징수 시스템		고속도로 톨게이트에 태그가 부착된 차량이 접근하면 자동으로 요금이 징수되는 시스템
900MHz/ 2.45GHz	타이어 이력관리		타이어에 RFID 태그를 부착해 생산공정에서 생산/품질 이력정보를 기록하고, 불량품을 자동적으로 선별하며, 개별 타이어에 대한 재고상황을 관리
2.45GHz	항공 화물처리		항공수하물의 보다 신속, 정확한 판독과 분류, 위험물품재검사
2.45GHz	의약품 위·변조 방지		의약품생산과정에서 RFID를 부착하여 생산공정관리에 활용하고, 제품이 판매된 후에도 RFID 추적 시스템을 통해 유통경로를 투명화하고, 해당 제품의 진품 여부를 판단

(6) 물류산업에의 RFID 적용

물류산업에 RFID 도입을 통해 얻을 수 있는 혁신적 효과는 상품의 이동 과정을 실시간으로 추적할 수 있는 트레이서빌리티(Traceability)의 확보이다. 교통수단의 발달로 인해 신속성은 매우 높아졌으나, 트레이서빌리티 부재로 인한 화물의 오배송과 도난으로 많은 비용이 발생한다는 문제점을 안고 있다. 또한 상품의 환적과 인수, 인계시 검품수작업에 따라 많은 시간과 인력이 소요되는 비효율이 상존해 왔다. 이 같은 문제점들은 RFID를 적용함으로써 해결될 수 있다.

① 화물을 단품, 케이스, 팔레트, 컨테이너에 RFID 태그를 부착
② 화물이 지나는 거점마다 RFID 리더를 설치, 자동으로 위치정보전송
③ 운송업체, 화주, 배송인 등 네트워크에 접속하여 화물이동정보를 실시간으로 파악

[그림 11-19] 항만물류 RFID 적용도

2) CVO

첨단화물 운송정보 서비스(CVO)는 GPS 위성 및 차량을 실시간으로 추적하여

[그림 11-20] CVO의 개요

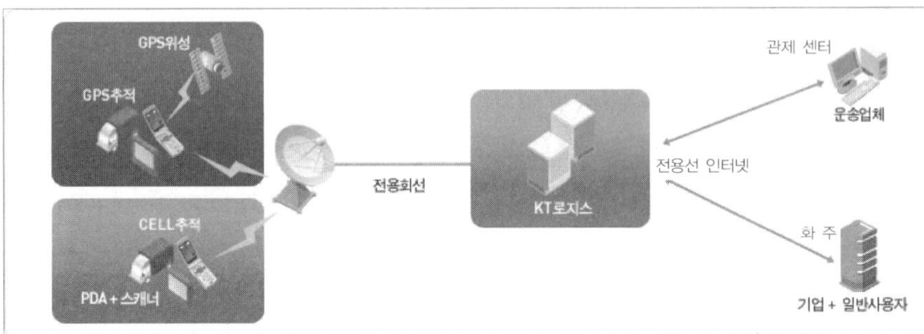

차량의 배차 및 운행관리, 화물의 상태관리 등 화물운송에 필요한 업무를 전산화함으로써 기업의 물류비용을 절감시켜 주는 국가기간전산망이다. 1996년 건설교통부로부터 전담사업자로 KT 로지스가 지정받은 이후 시스템 개발 및 시범 서비스를 거친 후 1998년 말부터 상용 서비스를 제공하고 있다

제공하는 서비스는 업종별로 다양화하여 일반화물 운송업체, 주선업체, 위험물운송업체, 냉장화물 운송업체, 택배업체, 버스 업체, 수·출입 화물운송업체 등에 서비스를 제공하고 있다. 화물과 차량을 연결하여 전자지도상의 관제화면에서 실시간으로 움직이는 차량과 화물을 최근접차량에 배차시켜 유류비절감 및 수송효율향상, 교통량감소 등의 효과로 기업물류비용을 30% 이상 절감시켜 준다. 화물의 운송상태를 실시간으로 관리하면서 최종소비자에게 최상의 품질로 화물을 운송하는 것을 목표로 한다. 종합물류정보 전산망 서비스 중 CVO 서비스는 실시간 화물차량 위치추적 서비스, 화물차량 운행관리 서비스, 거점별 화물추적 서비스, 교통상황정보 서비스, 위험물차량관련 서비스, 화물전자통관 서비스 및 전자행정 서비스이다.

(1) 화물차량 운행관리 서비스

화물차량 운행관리 서브시스템은 기존 종합물류정보망의 실시간 차량추적 서비스에 해당되는 서브시스템으로서 차량의 위치 및 상태를 실시간으로 파악하여 관제함으로써 운송회사 및 화주 등 서비스 가입자의 합리적 의사결정을 지원하고, 차량관제자와 차량운전자 간 송·수신을 통해 차량의 안전운행 및 최적경로운행으로 인한 운송비용을 최소화하는 것을 목적으로 하고 있다.

(2) 화물추적관리

화물추적 관리기능에 해당되는 서브시스템은 화물관리 서브시스템으로서 운송되는 화물의 위치를 실시간으로 파악하여 물류시설의 공간을 효율적으로 활용하고, 화주의 적기보관 시설확보를 지원하는 서비스로서 종물망의 거점별 화물추적 서비스에 해당된다.

(3) 화물차량 안전관리

화물차량 안전관리 지원기능에 해당되는 서브시스템은 화물차량관리 서브시스템인데, 이 서브시스템은 종합물류정보망에서의 차량운행관리 서비스에 해당되는 것으로서 운전자의 운행기록과 차량의 사고현황관리를 통해 차량의 안전운행을 확보하고, 차량운행에 대한 각종 자료를 축적하여 합리적인 의사결정에 활용하는 것을 목표로 한다.

(4) 위험물차량관리

위험물차량관리와 관련된 서비스인 위험물사고처리, 위험물관리, 위험물차량 경로 안내 및 관리 서비스들은 단위사업측면에서 하나의 서브시스템으로 구현하는 것이 효율적이므로 '위험화물차량관리 서브시스템'을 설정하고, 이 서브시스템에서 3가지 기능을 모두 수행토록 하였다.

(5) 화물전자통관 및 화물행정 서비스

화물전자통관 및 화물행정 서비스는 당초 국가기본계획에서 전자문서교환 서비스(EDI), 전자통관 서비스의 형태로 종합물류정보망에 포함되어 있었으나, 시스템의 특성과 운영방식이 상이하여 독립된 서브시스템으로 분리하는 것이 바람직하다. 단, 화물전자통관 서비스는 기존의 PORT-MIS 시스템 등이 구축되어 운영되고 있기 때문에 기존의 시스템에 ITS의 특성을 부가하여 통관화물차량의 처리에 초점을 둔 화물전자통관 서브시스템을 구축하였다.

이 서비스 중 화물차량 운행관리, 화물차량관리, 화물관리 시스템은 구축 및 운영주체가 민간이며, 화물행정, 전자통관, 위험물운송 등은 국가의 기간망에 속한다.

3) RTLS(Real Time Location System)

RTLS는 실시간 위치추적 시스템으로 제한적인 범위의 실내, 실외에서 특정 사물 및 사람의 위치를 찾아 주거나 이를 기반으로 부가적인 기능들을 제공하는 서비스이다. 공간을 여러 개의 작은 셀로 나누어 개체가 존재하는 셀의 위치를 확인함으로써 현재 위치를 추정하는 셀 방식을 사용하며, 자산관리, 내부/외부인의 이동경로관리, 금지구역 접근확인 등 다양한 부분에 적용하여 활용할 수 있다.

[그림 11-21] RTLS의 산업적용 예

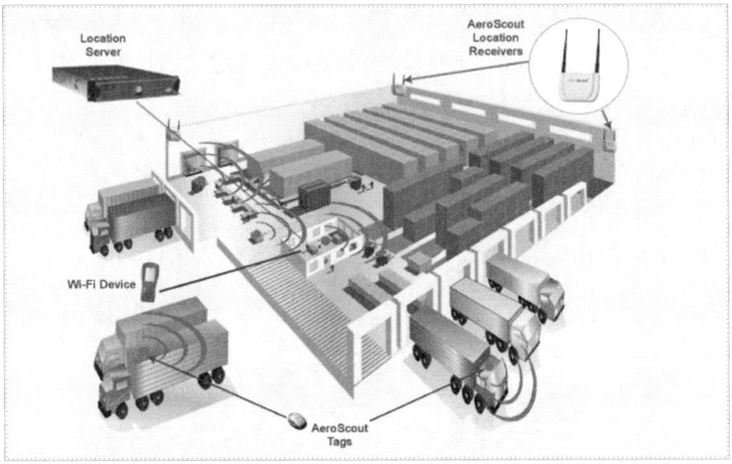

(1) RTLS 위치측정

실내 및 근거리에서의 위치추적에 대한 사용자의 요구가 늘어나면서 무선랜 기반의 실시간 위치추적 시스템(RTLS)이 관심을 끌고 있다. 이들은 무선랜 신호 분석결과를 바탕으로 삼각법을 이용하여 무선랜 장치의 위치를 추정하거나 무선랜 신호분석결과를 실제 위치정보와 함께 데이터베이스화한 후 측정된 무선랜 신호와 가장 유사한 결과를 검색함으로써 무선랜 장치의 위치를 추정한다. 어떤 위치추정 방법을 사용하느냐와 상관없이 현재까지 소개된 대부분의 무선랜 기반 RTLS 시스템은 정지상태에 있는 무선랜 장치에 대해서만 3m 수준의 위치추정정확도만을 보장하며, 이동중인 무선랜 장치에 대해서는 10m 전후의 매우 낮은 수준의 정확도를 제공한다.

[그림 11-22] RTLS의 시스템 구성

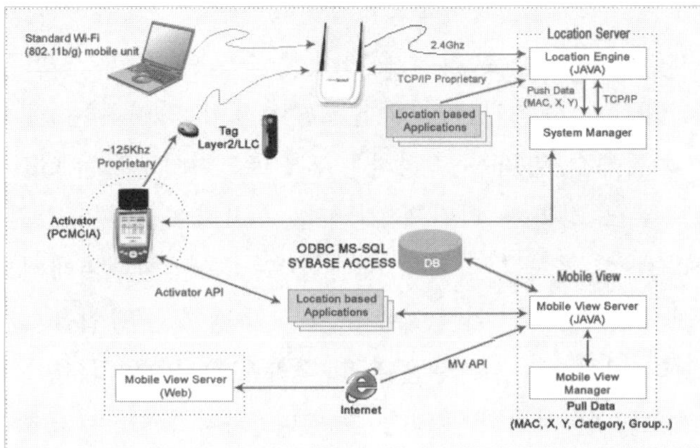

(2) 위치측정방식

RTLS 시스템에서도 GPS 및 LBS와 마찬가지로 삼각법(Triangulation), Presence 기능으로 알려져 있는 인접법(Proximity), 그리고 공간을 작은 셀로 나누어 개체가 존재하는 셀의 위치를 확인함으로써 현재 위치를 추정하는 셀(Cell) 방식을 사용한다. 이 중에서 삼각법에 의한 위치추적이 가장 보편적인 위치추정방법이며, 삼각법에 의한 위치추정은 RSSI나 TODA 기술을 바탕으로 이루어진다.

[그림 11-23] RTLS의 위치측정원리

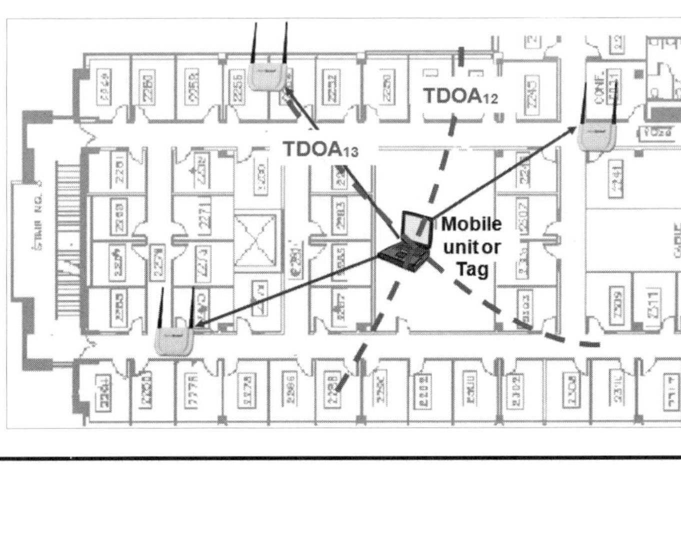

4) GPS(Global Positioning System)

(1) GPS란

GPS는 위치측정기술 중 우리에게 가장 친숙하며, 우리 생활 깊숙이 침투해 있는 기술이다. GPS에 사용되는 기술은 그 이름이 의미하는 것처럼 전세계의 혹은 광범위한 범위에서 위치를 측정하는 것으로, 위치정보는 GPS 수신기로 3개 이상의 위성으로부터 정확한 시간과 거리를 측정하여 3개의 각각 다른 거리를 삼각방법에 따라서 현 위치를 정확히 계산할 수 있다. 현재 3개의 위성으로부터 거리와 시간정보를 얻고, 1개 위성으로 오차를 수정하는 방법을 널리 쓰고 있다.

나침반과 달리 위성항법 시스템은 위도, 경도, 고도의 위치뿐만 아니라 3차원의 속도정보와 함께 정확한 시간까지 얻을 수 있다. 위치정확도는 군사용과 민간용에 따라 차이가 있으며, 민간용은 수평, 수직 오차가 10~15m 정도이며, 속도측정 정확도는 초당 3cm이다. 또한 인공위성에는 3개의 원자시계가 탑재되어 있어 3만6,000년에 1초만의 오차를 갖는 시간정보를 제공하고 있다.

(2) GPS 시스템의 구성

시스템은 여러 기술이 고도로 집약된 시스템이므로 많은 구성요소로 이루어져 있지만, 크게 세 가지 구성요소인 우주(Space segment), 관제(Control segment), 사용자(User segment)로 구분할 수 있다.

① 우주부분(Space segment)

우주부분은 위치계산을 위해 필요한 항법 메시지(navigation message)를 사용자에게 반송파(carrier wave)를 통하여 연속적으로 전송하는 GPS 위성으로 구성되어 있다. 반송파는 L 대역의 두 주파수 L1(1575.42MHz), L2(1227.6MHz)로 정확히 조정되어 사용자에게 전송된다. 각각의 GPS 위성은 기울임각(inclination angle) 55°인 6개의 원형궤도면(circular orbit)에 각각 4개씩 배치되어 있다. GPS 위성은 지구 중심으로부터 26567.5km상에 배치되어 있고, 약 12시간의 주기를 갖는다. 이러한 GPS 위성배치는 사용자의 3차원 위치 및 수신기시계오차(clock error)를 계산하기 위해 지구전역에서 최소한 4개 이상의 위성이 항상 보이도록 특수하게 설계된 것이다. 각각의 GPS 위성에서 송신되는 위성 데이터는 각 위성번호에 따라 특수하게 설계된 PRN 코드(Pseudo Random Noise code)를 포함한다. 즉 코드 다중분할방식(Code Division Multiple Access : CDMA)으로 GPS 위성 데이터가 사용자에게 전송되므로 GPS 수신기에서는 각 위성에 해당하는 항법 데이터를 명확하게 수신할 수 있다. 현재 이루어지는 GPS 현대화계획에 따르면, 지금의 L1,L2 주파수 외에 앞으로 민간용으로 L5 주파수가 추가될 예정이다.

② **관제부분(Control segment)**

관제부분은 세계각지에 널리 분포해 있는 여러 관제국(control station)을 통해 GPS 위성을 추적하고 감시함으로써 가능한 한 정확하게 위성의 위치를 추정하며, 여러 가지 보정(correction) 정보를 위성에 송신한다. 또한 이러한 보정정보를 항법 데이터의 한 부분으로서 연속적으로 사용자에게 전송한다. GPS 위성관제국은 5개의 감시기지국(monitor station), 4개의 지상 안테나 송신국(ground antenna upload station), 그리고 운영관제국(operational control segment)으로 구성되어 있다.

③ **사용자부분(User segment)**

사용자부분은 GPS 위성신호를 수신하여 위치를 계산하는 GPS 수신기 및 이를 응용하여 각각의 특정한 목적을 달성하기 위해 개발된 다양한 장치(Equipment)로 구성된다. GPS 수신기는 위성으로부터 수신한 항법 데이터를 사용하여 사용자의 위치 및 속도를 계산한다. 수신기에 연결되는 GPS 안테나는 자체에 내장된 알고리듬으로 GPS 위성신호를 추적하며, 하나의 위성신호만 추적하면 그 위성으로부터 다른 위성들의 상대적인 위치에 관한 정보를 얻을 수 있으므로 짧은 시간 이내에 모든 가시(Visible) 위성신호들을 추적할 수 있다. GPS 위성신호를 수신하여 계산한 위치 및 속도정보는 기본적으로 이동체 항법 및 추적에 이용되며, μs 정도의 정확도로 계산된 수신기의 시계오차는 이동통신(Mobile Communication) 분야에 있어서 매우 중요한 시각동기화(Time Synchronization)를 위한 정보로 유용하게 사용된다. 위성항법 시스템은 또한 일반적인 항법 시스템 이외에 높은 위치 정확도가 요구되는 항공기자동착륙 시스템, 측지, 이동체의 자세결정 및 정밀측위(Precise Survey)에도 적용될 수 있으므로 위성항법 시스템은 매우 광범위한 응용범위를 지닌다.

(3) GPS 시스템의 위치측정방법

위성위치측정 시스템은 30~40m 수준의 위치정확도를 지니는 단일위성항법 시스템(Stand-alone GPS, SA 제거 이후), m 수준의 위치정확도를 지니는 보정위성항법 시스템(Differential GPS : DGPS), 그리고 cm 수준의 위치정확도를 지니는 반송파보정 위성항법 시스템(Carrier phase Differental GPS : CDGPS)으로 분류된다.

① 단일위성항법 시스템(Stand-alone GPS)

단일위성항법 시스템을 사용하면 4개 이상의 GPS 위성신호를 수신할 수 있는 하나의 GPS 수신기로 지구 어느 곳에서든지 약 30~40m의 위치정확도로 사용자의 위치를 구할 수 있다. 단일위성항법 시스템이 제공하는 서비스의 종류는 크게 두 가지로서, 하나는 일반사용자를 위한 표준위치측정 서비스(Standard Positioning Service : SPS)이고, 다른 하나는 군사적 목적을 위한 정밀위치측정 서비스(Precise Positioning Service : PPS)이다.

표준위치측정 서비스에서는 항법 데이터 및 위치계산을 위해 필수적인 C/A 코드(Coarse Acquisition Code)를 L1 반송파만을 통하여 사용자에게 전송한다. 정밀위치측정 서비스에서는 C/A 코드와 또 다른 PRN 코드인 P 코드(Precise code)를 L1/L2 반송파를 통하여 사용자에게 전송한다. P 코드는 C/A 코드보다 10배 높은 주파수를 지니므로 훨씬 높은 정밀도를 지니지만, 암호화되어(encrypted) Y 코드 형태로 전송되므로 정밀위치측정 서비스 사용허가를 받은 사용자만이 Y 코드를 해독할 수 있다. 이러한 위치정확도는 미 국방성에서 고의로 부가했던 고의잡음(SA)이 제거된 이후의 결과이며, SA가 포함될 경우에는 단일위성항법 시스템, 특히 민간용인 표준위치측정 서비스의 경우 그 위치정확도가 100m 정도에 이르게 된다.

[표 11-10] GPS 측정방식별 오차범위

	표준위치측정 서비스	정밀위치측정 서비스
반송파주파수	L1	L1/L2
PRN 코드	C/A code(1.023MHz)	C/A code, P code(10.23MHz)
수평위치오차	36m(95% 2drms)	22m(95% 2drms)
수직위치오차	77m(95% 2drms)	28m(95% 2drms)

② 지역보정 위성항법 시스템(LADGPS)

지역보정 위성항법 시스템은 기본적으로 기준국(Reference Station)과 기준국용 GPS 수신기, 그리고 사용자용 GPS 수신기로 구성되어 있다. 위치가 정확히 측지된 지점에 설치된 기준국에서는 기준국용 GPS 수신기를 사용하여 위성 데이터를 수신한다. 기준국에서는 모든 가시위성에 대한 실제 거리(True Range)를 계산할 수 있으므로, 오차가 포함된 코드 정보에 의한 의사거리(Pseudo Range)로부터 의사거리오차를 계산할 수 있다.

[그림 11-24] GPS 위성구성도

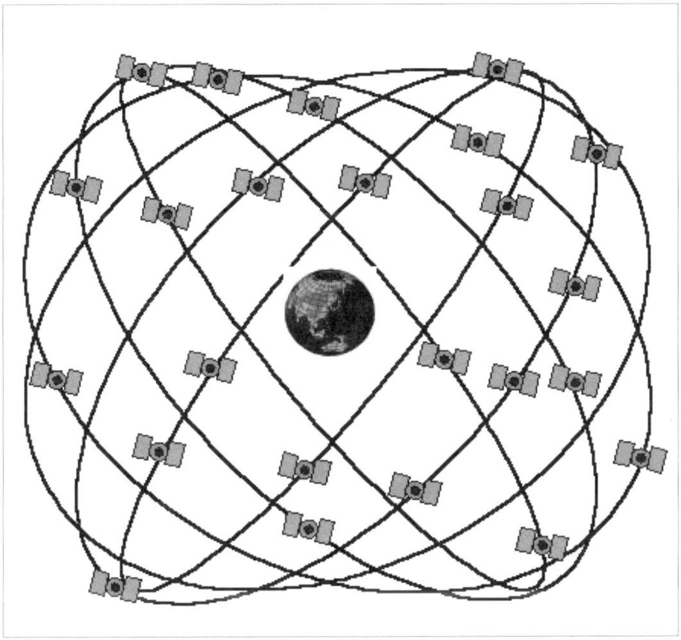

[그림 11-25] DGPS의 위치측정원리

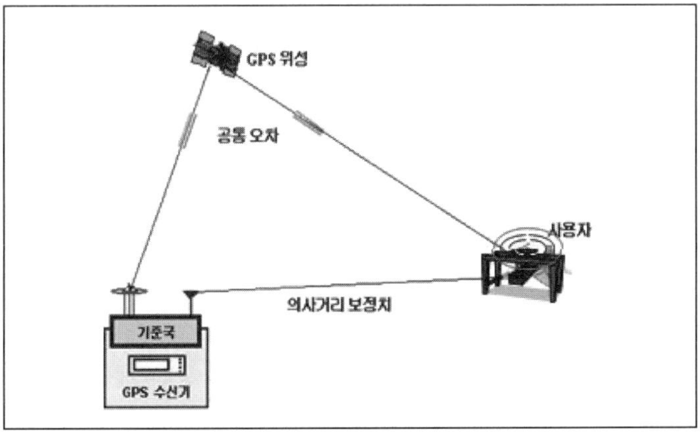

GPS 위성은 지상으로부터 매우 먼 거리에 있으므로 기준국과 사용자 간의 거리가 비교적 가까울 경우(150km 이내), 기준국의 의사거리오차와 사용자의사거리오차는 거의 같기 때문에 기준국에서 계산한 오차량으로 사용자의 의사거리를 보정하면 의사거리오차가 감소하여 m 수준의 위치정확도로 사용자의 위치를 계산할 수 있다. 보정항법 시스템에서는 보정치전송을 위해 부가적으로 통신망이 구축되어야 하며, 이러한 통신망이 구축되면 보정정보를 수신할 수 있는 모든 사용자는 m 수준의 위치정확도로 위치를 측정할 수 있다.

참고문헌

〈국내 문헌〉

강재호, 오명섭, 류광렬, 김갑환, “반입 컨테이너 무게를 고려한 재취급최소화장치 위치결정 방안,” 한국지능정보시스템학회 2004년 추계학술대회 논문집, 2004, pp. 271~278.

건설교통부, “효율적인 컨테이너 터미널 계획 및 운영을 위한 모형개발,” 1995연구개발사업 최종보고서, 1997.

건설교통부, 건설교통통계연보, 각 호.

고현정, “KS V ISO 28000 규격개요,” 물류보안 경영인증제도 공청회, 2008.

글로벌네트웍 앤 커뮤니케이션(주), 부산항신항 2-3단계 자동화 인프라 구축제안서, 2008.

글로벌네트웍 앤 커뮤니케이션(주), 한진해운신항만자동화 터미널 인프라 구축제안서, 2008.

금종수, “목포신항만의 터미널 운영 시스템에 따른 CY 소요면적 산정에 관한 연구,” 한국항만학회지 제12권 제 1 호, 1998, pp. 35~46.

김갑환, 박영민, “무게를 고려한 수출 컨테이너 장치위치결정법,” 한국산업공학회 제22권 제 4 호, 1996.

김세환, 우운택, “3차원 영상기반 실감형 가상현실 생성기법 연구동향,” 한국정보시스템학회지 제10권 제 1 호, 2003.

김수엽, 이호춘, 박일란, 환적컨테이너 화물정보 관리체제 개선방안, 한국해양수산개발원, 2004. 12.

김운수, “컨테이너 터미널의 효율성분석,” 한국해양대학교 대학원, 2004.

김창호 외 4명, “시뮬레이션 모델을 이용한 컨테이너 터미널 안벽능력분석,” 한국해양수산개발원, 2000.

김태원, 유주영, 김현, 곽규석, 남기찬, “항만 경쟁구조분석,” 한국항만학회지 제30권 제 6 호, 2006, pp. 509~515.

김태일, “컨테이너선시장, 내년이 조정기,” 지구촌해운물류, 한국해양수산개발원, 제344호, 2006. 11. 6.

김 현, “총운송비용 평가를 통한 전대사용료 산정,” 한국해양대학교 대학원 석사학위 논문, 2004.

김 현, "시뮬레이션에 의한 부산 컨테이너 터미널의 체계적인 방안," 한국해양대학교 석사학위 논문, 1988.

김 현, "컨테이너 터미널 RFID 효과분석," 한국해양대학교 박사학위 논문, 2007.

김 현, "컨테이너 터미널 RFID 적용 효과분석," 한국해양대학교 박사학위 논문, 2007.

김 현, "항만물류보안산업의 경쟁력제고방안," 부산광역시 창의시성연구회 해양분과, 2008.

남기찬 외, "컨테이너 터미널 중장기계획 수립을 위한 시뮬레이션 모형개발: 안벽과 장치장 중심," 대한교통학회지 제17권 제 1 호, 1999, pp. 159~171.

남기찬, 곽규석, 신재영, 김우선, "컨테이너 터미널 중장기 계획수립을 위한 시뮬레이션 모형개발," 한국해양대학교부설 물류연구센타 Working Paper, 1998, pp. 98~101.

남기찬, 이재현, "초대형 컨테이너 선박에 대한 이론적인 고찰," 한국항해항만학회지 제26권 제 4 호, 2002, pp. 455~463.

남기찬, 송용석, 김태원, 오효진, "선박 대형화 및 선박 기항지축소에 따른 경제성 분석," 한국항해항만학회 2004 춘계학술대회 논문집, 2004.

남기찬, 송용석, 연정흠, "중국 상해신항만개발계획 고찰," 대한교통학회, 2003.

남동우 외 3명, "항만 하역장비 3차원 모니터링 시스템의 통신에 관한 연구," 한국항만학회지 2000 추계학술대회 논문집, 2000.

무역협회, 무역실무 매뉴얼, 2004.

문성혁, 곽규석, 남기찬, 송용석, "우리나라 환적컨테이너 화물유통실태분석 — 중국향/발 화물을 중심으로—," 2002.

박태원, "컨테이너선 대형화의 경제성분석," 월간 해양수산, 한국해양수산개발원, 통권 제221호, 2003. 2.

박태원, 정봉민, 컨테이너 대형화의 경제적 효과분석, 2002. 11.

박화진, 조세홍, "몰입형 가상현실 시스템을 위한 기술 및 사례에 대한 연구," 한국정보시스템학회지 제10권 제 1 호, 2003.

백인태, 컨테이너 터미널의 물류시스템, 물류정보화포럼, 2002.

백인태, "컨테이너 터미널의 물류시스템," 물류정보화포럼, 2002.

부산신항만, 부산신항만 실시설계요약 보고서, 2001.

부산신항만, 북 컨테이너 터미널 축조공사 실시설계 보고서, 2001.

부산항만공사, 컨테이너 유통구조추이 및 전망, 2006.

산업자원부, 컨테이너 터미널 야드 장치장 배정자동계획시스템 개발에 관한 보고서, 2004.

산업자원부, "기술표준원, ISO 28000 인증체계 구축방안," 2008.

성숙경, "냉동, 냉장화물의 컨테이너화 현황과 향후 전망," 해운산업연구, 한국해운산업연구원, 통권 제131호, 1995. 8.

송선욱, "글로벌물류보안무역환경변화," 물류보안 경영인증제도 공청회, 2008.

송용석, "항만물류시설 원단위산정 — 컨테이너 터미널을 중심으로 —," 한국해양대학교 대학원 석사학위 논문, 2001.

송용석, 김 현, 남기찬, 정승호, "실증분석을 통한 대형선의 운항경제성에 관한 연구 — 컨테이너선을 중심으로 —," 한국항해항만학회, 2004 추계학술대회논문집.

송용석 외 2명, "CFS 입지에 따른 경제적 효과평가," 한국항해항만학회지 제28권 제 1 호, 2004, pp. 69~74.

송재영, "DEA/AHP를 이용한 컨테이너 터미널 효율성에 관한 연구," 한국해양대학교 석사학위 논문, 2000.

신선대터미널 브로셔, "신선대컨테이너 터미널," 2007.

신선대터미널 브로셔, "신선대컨테이너 터미널," 2007.

신승식, "제 4 장 국가교통 DB와 수출입관련 공공 DB의 체계적인 연계 · 활용방안," 국가교통 DB, 2007. 4.

신승식, "부산항과 광양항 반출입 컨테이너의 내륙운송특성 및 유발환경비용," 한국물류학회지, 한국물류학회, 2002. 12.

신승식, 김수엽, 한광석, 해상교통 DB 구축을 위한 기본설계, 한국해양수산개발원, 1999. 12.

심동희, "컨테이너 터미널의 정보시스템 동향," 항만정보시스템 동향, 한국해운산업연구원, 1993.

양창호, 최종희, 최용석, 하태영, "차세대 컨테이너 터미널 운영시스템 기술개발의 방향과 전략수립에 관한 연구," 해양수산개발원, 2003. 7.

양창호 외 2명, "컨테이너 터미널 선석능력 추정방안에 관한 연구," 한국해양수산개발원, 2001.

왕승진, "자동화 컨테이너 터미널에서의 장치장운영 시뮬레이션 연구," 대한산업공학회지, 2002.

유명석, "컨테이너 터미널 적정운영규모 산정," 한국해양대학교 석사학위 논문, 2000.

유명종, 남기찬, 송용석, "컨테이너 터미널 유형평가," 한국항해항만학회지 제27권 제 5 호, 2003, pp. 577~584.

유명종, 남기찬, 송용석, "컨테이너 터미널 유형평가," 2003.

유승렬, "시뮬레이션에 의한 컨테이너 물류시스템의 분석에 관한 연구," 한국해양대학교 석사학위 논문, 1997.

윤동한, "안벽능력 결정요소에 대한 소고," 한국해양수산개발원, 2000, pp. 34~35.

이상훈, "ATC 작업효율화를 위한 자동화 컨테이너 터미널의 장치장할당모형," 한국해양대학교 대학원, 2002.

이승준, 김재석, 우용한, "통행차량에 대한 GPS 수신자료의 정확도에 관한 연구," 한국지리정보학회지 제 5 권 제 4 호, 2002.

이준화, 최철용, "GPS를 이용한 위치결정방법에 관한 연구," 서울시립대학교 산업기술연구소 논문집 제 5 권, 1997.

이채민, 신재영, "장치장 모니터링 시스템과 통합된 효율적인 수출장치장계획 시스템," 한국항해항만학회지 제27권 제 1 호, 2003, pp. 31~40.

이채민, 신재영, "장치장 모니터링 시스템과 통합된 효율적인 수출장치장 계획," 한국항만학회지 제27권 제 1 호, 2003.

임문택, 최신국제물류개론(컨테이너 복합운송물류 중심), 2001. 11.

임진수, "컨테이너 터미널 능력산정에 관한 연구," 해운산업연구원, 1991.

임진수, 홍동희, 신승식, 해운항만분야 정보시스템의 분산처리방안 연구, 한국해양수산개발원, 1993. 7.

장성용, 박진우, "시뮬레이션기법을 이용한 컨테이너 터미널의 운영시스템결정," 산업공학 제 1 권 제 1 호, 1988, pp. 49~62.

전영환, "우리나라 자동화 컨테이너 터미널 발전을 위한 핵심요인 분석에 관한 연구," 동아대학교 박사학위 논문, 2007.

전일수, "컨테이너 선박의 대형화와 항만의 대응방향," 港灣, 가을호, 1999.

전자정부위원회, 수출입물류중심의 국가물류정보체계 혁신(BPR/ISP) 사업, 2004. 6.

전형진, "내항컨테이너 운송구조 및 경쟁력 분석," 월간 해양수산, 한국해양수산개발원, 통권 제272호, 2007. 5.

정보통신부, 관세자유지역 물류통합정보시스템 BPR/ISP 수립 완료보고서, 2003. 3.

정봉민, "컨테이너선 대형화의 한계는?," 월간 해양수산, 한국해양수산개발원, 통권 제263호, 2006. 8.

정승호, "자가 컨테이너 터미널 생산성분석," 한국해양대학교 대학원 석사학위 논문, 1999.

조계석, 박용안, 전형진, 컨테이너화물의 연안운송 제약요인분석, 한국해양수산개발원, 2000. 12.

최상희, "독일의 자동화 컨테이너 터미널 CTA 개장에 즈음하여," 해양수산동향, 한국해양수산개발원, 2001. 8. 27.

최용석, "독일의 자동화 컨테이너 터미널 CTA 1년 운영이 주는 경험과 교훈," 해양수산동향 제1147호, 2004. 6. 28.

최장림 외 3명, "컨테이너 터미널 통합관제 시스템 구현에 관한 연구," 한국항만학회 1998 추계학술대회 논문집, 1998.

최장림, 남기찬, "자동화 컨테이너 터미널 통합운영시스템의 개념적 설계," 한국해양대학교 부설 물류연구센터 논문집 제 3 권, 1999. 12, pp. 25~38.

최중희, "세계 컨테이너 생산 및 리스시장 동향," 월간 해양수산, 한국해양수산개발원,

통권 제231호, 2003. 12.

최중희, "컨테이너 용기 생산, 중국이 90% 이상 장악," 지구촌 해운물류, 한국해양수산개발원, 2007. 7.

최형돈, 선병관, 김천중, "GPS 수신기 구조분석," 한국항공우주공학회지 제31권 제 3 호, 2003.

한국개발연구원, 항만부분사업의 예비타당성조사 표준지침 연구(개정판), 2001.

한국선급, 자동화컨테이너 터미널 개발현황 보고서, 2004.

한국전산원, 해운항만중심의 수출입화물일괄처리시스템 구축사업 완료보고서, 1998년 정보화지원사업, 정보통신부, 1999. 12. 16.

한국천문연구원 "GPS의 기초."

한국컨테이너부두공단, 우암부두 전용사용료 산정에 관한 연구, 2001.

한국컨테이너부두공단, 2006년도 컨테이너 화물 유통 추이 및 분석, 2007.

한국컨테이너부두공단, 상하이(대소양산) 및 북중국 항만의 발전이 미치는 영향과 대응방안 연구, 2004.

한국컨테이너부두공단, "제 1 장 컨테이너 운송(Container Transport)," 한국컨테이너부두공단 홈페이지.

한국컨테이너부두공단, "제 2 장 컨테이너 선박(Container Ship)," 한국컨테이너부두공단 홈페이지.

한국컨테이너부두공단, "제 3 장 컨테이너부두 시설 및 하역장비," 한국컨테이너부두공단 홈페이지.

한국컨테이너부두공단, 상하이(대소양산) 및 북중국항만의 발전이 미치는 영향과 대응방안 연구, 2004. 1.

한국컨테이너부두공단, 광양항 3단계 자동화컨테이너 개발 기본계획 최종보고서, 2001.

한국컨테이너부두공단, 한반도의 물류중심지화 방안 및 추진전략 연구, 2003.

한국항해항만학회, "항만컨테이너처리능력의 동태적 예측에 관한 연구," 한국항해항만학회지 제26권 제 2 호, 2002.

한국해양대학교, "효율적인 컨테이너 터미널계획 및 운영을 위한 모형개발," 건설교통부연구보고서, 1995.

한국해양수산개발원, 부산신항 터미널계획 설계관리, 1999.

한국해양수산개발원 외, 관세자유지역 물류통합정보시스템 BPR/ISP 수립완료보고서, 한국전산원, 2003. 8.

한국해양수산개발원, 2007 KMI 세계해운전망, 2006. 12.

한국해양수산개발원, ESCAP 역내 컨테이너 물동량 전망 및 ITPM 모델 개발에 관한 연구, 2006. 12.

한국해양수산개발원, 해양수산부정보화전략계획, 해양수산부, 2001. 5.

한국해양수산개발원, 해양수산부 지식경영마스터플랜, 해양수산부, 2001. 5.
한국해운기술원, 정기선 해운정책 방향 연구 — 원양 풀컨테이너선을 중심으로, 1986. 5.
해양수산개발원, 국가물류보안 체제 확립방안 연구(I), 2006.
해양수산개발원, 국가물류보안 체제 확립방안 연구(II), 2007.
해양수산부, "부산신항 남컨테이너 부두(1차) 기본 및 실시설계 용역," 2003.
해양수산부, 항만기본계획재정비 보고서, 1999.
해양수산부, RFID 기반 항만물류 정보화 전략계획 수립, 2005.
해양수산부, RFID 기반 항만물류효율화 사업, 완료보고서, 2005.
해양수산부, 항만산업의 경제적 파급효과에 관한 연구, 2002. 10.
해양수산부, "ISPS Code 시행에 따른 항만보안관리체제의 제도적 개선방안 연구," 2005.
허윤수 외 3명, "부산항 컨테이너 유통체계 개선방안에 관한 사례연구," 대한교통학회지 제19권 제 2 호, 2001.

〈국외 문헌〉

Alex K. Jones, Raymond Hoare, Swapna Dontharaju, Shenchih Tung, Ralph Sprang, Joshua Fazekas, James T. Cain and Marlin H. Mickle, "An Automated, FPGA-based Reconfigurable, Low-power RFID Tag," Microprocessors and Microsystems, Available Online 6 April 2006.
Alfred J. Baird, "Privatization Trends at the World's Top-100 Container Ports," Marit. Pol. MGMT., Vol. 29, No. 3, 2002, pp. 271~284.
Baird, A. J., "The Economics of Container Transshipment in Northern Europe," International Journal of Maritime Economics, Vol. 4, No. 3, 2002, pp. 249~280.
Ballis, A. Abacoumkin, C., "A Container Terminal Simulation Model with Animation Capabilities," Journal of Advanced Transportation, Vol. 30, No. 1, 1995, pp. 37~57.
Ballis, A. Golias, J. Abakoumkin, C., "A comparison Between Conventional and Advanced Handling Systems for Low Volume Container Maritime Terminal," Maritime Policy and Management., Vol. 24, No. 1, 1997, pp. 73~92.
Blackstone, C., "The Container Terminal Warehouse," Terminal Operation Conference & Exhibition(TOC), Antwerp, Belgium, May 1998.
Castilho, B. and Daganzo, C. F., "Handling Strategies for Import Containers at Marine terminals," Vol. 27B, No. 2, 1993, pp. 151~166.
Chen, T., "Yard Operations in the Container Terminal — a Study in the Unproductive Moves," MARIT. POL. MGMT., Vol. 26, No. 1, 1999, pp. 27~38.
Containerisation International Online, 2005.

Containerisation International, May 2005.

Containerisation International, 각 호.

Containerisation International, 각 호.

Cullinane, K., Khanna, M., "Economies of Scale in Large Container Ships," Journal of Transport Economics and Policy, Vol. 33, Part 2, 1999, pp. 185~208.

Drewry Shipping Consultants Ltd., Post-Panamax: The Next Generation, August 2001.

Edmond, E. D., "Operating Capacity of Container Berths for Scheduled Services by Queue Theory," Dock and Harbor Authority, November 1976.

Francesetti, D. C., The Impact of Hub and Spokes Networks in the Mediterranean Peculiarity, IAME conference, Panama, Novermber 2002.

Gilman, S., "The Size Economics and Network Efficiency of Large Containerships," International Journal of Maritime Economics, Vol. Ⅱ, No. 1, 1999, pp. 1~16.

Hamalainen, R. P. and Stepplinen, T. O., "The Analytic Network Process in Energy Polish Planing, " Socio-Economic Planing Sciences, Vo. 20, 1986, pp. 99~105.

Haralambides, H. E., "A Second Scenario of the Future of the Hub-and-Spoke System in Liner Shipping," Latin Port & Shipping 2000 Conference & Exhibition, Miami FL., USA, 2000.

Harry K. H. Chow, King Lun Choy, W. B. Lee and K. C. Lau, "Design of a RFID Case-based Resource Management System for Warehouse Operations, Expert Systems with Applications," Vol. 30, Issue 4, 2006, pp. 561~576.

Hwang, C. C., "Analysis of Container Port through System Simulation," Ph. D dissertation, North Carolina State University, Raleigh, N. C, 1987.

Jeffery, D., "Bigger Vessels and Port Constraints," Terminal Operation Conference & Exhibition (TOC), Dubai, October 1998.

John Ayoade, "Security Implication in RFID and Authentication Processing Framework," Computers & Security, Vol. 25, Issue 3, 2006, pp. 207~212.

Jongchul Song, Carl T. Haas, Carlos Caldas, Esin Ergen and Burcu Akinci, "Automating the Task of Tracking the Delivery and Receipt of Fabricated Pipe Spools in Industrial Projects," Automation in Construction, Vol. 15, Issue 2, 2005, pp. 166~177.

Jordan M.A., "Super Productive Cranes," Terminal Operation Conference & Exhibition (TOC), Barcelona, June 1997.

Junichi Yagi, Eiji Arai and Tatuo Arai, "Parts and Packets Unification Radio Frequency Identification(RFID) Application for Construction," Automation in Construction, Vol. 14, Issue 4, 2005, pp. 477~490.

JWD(Jordan Woodman Dobson), Pusan Newport Co. Terminal Operating Systems, Studies and

Reports Vol. 2, 1999.

Karen Coyle, "Management of RFID in Libraries, The Journal of Academic Librarianship," Vol. 31, Issue 5, 2005, pp. 486~489.

Kenneth H. Doerr, William R. Gates and John e. Mutty, "A Hybrid Approach to the Valuation of RFID/MEMS Technology Applied to Ordnance Inventory," International Journal of Production Economics, Vol. 13, Issue 2, 2006, pp. 726~741.

Kim, Hyun & Kim, Yul-Sung, "A Study on Efficient Gate System Based RFID at the Container Terminal," International Journal of Navigation and Port Research, Vol. 30, No. 4, 2006, pp. 277~283.

Kraus, A., "Jumbo Container Vessels and Fast Feeders," Terminal Operation Conference & Exhibition(TOC), Antwerp, Belgium, May 1998.

Mascini, H., "The Terminal of the Future: FAMAS," Terminal Operation Conference & Exhibition(TOC), Barcelona, June 1997.

Matthew J. B. Robshaw, "An Overview of RFID Tags and New Cryptographic," Information Security Technical Report, Vol. 11, Issue 2, 2006, pp. 82~88.

McDowell, E. *et.al.*, "A Study of Maritime Container Handling," Oregon State Univ., Sea Grand College Program Ads 406, Publication No. ORESU-T-85-003, 1985.

McLellan, R. G., "Bigger Vessels: How big is too Big," MARIT. POL. MGMT., 1997, Vol. 24, No. 2, 1997, pp. 193~211.

Meade, Laura M. and Sarkis Joseph, "Strategic Analysis of Logistics and Supply Chain Management Systems using the Analytical Network Process, " Transportation Reserch Part E. Vol. 34(3), 1998, pp. 201~205.

Meade, Laura M. and Sarkis Joseph, "A Conceptural Model for Selection and Evaluating Third Party Reverse Logistics Provider, " Supply Chain Management, An International Journal, Vol. 7(5), 2002, pp. 283~295.

Monie, G. de, "The Future is Mega Hubs," Cargo Systems, August 1997.

Ngai, E. W. T., T. C. E. Cheng, S. Au and Kee-hung Lai, "Mobile Commerce Integrated with RFID Technology in a Container Depot," Decision Support Systems, Available Online 16 June 2005.

Notteboom, T. E., The Interdependence Between Liner Shipping Networks and Intermodal Networks, IAME conference, Panama, November 2002.

Novaes, A. G. N., "An Appraisal of Queueing Model for the Solution of Port Capacity Problem," Commodity Transportation and Economic Development Laboratory, M. I. T., Cambridge, Mass, 1972.

Ocean Shipping Consultants, East Asian Containerports Market to 2020, 2006.

Paul M. Goodrum, Matt A. Mclaren and Adam Durfee, "The Application of Active Radio Frequency Identification Technology for Tool Tracking on Construction Job Sites," Automation in Construction, Vol. 15, Issue 3, 2006, pp. 292~302.

Payer, H., "Feasibility and Practical Implications of Container Ships of 8,000 TEU and Beyond," Terminal Operation Conference & Exhibition, Genoa, 1999.

Payer, H., "Feasibility and Practical Implications of Container Ships of 8,000 TEU and Beyond," Terminal Operation Conference & Exhibition(TOC), Genoa, June 1999.

Payer, H., "Technological and Economic Implications of Mega Container Carriers," IAME Conference, Panama, November 2002.

Porter, M. and Puller, M., "Coalitions in Global Strategy" in M. Porter(ed.), Competition in Global Industries, Harvard Business School Press, Massachusettes, pp. 315~344.

Pritsker, A. Allan, "The GASP-Ⅳ Simulation Language," John Wiley and Sons, New York, 1974.

Pritsker, A. Allan, "Similation with Visual SLAM and Awesim," John Wiley and Sons, New York, 1997.

Pusan Newport Cc., Ltd., "Pusan Newport Container Terminal Planning Study," Final Report, 1998.

Rankine, G., Innovative Terminal Design — Developing Docking Systems, Terminal Operation Conference & Exhibition(TOC), Genoa, June 1999.

Robers, C. M., "Radio Frequency Identification, Computers & Security," Vol. 25, Issue 1, 2006, pp. 18~26.

Roberts C. M., "RFID Tags, Security and the Individual," Computer Law & Security Report, Vol. 22, Issue 2, 2006, pp. 165~168.

Root, M., "Some Taxonomies of International Cooperative Arrangements," in F. Contractor and P. Loerns, Cooperative Strategies in International Business, Lexington Books, New York, pp. 69~80.

Rumelt, R. D. Schendel and . Teece(eds.), "Fundamental Issues in Strategy: A Research Agenda," Harvard Business School Press, Massachusetts, 1994.

Saaty, T. L., "A Scaling Method for Priorities in Hierarchical Structures," Journal of Mathematical Psychology, Vol. 15, 1977, pp. 234~281.

Saaty, T. L., The Analytic Network Process, RWS Publication, Pittsbrugh, 1996.

Taleb-lbrahim, M., "Modeling and Analysis of Container Storage in Ports," Ph.D. Thesis, Univ. of California at Berkeley, 1989.

Total Soft Bank Ltd., Consulting Report for Kawasaki Container Terminal Operation System.

Total Soft Bank(2005), Port Simulator System Manual, 1997.

Trujillo Lourdes and Gustavo Nombela, "Privatization and Regulation of the Seaport Industry," Policy Research Working Paper, World Bank, 1999.

UNCTAD, Development & Improvement of Ports — The Establishment of Transshipment Facilities in Developing Countries, TD/B/C.4/AC.7/10., August 20, 1990.

Ward, T., Two-sided Container Ship Operations, Terminal Operation Conference & Exhibition (TOC), Dubai, October, 1998.

Wijnolst, N., Schlotens, M., Waals, F., Malacca-Max — The Ultimate Container Carrier, Delft University Press, 1999.

Wijnolst, N., Schlotens, M., Waals, F., "Malacca-Max; The Ultimate Container Carrier," Delft University Press, 1999.

Wu, N. C., M. A. Nystrom, T. R. Lin and H. C. Yu, "Challenges to Global RFID Adoption, Technovation," Vol. 26, Issue 12, 2006, pp. 1317~1323.

Yamato, H. Koyama, T. Fushimi, A. Tsunoda, T., "An Analysis and Design of the Container Terminal Based on the Simulation," International Maritime Conference, 1997.

우리말 색인

외국어 색인

[P]

[Q]

[R]

[S]

[T]

공저자 약력

• 김 현

한국해양대학교 대학원 공학석사
한국해양대학교 대학원 물류학박사
(주)한진해운 정보전략팀 과장(1990-2000)
토탈소프트뱅크 전략기획팀장(2000-2002)
한국해양대학교 해운항만물류연구센터 연구원(2003-2004)
동명대학교 항만물류학부 교수(2005-현재)
부산항만공사, 부산신항 CFS 운영사업자 심사위원(2005)
부산광역시, 부산발전 2020 자문위원(2005)
부산항만공사, 부산신항운영사업자 심사위원(2006)
부산항만공사, 부산항 비전 2020 연구위원(2006)
부산광역시, 부산산업클러스터 항만물류부문 자문위원(2006)
해양수산부 항만물류전문인력 양성사업단, 교재발간사업 주필(2006)
기술신용보증기금, 여신심사 기술자문위원(2007)
건설교통부 물류선진화 기획분과위원(2007)
한국산업개발정책연구원 전문위원(2008)

• 신 승 식

고려대학교 일반대학원 경제학과 경제학석사(1990. 2)
고려대학교 일반대학원 경제학과 경제학박사(1998. 2)

□ 경 력

(주)금성사 근무(사원)(1987. 1-1988. 2)
한국해양수산개발원 책임연구원(1989. 12-1996. 6)
한국산업투자자문 투자분석실 차장(1996. 6-1998. 12)
국립공원관리공단 기획부장(2급)(1999. 1-1999. 8)
한국해양수산개발원 부연구위원(1999. 8-2004. 2)
전남대학교 물류교통학과 교수(2004. 3-현재)

□ 학회 활동

한국경제학회 회원(1995. 7-현재)
한국환경경제학회 회원(1997. 3-현재)
한국해운물류학회 상임이사(2000. 3-현재)
한국물류학회 상임이사(2002. 12-현재)
한국로지스틱스학회 상임이사(2004. 6-현재)

□ 정부 자문활동

감사원 국책사업단 감사자문(시화호 경제성평가)(1999. 9-1999. 11)
국무조정실 규제개혁위원회 해양·수산 전문위원(2000. 11-2002. 10)
청와대 동북아경제중심추진위원회 물류분과위원(2003. 6-2004. 6)
산업자원부 e-비즈니스 미래전략포럼 전문위원(2003. 10-2003. 12)
정보통신부 수출입 통합물류정보망추진 자문위원(2003. 10-2004. 6)
한국전산원 정보화평가사업 평가위원(2005. 4-2005. 12)
해양수산부 항만민간투자건설사업 평가위원(2004. 3-현재)
건설교통기술평가원 운영위원(2006. 3-현재)
중앙연안관리심의위원회 심의위원(2008. 1-현재)

• 송 용 석

한국해양대학교 물류시스템공학과 박사(2005. 2)
동의대학교 유통관리학과 강의전담 교수(2005. 3)
한국건설교통기술평가원 선임연구원(2007. 1)

컨테이너하역론

2009年 2月 23日 初版印刷
2009年 2月 28日 初版發行

共著者 김 현 · 신승식 · 송용석
發行人 安 鍾 萬
發行處 (株) 博 英 社
서울特別市 鍾路區 平洞 13-31番地
電話 (733)6771 FAX (736)4818
登錄 1959. 3. 11. 제300-1959-1호(倫)
www.pakyoungsa.co.kr e-mail: pys@pakyoungsa.co.kr

定 價 28,000원 ISBN 978-89-7189-907-6